BERND SENF
Die blinden Flecken der Ökonomie

Wirtschaftstheorien werden nicht im luftleeren Raum entwickelt, sondern sie entstehen aus den jeweiligen gesellschaftlichen Gegebenheiten. Die Ökonomie ist eben keine exakte Wissenschaft. Wie Bernd Senf überzeugend und allgemeinverständlich darlegt, versucht jede neue ökonomische Theorie die »blinden Flecken« der vorangegangenen zu erhellen – der Marxismus war eine Antwort auf den Liberalismus, der Neoliberalismus reagierte auf den Keynesianismus. Doch anstatt die positiven Aspekte der »überholten« Theorie zu integrieren und zu verbessern, wurden und werden diese oftmals radikal ausgeklammert, wenn ein allgemeingültiges neues ökonomisches Weltbild etabliert werden soll. So wird ein sich selbst erhaltendes System von blinden Flecken geschaffen, das von seinen Vertretern oft mit fast schon religiösem Eifer verteidigt wird – die Folgen können katastrophal sein, wie Weltwirtschaftskrisen und Börsencrashs zeigen. Bernd Senf zeigt die Stärken und Schwächen der einzelnen Theorien auf und entwirft eine undogmatische Synthese ihrer richtigen Erkenntnisse und deren Weiterentwicklung.

Bernd Senf, geboren 1944, lehrte von 1973 bis 2009 als Professor für Volkswirtschaftslehre an der Fachhochschule für Wirtschaft Berlin. Von ihm sind u. a. erschienen: »Politische Ökonomie des Kapitalismus« (Berlin 1978), »Der programmierte Kopf – Zur Sozialgeschichte der Datenverarbeitung« (zusammen mit Peter Brödner und Detlev Krüger, Berlin 1981), »Der Nebel um das Geld – Zinsproblematik, Währungssysteme und Wirtschaftskrisen« (Lütjenburg 1996) sowie »Die Wiederentdeckung des Lebendigen« (Frankfurt am Main 1996), »Der Tanz um den Gewinn – Von der Besinnungslosigkeit zur Besinnung der Ökonomie« (Lütjenburg 2004). Die Website des Autors: www.berndsenf.de.

BERND SENF

Die blinden Flecken der Ökonomie

Wirtschaftstheorien in der Krise

Ein Aufklärungsbuch

Metropolis-Verlag
Marburg 2014

Bibliografische Information der Deutschen Bibliothek:

Die Deutsche Bibliothek verzeichnet diese Publikation in der Deutschen Nationalbibliografie, detaillierte bibliografische Daten sind im Internet über http://dnb.ddb.de abrufbar.

Metropolis-Verlag für Ökonomie, Gesellschaft und Politik GmbH
Copyright: Metropolis-Verlag, Marburg 2014
http://www.metropolis-verlag.de
Alle Rechte vorbehalten
6., unveränderte Auflage 2014

"Die blinden Flecken der Ökonomie" erschien zwischen 2001 und 2008 in fünf Auflagen im Verlag für Sozialökonomie - Gauke GmbH, Kiel.
Umschlagsgrafik: Andreas Raub, Dortmund
Computergrafiker (nach Entwürfen des Autors): Karsten Schomaker, Berlin
Satz: Rainer Zenz, Berlin

ISBN 978-3-7316-1084-7

Inhalt

7 **Einleitung: Ökonomie als neue Weltreligion**

14 **François Quesnay: Die Wirtschaftstheorie der Physiokraten – ein wissenschaftlicher Rettungsversuch des Feudalismus**

20 **Adam Smith: Der bürgerliche Liberalismus – die Botschaft vom allgemeinen wachsenden Wohlstand**
20 Die Auflehnung des Bürgertums gegen die Feudalherrschaft
22 Elemente der klassischen Theorie
30 Licht und Schatten der Arbeitsteilung
43 Gewinn und Verlust – Zuckerbrot und Peitsche
45 Die klassischen Vorstellungen von der Funktionsweise der Marktmechanismen
55 Kapitalismus und Verelendung der Arbeiter

58 **Karl Marx: Die soziale Krise des Kapitalismus und die Erschütterung der bürgerlichen Gesellschaft**
58 Die Theorie der Entfremdung
61 Die historische Entstehung des Kapitalismus: die ursprüngliche Akkumulation
69 Die Mehrwerttheorie
102 Die blinden Flecken bei Marx

117 **Menger, Jevons und Walras: Die Neoklassik – eine neue heile Welt der Ökonomie**
117 Der ideologische Gegenschlag gegen den Marxismus
119 Das neoklassische Theoriegebäude
142 Mein Zweifeln an der Neoklassik
144 Von der Ökonomie zur Psychoanalyse – mein Zugang zu Freud und Reich
147 Wirtschaft gesund – Mensch krank
148 Die emotionale Blindheit der Neoklassik
149 Die neoklassische Blindheit gegenüber immanenten Krisen

- 151 **Silvio Gesell: Freiwirtschaftslehre und natürliche Wirtschaftsordnung – weder Kapitalismus noch Sozialismus**
- 153 Gesells Kritik an Marx
- 159 Die Problematik des Zinssystems
- 191 Die Lösung der Blockierung ist die Lösung
- 195 Die Blindheit der Freiwirtschaftslehre gegenüber der Natur

- 198 **John Maynard Keynes: Weltwirtschaftskrise und die Revolution des ökonomischen Denkens**
- 199 Das Theoriegebäude von Keynes
- 214 Die Keynessche Beschäftigungstheorie und -politik
- 230 Die blinden Flecken des Keynesianismus
- 240 Gemeinsamkeiten und Unterschiede zwischen Keynes und Gesell

- 242 **Milton Friedman: Die »monetaristische Gegenrevolution« als Wegbereiter von Neoliberalismus und Globalisierung**
- 243 Zusammenbruch des Bretton-Woods-Systems und Inflationsgefahr in den USA
- 244 Monetarismus – der »monetäre Drogenentzug«
- 246 Friedmans Erklärung der Weltwirtschaftskrise
- 249 Die geldpolitischen Konsequenzen des Monetarismus
- 253 Monetarismus und Wiederauferstehung des Liberalismus
- 256 Monetarismus und Konfliktverschärfung

- 269 **Gefahren der Globalisierung – eine Auswahl kritischer Bücher**
- 270 James Goldsmith: ›Die Falle‹
- 272 Jeremy Rifkin: ›Das Ende der Arbeit‹
- 275 Hans-Peter Martin und Harald Schumann: ›Die Globalisierungsfalle‹
- 278 Maria Mies und Claudia von Werlhof: ›Lizenz zum Plündern – Das multilaterale Abkommen über Investitionen (MAI)‹
- 281 Viviane Forrester: ›Der Terror der Ökonomie‹
- 282 George Soros: ›Die Krise des globalen Kapitalismus‹

- 287 Anmerkungen
- 298 Literatur

Einleitung: Ökonomie als neue Weltreligion

Wirtschaftliche Sachzwänge bestimmen weite Bereiche unseres individuellen und gesellschaftlichen Lebens und setzen den Rahmen für die Gestaltungsmöglichkeiten von Politik. Wir haben uns daran gewöhnt, daß Entwürfe für gesellschaftliche Veränderungen immer erst die Nagelprobe der »ökonomischen Vernunft« zu bestehen haben. Alles, was sich rechnet, hat in der Marktwirtschaft die Chance, realisiert zu werden, und dies um so eher, je größer die davon zu erwartenden Gewinne sind. Was dagegen Verluste bringt oder diese befürchten läßt, ist auf private oder öffentliche Unterstützung angewiesen und hat es ungleich viel schwerer – insbesondere in Zeiten, in denen die öffentlichen Mittel knapp geworden sind. Sogar die Chancen politischer Parteien bei demokratischen Wahlen hängen wesentlich davon ab, inwieweit ihnen die Wähler wirtschaftliche Kompetenz zutrauen.

Fast alles, was die Nagelprobe wirtschaftlicher Vernunft nicht besteht, wird als veraltet, unrealistisch oder utopisch an den Rand gedrängt und ausgegrenzt, als habe es in unserer Gesellschaft keine eigenständige Existenzberechtigung. Die »Gesetze des Marktes« haben sich in ihrem Wirkungsbereich seit Jahrhunderten über Europa hinaus ausgedehnt – durch Fernhandel, Kolonialismus und die Entfaltung des Weltmarkts. Aber es gab immer noch große Teile der Erde, die von diesen Gesetzen nicht erfaßt waren oder sich ihnen widersetzt hatten. Das gilt nicht nur für die sozialistischen Systeme, in denen sich über Jahrzehnte hinweg keine tragfähige Alternative entwickelt hat und die in jüngerer Zeit (mit wenigen Ausnahmen) zusammen- beziehungsweise auseinandergebrochen sind; es gilt auch für die Gesellschaften und Lebensformen, die weitgehend unserem Blick und unserem Bewußtsein entrückt sind, aber in früheren Zeiten die wesentliche Existenzgrundlage und Lebensform der Menschen darstellten: die sich selbst versorgenden Gemeinschaften, die sogenannten »Subsistenzwirtschaften«.

Mit dem Zusammenbruch der sozialistischen Planwirtschaften scheint nun der Weg endgültig frei, dem Glauben an die Segnungen der Marktwirtschaft unter dem Begriff der »Globalisierung« weltweit zum Durchbruch zu verhelfen. Diejenigen Teile der Welt, die von den Gesetzen des Marktes noch ganz oder weitgehend unberührt geblieben sind, werden immer kleiner. Waren es früher Armeen, mit denen andere Länder und Kontinente erobert und unterworfen wurden, so sind es inzwischen Unternehmen und Konzerne, die weltweit neue Märkte erobern.

Diese Prozesse haben sich über Jahrhunderte hinweg entwickelt, und über Jahrhunderte hinweg gab es und gibt es auch eine Wissenschaft, die diese Prozesse beschreibt, legitimiert, mit vorantreibt und diskutiert: Gemeint sind die Wirtschaftswissenschaften, die immer wieder mit dazu beigetragen haben, wirtschaftliche Realität zu gestalten, zu legitimieren und die Welt auf die eine oder andere Weise umzuformen.

Ihr Anteil an diesen Umformungsprozessen ist den wenigsten Menschen bewußt, und für die meisten ist er auch viel zu undurchsichtig, um ihn begreifen zu können. Während sie auf der einen Seite den Gesetzen des Marktes und ihren Folgen selbst unterworfen sind, vertrauen die meisten Menschen denjenigen, die diese Gesetze formuliert oder legitimiert haben, und den Instanzen, die deren Durchsetzung erzwingen. Denn all dies geschieht ja erklärtermaßen zum besten aller. Die Ökonomen haben hierfür einen Fachausdruck: Sie sprechen von der »optimalen Allokation der Ressourcen« und meinen damit die denkbar beste Verwendung der Ressourcen – im Sinne bestmöglicher Befriedigung menschlicher Bedürfnisse.

Der Glaube an die ökonomische Vernunft ist längst zu einer neuen Weltreligion geworden, nachdem die alten Religionen – jedenfalls in unseren Breiten – mehr und mehr an Überzeugungskraft und Akzeptanz verloren haben.[1] Nur wird diese neue Weltreligion nicht in den Kirchen gepredigt, sondern in den Universitäten und Fachhochschulen; und die Quintessenz ihres Glaubens ist längst eingeflossen in die Schulbücher, in die Massenmedien und in das Denken und Handeln von Politikern und Gewerkschaftlern. Und jeder weiß: Wer die Gesetze des Marktes verletzt oder sich ihnen widersetzt, hat Schlimmes zu befürchten. Die Strafe folgt auf dem Fuße, und zwar nicht erst im Jenseits, sondern schon auf Erden: Das Unternehmen macht Konkurs, die politische Partei verliert die Wahlen, die Gewerkschaften verlieren ihre Mitglieder, und der einzelne Lohnabhängige oder Wissenschaftler verliert seinen Arbeitsplatz – mit Ausnahme weniger Nischen, in denen abweichendes Denken und Verhalten sozusagen als Narrenfreiheit noch geduldet wird.

Mit Fassungslosigkeit, mindestens mit Unverständnis stehen viele moderne Menschen dem Absolutheitsanspruch des Papstes, seiner Bischöfe und Priester oder auch der Mullahs und Ayatollahs gegenüber. Daß aber längst auch die weltliche Wirtschaftswissenschaft Heilslehren verkündet und sich zu einem Glaubenssystem mit Unfehlbarkeitsanspruch entwickelt hat, ist den meisten weitgehend verborgen geblieben. An die Stelle des kirchlichen Gottes ist für sie der Gott des Marktes, der »Marktgott« getreten – als scheinbarer Inbegriff höherer Weisheit.

Zwei Unterschiede zwischen kirchlichem Gott und Marktgott sind allerdings augenfällig: Der erste Unterschied besteht darin, daß bei der Erfüllung göttlicher Gesetze das Paradies im Himmel winkt, während bei Erfüllung der Marktgesetze das Paradies auf Erden versprochen wird. Das kirchliche Versprechen ist schwer überprüfbar, man kann es glauben oder nicht. Aber das Versprechen der Ökonomen bezieht sich auf das Diesseits – und sollte entsprechend auch an den Erfolgen oder Mißerfolgen ihres Glaubenssystems auf Erden gemessen werden.

Der zweite Unterschied liegt darin, daß zumindest das christliche Glaubensbekenntnis den »Schuldigern« noch vergibt: »Und vergib uns unsere Schuld, wie auch wir vergeben unseren Schuldigern.« Das moderne Glaubensbekenntnis des Marktes tut das nicht: Es fordert vielmehr mit Unbarmherzigkeit und Unerbittlichkeit die Rückzahlung der Schulden von den Schuldnern: vom Staat, von den Unternehmen, von den Haushalten, von ganzen Ländern und global betrachtet insbesondere von der Dritten Welt. Mit wenigen Ausnahmen gewährt es keinen Schuldenerlaß, sondern stellt harte Bedingungen, die an die Vergabe immer neuer Kredite geknüpft werden.

Die Priester der kirchlichen Religionen[2] sprechen oftmals eine Sprache, die vom gemeinen Volk nicht verstanden wird. Bis zur Bibelübersetzung von Luther war der Text der Bibel nur im Lateinischen zugänglich, und die Predigten der katholischen Kirche wurden bis in die jüngste Zeit in lateinischer Sprache gehalten. Was sie den Gläubigen abverlangen, ist Respekt vor ihrer Autorität und blinder Glaube in die verkündete Weisheit. Aber welcher Gefahr setzten sich die Gläubigen aus, wenn die vermeintlich Sehenden selbst auf einem oder auf mehreren Augen blind – und in ihrem blinden Glauben gefangen sind, weil sie das, was sie sehen, verabsolutieren und fälschlicherweise für die ganze Wirklichkeit oder für die einzige Wahrheit halten?

Wie groß erscheint demgegenüber der Fortschritt, den die Wissenschaft dem blinden Glauben und religiösen Fanatismus entgegengesetzt hat. Aber der Schein trügt! Auch die modernen Priester der Ökonomie kleiden sich in ein Priestergewand, in das Gewand der Wissenschaft, und sprechen eine Sprache, die das gemeine Volk nicht versteht. Sie fordern auf ihre Art den blinden Glauben an die Gesetze des Marktes und der »wirtschaftlichen Vernunft«.

Innerhalb der Wirtschaftswissenschaft hat es über Jahrhunderte hinweg immer wieder heftige Glaubenskämpfe gegeben, es haben sich Hauptströmungen herausgebildet, von denen mal die eine und mal die andere die Oberhand gewonnen hat, aber auch »ketzerische« Nebenströmungen, die mehr oder weniger ausgegrenzt wurden. Kennzeichnend für die verschiedenen Richtungen der Ökonomie scheint mir bisher gewesen zu sein, daß sie jeweils auf einem Auge sehend, auf dem anderen aber blind waren. Oder anders ausgedrückt, daß ihr Blick für die Realität mehr oder weniger – und auf unterschiedliche Weise – durch verschiedene blinde Flecken getrübt war.

Problematisch daran ist nicht, daß es immer wieder solche blinden Flecken gegeben hat und gibt, sondern daß die auf unterschiedliche Art getrübten Sichtweisen sich jeweils als die ganze Wahrheit ausgaben und ihren Absolutheitsanspruch durchzusetzen versuchten – bis das jeweils Verdrängte sich sein Recht zum Teil mit Gewalt einforderte und Korrekturen in der Theoriebildung und in der Gestaltung gesellschaftlicher Verhältnisse erzwang. Bislang Verdrängtes rückte dadurch ins Blickfeld, und so bestanden immer wieder Chancen, verzerrte Wahrnehmungen zu korrigieren. Was aber statt dessen im Bereich der Wirtschaftswissenschaft durch die Jahrhunderte hindurch geschehen ist, folgt nur wenig dieser Möglichkeit fortschreitender Bewußtseinsentwicklung, sondern läßt sich mehr als ein Prozeß wechselnder Verdrängungen interpretieren: An die Stelle der einen Trübung trat eine andere, mit jeweils problematischen bis verheerenden Konsequenzen für die soziale Realität.

Wenn es nur »Bewußtseinstrübungen« von Menschen wären, die sich in den vermeintlichen Elfenbeinturm der Wissenschaft zurückgezogen haben, dann wäre vieles einfacher. Aber ihr Denken war (und ist) vielfach prägend für die Gestaltung der Lebensbedingungen von Millionen oder Milliarden von Menschen auf dieser Erde. Dieser Meinung war schon John Maynard Keynes, einer der bekanntesten Ökonomen des 20. Jahrhunderts. 1936 schrieb er in seinem Hauptwerk ›Allgemeine Theorie der Beschäftigung, des Zinses und des Geldes‹: »(...) die Gedanken der Ökonomen und Staatsphilosophen, sowohl wenn sie im Recht, als wenn sie im Unrecht sind, (sind) einflußreicher, als gemeinhin angenommen wird. Die Welt wird in der Tat durch nicht viel anderes beherrscht. Praktiker, die sich ganz frei von intellektuellem Einfluß glauben, sind gewöhnlich die Sklaven irgendeines verblichenen Ökonomen. Wahnsinnige in hoher Stellung, die Stimmen in der Luft hören, zapfen ihren wilden Irrsinn aus dem, was irgendein akademischer Schreiber ein paar Jahre vorher verfaßte.«

Deshalb sollte die Gesellschaft die Priester der Ökonomie nicht einfach predigen lassen und blindlings danach handeln, sondern sich genauer ansehen und anhören, worum es bei den von ihnen verkündeten

Weisheiten eigentlich geht. Das setzt allerdings voraus, daß deren Schriften erst einmal aus ihrer Wissenschaftssprache ins Deutsche übersetzt werden – in eine allgemeinverständliche Sprache und Darstellungsform, die es vielen Menschen überhaupt erst möglich macht, sich mit ihren Gedanken und deren Konsequenzen jeweils näher und kritisch auseinanderzusetzen. Das vorliegende Buch will dazu einen Beitrag leisten. Dabei geht es mir nicht nur darum, die jeweils blinden Flecken der Ökonomie darzulegen, sondern auch aufzuzeigen, welche »sehenden Flekken« die einzelnen Richtungen jeweils aufzuweisen hatten, die dann später wieder in Vergessenheit gerieten. Denn diese beinhalten die Chance eines umfassenderen und klareren Bildes von der Wirklichkeit. Anstelle dogmatischer Erstarrungen der unterschiedlichsten Ausprägungen, wie sie auch für die Geschichte der Wirtschaftswissenschaften kennzeichnend sind, gilt es, ein offenes System des Denkens und der Wahrnehmung zu entwickeln, das zu ständiger Weiterentwicklung im Kontakt mit der sich verändernden Realität fähig ist.

Nur offene Systeme sind langfristig lebens- und überlebensfähig, geschlossene und starre Systeme gehen an ihrer eigenen Starrheit zugrunde. Das gilt auch für Denksysteme, insbesondere wenn sie – wie die Ökonomie – den Anspruch haben, die Lebensgrundlagen auf dieser Erde langfristig sichern zu helfen. Denn was sonst sollte gemeint sein mit der »optimalen Allokation der Ressourcen«? Es kann doch eigentlich nur darum gehen, Bedingungen zu schaffen, unter denen die Geschöpfe dieser Erde möglichst weitgehend in ihr Entfaltungspotential hineinwachsen können, zu möglichst voller Blüte und Reifung sich entwickeln können: Männer wie Frauen, Kinder wie Alte, Schwarze wie Weiße, Rote wie Gelbe, Stämme wie Völker, Tiere wie Pflanzen, Himmel wie Erde. Kurz: daß der lebende Organismus Erde, der in den letzten Jahrhunderten durch die industrielle Entwicklung und verstärkt in den letzten Jahrzehnten immer mehr geschädigt worden ist, in allen seinen Teilen wieder gesunden kann.

Die Schaffung einer insoweit heilsamen, naturverträglichen Ökonomie wird eine wesentliche und notwendige Voraussetzung für einen globalen Heilungsprozeß und für eine Heilung des krank gewordenen sozialen Organismus der Industriegesellschaft sein. Um auf diesem Weg voranzukommen, müssen wir uns auch der blinden Flecken der Ökonomie bewußt werden, damit wir sie überwinden können. Und weil die Lösung dieser Aufgabe am wenigsten von denen zu erwarten ist, die in ihrer eigenen Blindheit gefangen sind, bedarf es vor allem auch der ganz normalen Menschen, der Nicht-Experten, die vielfach noch offener für neue und erweiterte Sichtweisen sind. An sie vor allem richtet sich dieses Buch. Nach nunmehr über dreißig Jahren beruflicher Beschäftigung mit Wirtschaftswissenschaft[3] habe ich nicht nur das Vertrauen in die Selbstheilungskräfte des Marktes, sondern auch in die Selbstheilungskräfte der Ökonomie als Wissenschaft gründlich verloren.

Die Wirtschaftswissenschaftler haben sich nach meinem Eindruck vielfach in die Gebäude ihrer Theorien eingemauert, und die Fundamente dieser Mauern bestehen aus den Grundbegriffen ihrer Theorien. Anstatt sich in das Gemäuer dieser Theoriegebäude hineinzubegeben und sich in der Dunkelheit, in der Enge und in den Details ihres Labyrinths immer mehr zu verlieren, kann auch versucht werden, die Fundamente der Grundbegriffe auf ihre Tragfähigkeit hin abzuklopfen. Dieser Weg soll im folgenden beschritten werden. Ich werde immer wieder versuchen, die Grundrisse der Theoriegebäude allgemein verständlich darzustellen und zu umreißen, um dann den Blick vor allem auf die jeweiligen Fundamente zu richten. Wenn nämlich schon die Fundamente nicht – oder nur zum Teil – tragfähig sind, dann brauchen wir uns auch nicht näher mit den ganzen Gebäuden samt den Details ihrer Inneneinrichtungen und Außenverzierungen auseinanderzusetzen, die auf dieser brüchigen Basis errichtet worden sind. Sie werden dann von selbst zusammenstürzen. Aber die tragfähigen Teile eines Fundaments könnten vielleicht erhalten, ausgebaut und zusammengefügt werden mit tragfähigen und ausbaufähigen Fundamenten anderer Gebäude, um daraus etwas Neues, Umfassenderes und Solideres entstehen zu lassen, an dem immer weiter gebaut und korrigiert werden kann.

Ich bin selbst durch etliche der Theoriegebäude hindurchgegangen, habe sie mir von innen angesehen, war teilweise sogar tief von ihnen beeindruckt, bis ich mich wieder herausbegeben und sie aus einigem Abstand betrachtet habe. Erst aus der Distanz werden vielfach grundlegende Zusammenhänge klarer. Es ist sicherlich kein Zufall, daß umwälzend neue Sichtweisen – nicht nur im Bereich der Wirtschaftswissenschaften – vielfach von Außenseitern entwickelt wurden, während die jeweiligen Experten oft von Blindheit geschlagen waren. Zum Glück habe ich mich selbst, soweit ich das beurteilen kann, nie von irgendeiner dogmatischen Richtung einbinden lassen, sondern mich darum bemüht, eine Offenheit des Denkens und des Handelns zu entwickeln und zu bewahren, was nicht immer leicht war. Aber eine möglichst große Offenheit – auch gegenüber verketzerten Außenseitern – war für mich immer wieder Quelle wichtiger Anregungen, mein Denken und mein Handeln in Bewegung zu halten.

Entsprechend werde ich auch in diesem Buch versuchen, die Reise durch die Theoriegebäude der Ökonomie und ihre jeweilige historische und soziale Umgebung zu gestalten. Auch und gerade für diejenigen, die bisher gemeint haben, Wirtschaft oder Wirtschaftswissenschaft sei für sie sowieso unverständlich, langweilig oder gar abstoßend, kann es eine spannende Reise werden. Und die Ökonomen aller Richtungen sind natürlich ebenso herzlich eingeladen, an dieser Reise teilzunehmen – und sich auf die Ebene einfacher Sprache und Darstellungsform herabzulassen.

FRANÇOIS QUESNAY:

Die Wirtschaftstheorie der Physiokraten – ein wissenschaftlicher Rettungsversuch des Feudalismus

Unsere erste Reise führt uns in die Zeit des Feudalismus in Mitteleuropa. Der Boden gehörte dem Adel, und die übrige Landbevölkerung, die Bauern, waren Leibeigene des Feudalherrn. Sie gehörten zum Land wie das Inventar, und der Grundherr verfügte nicht nur über einen Teil ihrer Ernte, die in Form von Abgaben von den Bauern an ihn abgeführt werden mußten, sondern auch über die Menschen selbst. Nicht, daß er sie verkaufen konnte wie Sklaven, aber er bestimmte zum Beispiel darüber, ob und wann sie heiraten durften; und es war ihnen nicht erlaubt, in eine andere Gegend zu ziehen oder sich einem anderen Herren anzudienen. Sie waren vielmehr fest an das Land gebunden. Der Reichtum des Adels und seine gesellschaftliche Macht gründeten sich auf diesem Herrschaftsverhältnis.

Während der Adel großenteils in Saus und Braus lebte, ging es den leibeigenen Bauern über weite Strecken schlecht. Aber sie hatten sich daran gewöhnt. Das Feudalsystem hatte den Segen der Kirche und des Papstes und galt als Ausdruck einer göttlichen Ordnung. Wer sich gegen die Feudalherrschaft auflehnte, mußte insoweit auch göttliche Strafe befürchten, von der weltlichen ganz zu schweigen.

Als der Absolutheitsanspruch und die Macht der Kirche mit dem Aufstieg des Bürgertums, dem Aufkommen des Rationalismus und der Aufklärung mehr und mehr ins Wanken gerieten, war auch die traditionelle kirchliche Legitimation der Feudalherrschaft gefährdet. Gleichzeitig war der Feudalismus in eine tiefe ökonomische Krise geraten, die Produktivität in der Landwirtschaft sank, und die Staatsfinanzen waren zerrüttet – insbesondere im Frankreich des 18. Jahrhunderts.

Das hieß aber noch nicht, daß der Adel deswegen als herrschende Klasse freiwillig abgetreten wäre. Vielmehr war ihm daran gelegen, eine für die damaligen Verhältnisse modernere und dadurch auch glaubwürdigere Legitimation seiner Herrschaft zu finden. Diesem Bedürfnis kam die damalige Wirtschaftswissenschaft der Physiokraten entgegen. Ob dies alles als bewußter Prozeß abgelaufen ist, sei dahingestellt. Aber rückwirkend betrachtet, stellt sich diese Lehre wesentlich als eine Herrschaftsideologie dar. Sie war allerdings nicht nur das, sondern stellte auch den Versuch dar, den dekadenten und unproduktiv gewordenen Feudalismus vor seinem historischen Untergang zu bewahren. Hans Immler, der sich in seinem Buch ›Natur in der ökonomischen Theorie‹ ausführlich und höchst interessant auch mit den Physiokraten auseinandergesetzt hat, schreibt in diesem Zusammenhang:

»Ökonomiegeschichtlich stellt die Physiokratie eine Reformbewegung dar, die ihren Ursprung in der materiellen Not Frankreichs in der ersten Hälfte des 18. Jahrhunderts hatte und die letztlich an den nicht mehr reformierbaren feudalen Strukturen scheitern mußte: Etwa drei Jahrzehnte nach Beginn der Physiokratie veränderte die Französische Revolution von 1789 die Gesellschaftsstruktur von Grund auf.«[4]

»Physiokratie« bedeutet wörtlich »Herrschaft der Natur«. Die Vertreter dieser Richtung waren der Überzeugung, daß allein die Natur die Quelle der Produktivität sei, und sie setzten die Natur im wesentlichen gleich mit dem Boden in der Landwirtschaft. Der bekannteste unter ihnen war der Franzose François Quesnay (1694–1774). In die Geschichte der Wirtschaftswissenschaften ist er vor allem eingegangen, weil er als erster das Modell eines Wirtschaftskreislaufs entwickelt hatte, das er »tableau économique« nannte. Es handelte sich um ein Schema, in dem die Wirtschaftsbeziehungen zwischen drei gesellschaftlichen Klassen dargestellt wurden:
- dem Feudaladel als Großgrundbesitzer,
- den leibeigenen Bauern und
- dem Bürgertum (Handwerker, Fabrikanten, Kaufleute).

Interessant in unserem Zusammenhang ist die Tatsache, daß in dieser Theorie diejenigen Klassen als produktiv angesehen wurden, die mit dem Boden als der vermeintlich einzigen Quelle der Produktivität in Verbindung standen: die Bauern und der Adel.[5] Das Bürgertum hingegen wurde als unproduktive Klasse, als »classe stérile« bezeichnet. Und die Bauern, die den Boden beackerten, galten nicht etwa aufgrund ihrer eingebrachten Arbeit als produktiv, sondern weil sie halfen, der Natur ihre »Geschenke« zu entnehmen. Wenn man so will, galten sie nur als »Geburtshelfer« für die Früchte der Natur, aber es war nach dieser Auffassung die Erde, die mit den Früchten schwanger ging und sie zur Welt brachte.

Doch für diese Rolle sollten die Bauern – das war Quesnays Forderung – wenigstens ausreichend versorgt werden, indem ihnen ein Teil der Ernte für ihren eigenen Lebensunterhalt verblieb. Würden sie unterversorgt, dann würde auch die Ernte und damit die Grundlage der Produktivität der gesamten Wirtschaft zu leiden haben, weil die Bauern zu wenig Kraft und zu wenig Motivation für die Landarbeit hätten. Insofern beinhaltete die physiokratische Lehre von Quesnay auch eine gewisse Sorgfaltspflicht der feudalen Großgrundbesitzer gegenüber den leibeigenen Bauern, deren Lebensunterhalt sichergestellt werden sollte, bevor sie Abgaben an den Adel leisten mußten. Auch gegenüber dem Boden hatten die Grundherren nach Auffassung von Quesnay eine Art Sorgfaltspflicht, indem sie für die Aufrechterhaltung beziehungsweise Wiederherstellung der Produktionsgrundlagen (durch Bewässerungssysteme, Bereitstellung von Düngemitteln und Saatgut sowie von Vieh und Gerätschaften) zu sorgen hatten. Was über den Lebensunterhalt der Bauern und über die genannten Aufwendungen hinaus an Überschuß in der Landwirtschaft erwirtschaftet wurde – das sogenannte Nettoprodukt – floß wie selbstverständlich dem Adel zu. Schließlich war er es ja, dem der Boden als Quelle der Produktivität gehörte und der sich um die Erhaltung dieser Quelle zu kümmern hatte.

Während die Bauern in der physiokratischen Lehre wenigstens als produktiv angesehen wurden, vom Überschuß allerdings nichts abbekamen, galt das Bürgertum als gänzlich unproduktive Klasse. Begründet wurde das damit, daß es nicht mit der produktiven Quelle des Bodens in der Landwirtschaft verbunden sei, sondern lediglich an dem daraus entstehenden Gesamtprodukt teilhabe, indem es Agrarprodukte eintausche und sie entweder konsumiere oder weiterverarbeite. Und weil die Arbeitskraft nicht als Quelle von Produktivität betrachtet wurde, konnte aus ihr allein ohne Verbindung mit dem Boden auch kein Überschuß über die eigenen Aufwendungen, also kein Nettoprodukt, erzeugt werden. Wie man es auch drehte und wendete: Der Adel war die einzige Klasse, die ein Recht auf Aneignung des Nettoprodukts und auf die Bildung gesellschaftlichen Reichtums hatte. Die anderen bekamen lediglich das Recht auf ihre eigenen Reproduktionskosten und auf die Erstattung ihrer Aufwendungen zugesprochen.

Welch ein Fortschritt! Der Adel bedurfte zu seiner Legitimation jetzt nicht mehr der Ableitung von Gottes Gnaden, an die immer weniger Menschen glaubten. Statt dessen war eine neue Gläubigkeit gegenüber einer scheinbar wertfreien und objektiven Wissenschaft der physiokratischen Lehre entstanden, die eine irdische und plausible Erklärung für die Reichtumsquellen der Gesellschaft gab, und damit von neuem den ins Wanken geratenen Herrschaftsanspruch des Adels gegenüber dem Bürgertum und den leibeigenen Bauern rechtfertigte.

Kein Mensch fragte zu dieser Zeit allerdings, wie diese Herren an den Boden und an die Herrschaft über die Bauern gekommen waren. Natürlich hatten sie den Boden von ihren Vätern geerbt und diese wiederum von ihren Vätern und so weiter. Aber wo lag der historische Ursprung des feudalen Großgrundbesitzes? Diese Frage wurde gar nicht gestellt, sondern schlicht und einfach verdrängt. Das ist der erste blinde Fleck der damaligen Ökonomie der Physiokraten. Die historischen Entstehungsbedingungen des Systems wurden schon in dieser frühen Theorie der Wirtschaftswissenschaften ausgeblendet; statt dessen beschrieb diese Lehre den gesellschaftlichen Status quo als den denkbar besten, weil er der angeblich produktiven Klasse die gesellschaftlich dominante Rolle zuwies.

Die damalige Herrschaftsideologie wollte den Menschen glauben machen, daß es eine andere gesellschaftliche Ordnung gar nicht geben könne, daß es sich beim Feudalismus um eine naturgegebene Ordnung handele. Abbildung 1 stellt diese Verflechtung von Boden einerseits und feudalem Großgrundbesitz andererseits symbolisch dar.

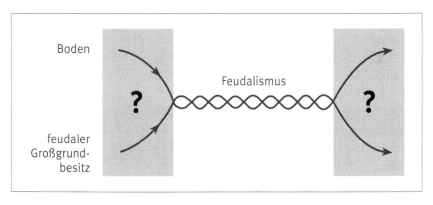

Abbildung 1: Feudalismus – die scheinbar untrennbare Verflechtung von Boden mit (feudalem) Großgrundbesitz

Das Bild erinnert an ein Seil, das im mittleren Abschnitt auf den ersten Blick als ein festgefügtes Ganzes erscheint. Erst bei näherem Hinsehen kann man erkennen, daß es sich aus mehreren (in diesem Fall aus zwei) einzelnen ineinander verflochtenen Fäden zusammensetzt. Also läßt sich dieses Seil auch wieder in seine einzelnen Fäden entflechten. Der linke Teil des Bildes symbolisiert die Frage, wie es historisch zu dieser

Verflechtung kam, und der rechte Teil bezieht sich auf die Frage einer möglichen Entflechtung in der Zukunft. Bezogen auf den Feudalismus durfte es seinerzeit weder die eine noch die andere Frage geben, geschweige denn auch noch Antworten darauf. Beides, der historische Entstehungsprozeß und der mögliche Auflösungsprozeß, wurden durch die scheinbar untrennbare Verflechtung von Boden und feudalem Großgrundbesitz aus dem Bewußtsein verdrängt (angedeutet durch die schattierte Verschleierung in Abbildung 1).

Der zweite blinde Fleck in der Lehre der Physiokraten lag in der scheinbar selbstverständlichen Vereinnahmung der Produktivität des Bodens durch den Adel. Eine solche Ideologie war zwar verständlich aus dessen Herrschaftsinteresse, aber deswegen noch lange nicht richtig. Es gab auch immer stärker werdende soziale Bewegungen, die nicht nur gegen diese Ideologie, sondern gegen die reale Herrschaft der Grundherren Sturm liefen: die Bauernaufstände und Bauernkriege, die schließlich einmündeten in die sogenannte Bauernbefreiung; und der Kampf des aufsteigenden Bürgertums um die gesellschaftliche Vorherrschaft, der einen seiner Höhepunkte in der Französischen Revolution von 1789 erreichte.

Die Theorie der Physiokraten und speziell die von Quesnay kann insofern als einer der letzten ideologischen Versuche interpretiert werden, im Gewand von Wissenschaft die drohende Erschütterung des feudalen Herrschaftssystems abzuwenden, mit einer Ideologie, die das System als naturgegeben darstellte, die allerdings dabei auch den Adel an seine Sorgfaltspflicht gegenüber Bauern und Boden erinnerte und entsprechende Reformen forderte.

Die Sicherung der Reproduktion (der Regenerierung) der Natur war für Quesnay genauso wichtig wie die Sicherung der Reproduktion der darauf ackernden Menschen. Erst das, was die Natur darüber hinaus hervorbrachte, durfte ihr entnommen werden, und davon wiederum mußte erst einmal die Reproduktion der Bauern sichergestellt werden. Erst was dann übrigblieb, war das Nettoprodukt, das der vermeintlich produktiven Klasse, dem Adel, in Form von Abgaben der Bauern an die Großgrundbesitzer zuzufließen hatte. Dieses Nettoprodukt sah Quesnay auch als die einzig mögliche Quelle der staatlichen Besteuerung an. Und aufgrund der leeren Staatskassen war ihm viel daran gelegen, die Produktivität der Landwirtschaft (und damit das Nettoprodukt als Besteuerungsgrundlage) zu steigern, während er gleichzeitig den Feudalstaat davor warnte, einfach nur durch überhöhte Steuerlast seine Kassen füllen zu wollen.

Auch wenn die physiokratische Lehre die Ausbeutung der Bauern und des Bodens als selbstverständlich formuliert hatte, beinhaltete sie doch auch ein gewisses Verständnis dafür, daß der Bogen dabei nicht überspannt werden dürfe und daß Raubbau langfristig die Quellen der Ausbeutung versiegen lassen würde. Diese an sich selbstverständliche Einsicht ist mit der Weiterentwicklung der ökonomischen Theorie abhanden gekommen und wird erst in jüngster Zeit angesichts der sich zuspitzenden ökologischen Krise allmählich wiederentdeckt.

Daß Quesnay nur die Natur als Produktivkraft und nur den Adel als produktive Klasse ansah, stellte eine derartige Provokation für das aufstrebende Bürgertum dar, daß Adam Smith, der bürgerliche Ökonom, mit einem Pendelausschlag in das andere Extrem reagierte: Nicht die Natur, sondern die menschliche Arbeit sei die eigentliche Quelle der Produktivität. Und damit warf er gleich all die anderen richtigen und wichtigen Erkenntnisse der Physiokratie über Bord, anstatt sie bloß aus ihren Verstrickungen mit feudalen Herrschaftsinteressen zu lösen und konsequent weiterzuentwickeln.

ADAM SMITH:

Der bürgerliche Liberalismus – die Botschaft vom allgemeinen wachsenden Wohlstand

Die Auflehnung des Bürgertums gegen die Feudalherrschaft

Noch im Schoße der feudalen Gesellschaft hatte sich eine neue soziale Klasse herausgebildet, die immer weniger bereit war, sich in ihrem wirtschaftlichen und gesellschaftlichen Aufstieg durch feudale Einschränkungen bremsen zu lassen: das Bürgertum, das sich in den Städten zusammen mit dem produzierenden Gewerbe und dem Handel entwickelt hatte. Im Feudalismus war das Handwerk noch streng in Zünften organisiert, und es gab keine Gewerbefreiheit. Mit der Entstehung von Manufakturen zeigte sich, daß sich die Produktivität in der Herstellung der Waren deutlich steigern ließ, wenn die Arbeitsabläufe anders als in den traditionellen Handwerksbetrieben organisiert wurden, indem sie in einzelne Arbeitsschritte aufgegliedert wurden und sich die Arbeiter auf einzelne Handgriffe spezialisierten. Die wachsende Produktion von Waren verlangte aber auch wachsende Absatzmöglichkeiten, und dazu wiederum waren die örtlich oder regional beschränkten Märkte zu eng und von zu vielen staatlichen Reglementierungen wie Preisfestsetzungen und Zöllen behindert, die an jeder regionalen Zollschranke entrichtet werden mußten, um die Kassen der jeweiligen Landesfürsten zu füllen.

Das wirtschaftlich immer bedeutendere und dadurch auch in seinem Selbstbewußtsein gestärkte Bürgertum fühlte sich durch den Feudalstaat und die Feudalherrschaft zunehmend in seinem Gewerbefleiß und in seinem Drang nach wirtschaftlich freier Entfaltung eingeengt. Hinzu kam die ideologische Demütigung durch die physiokratische Lehre, die den Adel als die »produktive Klasse« anerkannte, das Bürgertum hingegen als unproduktive, »sterile Klasse« ansah.

Auch die leibeigenen Bauern hatten allen Grund, sich ihrerseits gegen die Feudalklasse aufzulehnen und sich aus der Leibeigenschaft zu befreien. Mit dem Aufkommen des Fernhandels und dem Hereinströmen exotischer Waren nach Europa war der Adel in eine Art Konsumsucht verfallen, die natürlich irgendwie finanziert werden mußte: durch wachsenden Druck auf die Bauern und wachsende Abgaben, die aus ihnen herausgepreßt wurden.

So fanden sich also im Kampf gegen den Adel zwei unterschiedlich motivierte, aber im Ziel dennoch gleichgerichtete Interessen zusammen: die des Bürgertums und die der leibeigenen Bauern. Beide drängten gemeinsam darauf, die vermeintlich unerschütterliche feudale Ordnung aus den Angeln zu heben. Diese Auflehnung gipfelte schließlich in der Französischen Revolution von 1789, einer Revolution, die das Bürgertum auch politisch an die Macht brachte und die Privilegien der Feudalklasse im Sturm hinwegfegte.

Zum wachsenden Selbstbewußtsein des Bürgertums hatte sicherlich ein Werk wesentlich mit beigetragen: das richtungweisende Buch von Adam Smith (1723–1790) über den ›Wohlstand der Nationen‹, erstmals erschienen 1776. Smith gilt als der Begründer des sogenannten »ökonomischen Liberalismus«. »Liberalismus« deswegen, weil die Hauptbotschaft dieser Lehre darin bestand, die wirtschaftlichen Aktivitäten, insbesondere die gewerbliche Produktion und den Handel, von allen staatlichen Reglementierungen zu befreien.

Dem Bürgertum ging es also erklärtermaßen um »Freiheit«. Die Parole der Französischen Revolution lautete entsprechend auch »Freiheit, Gleichheit, Brüderlichkeit!« – eine mitreißende, hoffnungsvolle Perspektive für die bis dahin in Beschränkung, Abhängigkeit und Ausbeutung gehaltenen Menschenmassen. Das Bürgertum setzte sich damit an die Spitze der Freiheitsbewegung und versprach, die ganze Gesellschaft zu mehr Freiheit und zu allgemeinem Wohlstand zu führen – weltweit. Wie sollte das geschehen? Durch die »unsichtbare Hand des Marktes«, diesen neuen weltlichen Gott, nachdem der kirchliche Gott (beziehungsweise seine Stellvertreter auf Erden) den irdischen Einfluß mehr und mehr verloren hatten.[6]

»Liberalismus« beinhaltete aber auch den Kampf nicht nur um wirtschaftliche, sondern auch um politische Freiheiten, um demokratische Rechte. Und beides zusammen sollte die Grundlagen legen für eine möglichst weitgehende Freiheit jedes einzelnen, für die individuelle Freiheit, die gleichzeitig zum allgemeinen Wohlstand führen sollte. Mit seinem Buch lieferte Adam Smith die wissenschaftliche Begründung für diesen

Aspekt des Liberalismus. Die Überlegungen von Smith konzentrierten sich vor allem auf zweierlei:
- die Steigerung der Produktivität durch Arbeitsteilung,
- die Ausweitung der Märkte durch den Abbau von Handelsbeschränkungen.

Elemente der klassischen Theorie

Die Arbeitswertlehre

Ein wesentliches Element der klassisch-liberalen Theorie ist die von Smith begründete Arbeitswertlehre, die der physikalischen Lehre von der Produktionskraft der Natur beziehungsweise des Bodens entgegengestellt wurde. Die Arbeitswertlehre geht davon aus, daß die Quelle gesellschaftlichen Reichtums in der Arbeit liegt (Abbildung 2a).

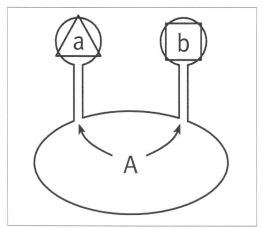

Abbildung 2a: Arbeitswertlehre: die Arbeitskraft (A) als gemeinsame wertschöpfende Quelle unterschiedlicher Waren (a und b)

Das Dreieck a und das Viereck b stellen zwei Waren mit unterschiedlichen Gebrauchswerten dar, das heißt, man kann sie für unterschiedliche Zwecke gebrauchen (zum Beispiel Tisch und Kleid). Bei allen Unterschieden haben diese Waren aber auch etwas Gemeinsames (dargestellt durch die gleiche geometrische Form des Kreises): Sie sind beide aus menschlicher Arbeit hervorgegangen, und beide beinhalten sie einen bestimmten Arbeitsaufwand, der für ihre Herstellung erforderlich war. Ist der Arbeitsaufwand bei beiden Waren gleich groß, so haben sie den gleichen Tauschwert. Ist der Arbeitsaufwand für einen Tisch zum Beispiel doppelt so groß wie für ein Kleid, dann hat der Tisch den doppelten Tauschwert. So ist es jedenfalls im einfachsten Fall, wo zur Herstellung der Waren ausschließlich Arbeitskraft aufgewendet wird. Würden die Waren zu ihrem Tauschwert verkauft, dann würde unter diesen Bedingungen der gesamte Ertrag der Arbeit dem jeweiligen Arbeiter zufließen.

Die Rolle von Kapital und Boden

Wie sieht es aber aus, wenn zusätzlich noch andere Faktoren für die Herstellung einer Ware eingesetzt werden, zum Beispiel Kapital und Boden?

»Sobald sich nun aber Kapital in den Händen einzelner gebildet hat, werden es einige von ihnen natürlich dazu verwenden, um arbeitsame Leute zu beschäftigen, denen sie Rohmaterialien und Unterhalt bieten, um einen Gewinn aus dem Verkauf ihres Produkts zu erzielen, genauer gesagt, aus dem Verkauf dessen, was deren Arbeit dem Material an Wert hinzufügt. Ganz gleich, ob man nun das fertige Erzeugnis gegen Geld, Arbeit oder andere Güter tauscht, es muß einen Erlös erbringen, der über den Materialkosten und den Arbeitslöhnen liegt und der ausreicht, um den Gewinn des Unternehmers, der sein Kapital mit diesem Einsatz aufs Spiel setzt, abzudecken. Der Wert, den ein Arbeiter dem Rohmaterial hinzufügt, läßt sich daher in diesem Fall in zwei Teile zerlegen, mit dem einen wird der Lohn gezahlt, mit dem anderen der Gewinn des Unternehmers, da er ja das gesamte Kapital für Materialien und Löhne vorgestreckt hat. Er würde nämlich sonst kein Interesse an einem solchen Wagnis haben, wenn er nicht etwas mehr als das aus dem Verkauf der Ware erwarten könnte, was eben ausreicht, sein Kapital zu ersetzen. Ebenso könnte er wohl kaum ein Interesse daran haben, eher ein größeres als ein kleineres Kapital einzusetzen, wenn sein Gewinn nicht in irgendeiner Beziehung zum Umfang seines Kapitals stünde.« (S. 43)

An dieser Stelle nimmt die Arbeitswertlehre von Smith eine sehr interessante und folgenschwere Wendung: Während er auf der einen Seite hervorhebt, daß nur die menschliche Arbeitskraft Werte schafft, daß nur durch sie der Kuchen des Sozialprodukts gebacken wird (Abbildung 2b), betrachtet er es andererseits als selbstverständlich, ja sogar als »natürlich«, daß sich die Kapitaleigentümer für die Bereitstellung ihres Kapitals einen Teil aus dem Kuchen herausschneiden und in Form von Gewinnen für sich beanspruchen (Abbildung 2c), weil sie ja sonst gar keinen Anreiz hätten, ihr Kapital bereitzustellen.

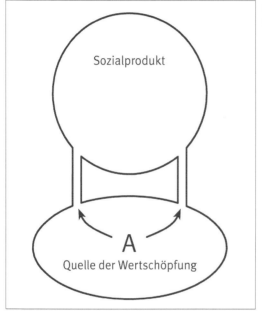

Abbildung 2b: Entstehung des Sozialprodukts

Wenn also die Arbeiter auf Kapital angewiesen sind, müssen sie notgedrungen auf einen Teil ihres vollen Arbeitsertrages zugunsten der Kapitaleigentümer verzichten. Und warum? Weil sich in den Händen einzelner Kapital gebildet hat und in den Händen anderer nicht, oder nicht genug. Daß dies so ist, erscheint als ein natürlicher Zustand. Und ebenso natürlich erscheint es, daß die Kapitaleigentümer einen Teil des Produkts der Arbeit anderer abzweigen.

Die gleiche Logik wendet Smith in bezug auf die Bodeneigentümer an. Gemeint ist damit nicht der feudale Großgrundbesitz in Verbindung mit leibeigenen Bauern, sondern das Privateigentum an Boden, das entweder selbst genutzt oder anderen – gegen Zahlung einer regelmäßigen »Bodenrente« – überlassen werden kann. (Darüber hinaus kann es auch verkauft oder verpfändet werden.)

»Sobald in einem Land aller Boden in Privateigentum ist, möchte auch der Grundbesitzer, wie alle Menschen, dort ernten, wo sie niemals gesät haben. Sie fordern selbst für den natürlichen Ertrag des Bodens eine Rente. Das Holz des Waldes, das Gras des Feldes und alle Früchte der Natur auf dieser Erde, die der Arbeiter, solange der Boden noch allen gehört, nur einzusammeln und zu ernten braucht, erhalten nunmehr selbst für ihn zusätzlich einen Preis. Er muß nämlich von nun an für die Erlaubnis zum Ernten dieser Früchte etwas bezahlen, indem er dem Landbesitzer einen Teil von dem abgibt, was er durch seine Arbeit eingesammelt oder erzeugt hat. Dieser Teil nun oder, was auf das gleiche hinauskommt, der Preis dieses Teils bildet die Bodenrente, die zugleich eine dritte Komponente im Preis der meisten Güter ist.« (S. 44)

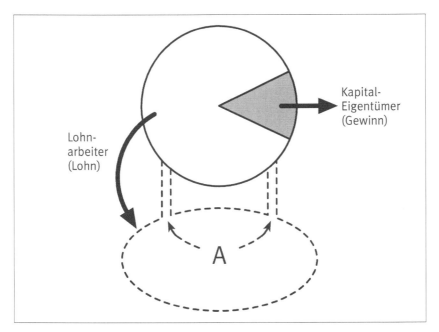

Abbildung 2c: Verteilung des Sozialprodukts

Die Selbstverständlichkeit der Aneignung

Auf das Sozialprodukt eines Landes insgesamt bezogen heißt das: Neben den Kapitaleigentümern eignen sich auch die Bodeneigentümer einen Teil des Kuchens an, der von der Arbeitskraft gebacken wurde (Abbildung 2d) – bei genauerem Hinsehen eigentlich eine Merkwürdigkeit, wenn nicht gar eine Ungeheuerlichkeit.

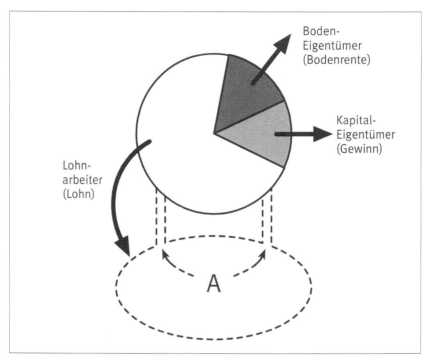

Abbildung 2d: Aneignung der von der Arbeitskraft geschaffenen Werte durch Boden- und Kapitaleigentümer

Aber für Smith war es ganz »natürlich«, daß ein relativ kleiner Teil der Gesellschaft über Eigentum an Kapital beziehungsweise Boden verfügt und der größte Teil eben nur über die eigene Arbeitskraft. All dies schien sich historisch allmählich »aus einer natürlichen Neigung des Menschen, zu handeln und Dinge gegeneinander auszutauschen« (S.16), entwickelt zu haben. Eine ganz natürliche Ordnung also? Eine der Natur des Menschen entspringende und seiner Natur angemessene Ordnung? Karl Marx sollte ein knappes Jahrhundert später gegen diese Auffassung von Smith Sturm laufen und sie mit seiner Mehrwerttheorie aus den Angeln heben. Aber bis wir uns eingehender mit der Marxschen Theorie auseinandersetzen, gibt es erst einmal noch eine Menge zu Adam Smith zu sagen.

Die Rolle des Zinses

Betrachten wir Smiths Erläuterungen der Funktion von Zinsen, eine weitere Einkommensart, die nicht aus eigener Arbeit herrührt:

»Das Einkommen aus Arbeit wird Lohn genannt, das aus Kapital Gewinn, soweit es jemand selbst verwendet oder einsetzt. Wird das Kapital hingegen an einen anderen ausgeliehen, bezeichnet man das Einkommen daraus als Zins oder als Nutzen des Geldes. Er ist das Entgelt, das der Schuldner dem Gläubiger dafür zahlt, daß er durch den Einsatz des Geldes Gelegenheit erhält, einen Gewinn zu machen. Ein Teil des Gewinns gehört natürlich dem Schuldner, da er das Risiko trägt und die Mühe auf sich nimmt, das Kapital einzusetzen. Der andere Teil steht dem Ausleiher zu, der ihm erst die Gelegenheit verschafft, diesen Gewinn zu erzielen. Der Zins des Geldes ist stets abgeleitetes Einkommen, das, wird es nicht aus dem Gewinn gezahlt, der durch die Nutzung des Geldes entsteht, aus irgendeiner anderen Einkommensquelle fließen muß, es sei denn, der Schuldner ist etwa ein Verschwender, der ein zweites Darlehen aufnimmt, um die Zinsen für die erste Schuld zu bezahlen.« (S. 46)

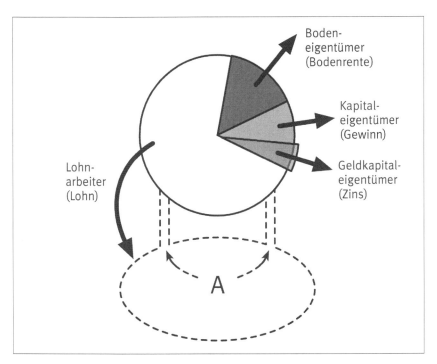

Abbildung 2e: Der Zins (nach Smith) als Abzweigung eines Teils des Gewinns

Nach dieser Auffassung ist also der Zins eine Abzweigung oder Ableitung aus dem Kapitalgewinn. Gesamtwirtschaftlich betrachtet hieße dies, daß von dem Stück Kuchen, das den Produktionsmitteleigentümern zufließt, ein Teil in Form von Zinsen an die Geldkapitaleigentümer weiterfließt (Abbildung 2e).

Die Entdeckung der Arbeit und ihre Vereinnahmung

Es ist schon erstaunlich, wie es Adam Smith mit seiner Theorie gelungen ist, einerseits die Arbeitskraft als Quelle von Wertschöpfung zu entdecken, andererseits die durch sie hervorgebrachte Produktivität weitgehend für das Kapital zu vereinnahmen, und damit einen an sich leblosen Faktor (Produktionsmittel und Geld) »zum Leben zu erwecken« und ständig wachsen zu lassen – und ihm dadurch den Anschein einer eigenständigen Produktivität zu verleihen. Im Feudalismus war es der Adel, der sich die Produktivität des Bodens und der Bauern aneignete und sich ihrer bemächtigte, weil ihm Boden samt Bauern gehörten. Im Kapitalismus ist es das Bürgertum, das sich die Produktivität der Lohnarbeit (und der Natur) aneignet und sich ihrer bemächtigt, weil ihm Produktionsmittel und Geld als Eigentum gehören – und weil die Lohnarbeiter auf Produktivkapital und Geldkapital angewiesen sind, um überhaupt zu arbeiten und nicht arbeitslos zu bleiben.

Die eine Herrschaftsideologie erschien im Feudalismus so plausibel wie die andere im Kapitalismus. Beide trugen sie jeweils dazu bei, die bestehenden Herrschaftsverhältnisse so darzustellen, als seien sie entweder naturgegeben oder aber die denkbar besten – zum Wohle aller. Der gemeinsame Nenner beider Ideologien, die ja jeweils ganz unterschiedliche gesellschaftliche Verhältnisse legitimieren, ist die scheinbar selbstverständliche Verflechtung von Produktionsfaktoren mit deren jeweiligen Eigentümern: Die Produktionsmittel werden mit dem Eigentum an Produktionsmitteln zum »Produktionsfaktor Kapital« verflochten, und wie selbstverständlich wird daraus der Anspruch der Eigentümer auf einen Teil des Sozialprodukts abgeleitet. Das gleiche gilt für den Produktionsfaktor Boden, bei dem der Boden mit dem Bodeneigentümer verflochten wird.

Die blinden Flecken dieser Ökonomie bestehen darin, daß sie die jeweiligen historischen Entstehungsbedingungen der Verflechtung ebenso

verdrängen wie die Perspektive ihrer möglichen Auflösung, zum Beispiel die Frage,
- ob die für den Produktionsprozeß technisch notwendigen Produktionsmittel unbedingt Privateigentum sein müssen;
- ob der für den Produktionsprozeß erforderliche Boden nicht auch anders als in der Form von bürgerlichem Eigentum oder feudalem Großgrundbesitz an Boden genutzt werden könnte;
- ob das Geld auf jeden Fall über den Zins bereitgestellt werden muß.

Durch die Verflechtung von Produktionsmitteln und Boden mit Eigentum wird aus deren Beitrag zum Sozialprodukt wie selbstverständlich ein Anspruch der jeweiligen Eigentümer auf Teile des Sozialprodukts abgeleitet – so, als wären *sie* die Quelle der Produktivität und der Wertschöpfung.

Die vergessene Natur

Die Natur als die letztendliche Grundlage und Quelle von Produktivität und Wertentstehung ist in der Theorie von Adam Smith unversehens in Vergessenheit geraten. Anders als in der physiokratischen Lehre gibt es im ökonomischen Liberalismus keine Sorgfaltspflicht der Bodeneigentümer in bezug auf den Erhalt oder die Wiederherstellung der Bodenqualität mehr, geschweige denn der Regenerierung und der Reproduktion der Natur insgesamt.[7] Statt dessen degeneriert die Bodenrente lediglich zu einem Anspruch der Bodeneigentümer auf Teile des Sozialprodukts, das heißt auf ein leistungsloses Einkommen. Entsprechendes gilt für die Kapitalbesitzer. Im Extremfall brauchen sie selbst keinen Finger krumm zu machen, sondern lassen lediglich »ihr Kapital arbeiten« und beziehen daraus ebenfalls ein leistungsloses Einkommen in Form des Zinses.

Allein aufgrund des Privateigentums an Faktoren, die für die gesellschaftliche Produktion benötigt werden – und deren Einsatz oder Bereitstellung die Eigentümer auch verweigern könnten –, können also die Eigentümer von Kapital (Produktionsmittel, Geldkapital) und Boden einen entsprechenden Preis in Form von Gewinn, Zins und Bodenrente erzielen – oder erzwingen. Und dieser Preis läßt sich um so höher schrauben, je mehr die anderen Teile der Gesellschaft auf diese Faktoren angewiesen sind, weil sie selbst nicht darüber verfügen. Die Abtrennung eines

Großteils der Gesellschaft von den Produktions- und Lebensgrundlagen, die »materielle Entwurzelung«, und die dadurch entstandene Abhängigkeit ist historisch und logisch die Voraussetzung für die Dominanz der wenigen Eigentümer über den Rest der Gesellschaft.

Die Frage, wie sich historisch die Trennung großer Teile der Bevölkerung von ihren unmittelbaren Lebensgrundlagen (dem Boden) und von den Produktionsmitteln vollzogen hat, wird von Smith nicht näher behandelt. Die Aufteilung der Gesellschaft in Lohnabhängige, Kapitaleigentümer und Bodeneigentümer erscheint ihm vielmehr als naturgegeben. Wenn man sich demgegenüber die historische Entstehung des Kapitalismus näher ansieht, wird deutlich, daß er aus gewaltsamen Umwälzungen hervorgegangen ist. »Die Gewalt war der Geburtshelfer des Kapitalismus«, hat Marx einmal gesagt. Und er hat diese Entwicklung selbst ausführlich dokumentiert. Aber dazu später mehr. Vorher wollen wir uns noch näher mit der Theorie der Arbeitsteilung von Smith auseinandersetzen.

Licht und Schatten der Arbeitsteilung

Wenn die Arbeitskraft die wesentliche Quelle der Wertschöpfung war, lag die vordringliche Aufgabe des Bürgertums nach Auffassung von Smith darin, in den Gewerbebetrieben, den Manufakturen, den Bergwerken und den Fabriken die Arbeit so zu organisieren, daß ihre Produktivität höchstmöglich gesteigert wurde. In der Erhöhung der Arbeitsproduktivität sah er die wesentlichen Grundlagen für wachsenden allgemeinen Wohlstand.

Innerbetriebliche Arbeitsteilung und Produktivitätssteigerung

Am Beispiel einer Stecknadelfabrik erläutert Smith gleich im ersten Kapitel seines Buches die Vorteile der innerbetrieblichen Arbeitsteilung und Spezialisierung. Durch Zerlegung des Produktionsprozesses in kleinste Schritte könnten sich die Arbeiter auf einen einzelnen Ausschnitt, einen einzelnen Arbeitsgang oder Handgriff konzentrieren und dadurch eine ungleich viel höhere Geschicklichkeit und Geschwindigkeit entwickeln, als wenn sie die unterschiedlichen Arbeitsgänge nacheinander ausführen würden.

Wird nun der Arbeitsprozeß umorganisiert, indem sich die einzelnen Handwerker nur noch auf einen speziellen Arbeitsgang spezialisieren, dann können sie diesen viel schneller durchführen als vorher. So geht es jedem von ihnen, und deshalb steigt in der Summe bei gleichem Arbeitsaufwand die Zahl der produzierten Stücke, also die Arbeitsproduktivität.

Den gleichen Gedanken übertrug Smith auf die gesellschaftliche Arbeitsteilung zwischen einzelnen Sektoren der Wirtschaft – und schließlich sogar auf die weltweite internationale Arbeitsteilung, das heißt auf die Spezialisierung einzelner Länder auf jeweils bestimmte Produkte. Arbeitsteilung und Spezialisierung schienen der Schlüssel für eine allgemeine Steigerung der Arbeitsproduktivität zu sein. Und wenn auf diese Weise zunehmend mehr produziert wird, kann auch entsprechend mehr an die einzelnen Teile der Gesellschaft verteilt werden. Je größer der Kuchen, um so mehr bleibt für jeden übrig.

Allerdings sah er in der Steigerung der Produktivität nur eine notwendige und noch keine hinreichende Bedingung für wachsenden allgemeinen Wohlstand. Denn das in wachsendem Maße Produzierte mußte ja auch Absatzmärkte finden, und entsprechend mußten die damals noch engen und begrenzten Märkte erst noch entwickelt und ausgeweitet und von jeglichen regulierenden Beschränkungen befreit werden.

Mit der Entdeckung des Prinzips der Arbeitsteilung schienen sich fast unerschöpfliche Quellen der Produktivitätssteigerung zu erschließen. Die Gesellschaft war nicht mehr angewiesen auf die begrenzten Möglichkeiten der Produktivitätssteigerung in der Landwirtschaft, wie sie unter feudalen Verhältnissen gegeben war. Dabei war die Aufsplitterung des Arbeitsprozesses ja nur die Ouvertüre zur späteren industriellen Massenproduktion, wo nicht mehr der einzelne Arbeiter die sich ständig wiederholenden Handgriffe durchführte, sondern an seine Stelle die Maschine trat. Welche ungeheuren Möglichkeiten der Steigerung der materiellen Produktion und der Stückkostensenkung sich dadurch auftaten, konnte Smith zu seiner Zeit nicht ahnen. Aber er hatte ein sicheres Gespür dafür, daß die Durchsetzung innerbetrieblicher Arbeitsteilung – einhergehend mit der Entwicklung und Liberalisierung der Märkte – eine fundamentale Weichenstellung für die künftige ökonomische und gesellschaftliche Entwicklung sein würde.

Die verdrängten Schattenseiten

Bei aller nicht unberechtigten Begeisterung für die Vorteile der Arbeitsteilung haben sich allerdings bei Adam Smith auch einige blinde Flecken bezüglich ihrer Schattenseiten eingeschlichen.

Die Zerstörung menschlicher Produktivität und Identität

Bei der innerbetrieblichen Arbeitsteilung und Spezialisierung handelt es sich ja nicht nur um eine Aufteilung der Arbeit, sondern um eine Zersplitterung eines vorher ganzheitlichen, fließenden, kreativen Arbeitsprozesses, wie er für die handwerkliche Fertigung kennzeichnend ist. Im Handwerk bilden die planende und die ausführende Tätigkeit noch eine Einheit, und die einzelnen Arbeitsschritte bei der Fertigung des Produkts haben einen inneren Zusammenhang – wie ein Fluß.

Der Tischler zum Beispiel plant, wie der Tisch aussehen soll, macht entsprechende Entwürfe, kennt sich in den Werkstoffen, den Materialien, in der Handhabung der Werkzeuge aus, besitzt handwerkliches Geschick und Fähigkeiten und läßt all dies in die Herstellung des Produkts einfließen. Seine ganze Energie und Konzentration richtet sich auf den Entstehungsprozeß des Produkts, und er findet sich selbst und seine Kreativität im fertigen Produkt wieder. Durch diese Einheit von planender Tätigkeit, emotionaler Hingabe und handwerklicher Ausführung kann sich der betreffende Mensch sowohl mit seiner Arbeit als auch mit dem Produkt seiner Arbeit identifizieren. Selbst ein Teil der Schöpfung, bringt er seine schöpferischen Fähigkeiten auch in der Arbeit zum Ausdruck.

Einen derartigen Charakter hat die Arbeit in den handwerklichen Traditionen früherer Kulturen der vorindustriellen Zeit auch besessen. Nicht daß diese Arbeit einfach war, sie war oft Schwerstarbeit, aber sie wurde mit Hingabe verrichtet und bildete einen Teil der menschlichen Identität. Es gibt in unserer heutigen Gesellschaft nur noch wenige Menschen, die ein solches Gefühl von erfüllter Arbeit kennen oder es sich auch nur vorstellen können.

In vielen von uns ist die Sehnsucht nach solchen Formen von zusammenhängender, ganzheitlicher Arbeit noch vorhanden, auch wenn die Voraussetzungen dazu nicht mehr gegeben sind. Warum sind sonst so viele Menschen fasziniert, wenn sie auf mittelalterlichen Märkten die alten Handwerke sehen oder auf Fernreisen die traditionellen Handwerker und deren Produkte bewundern?

In seinem Buch ›Der Wohlstand der Nationen‹ hat Smith also einerseits die bis dahin vernachlässigte Arbeitskraft als Quelle der Wertschöpfung entdeckt, aber nicht um die Arbeit als Ausdruck menschlicher Kreativität selbst wertzuschätzen, sondern um sie zum Ausbeutungsobjekt der sich entfaltenden kapitalistischen Produktionsweise zu degradieren. Allgemeiner Wohlstand sollte sich nicht über eine erfüllte Arbeit einstellen, sondern über eine Steigerung von Produktion und Konsum – wobei die gesellschaftliche Verteilung des wachsenden Kuchens zunächst einmal völlig offen blieb.

Arbeitsteilung, Dominanz und Abhängigkeit

Durch die Arbeitsteilung entsteht auch eine wechselseitige Abhängigkeit der daran Beteiligten. Um bei unserem Beispiel zu bleiben: Der Arbeiter, der auf das Sägen spezialisiert ist, damit das Gesamtprodukt zustande kommt, ist angewiesen auf die Arbeit des hobelnden, des bohrenden und des schleifenden Arbeiters. Und alle vier zusammen sind darauf angewiesen, daß sich vorher jemand einen Plan vom Gesamtzusammenhang der einzelnen Arbeitsschritte und davon gemacht hat, was, wie und mit welchen Mitteln überhaupt produziert werden sollte. Denn durch die Zersplitterung des ganzen Arbeitsprozesses in einzelne Teile kommt den einzelnen Spezialisten der Blick für das Ganze abhanden, und später eingestellte Arbeiter brauchen diesen Blick nicht zu haben, sondern werden in kurzer Zeit für die Durchführung der Teilverrichtung angelernt.

Je weiter der Grad der Aufsplitterung fortschreitet, um so geringer die Qualifikationsvoraussetzungen, so daß der einzelne ungelernte Arbeiter immer leichter durch andere Arbeiter beziehungsweise durch Maschinen ersetzbar ist – und also auch immer weniger Rechte beziehungsweise immer weniger Lohn einfordern kann. Auf der anderen Seite braucht es aber qualifizierte Fachkräfte, die den kompliziert gewordenen Arbeitsprozeß planen, organisieren, kontrollieren, um die sonst zersplitterten Teile des Arbeitsprozesses zu einem Ganzen zusammenzufügen, ohne selbst in der Produktion tätig sein zu müssen. Dadurch entsteht eine weitere Aufspaltung von Funktionen, die beim Handwerker noch eine Einheit bildeten: die Trennung von Hand- und Kopfarbeit.

Beide, Handarbeiter und Kopfarbeiter, sind nun aufeinander angewiesen. Arbeitsteilung bringt demnach wechselseitige Abhängigkeiten der einzelnen Teile mit sich. Die Frage ist nur, ob es sich dabei um ein ausgewogenes, gleichberechtigtes Verhältnis zueinander handelt oder um ein Verhältnis von Dominanz und Abhängigkeit. Und in dieser Hinsicht hat die Theorie der Arbeitsteilung einen weiteren blinden Fleck: Die Frage nach Dominanz und Abhängigkeit wird von ihr verdrängt, und damit auch die Frage nach möglichen Herrschaftsstrukturen, die mit der Arbeitsteilung einhergehen.

Die ungleiche Verteilung des Gesamtprodukts

Die Trennung von Hand- und Kopfarbeit in der innerbetrieblichen Arbeitsteilung hat in der industriellen Entwicklung zu einer klaren Dominanz der Kopfarbeit über die Handarbeit geführt. Die Entscheidungsstruktur ist hierarchisch aufgebaut, der soziale Status der Angestellten wurde höher bewertet als der der einfachen Arbeiter, und ihre Arbeit wurde in der Regel höher entlohnt. Dies galt jedenfalls so lange, wie zu ihrer Durchführung noch höhere Qualifikationen erforderlich waren und wie sie weniger leicht ausgetauscht werden konnten als der einfache, ungelernte Arbeiter – sei es durch andere Menschen, sei es durch Maschinen. Dadurch entstanden nicht nur ungleiche Arbeitsbedingungen zwischen Angestellten und Arbeitern, sondern zusätzlich – über die unterschiedliche Entlohnung – auch ungleiche Lebensbedingungen.

Auch wenn es stimmt, daß durch Arbeitsteilung die Produktivität und gesamtwirtschaftlich das Sozialprodukt gesteigert wurde, bedeutete das nicht zwangsläufig einen wachsenden Lebensstandard für die Arbeiter, ganz im Gegenteil: Mit der Entfaltung der kapitalistischen Produktionsweise verschlechterten sich zunächst einmal nicht nur die Arbeitsbedingungen, sondern auch die Lebensbedingungen insgesamt für die Masse der Lohnabhängigen. Bis das Verdrängte sich schließlich erneut – und teilweise gewaltsam – Gehör verschaffte: in Form der Arbeiterbewegungen, im Kampf um die Verbesserung der Arbeits- und Lebensbedingungen der Lohnabhängigen und in einer radikalen Kritik der bürgerlichen Ökonomie durch Marx.

Die Theorie der internationalen Arbeitsteilung und des Freihandels

Die Smithsche Theorie der internationalen Arbeitsteilung und des Freihandels wird bis heute immer wieder als Begründung für die Liberalisierung des Handels und die Ausweitung des Weltmarkts herangezogen. Am Beispiel zweier Länder A und B sollen diese Gedanken veranschaulicht werden.

In Abbildung 3a wird davon ausgegangen, daß – im denkbar einfachsten Fall – sowohl in Land A als auch in Land B nur jeweils zwei Produkte a und b hergestellt werden. Wir können uns das auch vorstellen als zwei unterschiedliche Sektoren der Wirtschaft, zum Beispiel Industrie und Landwirtschaft, die spezifische Produkte hervorbringen. Die Fläche der geometrischen Figuren (Dreieck beziehungsweise Viereck) drückt jeweils den Arbeitsaufwand aus, der zur Erstellung eines Produkts erforderlich ist. Land A braucht demnach für die Herstellung des Industrieprodukts a einen geringeren Aufwand als Land B, und umgekehrt liegen die Dinge in bezug auf die Agrarprodukte b, bei denen Land B weniger Aufwand braucht als Land A. Anders ausgedrückt: Bezüglich der Industrieproduktion ist Land A dem Land B in der Produktivität überlegen, in bezug auf die Agrarproduktion ist es genau umgekehrt. In der Ausgangssituation wird in Land A jeweils 1a + 1b produziert, und ebenso in Land B. Die Gesamtmenge beträgt demnach 2a + 2b.

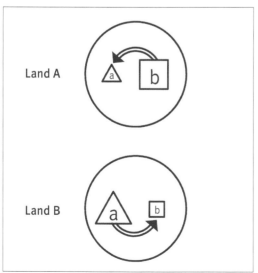

Abbildung 3a: Internationale Arbeitsteilung und Spezialisierung auf den jeweils produktivsten Bereich

Die Theorie der internationalen Arbeitsteilung von Smith besagt nun, daß es für beide Länder von Vorteil ist, wenn sie sich jeweils auf die Produktion spezialisieren, bei der sie dem anderen Land in der Produktivität überlegen sind. Das bedeutet also für Land A eine Spezialisierung auf Sektor a und für Land B eine Spezialisierung auf Sektor b. Indem die Arbeitskraft, die in Land A bisher vergleichsweise unproduktiv im Sektor b gebunden war, nun auch in Sektor a strömt, können dort – so wollen wir annehmen – 4a statt vorher 1a produziert werden. Und das Entsprechende gilt für Land B, wo die Arbeit aus Sektor a in Sektor b strömt und dadurch 4b statt vorher 1b hergestellt werden können. Allein durch Verwendung der Arbeitskraft in den jeweils produktivsten Sektoren wird die Gesamtproduktion beider Länder in unserem Beispiel verdoppelt: Nach der Spezialisierung ergeben sich insgesamt 3a + 3b (Abbildung 3b).

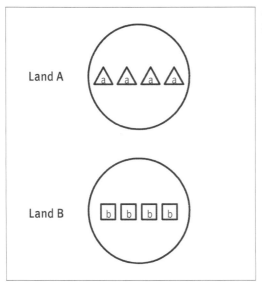

Abbildung 3b:
Spezialisierung und
Produktivitätssteigerung

Durch internationale Arbeitsteilung oder Spezialisierung kann also das Gesamtprodukt beider Länder erhöht werden. Aber das allein reicht noch nicht aus, um deren Wohlstand zu steigern. Die Arbeitsteilung wäre sozusagen nur eine notwendige, aber noch keine hinreichende Voraussetzung dafür. Es muß noch etwas hinzukommen, nämlich der Austausch der Produkte. Wenn wir davon ausgehen, daß das eine Land nicht nur von Industrieprodukten leben kann und will und das andere Land nicht nur von Agrarprodukten, muß es zu einem Handel zwischen beiden Ländern kommen. Über den Handel können sie das jeweils benötigte, aber selbst nicht mehr hergestellte Produkt beziehen, und dafür den

Überschuß des Produktes anbieten, auf das sie sich selbst spezialisiert haben. In unserem Beispiel tauschen sich auf diese Weise 2a gegen 2b. Und dieser Handel sollte durch keine Zollschranken oder andere Beschränkungen behindert werden, sollte von allen Beschränkungen befreit werden: Das versteht man unter Freihandel (symbolisch dargestellt in Abbildung 3c). Beide Länder hätten dann doppelt so viele Produkte wie vorher, als es noch keine Arbeitsteilung und noch keinen Freihandel gab: jeweils 2a + 2b. Die Schlußforderung aus diesen Überlegungen lautet: Arbeitsteilung und freier Welthandel erhöhen den Wohlstand der Nationen!

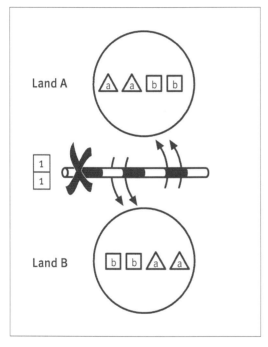

Abbildung 3c: Abbau von Zollschranken, Freihandel (bei gleichwertigem Tausch 1a : 1b) und beiderseitige Wohlstandssteigerung

Damit hatte Smith seine Theorie der Arbeitsteilung zu einer allgemeinen Weltbeglückungsidee ausgeweitet. Wenn die Hindernisse für die Durchsetzung der innerbetrieblichen, gesellschaftlichen und internationalen Arbeitsteilung aus dem Weg geräumt würden, müßte die Welt dem materiellen Paradies auf Erden immer näher kommen, scheinbar eine faszinierende Idee. Aber auch die Theorie der internationalen Arbeitsteilung hat blinde Flecken, gewaltige blinde Flecken – zusätzlich zu denen, die wir schon herausgearbeitet haben.

Die verdrängten Probleme der internationalen Arbeitsteilung

Bei der Betonung der Produktivitätssteigerung durch internationale Arbeitsteilung bleibt die Frage ausgeklammert, wie sich das gewachsene Gesamtprodukt zwischen den beteiligten Ländern aufteilt. Es wird stillschweigend davon ausgegangen, daß es im Freihandel über den Weltmarkt zu einem gleichwertigen, einem »äquivalenten« Tausch kommt. In unserem Beispiel hieße das, daß sich Produkt a und Produkt b im Verhältnis 1:1 austauschen, sofern in beide der gleiche Aufwand investiert worden ist. Aber gibt es irgendeine Gewähr dafür, daß dies auf Dauer und im Durchschnitt auch geschieht? Zwischen relativ gleich entwickelten und relativ gleichberechtigten Handelspartnern mag diese Annahme noch einigermaßen mit der Realität übereinstimmen. Beide sind wechselseitig auf das Produkt des jeweils anderen angewiesen, und auf dieser Grundlage kann nicht ein Land die Preise seines Produkts am Weltmarkt beliebig hochtreiben, während die Produkte des anderen Landes am Weltmarkt unterbewertet werden.

Der ungleiche Tausch zwischen Erster und Dritter Welt

Aber wie sieht es demgegenüber aus, wenn es sich um ungleiche Handelspartner handelt, wie dies zum Beispiel in heutiger Zeit zwischen Industrieländern und Entwicklungsländern der Fall ist, wenn also ein Verhältnis von Dominanz und Abhängigkeit besteht? Wenn wir einmal annehmen, daß in unserem Modell das Austauschverhältnis von Industrieprodukt a zu Agrarprodukt b nicht 1:1, sondern 1:3 beträgt, stellt sich das Ergebnis der internationalen Arbeitsteilung und Spezialisierung nämlich schon ganz anders dar (Abbildung 3d).

Unter diesen Umständen profitieren allein die Industrieländer, der Norden, und die Entwicklungsländer haben nach erfolgtem Austausch nicht mehr als vorher. Es könnte natürlich auch noch schlimmer kommen, die Entwicklungsländer könnten durch internationale Arbeitsteilung und Weltmarktorientierung insgesamt schlechter dastehen als vorher, wenn sie sich nicht auf die Entfaltung ihrer inneren Produktivkräfte konzentriert, sondern sich am Weltmarkt ausgerichtet hätten.[8]

Ein wesentliches Problem der Länder der Dritten Welt liegt tatsächlich darin, daß sie sich in ihrer Produktionsstruktur sehr stark speziali-

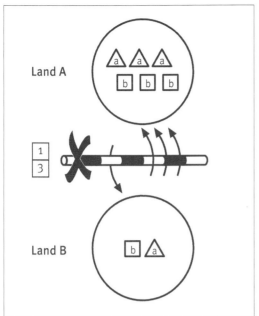

Abbildung 3d: Freihandel bei ungleichem Tausch (1a : 3b) und einseitige Wohlstandssteigerung für Land A

siert haben, vor allem auf Agrarprodukte einerseits und Rohstoffabbau andererseits, mit jeweils starker Ausrichtung am Weltmarkt. Große Teile ihrer Exporterlöse beruhen auf dem Export von nur ein oder zwei Produkten: Kaffee, Tee, Kakao, Bananen, Kautschuk, Holz, Kupfer, Eisenerz usw., Produkte also, bei denen sie aufgrund des südlichen Klimas oder aufgrund besonderer Rohstoffvorkommen eine scheinbare »natürliche« Überlegenheit gegenüber den Industrieländern des Nordens besitzen. Entsprechend der Theorie der internationalen Arbeitsteilung haben sie sich auf diese Bereiche konzentriert und das entwickelt, was man »Monokultur« nennt. Mit dem Ergebnis, daß sich die Kluft zwischen den meisten Entwicklungsländern und den Industrieländern immer weiter vertieft hat. Dies findet unter anderem seinen Ausdruck darin, daß sich die Austauschverhältnisse (die sogenannten »terms of trade«) zwischen den Produkten der Entwicklungsländer und denen der Industrieländer am Weltmarkt in den letzten Jahrzehnten immer weiter zuungunsten der Entwicklungsländer verändert haben (»terms of trade« wird übrigens abgekürzt mit »tot«). Abbildung 4 stellt diese Entwicklung symbolisch dar.

Die Aufwendungen für den Import von Industrieprodukten, auf die die Entwicklungsländer angewiesen sind, haben sich im Laufe von vier Jahrzehnten erhöht, während die Exporterlöse für ihre Agrarprodukte und mineralischen Rohstoffe im Trend zurückgegangen sind (mit Ausnahme der OPEC-Länder). Dadurch hat sich eine immer größere Lücke in der Zahlungsbilanz der Entwicklungsländer aufgetan, die anfänglich mit Entwicklungshilfe und später mehr und mehr mit Krediten gefüllt werden mußte – und die Entwicklungsländer immer tiefer in die Verschuldung hineingetrieben hat, die sich in den 80er Jahren zur Schuldenkrise der Dritten Welt zuspitzte. Inzwischen betragen die Zinszahlungen der Entwicklungsländer an die Industrieländer ein Vielfaches dessen, was an Entwicklungshilfe von Norden nach Süden fließt.

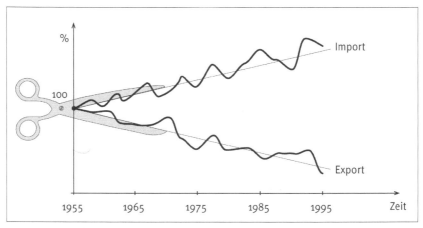

Abbildung 4: Die Schere zwischen Importaufwendungen und Exporterlösen der Dritten Welt hat sich immer weiter geöffnet (symbolische Darstellung).

Die Spezialisierung durch Monokulturen und die Weltmarktorientierung haben die Entwicklungsländer eben nicht an dem wachsenden Gesamtprodukt teilhaben lassen, sondern sie zum großen Teil in zunehmend dramatischere ökonomische, soziale und ökologische Krisen hineingetrieben, durch deren Eskalationen die Weltöffentlichkeit immer wieder aufgerüttelt wird, um dann alsbald wieder zur Tagesordnung überzugehen und nach dem Prinzip »Weiter so!« zu verfahren.

Die Verdrängung des Kolonialismus

In der Anwendung der Theorie der internationalen Arbeitsteilung auf die Entwicklungsländer wurde auch immer wieder stillschweigend von einer Monokultur ausgegangen – und unter den gegebenen Voraussetzungen erscheint es ja auch einleuchtend, sich auf den Bereich der größten Produktivität zu konzentrieren.[9] Aber was bei dieser Argumentation verdrängt wird, ist die Frage, wodurch die Monokultur historisch überhaupt entstanden ist – eine Struktur, durch die das Land erst abhängig vom Import anderer Waren wurde, weil es diese nicht oder nicht mehr selbst herstellt und dennoch braucht.

Wenn man den Blick auf den historischen Entstehungsprozeß der Monokulturen richtet, so wird deutlich, daß es sich im Zuge des Kolonialismus um einen Prozeß gewaltsamer Zerstörung von vorher vorhandener vielfältiger Produktivität, von funktionierenden Sozialstrukturen und von kultureller Identität gehandelt hat. Der Kolonialismus hat nicht einfach wie frühere Eroberer die bestehenden sozialen und ökonomischen Strukturen mit einem von außen aufgezwungenen Herrschaftssystem überlagert, sondern hat funktionierende und sich selbst versorgende und selbstregulierende Sozialstrukturen in ihrem Kern getroffen und gespalten.[10] Ich nenne diesen Prozeß »soziale Kernspaltung«, ganz bewußt in Analogie zur atomaren Kernspaltung, weil durch sie gleichermaßen eine destruktive Kettenreaktion von explosiver sozialer Sprengkraft ausgelöst wurde, die bis heute fortwirkt.

Indem den Kolonien von den Kolonialmächten feudale oder halbfeudale Systeme (mit Pachtabhängigkeit der Bauern) aufgezwungen und eine herrschende Klasse von Großgrundeigentümern eingesetzt wurde (teilweise bestehend aus europäischen Siedlern, teilweise aus korrumpierten Einheimischen), wurde das vorher in Subsistenzwirtschaften gemeinschaftlich genutzte Land in einzelne Pachtgrundstücke aufgespalten, und die Landbevölkerung wurde in die Pachtabhängigkeit gegenüber den Großgrundherren und zu entsprechenden Geldabgaben gezwungen. Dadurch blieb ihnen gar nichts anderes übrig, als sich das Geld durch Verkauf ihrer Agrarprodukte am Markt zu beschaffen. Die Handelskompanien der Kolonialmächte als die einzigen Abnehmer konnten den Bauern diktieren, was sie anzubauen hatten, und konnten die Preise drücken. Auf diese Weise bestimmten die Kolonialmächte, in welcher Kolonie welche Monokultur geschaffen wurde. Die ursprünglich sich selbst versorgenden, genügsamen, solidarisch lebenden und ökologisch wirtschaftenden Gemeinschaften blieben dabei auf der Strecke, und an die Stelle traten Spaltprodukte dieser Gemeinschaften, die gegeneinander in Konkurrenz gerieten, ihre kulturelle Identität verloren und in Monokulturen zunehmend Raubbau an der Natur betrieben.[11]

Ebenso wie die innerbetriebliche Arbeitsteilung die menschliche Produktivität und Kreativität der Arbeiter verkümmern läßt, so führt auch die Monokultur in der Landwirtschaft zu einer Verkümmerung der Produktivität, in diesem Fall des Bodens. Die vordergründigen Erfolge der vorübergehenden Ertragssteigerung täuschen hier wie dort über die langfristig verheerenden Konsequenzen hinweg, die sich aus einer Zerstörung der ganzheitlichen und vielfältigen Entfaltung der produktiven Kräfte ergeben.

Die Weichen für eine solche Verirrung des menschlichen Denkens und Handelns wurden wesentlich durch die ökonomische Theorie der Arbeitsteilung von Smith gestellt. Seitdem ist der Zug in immer rasenderem Tempo in die gleiche Richtung weitergefahren – oder besser gesagt, die Dampfwalze, die alles überrollt und niederwalzt, was sich ihr in den Weg stellt. Die immensen sozialen, ökologischen und emotionalen Kosten, die die Globalisierung und Totalisierung des Prinzips der Arbeitsteilung und der künstlich wiederhergestellten Verbindung ihrer Splitter mit sich brachte, werden erst allmählich und vereinzelt der Verdrängung entrissen und ansatzweise bewußt. Sie bildet auch den Hintergrund für neuere, postindustrielle Modelle von Produktions- und Lebensformen, die sich zum Ziel gesetzt haben, aus dieser globalen Zerstörungsmaschinerie auszusteigen und – zum Teil unter Rückbesinnung auf verschüttete kulturelle Traditionen und spirituelle Weisheiten – langfristig tragfähige Inseln der Hoffnung mit einem relativ hohen Grad an Selbstversorgung aufzubauen.

Die Blindheit gegenüber der Subsistenzwirtschaft

Während in unseren Breiten mehr oder weniger mühsam an der Realisierung derartiger Projekte (wie Ökodörfer, spirituelle Produktions- und Lebensgemeinschaften und Permakultur-Modelle) gearbeitet wird, vollzieht sich tagtäglich und von uns weitgehend unbemerkt eine massenweise Auflösung, Zersetzung und Zerstörung der noch verbliebenen Subsistenzwirtschaften vor allem in Ländern der Dritten Welt. Die Euphorie für Arbeitsteilung und über den Markt vermittelten Austausch hat nicht nur die Ökonomen, sondern alle Gläubigen dieser neuen Weltreligion so blind gegenüber den ganzheitlichen und ökologischen Lebensweisen von Subsistenzwirtschaften werden lassen, daß deren produktive Leistungen nicht einmal in der Sozialproduktberechnung erscheinen, weil ihre Produkte nicht über den Markt getauscht und mit Preisen bewertet werden. Die Lebensweise von heute noch rund zwei Dritteln der Menschheit gilt nicht als Ökonomie. Sie müssen erst noch zur Ökonomie bekehrt werden, im Kreuzzug der Expansion des Weltmarkts. Die wenigen Inseln des Glücks, die liebevollen Kulturen, die es vereinzelt noch bis in das 20. Jahrhundert gegeben hat[12], sind nicht von ungefähr Gesellschaften, die vom Weltmarkt und seinen Segnungen weitgehend unberührt geblieben sind. Und überall dort, wo sie mit dem Weltmarkt in Berührung kamen, wurden sie mehr oder weniger in seinen Bann gezogen und von seiner Destruktivität infiziert. Vor diesen Einflüssen des Weltmarktsystems müßten die noch verbliebenen Subsistenzgesellschaften geschützt werden. »Die Wächter der Erde«[13] haben mit ihren traditionellen Lebensweisen und -weisheiten für den Erhalt der globalen Lebensgrundlagen eine Bedeutung, die bisher – allen voran von den Ökonomen – viel zu sehr unterschätzt beziehungsweise vollständig verdrängt worden ist.[14]

Was sich am Beispiel der Theorie der Arbeitsteilung bereits andeutet, wird sich von da an wie ein roter Faden durch die weitere Entwicklung der ökonomischen Wissenschaft, aber auch der ökonomischen Praxis ziehen: eine in den Grundlagen und Grundbegriffen der Ökonomie angelegte gigantische Bilanzfälschung, ein kolossales globales Täuschungs- und Selbsttäuschungsmanöver über die vermeintlichen Erfolge wirtschaftlichen Handelns und wirtschaftlichen Wachstums der Industriegesellschaft und des Weltmarkts. Erst allmählich beginnt es angesichts der ökologischen Krise zu dämmern, wie sehr große Teile der Menschheit in den letzten zwei Jahrhunderten industrieller Entwicklung einem kollektiven Wahnsystem erlegen sind. Aber wie tief die kollektive Verirrung menschlichen Denkens und Handelns bereits in den Grundlagen und Grundbegriffen der neuen Weltreligion Ökonomie und ihren blinden Flecken verankert ist, ist bisher noch kaum bewußt geworden.

Gewinn und Verlust – Zuckerbrot und Peitsche

Die Einsicht in die vermeintlichen Vorteile der Arbeitsteilung allein reichte nicht aus; es bedurfte darüber hinaus gesellschaftlicher Träger, die in der Lage waren, diese Idee in die Realität wirtschaftlichen Handelns umzusetzen und den Prozeß der innerbetrieblichen, gesellschaftlichen und internationalen Arbeitsteilung zu organisieren und voranzutreiben. Diese sozialen Träger sah Smith im damals aufsteigenden Bürgertum: im produzierenden Gewerbe, aber auch im Handel. Deren Tatendrang und Gewerbefleiß galt es zu unterstützen, durch gesetzlichen Schutz ihres Eigentums an den Produktionsmitteln einschließlich dem Boden, durch materiellen Anreiz in Form privatwirtschaftlicher Gewinne und durch Schaffung gesellschaftlicher Rahmenbedingungen, innerhalb deren sich die Marktbeziehungen entfalten konnten. Dazu gehörte auch die Forderung nach Schaffung freier Märkte, auf denen sich ohne staatliche oder sonstige Eingriffe, ohne Reglementierungen und Beschränkungen die Austauschverhältnisse zwischen den Waren, also die Preise, frei nach dem Gesetz von Angebot und Nachfrage herausbilden sollten.

Der »natürliche Egoismus« der Menschen sollte auf diese Weise in Bahnen gelenkt werden, die der Gesamtwirtschaft und der Gesamtgesellschaft zugute kommen: ein ständiger Wettstreit der einzelnen Unternehmen am Markt um die Erzielung möglichst hoher Gewinne – zur Verfolgung egoistischer Interessen und gleichzeitig zum Wohle aller. Unter den von Smith formulierten Bedingungen schien es zwischen individuellen und gesellschaftlichen Interessen keinen Widerspruch, sondern eine Harmonie zu geben.

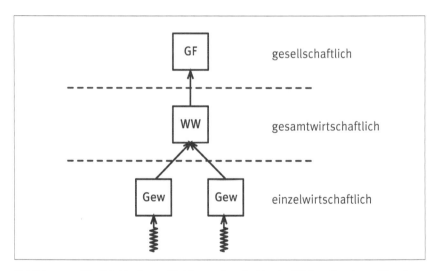

Abbildung 5: Die Triebfeder in Richtung einzelwirtschaftlicher Gewinne (Gew) führt – angeblich – zu Wirtschaftswachstum (WW) und gesellschaftlichem Fortschritt (GF).

Abbildung 5 stellt die Struktur dieses Denkens noch einmal symbolisch dar. Die wirtschaftlichen Aktivitäten der einzelnen Unternehmen werden mit der Triebfeder des »natürlichen Egoismus« in Richtung auf die Erzielung einzelwirtschaftlicher Gewinne (Gew) gelenkt, wobei die private Verfügung über den Gewinn das Zuckerbrot darstellt und der drohende Verlust beziehungsweise Konkurs entsprechend die Peitsche.

Vermittelt durch die Marktmechanismen, solle nun die einzelwirtschaftliche Gewinnorientierung in der Summe zu einem gesamtwirtschaftlich sinnvollen Ergebnis führen: dem Wirtschaftswachstum (WW). Und dieses wiederum sei nicht nur Voraussetzung, sondern auch Grundlage und Garantie für zunehmend bessere Lösungen gesellschaftlicher Probleme in den verschiedensten Bereichen (zum Beispiel Soziales, Kultur, Bildung, Gesundheit usw.). Dafür kann der Oberbegriff gesellschaftlicher Fortschritt (GF) verwendet werden.

Es handelt sich also um ein System von einzelwirtschaftlichen, gesamtwirtschaftlichen und gesellschaftlichen Zielen, wo allein die Erreichung der Unterziele zur Realisierung der jeweils übergeordneten Ziele führen würde, mit anderen Worten, um ein in sich konsistentes Zielsystem.[15] Unter diesen Bedingungen reicht es völlig aus, daß sich die einzelnen Unternehmen lediglich an ihrem Unterziel, dem einzelwirtschaftlichen Gewinn orientieren. Alles andere besorgt das Marktsystem, die von Smith sogenannte »unsichtbare Hand des Marktes«. Sie soll die weitgehend störungsfreie Selbstregulierung der Marktwirtschaft gewährleisten und wie auf wunderbare Weise den allgemeinen Wohlstand und gesellschaftlichen Fortschritt bewirken.

Die klassischen Vorstellungen von der Funktionsweise der Marktmechanismen

Wie sich Smith und andere Vertreter des ökonomischen Liberalismus die Funktionsweise der Marktmechanismen vorgestellt haben, will ich im folgenden grob erläutern. Ich werde dabei zum Teil auf eigene Grafiken zurückgreifen, zum Teil auf Darstellungen, wie sie in der später entwickelten neoklassischen Theorie verwendet werden. Außerdem werde ich die Vorstellungen eines anderen klassischen Ökonomen mit einfließen lassen, des Franzosen Jean Baptiste Say. Dieser hat einen Lehrsatz formuliert, der in die Wirtschaftswissenschaften als das sogenannte »Saysche Theorem« eingegangen ist: »Jede Produktion schafft sich ihre eigene Nachfrage«. Wie konnte das gemeint sein? Bezogen auf das einzelne Unternehmen kann es ja wohl nicht stimmen, denn die Produktion von Möbeln in einer Möbelfabrik (oder damals in einer Manufaktur) läßt zwar entsprechende Einkommen der Lohnabhängigen und der Vorlieferanten entstehen, aber diese Einkommen werden ja nicht (oder nur zum geringen Teil) zur Nachfrage nach Möbeln dieser Fabrik oder Manufaktur. Ähnliches gilt für die Einkommen, die in der gesamten Möbelbranche entstehen. Auch sie werden nur zum Teil für den Kauf von Möbeln verausgabt und in der Möbelbranche nachfragewirksam werden.

Das Saysche Theorem kann also nur gesamtwirtschaftlich gemeint gewesen sein, bezogen auf das Gesamtangebot und die Gesamtnachfrage einer Volkswirtschaft, auf die Summe aller produzierten und angebotenen Ware einerseits und die Summe aller verausgabten und dadurch zu Nachfrage werdenden Einkommen. Abbildung 6a stellt einen entsprechenden gesamtwirtschaftlichen Kreislauf dar: Bei der Produktion des Sozialproduktes (SP) entsteht auf der anderen Seite das Volkseinkommen (VE), und dessen Ausgabe schafft Nachfrage (N) nach dem Sozialprodukt. Der Satz »Jede Produktion schafft sich ihre eigene Nachfrage« bekommt unter diesen Bedingungen einen nachvollziehbaren Sinn. Es sieht auf den ersten Blick tatsächlich so aus, als könnte dadurch das produzierte Sozialprodukt auch abgesetzt, also verkauft werden und zu entsprechenden Erlösen bei den Unternehmen führen.

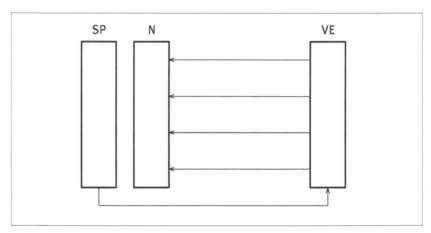

Abbildung 6a: Einfacher Wirtschaftskreislauf: Mit dem Sozialprodukt (SP) entsteht Volkseinkommen (VE), was zu Nachfrage (N) wird.

Wie sieht es aber aus, wenn die entstandenen Einkommen gar nicht vollständig für Konsumausgaben verwendet, sondern zum Teil gespart werden? Unter diesen Bedingungen würde doch ein Teil der Nachfrage fehlen, und ein gleich großer Teil des angebotenen Sozialprodukts könnte keinen Absatz finden (Abbildung 6b). Sollte dieser einfache Sachverhalt im Sayschen Theorem übersehen worden sein? Durchaus nicht.

Vielmehr ging Say – und mit ihm viele der klassischen und neoklassischen Ökonomen – davon aus, daß die gesparten Teile des Einkommens auf Umwegen wieder dem Wirtschaftskreislauf zufließen und zu Nachfrage nach Sozialprodukt werden.

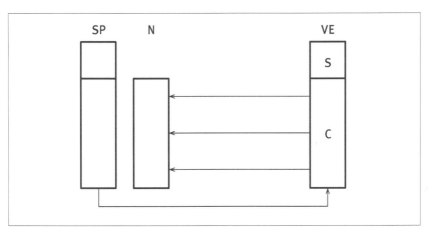

Abbildung 6b: Sparen bedeutet zunächst Nachfrageausfall.

Der Umweg erfolgt durch das Ausleihen der gesparten Gelder an andere in Form von Krediten, zum Beispiel über die Geschäftsbanken oder allgemein über den Kapitalmarkt. Während die Sparer eine Zeitlang auf die Verausgabung ihrer gesparten Gelder verzichten, können die Kreditnehmer in dieser Zeit die Gelder für Nachfragezwecke verwenden, sei es für Konsum (Konsumentenkredit) oder für Investitionen (Investitionskredit). In Abbildung 6c wird davon ausgegangen, daß die dem Kapitalmarkt zugeflossenen Gelder als Investitionskredite ausgeliehen – und als solche zu Nachfrage nach Investitionsgütern werden. Dadurch wäre die vorher durch Sparen entstandene Lücke im gesamtwirtschaftlichen Kreislauf wieder geschlossen, und es gäbe eine Übereinstimmung zwischen Sozialprodukt einerseits und gesamtwirtschaftlicher Nachfrage andererseits. Also auch unter Berücksichtigung des Sparens scheint das Saysche Theorem seine Richtigkeit zu behalten. Jedenfalls wenn man es auf die Summe der zu Preisen bewerteten Güter (und Dienstleistungen) des Sozialprodukts und auf die Summe der Nachfrage nach Konsum- und Investitionsgütern bezieht.

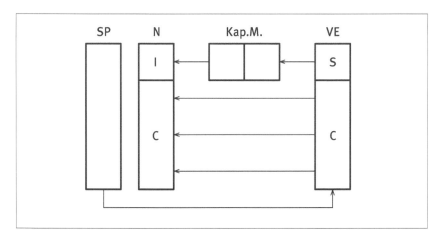

Abbildung 6c: Wenn die Spargelder dem Kapitalmarkt zufließen und als Investitionskredite ausgeliehen werden, kann die Investitionsnachfrage (I) die Nachfragelücke schließen.

Der Zinsmechanismus am Kapitalmarkt

Es erhebt sich allerdings die Frage, ob es irgendeine Gewähr dafür gibt, daß die gesamtwirtschaftliche Sparsumme (S) mit der gesamtwirtschaftlichen Summe der Investitionskredite (I) beziehungsweise mit der daraus entstehenden Investitionsnachfrage übereinstimmt. Werden nicht die Entscheidungen über Sparen und Investieren überwiegend von ganz unterschiedlichen Wirtschaftseinheiten getroffen, nämlich die Sparentscheidungen von den Haushalten und die Investitionsentscheidungen von den Unternehmen? Und sind es in einer Marktwirtschaft nicht Millionen von Einzelentscheidungen, die durch keine übergeordnete zentrale Instanz geplant oder koordiniert werden? Wie sollte es dabei im Laufe eines Jahres ausgerechnet zu einer gleich großen Summe von Sparen und Investieren beziehungsweise von Kreditangebot und Kreditnachfrage kommen? Es wäre ein ganz unwahrscheinlicher Zufall, wenn diese beiden Größen übereinstimmen würden, wenn sich dieses Gleichgewicht von selbst einstellen würde.

Die Regel dürfte vielmehr sein, daß beide Größen voneinander abweichen. Im folgenden wollen wir davon ausgehen, daß die Sparbeträge und das Kreditangebot am Kapitalmarkt größer sind als die Nachfrage nach Investitionskrediten. Wenn die Kreditvermittlung von Geschäftsbanken durchgeführt wird, so müssen diese an die Sparer Zinsen zahlen und von den Kreditnehmern, den Investoren, Zinsen verlangen. Sie haben damit selbst ein Geschäftsinteresse daran, in der gegebenen Situation die Kreditzinsen zu senken, um die Nachfrage nach Investitionskrediten anzuregen und entsprechend auch die Sparzinsen zu senken, damit ihnen selbst noch eine Zinsspanne zur Deckung ihrer Kosten und zur Erzielung eines Gewinns verbleibt.

Wenn man davon ausgeht, daß sich Kreditzinsen und Sparzinsen jeweils in der gleichen Richtung verändern beziehungsweise verändert werden und die Zinsspanne zwischen beiden gleich bleibt, kann man auch einfach nur von einem Zinsniveau reden. In unserem Beispiel würde also der Zinssatz (als Ausdruck des Zinsniveaus) gesenkt werden, und als Reaktion darauf wird die Nachfrage nach Investitionskrediten (und damit auch die Nachfrage nach Investitionsgütern) ansteigen, und das Sparen wird entsprechend zurückgehen, und zwar so lange, bis sich ein Gleichgewicht zwischen beiden Größen eingestellt hat.

Im umgekehrten Fall, wo die Nachfrage nach Investitionskrediten das Angebot an Spargeldern übersteigt, käme es entsprechend zu einer Zinserhöhung. Die Folge davon wäre ein Rückgang der Nachfrage nach Investitionskrediten und ein wachsendes Angebot an Spargeldern, also auch hier wieder das Einstellen eines Gleichgewichts. Und dies, obwohl die einzelnen Wirtschaftssubjekte oder Teilnehmer am Kapitalmarkt jeweils völlig unterschiedliche, nur an ihrem eigenen Vorteil ausgerichtete Interessen haben: Die Geschäftsbanken möchten an der Kreditvermittlung möglichst viel verdienen, die Sparer sind an möglichst hohen Zinsen interessiert und die Kreditnehmer an möglichst niedrigen Zinsen. Trotz der unterschiedlichen und teilweise entgegengesetzten Interessen führt das Zusammentreffen der Einzelentscheidungen am Kapitalmarkt zu einem Gleichgewicht, das mit sich bringt, daß die vorher entstandene Lücke im gesamtwirtschaftlichen Kreislauf wieder geschlossen wird. Wie auf wunderbare Weise, wie durch eine »unsichtbare Hand« gelenkt, schafft es scheinbar der Zins als Regulator am Kapitalmarkt, die unterschiedlichen Interessen der Wirtschaftssubjekte unter einen Hut zu bringen und zu harmonisieren und dabei das gesamtwirtschaftlich denkbar beste Ergebnis zustande zu bringen, nämlich ein Gleichgewicht von Sparen und Investieren, und damit auch ein Gleichgewicht zwischen gesamtwirtschaftlichem Angebot und gesamtwirtschaftlicher Nachfrage.

Dieser Mechanismus wird auch als »Zinsmechanismus« bezeichnet, und er scheint eine störungsfreie Selbstregulierung des Kapitalmarkts zu bewirken und das Gleichgewicht zwischen gesamtwirtschaftlichem Angebot und gesamtwirtschaftlicher Nachfrage zu gewährleisten – ohne daß sich irgendeine zentrale Planungsinstanz darum kümmern und den einzelnen Wirtschaftssubjekten irgendwelche Vorschriften machen müßte. Im Gegenteil: Die einzelnen Entscheidungen von Sparern, Investoren und Geschäftsbanken sollen ganz deren individuellen und egoistischen Interessen überlassen bleiben, sollen sich ganz an deren individuellen Vorteilen orientieren, ohne Rücksicht auf gesamtwirtschaftliche Zusammenhänge oder auf das Gemeinwohl. Und dennoch, ja sogar gerade deshalb sollte sich das gesamtwirtschaftliche sinnvollste Ergebnis wie von selbst einstellen.

Dies war wirklich eine faszinierende Idee: Freie Bahn dem Egoismus, aber nicht zu Lasten, sondern zum Nutzen der Gesellschaft. Die sich scheinbar widersprechenden Ziele von Eigennutz und Gemeinwohl schienen durch den Zinsmechanismus miteinander versöhnt zu werden, der Widerspruch schien sich vielmehr in einem harmonischen Interessenausgleich aufzulösen, der für alle Beteiligten die denkbar beste, die optimale Lösung darstellte. Natürlich können sich die Sparer noch höhere Sparzinsen vorstellen und wünschen und die Investoren noch niedrigere Kreditzinsen. Aber jedes Abweichen vom Gleichgewichtszins wäre letztendlich für alle Beteiligten nicht besser, sondern schlechter.

Auch wenn Smith und Say sich nicht dieser Bilder bedient haben, war doch der gleiche Grundgedanke in ihren Theorien enthalten: »Das freie Spiel der Kräfte von Angebot und Nachfrage am Markt« – in diesem Fall am Kapitalmarkt – sorgt (scheinbar) für eine störungsfreie Selbstregulierung des wirtschaftlichen Geschehens zum Besten aller Beteiligten. Jede davon abweichende Lösung und auch jeder Eingriff in das »freie Spiel der Kräfte« würde für alle Beteiligten zu einem schlechteren Ergebnis führen. Deshalb der Leitspruch des klassischen Liberalismus: »Laissez faire, laissez aller«, was soviel bedeutet wie: Man sollte das Marktgeschehen sich selbst überlassen, es wird sich ganz von selbst regulieren.

Der Preismechanismus am Gütermarkt

Der Zinsmechanismus ist freilich nur ein Teil eines umfassenderen Marktgeschehens, zu dem noch weitere Marktmechanismen gehören, nämlich der »Preismechanismus« und der »Lohnmechanismus«.

Um die Funktion von Preismechanismus und Lohnmechanismus auch im gesamtwirtschaftlichen Zusammenhang zu erläutern, soll unser gesamtwirtschaftliches Kreislaufmodell leicht verändert werden: Der Block des Sozialprodukts und der Block der Nachfrage nach Sozialprodukt werden jeweils in zwei Sektoren 1 und 2 aufgeteilt. In beiden Sektoren sollen unterschiedliche Waren, a beziehungsweise b, hergestellt und angeboten werden, und es soll jeweils eine Vielzahl von Unternehmen existieren, die miteinander in Konkurrenz stehen. Die in beiden Sektoren entstehenden Einkommen werden in einem Block des Volkseinkommens (VE) zusammengefaßt. Selbst für den Fall, daß alle entstandenen Einkommen wieder zu Nachfrage werden (sei es direkt als Konsumausgaben oder indirekt – über den Kapitalmarkt – als Investitionsausgaben), kann es zu Ungleichgewichten in einzelnen Sektoren kommen. In unserem Beispiel unterstellen wir einen Nachfragemangel in Sektor 1 und einen Nachfrageüberhang in Sektor 2 (Abbildung 7a).

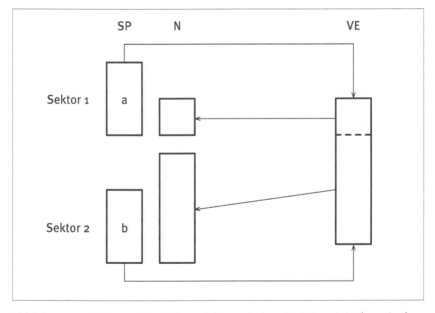

Abbildung 7a: Sektorale Ungleichgewichte zwischen Sozialprodukt (Angebot) und Nachfrage

Auch hier können wir wieder davon ausgehen, daß derartige Ungleichgewichte eher die Regel als die Ausnahme sein werden. Denn es wäre ja ein unwahrscheinlicher Zufall, wenn die vielen einzelnen Entscheidungen der Unternehmen bezüglich des Angebots von Waren auch in der Struktur genau mit den vielen Einzelentscheidungen der Haushalte bezüglich des Konsums übereinstimmen würden. Selbst im denkbar besten Fall des gesamtwirtschaftlichen Gleichgewichts wird es immer wieder zu strukturellen und sektoralen Ungleichgewichten kommen.

Betrachten wir unter diesen Voraussetzungen zunächst den Sektor 1. Der Nachfragemangel wird die Unternehmen veranlassen, die Preise zu senken und auf diese Weise zu versuchen, die Nachfrage nach ihren Produkten zu halten oder verlorengegangene Nachfrage zurückzugewinnen – oder gar die Nachfrage zu steigern. Wenn die einen Unternehmen mit Preissenkungen anfangen, bleibt den anderen Unternehmen auf Dauer nicht viel anderes übrig, als ihrerseits mit Preissenkungen nachzuziehen. Die allgemeine Preissenkung in diesem Sektor wird dazu führen, daß einige der weniger produktiven Unternehmen nicht mehr mithalten können und pleite machen, während andere wegen der gesunkenen Gewinne weniger produzieren. Insgesamt geht dadurch das Angebot in Sektor 1 zurück. Auf der anderen Seite können die Preissenkungen dazu führen, daß die Nachfrage nach a ansteigt und sich auf diese Weise das gesunkene Angebot und die steigende Nachfrage aufeinander zubewegen, in Richtung eines Gleichgewichts.

Der umgekehrte Fall wäre in Sektor 2 gegeben: Aufgrund des Nachfrageüberhangs besteht hier für die Unternehmen ein Spielraum für Preiserhöhungen, dadurch steigen die Gewinne und der Anreiz, noch mehr zu produzieren, und dadurch wiederum wächst nach einiger Zeit auch das Angebot von b. Vielleicht locken die steigenden Gewinne auch noch neue Unternehmen in den Sektor 2, sofern Gewerbefreiheit oder freier Marktzugang gegeben sind. Die Preiserhöhungen für b würden vermutlich einen Rückgang der Nachfrage zur Folge haben, so daß sich auch hier Angebot und Nachfrage aneinander angleichen würden, und all dies ohne irgendwelche reglementierenden Eingriffe.

Jeder sollte sich nur am eigenen Vorteil orientieren, der Preismechanismus sorgt (scheinbar) dafür, daß die verschiedenen Interessen der Marktteilnehmer über den Gleichgewichtspreis ausgeglichen werden, der Angebot und Nachfrage in den einzelnen Sektoren in Übereinstimmung bringt, selbst wenn sie zwischenzeitlich voneinander abweichen.

Auch hier wieder ergibt sich die scheinbar wunderbare Selbstregulierung des Marktes, diesmal über den Preis, der mit der Herausbildung des Gleichgewichtspreises zur denkbar besten Lösung, zum größtmöglichen Umsatz der Waren führt. Denn bei dem höheren Preis wäre zwar mehr Angebot da, aber weniger Nachfrage; und bei dem niedrigeren Preis wäre zwar mehr Nachfrage vorhanden, aber ein geringeres Angebot. Die Interessen der Marktteilnehmer würden in beiden Fällen auseinanderfallen, und nur im Fall des Gleichgewichtspreises würden sie sich treffen. Der Gleichgewichtspreis bringt demnach die optimale Lösung, und auch wenn der Preis zwischenzeitlich davon abweicht, werden doch immer wieder Reaktionen der Marktteilnehmer ausgelöst, die den Preis in Richtung auf den Gleichgewichtspreis bewegen.

Der Lohnmechanismus am Arbeitsmarkt

Kommen wir zum dritten Marktmechanismus, dem Lohnmechanismus am Arbeitsmarkt. Bezogen auf unser Zwei-Sektoren-Modell würde er beinhalten, daß aufgrund der zurückgehenden Produktion in Sektor 1 die Lohnsätze gesenkt werden und dadurch Arbeitskräfte freiwillig aus Sektor 1 ausscheiden würden (symbolisch dargestellt durch den aufgeblasenen Ballon in Abbildung 7b). In Sektor 2 würden aufgrund steigender Produktion zusätzliche Arbeitskräfte benötigt und deswegen die Lohnsätze erhöht, wodurch freigesetzte Arbeitskraft aus Sektor 1 in Sektor 2 gesaugt würden. Auf diese Weise gäbe es zwar vorübergehende Freisetzung von Arbeitskräften, aber keine längerfristige Arbeitslosigkeit.

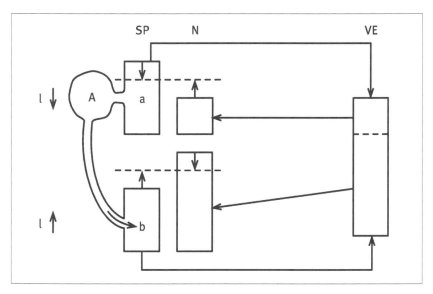

Abbildung 7b: Sektorale Ungleichgewichte und deren Auswirkungen auf den Arbeitsmarkt

Das Zusammenspiel der Marktmechanismen

Nach diesen klassischen beziehungsweise neoklassischen Vorstellungen wirken also alle drei Marktmechanismen zusammen: Der Zinsmechanismus am Kapitalmarkt sorgt dafür, daß der durch Sparen entstandene Nachfrageausfall durch entsprechende Kredite für Investitionen ausgeglichen wird, so daß gesamtwirtschaftlich die Nachfrage ins Gleichgewicht zum angebotenen Sozialprodukt kommt. Dennoch können und werden sektorale Ungleichgewichte auftreten. In diesem Zusammenhang sorgt der Preismechanismus an den Gütermärkten dafür, daß Situationen von Nachfragemangel und Nachfrageüberhang durch entsprechende Preisveränderungen angezeigt werden und daß sich die jeweiligen Ungleichgewichte abbauen. Und der Lohnmechanismus an den Arbeitsmärkten bewirkt, daß die Arbeitskräfte aus den Bereichen, in denen sie weniger gebraucht werden, in Bereiche abwandern, in denen sie mehr benötigt werden und entsprechend höhere Löhne bekommen.

Auf diese Weise entsteht das Bild einer Marktwirtschaft, in der sich das Wirtschaftsgeschehen ohne staatliche oder sonstige Eingriffe von selbst reguliert. Die Regulatoren sind die Zinsen, die Preise und die Löhne, die sich durch das freie Spiel der Kräfte von Angebot und Nachfrage an den einzelnen Märkten bilden. Durch das Zusammenspiel der drei Marktmechanismen entsteht demnach eine weitgehend störungsfreie Selbstregulierung der Marktwirtschaft zum Besten aller: die »optimale Allokation der Ressourcen«. Denn die Ressourcen werden dabei in Bahnen der Produktion gelenkt, die sich ihrerseits an der Nachfrage orientieren, und in der Nachfrage wiederum drücken sich die freien Konsumentscheidungen der Haushalte aus, also deren Bedürfnisse. Letztendlich entscheiden demnach die Konsumenten über die Struktur der Produktion, und die Unternehmen bedienen lediglich die Nachfrage. Die Marktwirtschaft gewährleistet auf diese Weise die »Konsumentensouveränität«: Der Konsument ist der eigentliche König, der Souverän, dem die Unternehmen lediglich dienen.

Und weil die Konkurrenz zwischen den am Gewinn orientierten Unternehmen immer wieder dafür sorgt, daß sich die produktivsten von ihnen am Markt durchsetzen und die weniger produktiven ausscheiden, steigt insgesamt die Produktivität. Und das heißt auch, daß mit gegebenen Einsatzfaktoren oder Ressourcen eine ständig wachsende Produktion erstellt werden kann, daß die Bedürfnisse der Gesellschaft immer besser befriedigt werden können. Die Quintessenz all dieser Überlegungen lautet also: Die freie Marktwirtschaft ist die beste aller Welten, ist der direkte Weg zum materiellen Paradies auf Erden.

Dies war im Prinzip die frohe Botschaft des Bürgertums, verkündet durch dessen Propheten, die klassischen Ökonomen, allen voran Adam Smith. Wenn erst einmal die vielfältigen feudalstaatlichen und zunftmäßigen Beschränkungen aufgehoben und durch Gewerbefreiheit und freie Märkte abgelöst sind, wird der Wohlstand in der Gesellschaft wachsen. Und dies alles, indem jeder nach seinem eigenen Vorteil strebt, indem der Entfaltung des Egoismus freie Bahn gegeben wird und indem die Unternehmen ihre Produktion am Gewinn ausrichten. Die Marktmechanismen sind es demnach, die die Harmonie zwischen den einzelwirtschaftlichen Zielen des Gewinns und den übergeordneten gesamtwirtschaftlichen und gesellschaftlichen Zielen herstellen. Wenn sie in der beschriebenen Weise funktionieren, brauchen sich die einzelnen Unternehmen oder Wirtschaftssubjekte allgemein keine Sorgen um das Gemeinwohl zu machen, sondern sich nur bestmöglich an ihren jeweiligen Unterzielen und Eigeninteressen zu orientieren. Der Markt stellt den Gesamtzusammenhang, die Konsistenz und Harmonie des Gesamtsystems, auf scheinbar wundersame Weise her. So jedenfalls besagt es die Theorie beziehungsweise Ideologie der freien Marktwirtschaft.

Kapitalismus und Verelendung der Arbeiter

Die frohe Botschaft des Adam Smith vom bevorstehenden allgemeinen wachsenden Wohlstand durch Liberalisierung der Märkte wurde allerdings durch die reale ökonomische Entwicklung des 19. Jahrhunderts auf eine harte Probe gestellt. Das Bürgertum insbesondere in England, später auch in Kontinentaleuropa, konnte seine ökonomische und gesellschaftliche Rolle zwar immer weiter stärken und immer mehr Kapital anhäufen. Aber von einer Verallgemeinerung des Wohlstands konnte beim besten Willen keine Rede sein, ganz im Gegenteil: Die lohnabhängig gewordenen Massen von Menschen konnten nur zum Teil in den aufkommenden Manufakturen, Industriebetrieben und Bergwerken beschäftigt werden und blieben zum großen Teil arbeitslos. Ihnen blieb nichts anderes übrig, als zu betteln, zu vagabundieren oder zu stehlen. Die Kriminalität und das Elend in den Städten nahmen dramatische Ausmaße an, Hungersnöte waren an der Tagesordnung. Der Staat ging mit drakonischen Maßnahmen gegen diese Formen von Kriminalität vor, ohne damit auch nur im Ansatz deren Ursachen zu beseitigen.

Aber auch für die arbeitende Bevölkerung gab es dramatische Verschlechterungen gegenüber der Situation vor ihrer Entwurzelung aus anderen Existenzgrundlagen. Nicht nur, daß der Lohn aufgrund des Überangebots von Arbeitskraft und der entsprechenden Überflutung der Arbeitsmärkte unter das Existenzminimum abstürzte – und dadurch auch Frauen und Kinder zur Lohnarbeit gezwungen wurden –, auch die Arbeitsbedingungen selbst wurden immer unmenschlicher und unerträglicher: Die Zahl der Feiertage wurde drastisch reduziert, Samstage und Sonntage wurden normale Arbeitstage, und die Arbeitszeit stieg auf das Höchstmaß des Menschenmöglichen an: auf 16 bis 18 Stunden pro Tag, und das auch noch in Schichtarbeit, Tag und Nacht, ohne Rücksicht auf Gesundheit und soziale Bindungen; und dies unter Bedingungen, wo eine große Zahl von Menschen oft dichtgedrängt und zusammengepfercht in viel zu engen Räumen untergebracht war, ohne ausreichendes Licht, in stickiger Luft, bei oft unerträglichen Temperaturen und hygienischen Bedingungen – und unter der Knute des Oberaufsehers in eine für sie völlig ungewohnte Arbeitsdisziplin im wahren Sinne des Wortes eingepeitscht wurden. Die Lohnarbeiter wurden oft mehr wie Tiere behandelt, und selbst für Tiere wäre es – an heutigen Maßstäben gemessen – noch Tierquälerei gewesen.

Die Arbeitsverhältnisse waren für die meisten Menschen eine einzige Schinderei, unter aller menschlichen Würde, von unglaublicher Brutalität. Und dies alles zu einem Lohn, der für viele nicht einmal für das Überleben reichte; so daß Massen von Menschen in jungen Jahren wegstarben und andere sich den Strapazen der Auswanderung aussetzten, um dem Hunger und dem Tod in der Heimat zu entrinnen. Und selbst dabei blieben viele von ihnen auf der Strecke und überlebten nicht die Überfahrten nach Amerika oder wohin sonst sie mit der Hoffnung auf ein besseres Leben aufgebrochen waren.

Angesichts dieses unglaublichen sozialen Elends, das die Entfaltung der kapitalistischen Marktwirtschaft für einen Großteil der Bevölkerung mit sich gebracht hatte, war es geradezu ein Hohn, wenn die klassische Ökonomie den allgemeinen Wohlstand predigte. Für die Masse der lohnabhängigen Menschen mußten diese Theorien und ihre Folgerungen immer unglaubwürdiger und zynischer wirken. Die großen Hoffnungen, die auch sie vielfach mit der bürgerlichen Revolution verbunden hatten, waren durch die realen Entwicklungen auf das bitterste enttäuscht worden. Dies war ein Boden, auf dem die bürgerliche Ideologie mehr und mehr an Vertrauen und Glaubwürdigkeit bei den Unterschichten einbüßte und in Gefahr geriet, als bloße Herrschaftsideologie im Interesse des Bürgertums erkannt zu werden.

KARL MARX:

Die soziale Krise des Kapitalismus und die Erschütterung der bürgerlichen Gesellschaft

Das himmelschreiende soziale Elend der Lohnabhängigen und der Raubbau an der menschlichen Arbeitskraft im Zusammenhang der Industrialisierung im 19. Jahrhundert weckte zunehmende Empörung und Widerstand auf seiten der Arbeiter. In den sozialen Auseinandersetzungen des 19. Jahrhunderts in Form von Streiks, Fabrikbesetzungen, in den Forderungen nach Verkürzung der Arbeitszeit, nach Lohnerhöhungen und Verbesserung der Arbeitsbedingungen verschafften sich die Arbeiter immer deutlicher Gehör.

In diesem Kampf fanden sie theoretische und ideologische, aber auch politische Unterstützung von zwei Männern aus dem Bürgertum, die sich auf ihre Seite geschlagen hatten und sich für die Verbesserung der Situation der Arbeiter einsetzten: Karl Marx und Friedrich Engels. Das Buch von Engels ›Die Lage der arbeitenden Klasse in England‹ war ein erschütterndes und aufrüttelndes Dokument des unglaublichen Elends, das Kapitalismus und Industrialisierung über die lohnabhängigen Menschen gebracht hatten. Die wesentlichen Gedanken einer theoretischen Erklärung für diese Entwicklung wurden von Marx in seiner Analyse der Entstehungsgeschichte und der inneren Dynamik des Kapitalismus formuliert, vor allem in den drei Bänden seines Hauptwerkes ›Das Kapital‹. Engels hat viel dazu beigetragen, die teilweise schwer verständlichen Gedanken und Formulierungen von Marx zusammenzufassen und zu popularisieren.

Die Theorie der Entfremdung

Schon aus den Frühschriften von Marx, den ›Pariser Manuskripten‹ von 1844[16], ist erkennbar, wie sehr Marx unter den sozialen und emotionalen Mißständen seiner Zeit gelitten haben muß. Was ihn schon sehr früh tief bewegte und bedrückte, war unter anderem ein Aspekt, der von der bürgerlichen Ökonomie und Ideologie – insbesondere von der Theorie der Arbeitsteilung – weitgehend verdrängt worden war: die »entfremdete Arbeit«.

Im Unterschied zur bürgerlichen Ökonomie richtete Marx seinen Blick nicht einfach nur auf die sogenannte Arbeitsproduktivität und auf den materiellen Output der Produktion, sondern vor allem auch auf den Entstehungsprozeß dieses Outputs und seine Auswirkungen auf die arbeitenden Menschen. Er prangerte die Widersprüchlichkeit der kapitalistischen Produktionsweise an, die auf der einen Seite materiellen Reichtum produzierte und auf der anderen Seite menschliche Verarmung. Die Frühschriften von Marx sind ein eindrucksvolles Zeugnis seiner ursprünglich tief humanistischen Beweggründe, die ihn dazu brachten, sich mit den ökonomischen Ursachen entfremdeter Arbeit und menschlicher Verarmung auseinanderzusetzen. Er sah einen untrennbaren Zusammenhang zwischen den verschiedenen Erscheinungsformen von Entfremdung:[17]

- Entfremdung in der Arbeit,
- Entfremdung vom Produkt der Arbeit,
- Entfremdung des Menschen von sich selbst,
- Entfremdung der Menschen untereinander.

Schon die Orientierung der Produktion und der dafür aufgewendeten Arbeit am Tausch (Tauschwertorientierung) beziehungsweise am Markt beinhaltet demnach einen gewissen Grad an Entfremdung gegenüber einer Produktionsweise, die sich daran orientiert, was der einzelne oder die Gemeinschaft zur Selbstversorgung braucht (Gebrauchswertorientierung). Der Grad der Entfremdung wächst in dem Maße, wie die Marktbeziehungen immer anonymer werden. Wenn zum Beispiel der Handwerker gar nicht mehr weiß, für wen er eigentlich den Tisch anfertigt, und nur noch das Geld entgegennimmt, gleichgültig von wem, unterscheidet sich diese Situation deutlich von der früheren, in der er die Tauschpartner noch persönlich gekannt und den Gegenstand speziell für sie hergestellt hatte.

Aber der Grad der Entfremdung nimmt weiter zu, wenn die arbeitenden Menschen auch noch von ihren Produktionsmitteln getrennt und zu Lohnabhängigen werden. Denn dadurch wird ihre Arbeit – zusätzlich zur Marktorientierung – noch einer weiteren Fremdbestimmung unterworfen, nämlich dem Kommando des Eigentümers der Produktionsmittel, des Kapitals. Und das Produkt, das unter diesen Eigentumsverhältnissen entsteht, gehört gar nicht mehr dem Arbeiter, sondern dem Unternehmer. Der Unternehmer ist es nun, welcher bestimmt, was produziert wird und mit welchen Mitteln und Methoden und zu welchen Preisen es verkauft wird. Der Arbeiter hat sich diesen Bedingungen zu fügen und wird lediglich mit dem Lohn entgolten. Der Grad der Entfremdung wächst schließlich noch weiter, wenn die Arbeit durch die innerbetriebliche Arbeitsteilung immer weiter zersplittert wird und der einzelne Arbeiter den Gesamtzusammenhang der Produktion überhaupt nicht mehr erfährt und durchschaut, sondern nur noch auf einen kleinen Splitter spezialisiert ist – und damit auch in seinen vielfältigen Ausdrucksmöglichkeiten reduziert wird.

Menschen, die einen Großteil ihrer Lebenszeit unter solchen entfremdeten Arbeitsbedingungen zubringen müssen und sich mit dem Produkt ihrer Arbeit überhaupt nicht mehr identifizieren können, erleiden unvermeidlich einen Identitätsverlust, werden von ihren eigenen kreativen Entfaltungsmöglichkeiten immer mehr entfernt, werden von sich selbst entfremdet. Sie verkümmern, ähnlich einer Pflanze, die weder hinreichend Wasser noch Licht bekommt, und wachsen nicht annähernd in ihr menschliches Potential hinein. In dem Maße, wie Menschen von sich selbst entfremdet sind, werden sie ihre Entfremdung auch in die zwischenmenschlichen Kontakte – oder in die Kontaktlosigkeit – hineintragen, und als Folge davon werden sich Mauern oder Feindseligkeiten in den zwischenmenschlichen Beziehungen bilden. Gleichgültigkeit, Haß und Aggressionen werden die Folge sein.

Diese Zusammenhänge hat Marx schon vor über 150 Jahren sehr klar gesehen, und er wollte herausfinden, welche ökonomischen Gesetzmäßigkeiten der kapitalistischen Produktionsweise zugrunde liegen, die durch die entfremdete Arbeit und Arbeitslosigkeit so viel soziales und emotionales Elend für eine große Zahl von Menschen zur Folge hatte – und auf der anderen Seite so unermeßlichen Reichtum in den Händen weniger.

In dem eingehenden Studium der bürgerlichen Ökonomie fand Marx keine befriedigenden Antworten auf diese Fragen. Bestimmte Elemente und Grundbegriffe der Theorie von Smith übernahm er zwar in sein Denken, allem voran die Arbeitswertlehre. Aber der Rahmen der klassischen Ökonomie erschien ihm viel zu eng, und die Schlußfolgerungen erschienen ihm grundlegend falsch, wenn sie aus der Perspektive der lohnabhängigen Menschen betrachtet wurden. An der bürgerlichen Ökonomie fehlte ihm auch eine Analyse der historischen Entstehung des Kapitalismus. Also machte er sich daran, unter Verwendung einiger Bausteine der klassischen Ökonomie, aber auch auf dem Fundament eigener Grundbegriffe ein neues Theoriegebäude zu errichten: die Mehrwerttheorie. Darüber hinaus betrieb er eingehende historische Studien über die Entstehung des Kapitalismus und über andere Gesellschaftsformationen, die diesem vorangingen. Beides bildete die theoretische Grundlage einer fundamentalen Kapitalismuskritik und des Versuches einer radikalen Umwälzung der Produktions- und Eigentumsverhältnisse: der sozialistischen Revolution.

Die historische Entstehung des Kapitalismus: die ursprüngliche Akkumulation

Damit die kapitalistische Produktionsweise überhaupt entstehen konnte, waren nach Marx zwei historische Entwicklungslinien erforderlich, die zeitlich und räumlich zusammentreffen mußten: Die Arbeitskraft mußte zur Lohnarbeit werden (A → LA), und es mußte hinreichend Geldkapital vorhanden sein, um in die Produktion zu strömen, sie vorzufinanzieren und zu Produktivkapital zu werden (G-Kap → Prod-Kap). Das Zusammenfließen beider Linien ließ eine Produktionsweise entstehen, die schließlich mehr und mehr eine innere Dynamik und ein sich beschleunigendes Wachstum der Produktion hervorbrachte (in Abbildung 8 symbolisch dargestellt durch die nach oben sich öffnende Spirale).

Wir kommen damit zu einer wesentlichen Unterscheidung, die von der bürgerlichen Ökonomie begrifflich so nicht getroffen und also auch nicht recht begriffen wurde: der Unterscheidung zwischen Arbeit und Lohnarbeit. Lohnarbeit ist eine besondere Form der Arbeit, die es in der Geschichte bei weitem nicht immer und überall gegeben hat, und die es bis heute noch längst nicht überall gibt. Deutlich davon zu unterscheiden ist zum Beispiel die Arbeit der Selbständigen, der Gewerbetreibenden, der Handwerker und Händler, die seinerzeit von Smith besonders aufgewertet worden waren; und die Arbeitskraft der Bauern, die sich nicht in Lohnabhängigkeit befinden, sondern in Leibeigenschaft oder Pachtverhältnissen oder die über ein eigenes Stück Land als Eigentum verfügen. Und dann ist da noch all diejenige Arbeitskraft, die außerhalb von Marktbeziehungen – zum Beispiel in den Haushalten – verrichtet wird, und dort überwiegend von Frauen; oder die Arbeit der Menschen in Subsistenzwirtschaften oder auch der Sklaven.

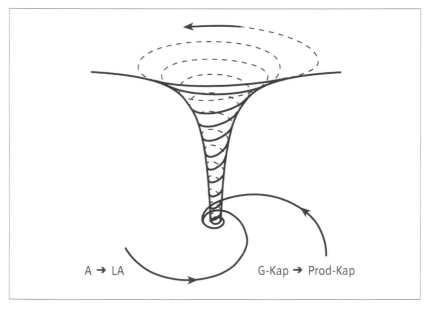

Abbildung 8: Historische Entstehung und Entfaltung des Kapitalismus: Arbeit (A) wird zu Lohnarbeit (LA), Geldkapital zu Produktivkapital.

Gegenüber diesen vielfältigen Formen von Arbeit ist die Lohnarbeit also nur eine ganz bestimmte Form, an die wir uns allerdings in unserer Gesellschaft so gewöhnt haben, daß wir uns kaum noch andere Formen der Arbeit vorstellen können, beziehungsweise – wo sie existieren – gar nicht als Arbeit wahrnehmen oder bewerten, eben weil für sie kein Lohn gezahlt wird. Aber damit sich Kapitalismus historisch entwickeln und entfalten konnte, bedurfte es nicht einfach irgendwelcher Formen von Arbeit, sondern der besonderen Form der Lohnarbeit. Und die entstand nicht dadurch, daß sich die Menschen freiwillig und voller Neugier und Freude aufgemacht hätten, um in Fabriken, Bergwerken oder Plantagen ihre Arbeitskraft gegen Lohn zu verkaufen, sondern dadurch, daß sich ihre vorherigen Existenzgrundlagen und ihre vorherigen Formen von Arbeit aufgelöst hatten beziehungsweise vernichtet worden waren.

Die bis dahin mit den Produktionsmitteln verbundene Arbeit wurde jeweils von den Produktionsmitteln getrennt: Die Handwerker verloren ihre Werkstätten, und die Leibeigenen das Stück Land, das sie beackert und von dem sie sich selbst versorgt hatten (und außerdem noch Abgaben an den Grundherrn zu leisten hatten) – oder das im Zuge der Bauernbefreiung ihr Eigentum geworden war. Erst durch diese Entflechtung von etwas, was vorher scheinbar untrennbar miteinander verflochten war, entstand die Lohnarbeit.

Und auch erst dadurch entstanden Arbeitsmärkte, auf denen die Arbeitskraft gegen Lohn angeboten und verkauft wurde. Solange es nur selbständige Handwerker, Leibeigene oder auch selbständige Bauern waren, die – verbunden mit den Produktionsmitteln – mit ihrer eigenen Hände Arbeit etwas herstellten und zu Markte trugen, handelte es sich um die von Marx so genannte »einfache Warenproduktion«. Erst die Herausbildung von Lohnarbeit ließ die »kapitalistische Warenproduktion« entstehen. Nachdem nun die Arbeitskraft aus ihren ursprünglich festen Bindungen herausgelöst war, nachdem die Menschen insoweit materiell entwurzelt waren, gingen sie – aus Mangel an Alternativen – eine neue Bindung ein: die Bindung mit dem Kapital, das sich als Geldkapital in den Händen anderer befand und von ihnen in die Produktionsmittel gesteckt und zur Bezahlung der Lohnarbeit verwendet wurde.

Dies war der historische Hintergrund für die Entstehung der Manufakturen im Frühkapitalismus und für die Auffüllung der Arbeitsmärkte mit immer mehr Menschen (Abbildung 9). Dem Zustrom lag also nicht allein das Bevölkerungswachstum zugrunde, sondern die Auflösung traditioneller Strukturen (und für die nachwachsenden Generationen das Nichtvorhandensein von Strukturen, in denen ihre Arbeitskraft direkt mit den Produktionsmitteln und Existenzgrundlagen verbunden war). Unter solchen Bedingungen muß die verlorengegangene Verbindung von Arbeit und Produktionsmitteln, die es in den verschiedensten Formen über die längste Zeit der Menschheitsentwicklung gegeben hat, über den Arbeitsmarkt erst künstlich wiederhergestellt werden.

Denn die in die Lohnabhängigkeit geratene Arbeitskraft braucht das Kapital, um zu arbeiten und nicht in der Arbeitslosigkeit zu landen; und das Kapital braucht umgekehrt die Lohnarbeit, damit die Produktionsmittel bedient und in Gang gesetzt werden und nicht brachliegen – damit unter Einsatz fremder Arbeitskraft Gewinne erzielt werden können, so daß sich das eingesetzte Kapital vermehrt. Beide, Lohnarbeit und Kapital, brauchen einander, sind wechselseitig voneinander abhängig und bilden insoweit eine Einheit, wenngleich eine künstliche.

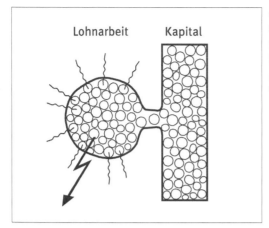

Abbildung 9: Die Auffüllung der Arbeitsmärkte durch materiell entwurzelte und in Lohnabhängigkeit geratene Menschenmassen – und ihre Verbindung mit dem Kapital

Wenden wir uns also den historischen Prozessen zu, die die Lohnarbeit erst hervorgebracht haben. Die Frage nach den Entstehungsbedingungen des Kapitalismus behandelt Marx im 23. Kapitel des ersten Bandes seines ›Kapitals‹. Dieses Kapitel dokumentiert auf zum Teil erschütternde Weise die gewaltsamen Umwälzungsprozesse, die die Voraussetzungen für die Entstehung des Kapitalismus bildeten. Marx nannte diesen Prozeß »ursprüngliche Akkumulation«. Eine wesentliche Rolle in diesem Zusammenhang spielte die Auflösung des Feudalismus in Europa.

Die Auflösung des Feudalismus und die Entstehung von Lohnarbeit

Die Abgaben der Leibeigenen an die Grundherren erfolgten ursprünglich in Naturalform, später auch mehr und mehr in Geldform. Für den Adel waren die Geldabgaben viel einfacher in andere Waren einzutauschen, zum Beispiel in solche, die das Handwerk oder der Fernhandel anzubieten hatten. Für die Bauern hingegen bedeutete die Pflicht zur Geldabgabe, daß sie ihre Produkte als Waren zum Markt tragen und in Geld umwandeln mußten, zum Beispiel auf den Märkten in der Stadt, oder daß sie ihre Waren an Händler verkauften, die sie ihrerseits in die Stadt brachten.

Aus einer sich selbst versorgenden beziehungsweise Naturalabgaben liefernden Wirtschaftsweise entwickelte sich mehr und mehr eine Marktorientierung und damit auch eine Abhängigkeit der Bauern von der

Preisbildung an den Märkten oder von dem, was die Händler für die Agrarprodukte zahlten. Während die Bauern auf der einen Seite feste Geldabgaben zu zahlen hatten, trugen sie auf der anderen Seite nicht nur das ganze Risiko von Ernteschwankungen, sondern auch noch das Risiko der Vermarktung. Der Adel versuchte, immer mehr Abgaben aus den Bauern herauszupressen, insbesondere in Zeiten, in denen die Ausbeutungsquelle ohnehin nicht mehr so reichlich floß (zum Beispiel während der Pestepidemien und des Massensterbens auf dem Land beziehungsweise der Klimaverschlechterung und entsprechender Ernteausfälle im 14. Jahrhundert). Später war es vor allem der wachsende Kontakt des Adels mit den exotischen Produkten des Fernhandels, der eine Art Konsumrausch auslöste und den Adel zur Auferlegung von immer höheren Abgaben veranlaßte.

Als Folge dieses wachsenden Drucks gab es immer mehr Bauernaufstände und Bauernkriege. Die Bauern kämpften schließlich mehr und mehr um ihre Befreiung aus der feudalen Abhängigkeit (Bauernbefreiung). Eine Variante dieser Loslösung bestand darin, daß die sonst lebenslang zu zahlenden Geldabgaben durch eine einmalige Ablösesumme entgolten wurden, mit der die Bauern das Stück Land als Eigentum erwerben konnten, das sie bis dahin in feudaler Abhängigkeit beackert hatten. Dies war ein entscheidender Schritt in die Selbständigkeit. Ihre Arbeitskraft war nun in anderer Form mit dem Produktionsmittel Boden verbunden: Sie waren selbst Eigentümer des Bodens geworden und wirtschafteten ohne weitere Abgabepflicht gegenüber den Feudalherren auf eigene Rechnung.

An die Stelle der einen Abhängigkeit gegenüber den Feudalherren war allerdings für die meisten Bauern eine andere Abhängigkeit geraten, nämlich gegenüber den Geldverleihern, den Geldkapitaleigentümern, von denen sie sich die Ablösesumme ausleihen mußten (oder auch Kredite zur Finanzierung von Geräten und Saatgut usw.) – mit der Verpflichtung zur Rückzahlung und zusätzlich zu zahlenden Zinsen und mit der Verpflichtung, dem Geldverleiher den Boden und das gesamte sonstige Eigentum als Pfand zu überlassen, als »dringliche Sicherung« des Kredits. Tilgung, Zins und Sicherung bildeten (und bilden bis heute) also eine Art Dreieinigkeit des Kredits. Andererseits waren die Bauern abhängig von Markt und mußten sich in der Konkurrenz gegenüber anderen behaupten. Für viele Bauern bedeutete das den baldigen wirtschaftlichen Untergang. Denn wenn die Gelderlöse am Markt nicht ausreichten, um die Zinsen zu zahlen und den Kredit zu tilgen, wurde den Bauern der verpfändete Boden und ihr sonstiges Eigentum von den

Geldverleihern weggenommen und entweder verkauft oder angeeignet, um daraus die verbliebene Geldschuld zu begleichen.

Den Bauern gingen dadurch in großer Zahl – wenn nicht in der ersten, dann in der zweiten oder dritten Generation – ihr gerade als Eigentum erworbenes Land wieder verloren und damit auch ihre Existenzgrundlage, und sie wurden auf diese Weise mit ihrer Arbeitskraft von ihren Produktionsmitteln getrennt. Die Bauernbefreiung war insofern historisch für Millionen von Menschen nur ein mehr oder weniger kurzes Durchgangsstadium auf dem Weg in die Lohnabhängigkeit. In dem Maße, wie die feudalen Strukturen auf dem Land aufgelöst wurden und später auch die selbständig gewordenen Bauern ihr Land verloren, wurden die Arbeitsmärkte auf dem Land und – durch die Landflucht – auch in den Städten immer mehr mit Arbeitsuchenden überflutet. (Ganz ähnliche Prozesse spielen sich auch heute noch in vielen Ländern der Dritten Welt ab, auch wenn es sich dort nicht unbedingt um Feudalstrukturen mit Leibeigenschaft handelt, sondern vielfach um sogenannte halbfeudale Strukturen, bei denen sich die Bauern in Pachtabhängigkeit von Großgrundeigentümern befinden.)

Der Fernhandel und die Anhäufung von Geldkapital

Welcher historische Prozeß lag nun der anderen Voraussetzung für die Entstehung des Kapitalismus zugrunde: der Anhäufung des Geldkapitals? In Europa hatte es vor allem durch den Fernhandel über Jahrhunderte hinweg eine enorme Anhäufung von Reichtum in den Handelshäusern und Handelskompanien gegeben. In den Handelszentren, zum Beispiel den großen Hafenstädten der Seefahrt oder auch in den Kreuzungspunkten der Handelswege im Landesinneren, zeigte sich der angehäufte Reichtum unter anderem in der Pracht der Handelshäuser und des Städtebaus. Es war nicht nur die Kirche, die mit ihren Bauten das Bild der Städte und der kulturellen Entwicklung prägte, sondern zunehmend der Reichtum des aufstrebenden Handelskapitals.

Da die Handelsgesellschaften auf den einzelnen Land- und Seewegen jeweils über Monopole verfügten, war es ihnen einerseits möglich, die Preise der Waren in fernen Ländern extrem herunterzudrücken oder die Länder sogar regelrecht auszurauben, und auf der anderen Seite die exotischen Waren oder auch Gold und Silber in Europa zu überhöhten Preisen zu verkaufen. Mit der Entdeckung des Seeweges nach Amerika durch Kolumbus vor über fünfhundert Jahren wurde in dieser Hinsicht noch einmal eine neue historische Phase von Fernhandel, Ausplünderung und Raubbau eingeleitet, begleitet von Waffengewalt und Völkermord an der Urbevölkerung. Der Reichtum der Handelsstädte und Handelsgesellschaften war seinerzeit wesentlich mitbegründet auf der Anwendung brutaler Gewalt gegenüber fremden Kulturen.

Indem Gold und Silber zum allgemeinen Zahlungsmittel, zu Geld geworden waren, mit dem auch innerhalb Europas der Fluß der Waren und damit auch deren Produktion angeregt wurde, drückte sich in der Anhäufung von Gold auch abstrakter Reichtum aus: Mit einer bestimmten Menge Gold hatte man jederzeit Zugriff auf eine entsprechende Menge Waren oder Sozialprodukt. Und weil Gold allgemeines Zahlungsmittel war, verlieh es denjenigen, die davon etwas angehäuft hatten, insbesondere dem Handelskapital, eine höhere Position als denen, die das Gold oder Geld als Kredit brauchten. Die Geldkapitaleigentümer, die das Gold oder Geld ausliehen, verlangten Rückzahlung, Zinsen und dingliche Sicherung des Kredits, so wie wir dies an der Verschuldung der Bauern diskutiert hatten.[18]

Mit dem Aufkommen der Manufakturen und der in ihnen erzielten Gewinne konnte sich das Geldkapital weiter vermehren. Es ermöglichte so die Finanzierung von Großbetrieben, die ohne eine solche Vorfinanzierung gar nicht hätten gegründet werden können. Auch zu deren Erweiterung waren ständig und in wachsendem Maße Kredite für Investitionen erforderlich, so daß das Geldkapital immer wieder in die Produktion strömte und über Zinsen aus den dort entstehenden Werten einen Teil für sich und sein Wachstum abzweigen konnte. So wurden die großen Handelshäuser und Handelsgesellschaften zu den Finanziers und Bankiers der Manufakturen und später der Industriebetriebe. Oder besser gesagt: Aus ihnen heraus entwickelten sich die großen Bankhäuser, die darüber hinaus Sammelstellen von Geldkapital einschließlich Spargeldern und zu Kreditgebern wurden.[19]

So haben sich also in der geschichtlichen Entwicklung Europas vor einigen Jahrhunderten zwei Entwicklungslinien zeitlich parallel herausgebildet, die nur durch ihr Zusammenfließen die damals neue kapitalistische Produktionsweise hervorbringen konnten: Lohnarbeit und Kapital. »Kapitalismus« im Sinne von Geldvermehrung über den Handel (Handelskapital) oder über das Geldverleihen mit Zinsen (Leihkapital oder Wucherkapital) hatte es historisch schon vorher gegeben; aber als Produktivkapital, als in die Produktion einströmendes Kapital, war es historisch etwas Neues. Wobei »Produktivkapital« nicht bedeutete, daß es selbst produktiv und Quelle von Wertentstehung war, sondern daß es in die Produktion strömte und sich einen Anspruch auf die dort entstehende Wertschöpfung sicherte. Mit seinem Einströmen in den Produktionsprozeß setzte das Geldkapital gleichzeitig in Höhe des Zinses Mindestbedingungen für die Erwirtschaftung von Überschüssen.

Manufakturen, Industrie und Zerstörung des traditionellen Handwerks

So konnten also in den Anfängen der kapitalistischen Produktionsweise mit Hilfe des Geldkapitals die Manufakturen finanziert werden, die in großem Maßstab Arbeitskräfte als Lohnarbeiter einstellten und unter dem Druck der Konkurrenz alsbald begannen, den Arbeitsprozeß im Sinne der innerbetrieblichen Arbeitsteilung umzuorganisieren.

Mit ihren – gegenüber handwerklicher Produktion – ungleich viel billigeren Produkten setzten die Manufakturen an den Märkten neue Maßstäbe, und das traditionelle Handwerk konnte mit diesen Preissenkungen selbst bei größten Anstrengungen nicht mehr mithalten, sondern ging in der Konkurrenz gegen die Manufakturen und später gegen die Industriebetriebe sang- und klanglos unter. Dabei waren die Manufakturen historisch ja nur die Ouvertüre zur industriellen Revolution, indem sie durch Arbeitszersplitterung die Grundlagen dafür schufen, daß Maschinen die immer wiederkehrenden mechanischen Handgriffe übernehmen und ungleich viel schneller durchführen konnten. So wurden durch die industrielle Massenproduktion die Stückkosten noch einmal sprunghaft gesenkt, und das traditionelle Handwerk, sofern es sich bis dahin noch hatte behaupten können, konnte nicht mehr mithalten.

Nicht nur, daß damit ein ungeheuer vielfältiges Wissen – in jeder Kultur und Gesellschaft auf unterschiedliche Weise ausgeprägt – verlorenging[20], zerstört wurden dabei auch die ökonomischen Existenzgrundlagen der Handwerker: Ihre Betriebe gingen zugrunde, sie verloren ihre Werkstätten und sonstigen Produktionsmittel, und übrig blieb als einzige Existenzgrundlage ihre der Produktionmittel beraubte Arbeitskraft. Nachdem die traditionell enge Bindung zwischen Arbeitskraft und Produktionsmittel im Handwerk aufgelöst war, nachdem die Trennung von den Produktionsmitteln erfolgt war, war die Arbeitskraft allein – ohne

Produktionsmittel – lebensunfähig, was Arbeitslosigkeit, drohenden Hunger oder Tod bedeutete. In ihrem Identitäts- und Existenzverlust mußten die früheren Handwerker eine neue Bindung eingehen, die Verbindung mit dem Kapital – bei aller Entwürdigung und Entmenschlichung, die ihnen in den Manufakturen und Fabriken, in den Bergwerken und auf den Plantagen drohte. Sie mußten sich dieser offenen oder strukturellen Gewalt gegen Lohn unterwerfen.

Neben den entwurzelten Bauern waren es also die entwurzelten Handwerker, die die Arbeitsmärkte überfluteten. Durch das dramatische Absinken der Löhne bei gleichzeitig immer unmenschlicher werdenden Arbeitsbedingungen wurde die Lebensgrundlage der lohnabhängig gewordenen Menschen gefährdet und teilweise zerstört. Die Gewinnorientierung und das Konkurrenzprinzip des Kapitalismus führten nicht zu allgemeinem Wohlstand, sondern zu Reichtum in wenigen Händen der Kapital- und Bodeneigentümer bei gleichzeitiger Verarmung der lohnabhängigen Massen.

Die Mehrwerttheorie

Nach Marx ist die Arbeitskraft, die im Kapitalismus die Form der Lohnarbeit angenommen hat, Quelle des gesellschaftlichen Reichtums, Quelle der Wertschöpfung. Aus ihr entspringt ein Strom von Werten, von dem allerdings nur ein Teil den Arbeitern in Form des Lohnes zufließt. Ein anderer Teil zweigt sich von diesem Strom ab und wird von anderen, nämlich den Eigentümern von Kapital und Boden, angeeignet, als Unternehmergewinn, Zins und Bodenrente. Diesen abgezweigten Teil nennt Marx »Mehrwert«.

Ein Teil des Mehrwerts (in Abbildung 10) wird wieder in Produktion gesteckt, um aus Geld noch mehr Geld werden zu lassen, das heißt, er wird zu Kapital, das sich zum Zwecke seiner eigenen Verwertung in vieler Hinsicht gegen die Lohnarbeit richtet, das heißt gegen die Quelle, aus der heraus es selbst erst entstanden ist und immer wieder neu entsteht. In seinem Drang nach Verwertung übt es einen ständigen Druck auf die Lohnarbeit aus, und der Konflikt zwischen Lohnarbeit und Kapital bildet nach Marx die tiefere Ursache ökonomischer und sozialer Krisen des Kapitalismus. Die Krisen (symbolisch angedeutet durch den Blitz) wären demnach notwendige Bestandteile, notwendige Folgen kapitalistischer Produktionsweise und bedürften gar keiner äußeren Ursachen, sondern wären dem System immanent.

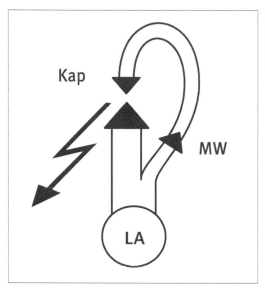

Abbildung 10: Einheit und Gegensatz von Lohnarbeit (LA) und Kapital als Krisenursache (MW = Mehrwert)

Damit entwarf Marx gegenüber der klassischen bürgerlichen Ökonomie, insbesondere gegenüber der Theorie von Adam Smith, ein totales Kontrastprogramm. Nach seiner Auffassung ist eine Gesellschaft, die auf kapitalistischen Produktions- und Eigentumsverhältnissn basiert, tief gespalten. Nicht allgemeiner Wohlstand, sondern eine wachsende Kluft zwischen Arm und Reich und eine Zuspitzung der Krisen wären die Folge, was schließlich auf eine sozialistische Revolution hinauslaufen würde – getragen von denen, die unter dem System am schlimmsten zu leiden hätten: den Lohnarbeitern und den Arbeitslosen, der Arbeiterklasse oder dem Proletariat. An die Stelle der bürgerlichen Harmonievorstellungen setzte Marx die These vom Klassengegensatz und vom Klassenkampf der Arbeiterklasse gegen die Kapitalistenklasse.

Nach Marx ist also das Kapital kein eigenständiger Produktionsfaktor, sondern ist abgeleitet aus dem Mehrwert, und dieser wiederum ist abgezweigt aus dem Strom von Werten, der der Quelle der Lohnarbeit entspringt. Mehrwert ist aber eine relative Größe: mehr als was? Mehr als das, was der Arbeitskraft zufließt, die im Kapitalismus zur Ware geworden ist, zur Lohnarbeit. Und um den Wert der Ware Arbeitskraft zu ermitteln, versuchte Marx zunächst einmal, den Bestimmungsgründen für den Wert einer Ware ganz allgemein auf den Grund zu gehen.

Ware, Wert und Preis – die Gesetze des Warentauschs

Der erste Band des ›Kapitals‹ beginnt mit dem Grundbegriff der Ware, und dies wohl deshalb, weil Marx in der Ware so etwas wie das Elementarteilchen der kapitalistischen Produktionsweise und der kapitalistischen Gesellschaft sah. Von Ware spricht er erst dann, wenn ein Produkt für den Austausch, für den Markt produziert wird. Durch die historische Herausbildung der Warenproduktion und des Warentauschs wurden auch die Beziehungen zwischen den Menschen immer mehr durch Warenbeziehungen geprägt: durch die Konkurrenz der Warenproduzenten gegeneinander und durch das Verhältnis der Anbieter zu den Nachfragern von Waren. Selbst die Arbeitskraft war unter kapitalistischen Bedingungen zur Ware geworden, die am Arbeitsmarkt angeboten und nachgefragt wurde.

In dem Maße, in dem sowohl die Produktion als auch der Austausch von Waren zur wesentlichen Existenzgrundlage der Menschen geworden sind (weil andere Existenzgrundlagen nicht mehr bestehen), richten die Menschen notgedrungen ihr Bewußtsein und ihr Handeln, aber auch ihre menschlichen Beziehungen an den Erfordernissen der Warenproduktion aus. »Das gesellschaftliche Sein bestimmt das Bewußtsein« ist eine der markantesten Thesen von Marx. Und das gesellschaftliche Sein der Menschen im Kapitalismus ist wesentlich geprägt durch ihre Funktionen als Verkäufer ihrer Ware Arbeitskraft, als Warenproduzenten sowie als Verkäufer und Käufer produzierter Waren. Die menschlichen Beziehungen sind demnach in weiten Bereichen geprägt durch Warenbeziehungen.[21] Also könnten auch die vielfältigen Formen menschlicher Entfremdung mit dem Gesetz von Warenproduktion und Warentausch zusammenhängen. Im tieferen Verständnis dieser Beziehungen könnten also auch Ansatzpunkte für die Überwindung von Entfremdung liegen und für die Entfaltung des menschlichen Potentials. Deswegen wohl begann Marx seine Analyse des Kapitalismus mit der Klärung des Begriffs der Ware, der Frage nach den Bestimmungsgründen für den Wert einer Ware und nach den Gesetzen des Warentauschs.

Gebrauchswert und Tauschwert

Eine Ware besitzt – und darin knüpft Marx an Smith an – einen Doppelcharakter, ist also gekennzeichnet durch zwei Eigenschaften: Sie besitzt einen Gebrauchswert und einen Tauschwert. Im Gebrauchswert unterscheidet sie sich von anderen Waren. (Den Tisch zum Beispiel braucht man für etwas anderes als das Kleid.) Man kann diesen Gebrauchswert in der Regel nicht messen, weil es sich um eine Qualität handelt und nicht um eine Quantität. Bei allen Unterschieden in bezug auf den Gebrauchswert haben die Waren aber auch etwas Gemeinsames, das sie untereinander verbindet und das sich in Zahlen ausdrücken läßt: den Tauschwert. Das leitet Marx aus der gemeinsamen Quelle ab, der alle Waren entspringen, der menschlichen Arbeitskraft, die zur Herstellung der Ware erforderlich ist und mit einer bestimmten Menge an Arbeitsaufwand in die Ware einfließt. Die Menge an eingeflossenem Arbeitsaufwand bestimmt nach Marx den Tauschwert einer Ware.

Nach Marx wird also der Wert einer Ware (in erster Annäherung) durch den zu ihrer Produktion erforderlichen Arbeitsaufwand bestimmt, und die Wertverhältnisse der Waren bilden die Grundlage für deren Austausch. Das heißt aber nicht, daß die Preise der Waren, die sie am Markt erzielen, immer mit ihren Werten übereinstimmen müssen. Im Gegenteil: Die Regel wird eher sein, daß die Preise von den Werten abweichen, denn die Preise bilden sich durch das Verhältnis von Angebot und Nachfrage und haben zunächst einmal mit dem Arbeitsaufwand, der in den Waren steckt, wenig zu tun. Und dennoch besteht eine Beziehung zwischen Preisen und Werten, eine Art Spannungsverhältnis, das dafür sorgt, daß die Preise, die sich von den Werten entfernen, auch wieder in Richtung auf die Werte zurückbewegen.[22]

Das Wertgesetz als ökonomisches Bewegungsgesetz

Nehmen wir an, der Wert von Ware a betrage 1, und der von Ware b betrage 2. Am Markt erzielen beide Waren aber davon abweichende Preise: a erzielt den Preis 2, und b erzielt den Preis 1 (Abbildung 11a).

Der Arbeitsaufwand, der den Wert bestimmt, wäre für a demnach nur halb so groß wie das, was am Markt in Form des Preises dafür erzielt werden kann, und für b wäre er doppelt so hoch. Die Folge einer solchen Situation wird sein, daß sich die b-Produzenten unter diesen Bedingungen auf Dauer nicht halten können, weil sie ständig mehr aufwenden, als sie durch den Verkauf an Erlösen wieder hereinbekommen. Wenn es ihnen nicht gelingt, den Arbeitsaufwand mindestens zu halbieren, werden sie aus dem Markt ausscheiden müssen, oder sie steigen auf eine andere Produktion um, die sich für sie wieder lohnt. In unserem Beispiel wäre das die Produktion von a, bei der der Marktpreis ja doppelt so hoch ist wie der durch den Arbeitsaufwand bestimmte Wert.

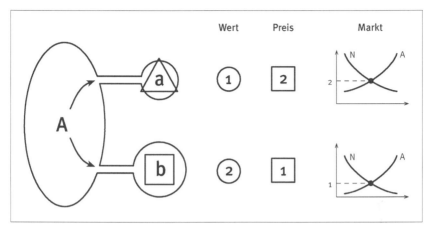

Abbildung 11a: Die am Markt (durch Angebot A und Nachfrage N) sich bildenden Preise können von den Werten abweichen.

Aus dieser Situation entsteht also die Tendenz, daß die b-Produzenten auf a umsteigen (1). Und wenn sie es nicht selbst tun, werden es andere tun, die sich von den hohen Gewinnen bei der Produktion von a anlocken lassen. In dem Maße, wie dies geschieht, wird das Angebot von b vermindert, während das Angebot von a entsprechend ansteigt (2). Dadurch verändern sich aber die Situationen an den Märkten für a und b, mit der Folge, daß der Gleichgewichtspreis für a sinkt und für b steigt. (In Abbildung 11b verschiebt sich die Angebotskurve für a in den Bereich größerer Mengen nach rechts und für b entsprechend nach links.)

Der Preis für a von ursprünglich 2 bewegt sich also nach unten, in Richtung seines Wertes 1. Und der Preis für b von ursprünglich 1 bewegt sich nach oben, in Richtung seines Wertes 2. In beiden Fällen findet also eine Bewegung der ursprünglich abweichenden Preise in Richtung des jeweiligen Wertes statt (3). Es gibt natürlich keine Garantie dafür, daß die Bewegung zum Stillstand kommt, wenn der Preis jeweils genau den Wert erreicht hat. Vielmehr können sich die Preise unter beziehungsweise über die Ebene des Wertes hinausbewegen. Aber in dem Maße, wie dies geschieht, wird es wieder zu entsprechenden Gegenbewegungen kommen. Auf diese Weise käme es zu einem ständigen Pendeln der Preise um die jeweiligen Werte der Waren (Abbildung 11c).

Obwohl also der Wert einer Ware gar nicht an der Oberfläche in Erscheinung tritt, weil der Käufer ja nicht den Wert, sondern den Preis der

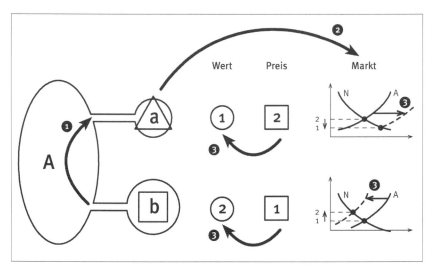

Abbildung 11b: Die Wirkung des Wertgesetzes: Umstrukturierung ❶, Angebotsänderung ❷, Preise – Werte ❸

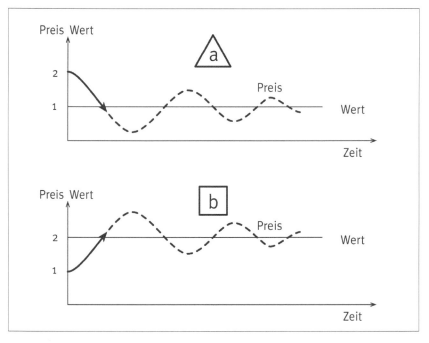

Abbildung 11c: Das Pendeln der Preise um die Werte

Ware bezahlt, entfaltet er doch – sozusagen hinter den Kulissen des Marktes – mit einer bestimmten Gesetzmäßigkeit seine Wirkung: Bei Abweichung der Preise von den Werten erfolgt immer wieder eine Veränderung der Produktionsstruktur und eine entsprechende Umlenkung von Ressourcen mit der Folge, daß sich die Preise immer wieder auf die Werte zubewegen. Auch wenn der Wert einer Ware (und der ihm zugrunde liegende Arbeitsaufwand) nicht auf der Bühne des Marktes sichtbar wird, wirkt er sich dennoch auf die ökonomischen Bewegungen der Ressourcen in bestimmten Bahnen der Produktion aus. Das Spannungsverhältnis von Preisen und Werten ist insofern ein ökonomisches Bewegungsgesetz. Marx hat ihm die Bezeichnung Wertgesetz gegeben.

Das Erkennen des Wertgesetzes bedeutet natürlich noch nicht, daß es sich in der Realität immer und in vollem Maße durchsetzt. Darin unterscheidet es sich aber nicht von anderen Gesetzen, zum Beispiel dem Fallgesetz in der Physik. Hier wie da kann es Reibungsverluste geben, die die Durchsetzung des Gesetzes mehr oder weniger beeinträchtigen, modifizieren oder verhindern. Beim Fallgesetz ist es zum Beispiel die Luftreibung, die sich auf unterschiedliche fallende Körper unterschiedlich auswirkt, je nach Angriffsfläche für den Luftwiderstand. Oder ein Körper wird durch eine Gegenkraft festgehalten und fällt überhaupt nicht nach unten. Und dennoch ist das Fallgesetz deswegen nicht falsch, es kann nur durch alle möglichen Gegentendenzen und Gegenkräfte überlagert werden.

Ganz ähnlich ist es auch mit dem Wertgesetz, bezogen auf ökonomische Bewegungen und Entwicklungen. In den Anfängen des Kapitalismus gab es zunächst eine ganze Reihe von Gegentendenzen, Blockierungen oder Reibungsverlusten in der Durchsetzung des Wertgesetzes, zum Beispiel
- beschränkter Zugang zu den einzelnen Märkten,
- mangelnde Mobilität der Arbeit (regional und qualifikationsmäßig),
- mangelnde Mobilität des Kapitals.

Aber die kapitalistische Produktionsweise hat eine derartige Dynamik entfaltet, daß sie die Behinderungen, die ihr anfangs im Wege standen, tendenziell immer mehr aus dem Weg geräumt und dadurch der Durchsetzung des Wertgesetzes immer mehr Geltung verschafft hat. Man kann es auch so ausdrücken: Die dem Wertgesetz innewohnende Dynamik hat sich die Bedingungen seiner Durchsetzung immer mehr selbst geschaffen.

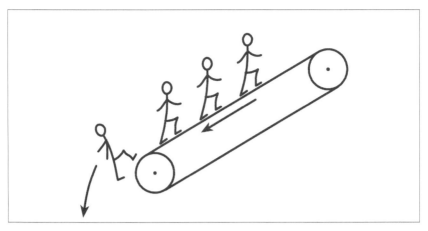

Abbildung 12: Der Antrieb der kapitalistischen Konkurrenz: die Unternehmen als Treibende und Getriebene

Bestimmungsgründe des Werts einer Ware

Was wir bisher an Modellüberlegungen durchgespielt haben, ging natürlich von den denkbar einfachsten Annahmen aus, und auf diesem Stand der Diskussion stellt sich eine Fülle von Fragen in bezug auf die Bestimmungsgründe des Wertes einer Ware: Welche Rolle bei der Wertentstehung spielen zum Beispiel
- Material und Maschinen,
- der individuell unterschiedliche Arbeitsaufwand,
- Veränderungen des Arbeitsaufwandes im Laufe der Zeit,
- unterschiedliche Qualifikation und Intensität der Arbeit?

Nach Marx wird der Wert einer Ware nicht nur durch den Aufwand an »lebendiger Arbeit«, sondern auch durch den im Material gebundenen Arbeitsaufwand bestimmt. Am Beispiel des Holzes, das in einer Möbelfabrik weiterverarbeitet wird, läßt sich dieser Zusammenhang erläutern. Der ganze Arbeitsaufwand, der erforderlich war, um die Bäume zu fällen und zu schälen, zu zersägen und zu transportieren, steckt – wenn auch unsichtbar – in dem Holzbrett drinnen, ist in ihm vergegenständlicht oder geronnen. Und wenn das Holz zum Tisch weiterverarbeitet wird, dann geht dieser geronnene Arbeitsaufwand entsprechend auf das neu entstehende Produkt über, unter Hinzufügung der lebendigen Arbeit des Tischlers oder der Arbeiter in der Möbelfabrik. Der Wert des Tisches wird also durch die Summe an lebendiger und vergegenständlichter Arbeit gebildet.

Ähnlich ist es mit den Maschinen. Auch sie stellen vergegenständlichte Arbeit dar, gehen allerdings bei der Produktion nicht stofflich in das neue Produkt über, sondern nutzen sich nur immer mehr ab. In dem Maße, wie sie sich entwerten, geht – wenn auch unsichtbar – ein Anteil ihres Wertes auf das neu entstehende Produkt über.

Aber wie ist es um den Wert einer Ware bestellt, wenn die gleiche Ware von verschiedenen Herstellern mit unterschiedlichem Arbeitsaufwand produziert wird? Ist der Wert der Ware dann um so größer, je länger ein Hersteller im Vergleich zu anderen braucht? Das erschiene doch ziemlich absurd. Und so ist es auch von Marx nicht gemeint gewesen. Er unterscheidet vielmehr zwischen dem individuellen Arbeitsaufwand einzelner Produzenten und dem gesellschaftlich notwendigen Arbeitsaufwand, was soviel meint wie den durchschnittlichen Arbeitsaufwand unterschiedlicher Produzenten, bezogen auf das gleiche Produkt. Entsprechend unterscheidet er zwischen dem individuellen Wert und dem gesellschaftlichen Wert einer Ware. Und für die Wirkung des Wertgesetzes und das Pendeln des Preises um den Wert sei der gesellschaftliche Wert ausschlaggebend.

Damit kommen wir zur nächsten Frage: Was bedeutet es für den Wert einer Ware, wenn der für sie erforderliche durchschnittliche Arbeitsaufwand im Laufe der Zeit immer weiter sinkt? Und was ist mit dem Wert derjenigen Waren, die noch unter größerem Arbeitsaufwand produziert wurden? In diesem Fall ist es nicht einfach der Durchschnitt zwischen früherem und jetzigem Arbeitsaufwand, sondern ausschlaggebend für den Wert einer Ware heute ist derjenige Aufwand, der heute für die Wiederherstellung, für die Reproduktion einer Ware erforderlich ist. Nicht der Produktionsaufwand, der irgendwann einmal in eine Ware eingeflossen ist, sondern der Arbeitsaufwand für ihre Reproduktion bestimmt demnach ihren Wert. Man kann es auch anders ausdrücken: Es sind die in Arbeitsaufwand aufgelösten gesellschaftlich notwendigen Reproduktionskosten einer Ware, die ihren Wert bestimmen.

Das bedeutet aber auch: Die Arbeitswertlehre ist nur auf solche Waren anwendbar, die durch Arbeitsaufwand reproduziert werden können. Wir werden später sehen, daß dies von Marx selbst zum Teil vergessen oder mißachtet wurde, und erst recht von späteren Marxisten, als die Arbeitswertlehre auch auf Gold und andere knappe Ressourcen angewendet wurde – woraus sich schwerwiegende blinde Flecken und entsprechende Fehlschlüsse ergaben.

Unsere letzte Frage bezog sich auf unterschiedliche Qualifikation und Intensität der Arbeit. Es ist ja wohl schwer vorstellbar oder wäre absurd, wenn eine Arbeitsstunde, in der sehr langsam gearbeitet wird, den gleichen Wert hervorbringen würde wie eine Arbeitsstunde, in der sehr schnell, das heißt mit großer Intensität gearbeitet wird, oder daß eine Stunde ungelernte Arbeit den gleichen Wert schaffen sollte wie eine Stunde hochqualifizierte Arbeit, für deren Entwicklung zum Beispiel eine lange Ausbildung und hohe Ausbildungskosten erforderlich waren. Auch diese Gesichtspunkte hat Marx bei der Definition seines Wertbegriffs berücksichtigt. Als Maßeinheit für die Wertentstehung betrachtete er jeweils eine Arbeitsstunde mit durchschnittlicher Qualifikation und durchschnittlicher Intensität, wobei die davon abweichenden Arbeiten mit einem entsprechenden Faktor gewichtet werden.

Fassen wir die Bestimmungsgründe des Werts einer Ware noch einmal zusammen: Der Wert einer Ware wird – nach Marx – gebildet durch den zu ihrer Reproduktion gesellschaftlich notwendigen Aufwand an lebendiger Arbeit sowie in Material und Maschinen geronnener Arbeit von jeweils durchschnittlicher Qualifikation und Intensität.

Abstrakte und konkrete Arbeit

Schließlich bleibt noch die Frage, ob und wie man überhaupt unterschiedliche Arbeiten miteinander vergleichen und auf einen gemeinsamen Nenner bringen kann, den Marx »abstrakte Arbeit« nannte, im Unterschied zu der unterschiedlichen »konkreten Arbeit« zum Beispiel des Tischlers oder des Schneiders. Ist denn nicht jedes Handwerk oder jede Qualifikation einzigartig oder jedenfalls grundsätzlich verschieden von anderen? Die Verschiedenheit wird von Marx nicht geleugnet, genausowenig wie die Verschiedenheit der Gebrauchswerte unterschiedlicher Waren. Und dennoch sieht er eine tiefere gemeinsame Wurzel der unterschiedlichen konkreten Arbeiten. Denn wenn man es aus gesamtgesellschaftlicher Perspektive betrachtet, werden die einzelnen Berufe und Qualifikationen ja immer wieder neu durch nachwachsende Generationen aufgefüllt, ganz abgesehen davon, daß einzelne Menschen aus aussterbenden Berufen noch in andere Berufe umsteigen können, zum Beispiel durch entsprechende Umschulung. Dadurch sind die einzelnen konkreten Arbeiten, so sehr sie sich auch voneinander unterscheiden, in gewisser Weise doch auch untereinander und miteinander verbunden – wie ein Röhrensystem, in dem die Flüssigkeit zwischen den einzelnen Teilen des Systems strömen kann.

Die Entwicklung des Warentauschs – vom Naturaltausch zum Geld

Nachdem Marx die Gesetzmäßigkeiten, die dem quantitativen Austauschverhältnis der Waren zugrunde liegen, näher untersucht hatte, widmete er sich der Frage nach den qualitativen Veränderungen in der Form des Warentausches, also der Entwicklung vom Naturaltausch bis hin zum Geld. In den Anfängen der Tauschgesellschaft erfolgte der Austausch noch in Naturalform, Ware gegen Ware (Abbildung 13a):

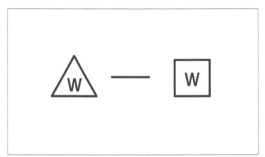

Abbildung 13a: Naturaltausch Ware gegen Ware

Der Naturaltausch brachte allerdings eine ganze Reihe praktischer Probleme mit sich, die kurz an einem Beispiel erläutert werden sollen: Wenn etwa der Tischler für seinen Tisch im Austausch 100 Kohlköpfe vom Bauern bekam und selbst nur 5 davon brauchte, mußte er für die verbleibenden 95 Stück andere Tauschpartner suchen. Dem Schneider gab er im Austausch für seine Hose 50 Stück, dem Schmied für einen Hammer 20 Stück usw., und die Tauschpartner mußten nun ihrerseits andere finden, an die sie die Kohlköpfe weitertauschen konnten, die sie selbst nicht brauchten. Kurzum: Der Tausch in dieser Form war sehr umständlich, mit vielen Umwegen und Zwischenlagerungen verbunden und mit der Gefahr, daß die Waren auf dem Weg zum Verbraucher verdarben.

Von daher ist es verständlich, daß in Gesellschaften, wo der Tausch einen größeren Umfang annahm und eine zunehmende Bedeutung für die Existenzgrundlage der Warenproduzenten bekam, sich ein allgemein begehrtes und akzeptiertes Tauschmittel herausbildete – mit einem besonders hervorragenden Gebrauchswert. Es schob sich wie eine Drehscheibe zwischen die übrigen Waren, und jeder konnte seine Ware gegen das Tauschmittel eintauschen, weil er wußte, daß er es jederzeit gegen andere Waren weitertauschen könnte. Abbildung 13b stellt diesen Drehscheibencharakter symbolisch dar. Solche allgemeinen Tauschmittel waren zum Beispiel Salz, Felle, Speere und vieles andere mehr.

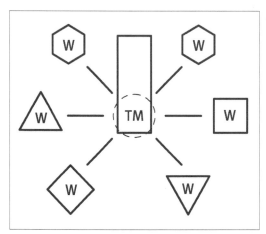

Abbildung 13b: Eine Ware mit hervorragendem Gebrauchswert wird zum Tauschmittel – zur »Drehscheibe« im Warentausch.

Während ursprünglich der besondere Gebrauchswert des Tauschmittels im Vordergrund stand, trat dieser mehr und mehr in den Hintergrund, und immer wesentlicher wurde ihr Tauschwert. Besonders deutlich war das bei den Edelmetallen Gold und Silber, die immer mehr als allgemeine Tauschmittel verwendet wurden, ohne daß man sie noch mit einem konkreten oder gar hervorragenden Gebrauchswert in Verbindung brachte.[23] In der Form des Goldes oder der Goldwährung war das Tauschmittel schließlich nur noch abstrakter Tauschwert, losgelöst vom konkreten Gebrauchswert (Abbildung 13c).

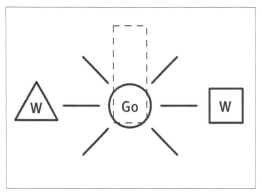

Abbildung 13c: Das Gold als abstrakter Tauschwert und allgemeines Tauschmittel

Marx betrachtete den Wert des Goldes ebenso wie den Wert aller anderen Waren: bestimmt durch den zu ihrer Reproduktion erforderlichen

Arbeitsaufwand. Indem das Gold und die anderen Waren aus der gleichen gemeinsamen Wurzel menschlicher Arbeitskraft hervorgingen, könnten sich alle Waren in ihren Werten beziehungsweise Preisen auf das Gold beziehen und sich in bestimmten Mengen Gold ausdrücken. Auf diese Weise waren sie – vermittelt über das Gold – auch untereinander vergleichbar (Abbildung 13d).

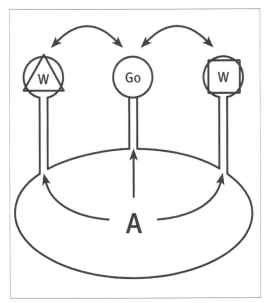

Abbildung 13d: Die Marxsche Auffassung vom Gold als Äquivalent

Das Gold wurde zum Maßstab aller Waren, zum Äquivalent, gleichwertig den Waren mit dem gleichen Arbeitsaufwand. Es wurde damit auch zum Maßstab aller Werte, wie das Meter zum Maßstab aller Längen geworden war. Im Gold schienen sich die Werte der Waren unmittelbar widerzuspiegeln und auch die Verhältnisse ihrer Werte zueinander. Dadurch schien ein Vergleich von Werten über die Zeit und über den Raum hinweg möglich geworden zu sein.

Nachdem sich historisch das Gold beziehungsweise Geld als abstrakter Tauschwert herausgebildet hatte, eröffnete sich eine Reihe neuer Möglichkeiten. Zunächst einmal konnte die Tauschkette unterbrochen werden. Der Verkauf einer Ware gegen Geld führt nicht mehr notwendig zum Kauf einer anderen Ware, wie noch beim Naturaltausch. Vielmehr kann nach erfolgtem Verkauf das Geld zurückgehalten oder gehortet werden. Als abstrakter Tauschwert beinhaltet es ja die Möglichkeit, jederzeit in konkrete Waren eingetauscht zu werden, und verkörpert insofern abstrakten Reichtum. Anstatt sich an dem konkreten Gebrauchswert der Waren zu erfreuen, kann sich der Geldbesitzer nunmehr an dem Potential erfreuen, das dem Geld innewohnt, an der bloßen Möglichkeit, sich mit ihm die Warenwelt zu erschließen.

Marx hat in seinen Frühschriften sehr eindringlich auf die Perversionen hingewiesen, die mit der Verselbständigung des Geldes, mit der Entwicklung des Geldes vom Tauschmittel zum Selbstzweck einhergehen.

»So groß die Kraft des Geldes, so groß ist meine Kraft. Die Eigenschaften des Geldes sind meine – seines Besitzers – Eigenschaften und Wesenskräfte. Das, was ich *bin* und *vermag*, ist also keineswegs durch meine Individualität bestimmt. Ich *bin* häßlich, aber ich kann mir die *schönste* Frau kaufen. Also bin ich nicht *häßlich*, denn die Wirkung der *Häßlichkeit*, ihre abschreckende Kraft, ist durch das Geld vernichtet. Ich – meiner Individualität nach – bin *lahm*, aber das Geld verschafft mir 24 Füße; also bin ich nicht lahm; ich bin ein schlechter, unehrlicher, gewissenloser, geistloser Mensch, aber das Geld ist geehrt, also auch sein Besitzer. Das Geld ist das höchste Gut, also ist sein Besitzer gut, das Geld überhebt mich zudem der Mühe, unehrlich zu sein; ich werde also als ehrlich präsümiert; ich bin *geistlos*, aber das Geld ist der *wirkliche Geist* aller Dinge, wie sollte sein Besitzer geistlos sein? Zudem kann er sich die geistreichen Leute kaufen, und wer die Macht über die Geistreichen hat, ist der nicht geistreicher als der Geistreiche? Ich, der ich durch das Geld *alles*, wonach ein menschliches Herz sich sehnt, vermag, besitze ich nicht alle menschlichen Vermögen? Verwandelt also mein Geld nicht alle meine Unvermögen in ihr Gegenteil?«

»Was ich qua Mensch nicht vermag, was also alle meine individuellen Wesenskräfte nicht vermögen, das vermag ich durch das *Geld*. Das Geld macht also jede dieser Wesenskräfte zu etwas, was sie an sich nicht ist, d. h. zu ihrem *Gegenteil*.« (›Ökonomisch-philosophische Manuskripte‹, S. 564f)

Seine weiteren Überlegungen in diesem Zusammenhang beschäftigten sich damit, was denn den Hortenden dazu bewegen könnte, das Geld an andere auszuleihen, wenn er es schon nicht selbst zum Kauf von Konsumgütern verwendet. Er verglich das Ausleihen und die Rückzahlung des Geldes mit einem Warentausch. Wenn man einen Tisch gegen einen Mantel tauscht, dann deswegen, weil man am Gebrauchswert des Mantels interessiert ist, der sich vom Gebrauchswert des Tisches unterscheidet. Aber wie ist es beim Geld, beim abstrakten Tauschwert, der völlig losgelöst von irgendeinem konkreten Gebrauchswert ist? Warum sollte jemand 100 Geldeinheiten hingeben, um 100 Geldeinheiten wieder zurückzubekommen? Ein solcher Tausch (der eigentlich gar keiner ist) erscheint sinnlos. Denn wenn schon die 100 Geldeinheiten keinerlei konkreten Gebrauchswert haben, macht die Hingabe von 100 scheinbar nur einen Sinn, wenn dafür mengenmäßig eine größere Summe zurückfließt also 100 + x, Tauschwert + Mehrwert. Wenn es schon keinen Unterschied in der Qualität, im Gebrauchswert gibt, dann soll der Unterschied wenigstens in der Quantität, in der Größe des Tauschwerts liegen, im Mehrwert. Damit begründet Marx logisch wie historisch die Entstehung der Jagd nach dem Mehrwert – für diejenigen, die Geld über ihren Konsumbedarf hinaus übrig haben.

Die Quelle des Mehrwerts

Wie aber kann aus Geld mehr Geld – Mehrwert – werden? Marx unterscheidet prinzipiell drei Möglichkeiten:
• als Leihkapital:
Geld wird ausgeliehen gegen Rückzahlung plus Zinsen.

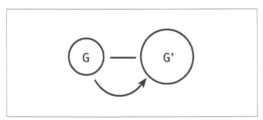

Abbildung 14a: Leihkapital als Quelle des Mehrwerts?

• als Handelskapital:

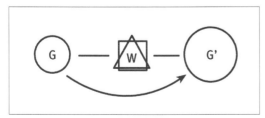

Abbildung 14b: Handelskapital als Quelle des Mehrwerts?

Geld wird für den Einkauf von Waren verwendet – wobei der Gebrauchswert der Waren gleichgültig ist –, um sie teurer wieder zu verkaufen. Die Waren werden hier Mittel zum Zweck, nämlich zur

Mehrwerterzielung. Im Extremfall ist es dem Kapital gleichgültig, ob es sich dabei um Lebensmittel oder um Todesmittel handelt – zum Beispiel Waffen oder Drogen.

• als Produktivkapital:

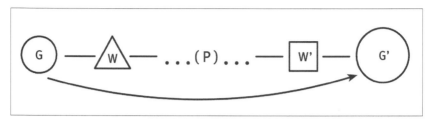

Abbildung 14c: Die Quelle des Mehrwerts im Produktionsprozeß (P)

Hier wird Geld in die Produktion gesteckt und für den Einkauf von Waren (Einsatzfaktoren) verwendet, die in der Produktion (P) miteinander kombiniert werden, wodurch neue Waren entstehen. Am Ende der Kette bringt der Verkauf der Waren mehr Wert, als zu Beginn für den Kauf der Einsatzfaktoren an Werten aufgewendet wurde. In diesem Fall wird der ganze Produktionsprozeß Mittel zum Zweck der Mehrwerterzielung.

In jedem Fall scheint der Einsatz von Geld – als Leihkapital, Handelskapital oder Produktivkapital – nur dann sinnvoll zu sein, wenn dabei ein Mehrwert erzielt werden kann. Andernfalls würde das (über die Konsumausgaben) überschüssige Geld besser gehortet und als abstrakter Reichtum angehäuft. Diese Gedanken erscheinen plausibel. Nichts scheint unter kapitalistischen Bedingungen selbstverständlicher, als auf ausgeliehenes Geld Zinsen zu verlangen oder eine bestimmte Rendite auf Geld, das in Handelsgeschäfte oder in die Produktion (oder in bestimmte Objekte, wie zum Beispiel Mietshäuser) gesteckt wird, als also mit Geld Mehrwert zu erzielen. Auf dieser Annahme beruht die ganze Marxsche Werttheorie und seine Analyse des Kapitalismus. Und dennoch ist die Verknüpfung von Geld und Zins nicht zwingend, auch wenn beide über lange Epochen der Menschheitsgeschichte scheinbar untrennbar miteinander verknüpft waren, seitdem es Geld (in den verschiedensten Formen) gegeben hat. Wir kommen später darauf zurück.

Marx stellte sich die Frage, wo gesamtwirtschaftlich betrachtet die Quelle des Mehrwerts liegen könnte, in den sich die einzelnen Kapitale teilen. Im Geldverleih allein könne die Quelle nicht liegen, denn das, was die Geldverleiher an Zinsen einstecken, wurde den Kreditnehmern entsprechend entzogen. Also würden nur bestehende und schon geschaffene Werte umverteilt. Ähnlich sah es Marx in bezug auf den Handel. Den Mehrwert, den sich der Handel aneignet, erklärte er damit, daß die gehandelten Waren entweder zu Preisen unter ihrem Wert eingekauft und/oder über ihrem Wert verkauft werden. Der Mehrwert auf seiten der Händler fände entsprechend sein Gegenstück in dem geringeren Wert auf seiten der Lieferanten beziehungsweise der Käufer, so daß in der Summe betrachtet gesellschaftlich dadurch kein Mehrwert entstehe.[24] Die Mehrwertaneignung des Handelskapitals würde demnach auf ungleichem Tausch beruhen, wie er zum Beispiel in großem Maßstab im Fernhandel mit anderen Ländern und Kulturen betrieben wurde.

Der durch die Handelskompanien angesammelte Reichtum in Europa war großenteils begründet auf Gewalt nach außen und auf einer Ausnutzung monopolistischer Marktmacht innerhalb Europas. Insofern war das Handelskapital keine Quelle der Entstehung von Mehrwert, sondern ein Mittel der Aneignung von Werten, die woanders produziert worden waren, beziehungsweise eine Umverteilung schon vorhandener Werte durch überhöhte Absatzpreise, über die den Käufern (damals insbesondere dem Adel) entsprechende Werte entzogen wurden.

Gesamtgesellschaftlich betrachtet konnte also weder das Leihkapital noch das Handelskapital Quelle von Mehrwert sein. Es war logisch unvorstellbar, daß eine ganze in sich geschlossene Volkswirtschaft entweder nur aus Geldverleihern oder nur aus Händlern bestand und dabei insgesamt ein Mehrwert zustande kam. Die Quelle für den Mehrwert mußte deswegen woanders gesucht werden. Der einzige Bereich, der als mögliche Quelle des Mehrwerts blieb, war der Bereich der Produktion.

Sehen wir uns also den kapitalistischen Produktionsprozeß unter dem Gesichtspunkt der Entstehung von Mehrwert etwas näher an (Abbildung 14d). So unterschiedlich die einzelnen Produktionsprozesse in den verschiedenen Unternehmen sind, sowohl bezüglich der Einsatzfaktoren als auch der Produktionstechnik, als auch der hergestellten Produkte, so sehr sind sie doch auch in gewisser Hinsicht gleich oder lassen sich zumindest auf ein gleiches Prinzip reduzieren: Die Einsatzfaktoren (W) lassen sich grob unterteilen in Produktionsmittel (Pm) einerseits (Material und Maschinen) und Arbeitskraft (A) andererseits. Für deren Kauf muß vom Unternehmen Geld (G) bezahlt werden. Und am Ende der Kette soll mehr Geld (G') über den Verkauf der produzierten Waren zurückfließen. Die Erzielung eines solchen Überschusses zwischen Erlösen und Kosten eines Mehrwerts in Form von Gewinn (oder Profit) ist ja der Dreh- und Angelpunkt kapitalistischer Produktionsweise.

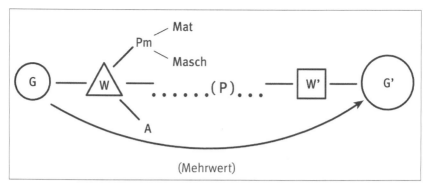

Abbildung 14d: Die allgemeine Formel des kapitalistischen Produktionsprozesses nach Marx (Pm = Produktionsmittel, Mat = Material, Masch = Maschinen)

Wo aber könnte die Quelle für diesen Mehrwert liegen? Natürlich wäre auch hier wieder denkbar, daß die Waren unter ihrem Wert eingekauft und/oder über ihrem Wert verkauft werden. Das würde zwar dem einzelnen Unternehmen eine Aneignung von Mehrwert ermöglichen, aber eine Erklärung für die Entstehung des gesamtgesellschaftlichen Mehrwerts wäre es wiederum nicht, weil die Aneignung nur zu Lasten der Lieferanten oder der Abnehmer ginge. Marx hat deswegen der Einfachheit halber von dieser Möglichkeit des ungleichen Tauschs abgesehen und gefragt, wo denn die Quelle des Mehrwerts liegen könne, wenn von gleichwertigem (äquivalentem) Tausch ausgegangen wird. Der Reihe nach ist er die einzelnen Einsatzfaktoren durchgegangen und hat sie unter diesem Gesichtspunkt näher untersucht. Wenn ein Einsatzfaktor Quelle von Mehrwert sein sollte, müßte er ja mehr Werte hervorbringen, als er selbst an Werten beinhaltet, als er selbst wert ist. Also war die Frage, was den Wert oder den Tauschwert der einzelnen Faktoren ausmacht und welche Werte sie ihrerseits im Produktionsprozeß hervorbringen.

Wie sieht es diesbezüglich mit dem Material aus? Sein Wert wird durch den zu seiner Reproduktion erforderlichen Arbeitsaufwand bestimmt, der im Material geronnen oder vergegenständlicht ist. Und im Produktionsprozeß geht das Material nicht nur stofflich in das Produkt ein, auch sein Wert wird dabei auf das Produkt übertragen und bildet einen Teil des Werts der neu entstehenden Ware. Es können insoweit also nur Werte übertragen werden, die vorher schon vorhanden waren, aber nicht mehr. Material kann demnach keine Quelle von Mehrwert sein.

Bei den Maschinen sieht es ähnlich aus. Sie gehen zwar nicht stofflich in das Produkt ein, sondern bleiben in der Fabrikhalle stehen. Aber während ihrer Nutzung verlieren sie an Wert, und diese Werte gehen anteilig auf das Produkt, das mit der Maschine gefertigt wurde, über. Die Maschine kann insgesamt während ihrer Nutzungsdauer nur soviel Wert auf die Produkte übertragen, wie sie selbst beinhaltet, aber nicht mehr. Also können auch die Maschinen keine Quelle von Mehrwert sein.

Was als einzige mögliche Quelle von Mehrwert noch übrigbleibt, ist die menschliche Arbeitskraft. Sie müßte es also sein, die im Produktionsprozeß mehr Werte hervorbringt, als sie selbst an Tauschwert besitzt. Wie soll man sich das vorstellen? Marx ist zur Klärung dieser Frage über einen Punkt hinausgegangen, an dem die klassische Arbeitswertlehre von Smith und Ricardo steckengeblieben war. Er wandte die Arbeitswertlehre, die ja für alle reproduzierbaren Waren gilt, einfach nur konsequent auf eine besondere Ware an, die erst der Kapitalismus hervorgebracht hatte: auf die Ware Arbeitskraft, auf die Lohnarbeit, die am Arbeitsmarkt angeboten und nachgefragt wird und die für ihren Verkauf einen besonderen Preis erzielt, nämlich den Lohn. Die konsequente Anwendung der Gesetzmäßigkeiten der Warenproduktion und des Warentauschs auf die besondere Ware Arbeitskraft brachte für Marx die entscheidende Erkenntnis und öffnete den Blick für Zusammenhänge, die der klassischen bürgerlichen Ökonomie verschlossen geblieben waren. Im Grunde waren die Klassiker schon ganz nah dran, und vielleicht haben sie auch intuitiv gespürt, wohin ihre Erkenntnis sie geführt hätte, wenn sie die Logik der Arbeitswertlehre auch auf die Ware Arbeitskraft selbst angewendet hätten: Ihr ganzes bürgerliches Weltbild wäre nämlich in sich zusammengestürzt.

Der Wert einer Ware wird ganz allgemein bestimmt durch den zu ihrer Reproduktion erforderlichen Arbeitsaufwand. Was bedeutet es, wenn man das auf die besondere Ware Arbeitskraft überträgt? Was bedeutet denn Reproduktion der Arbeitskraft, und wie hoch ist der für sie erforderliche Arbeitsaufwand? Damit sich die Arbeitskraft reproduziert, das heißt wiederherstellt, damit sie also immer wieder in den Produktionsprozeß eingesetzt werden kann, muß sich ja erst einmal der Arbeiter selbst reproduzieren. Das heißt, er muß sich mindestens am Leben und bei hinreichender Gesundheit und Arbeitsfähigkeit halten, sonst kann er seine Arbeitskraft nicht immer wieder einbringen. Die Reproduktion der Arbeitskraft setzt also die Reproduktion des Arbeiters als Mensch, als lebendiger Träger der Arbeitskraft, voraus. Und dafür braucht der Arbeiter ein Mindestmaß an Lebensunterhalt, um zu überleben. Er braucht also eine bestimmte Menge an Konsumgütern. Und wenn er über keine sonstige Existenzgrundlage mehr verfügt, müßte der Lohn ausreichend hoch sein, um diese Konsumgüter zu kaufen.

Alle diese Konsumgüter beinhalten ihrerseits einen bestimmten Arbeitsaufwand, stellen also eine bestimmte Wertsumme dar. Dies also wäre der Arbeitsaufwand, der zur Reproduktion der Ware Arbeitskraft erforderlich ist. Und wenn man das auf alle Lohnabhängigen einer Gesellschaft überträgt, könnte man sagen: Der Wert der Arbeitskraft aller Lohnabhängigen wird bestimmt durch den Wert der Konsumgüter, die sie zu ihrem Lebensunterhalt brauchen, um sich »über Wasser zu halten«. (In Abbildung 15a ist diese Wertsumme der Reproduktionskosten [RK] symbolisch durch eine Wellenlinie dargestellt, wie die Wellen einer Wasseroberfläche.)

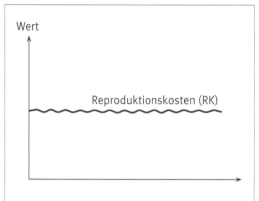

Abbildung 15a:
Die Arbeitskraft besitzt einen Tauschwert: Die Reproduktionskosten (RK) aller Lohnabhängigen – ihr Lebensunterhalt – beinhalten eine Summe von Werten
(= Tauschwert der Arbeitskraft)

Wenn sich diese Summe auf ein Jahr und auf alle Lohnabhängigen eines Landes bezieht, würde sich der durchschnittliche Wert einer Arbeitsstunde daraus ergeben, daß diese Summe durch die Zahl der von allen Lohnabhängigen pro Jahr geleisteten Arbeitsstunden geteilt würde. Dies also wäre der Tauschwert der Arbeitskraft, der Wert, den sie selbst besitzt. Wie bei jeder anderen Ware, kann auch der Preis der Ware Arbeitskraft, der Lohn, von ihrem Wert abweichen. Aber Marx fragte nicht nach dem Mehrwert, der vom Unternehmen durch Bezahlung der Arbeitskraft unter ihrem Wert angeeignet wird, sondern nach dem Mehrwert, der sich bei einer Entlohnung zum Tauschwert, zu den Reproduktionskosten der Arbeitskraft ergibt.

Die Reproduktionskosten beinhalten dabei nicht nur den Lebensunterhalt des einzelnen Arbeiters, sondern auch noch seiner Familie, damit auch für hinreichenden Nachwuchs, das heißt für nachströmende Lohnabhängige gesorgt ist, die die aus dem Arbeitsprozeß ausscheidenden Arbeiter ersetzen. Der Lebensunterhalt muß dabei mindestens das physische Existenzminimum abdecken, kann aber auch darüber hinausgehen und mit steigendem materiellen Lebensstandard verbunden sein. Denn solange der Lohn – auch bei gestiegenem Lebensstandard – hauptsächlich dafür ausgegeben wird, den Lebensunterhalt zu bestreiten und entsprechende Konsumgüter zu kaufen, bleibt den Lohnabhängigen nicht ausreichend Geld übrig, um in irgendeiner Form aus der Lohnabhängigkeit auszusteigen. Also sind sie immer wieder gezwungen, ihre Arbeitskraft zu verkaufen, so daß sich gesellschaftlich betrachtet das Abhängigkeitsverhältnis der Arbeitskraft als Lohnarbeit gegenüber dem Kapital immer wieder herstellt, also reproduziert. Marx hat also mit seinem Begriff der Reproduktionskosten der Arbeitskraft einen wachsenden materiellen Lebensstandard der Lohnabhängigen nicht ausgeschlossen.

Die Arbeitskraft kann aber nur Quelle von Mehrwert sein, wenn sie mehr Werte hervorbringt, als ihr eigener Tauschwert beträgt. Damit kommen wir zum zweiten Aspekt der Arbeitskraft, ihrem Gebrauchswert aus der Sicht des Kapitalisten. Wie jede Ware, so hat nämlich auch die Ware Arbeitskraft einen Doppelcharakter: Sie besitzt Tauschwert und Gebrauchswert. Der Gebrauchswert der Ware Arbeitskraft besteht darin, daß sie selbst – im Unterschied zum Material und den Maschinen – Quelle der Wertbildung ist (Abbildung 15b). (Material und Maschinen hingegen können nur den in ihnen enthaltenen Wert auf das neue entstehende Produkt übertragen.)

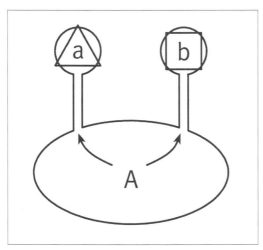

Abbildung 15b:
Die Arbeitskraft (A) ist aber auch Quelle der Wertentstehung (der unterschiedlichen Waren a und b)

Aus einer Quelle fließt aber um so mehr heraus, je länger sie sprudelt. Das gleiche gilt für die Quelle der Wertentstehung: Je mehr Arbeitsstunden in den Produktionsprozeß einfließen, um so mehr Werte werden gebildet. Und wenn man von Arbeitsstunden mit durchschnittlicher Qualifikation und Intensität ausgeht, ergibt sich ein proportionaler Zusammenhang zwischen der Anzahl der Arbeitsstunden (h) und der Summe der daraus entstehenden Werte (Abbildung 15c). Dies also sind die Werte, die die Arbeitskraft im kapitalistischen Produktionsprozeß hervorbringt.

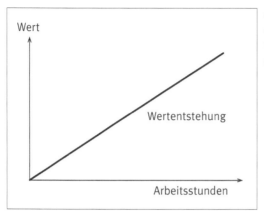

Abbildung 15c:
Aus dieser Quelle fließt um so mehr (an Werten), je länger sie sprudelt.

Legt man nun beide Grafiken (wie zwei Folien) übereinander (Abbildung 15d), so zeigt sich, daß ab einem gewissen Punkt die von der Arbeitskraft hervorgebrachten Werte ihre Reproduktionskosten übersteigen. Diesem Punkt entspricht auch eine bestimmte Summe an eingeflossenen Arbeitsstunden, die Marx notwendige Arbeit (NA) nennt, notwendig nämlich, um so viele Werte zu schaffen, wie es den Reproduktionskosten entspricht. Die darüber hinausgehenden Arbeitsstunden bezeichnet er als Mehrarbeit (MA).

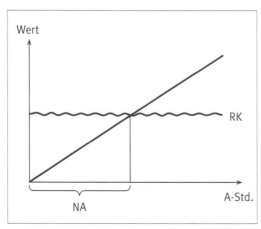

Abbildung 15d:
Der Doppelcharakter der Arbeitskraft: Tauschwert zu haben und gleichzeitig Quelle von Wertentstehung zu sein (RK = Reproduktionskosten, NA = notwendige Arbeit, A-Std. = Arbeitsstunden)

In dem Maße also, in dem mehr als die notwendige Arbeit in den Produktionsprozeß einfließt, bringt die Arbeit Mehrwert hervor, mehr Werte, als ihre eigenen Reproduktionskosten betragen. In Abbildung 15e sind die entsprechenden Werte zur besseren Hervorhebung als Blöcke dargestellt, und der Mehrwert ist wie mit Pluszeichen schraffiert.

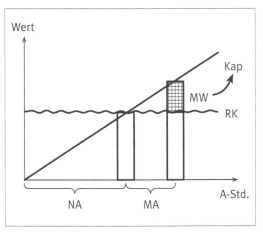

Abbildung 15e:
Die Lösung des Rätsels der Quelle des Mehrwerts (MW = Mehrwert, MA = Mehrarbeit)

Dies also ist des Pudels Kern, die Lösung des Rätsels der Quelle des Mehrwerts. Die Quelle liegt nicht im Leihkapital und nicht im Handelskapital, liegt also nicht in der Zirkulation der Waren, sondern in der Produktion. Sie liegt nicht im Kapital, nicht in den Produktionsmitteln, sondern in der Arbeitskraft, die sich als Lohnarbeit an das Kapital verkauft. Die Lohnarbeit ist die Quelle von Mehrwert, und zwar auch dann, wenn sie zu ihrem Tauschwert entlohnt wird.

Obwohl die Arbeitskraft den Mehrwert hervorbringt, kann sie selbst nicht darüber verfügen. Angeeignet wird der Mehrwert vielmehr vom Unternehmen, vom Kapitalisten, vom Eigentümer der Produktionsmittel. (Abbildung 15f zeigt noch einmal symbolisch die Abzweigung des Mehrwerts.)

Indem die einzelnen kapitalistischen Unternehmen in Konkurrenz zueinander stehen, sind sie alle gezwungen, Mehrwert zu erzielen und aus der Arbeitskraft herauszuziehen, wenn sie nicht untergehen wollen. Denn der Mehrwert ist die Grundlage für Profite (die sich in Unternehmergewinne und Zinsen aufteilen) und für die Bodenrente, mit denen die Eigentümer der Produktionsmittel, des Geldkapitals und des Bodens ihren Anspruch auf Teile des Sozialprodukts geltend machen (Abbildung 15g).

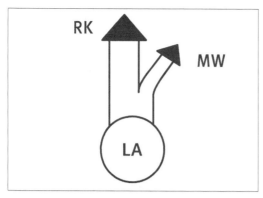

Abbildung 15f:
Lohnarbeit (LA) als Quelle der Wertschöpfung: Reproduktionskosten (RK) plus Mehrwert (MW), der aber der Lohnarbeit entzogen und von anderen angeeignet wird

Der Kapitalist fühlt sich bei Aneignung des Mehrwertes vollkommen im Recht. Denn er hat die Arbeitskraft als Ware gekauft und sie zu ihrem Tauschwert entlohnt. Wie beim Kauf jeder anderen Ware verfügt er nach seinem Willen über deren Gebrauchswert. Diese Selbstverständlichkeit gehört zum Warentausch dazu: Wer eine Ware gekauft hat, kann über deren Gebrauchswert beliebig verfügen (sofern er nicht mit dem Strafgesetz in Konflikt gerät). Die Arbeiter fühlen sich demgegenüber um das Produkt ihrer Arbeit betrogen. Wo aber Anspruch gegen Anspruch steht, beide gleichermaßen aus den Gesetzen des Marktes abgeleitet, kann nach Marx nur der Kampf entscheiden, der Kampf zwischen den beiden sozialen Klassen, zwischen Lohnarbeit und Kapital, zwischen Arbeiterklasse und Kapitalistenklasse.

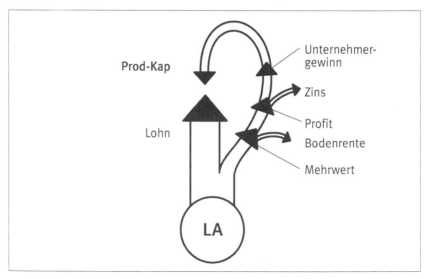

Abbildung 15g: Die Verteilung der von der Lohnarbeit (LA) geschaffenen Werte

Lohnarbeit und Kapital – dialektische Einheit von Gegensätzen

Die Widersprüchlichkeit der kapitalistischen Warenproduktion, die schon in ihren Elementarteilchen, den einzelnen Waren, enthalten ist – und die sich nun auch im Widerspruch zwischen Tauschwert und Gebrauchswert der Arbeitskraft wiederfindet –, treibt nach Marx aus sich heraus unvermeidlich ökonomische und soziale Konflikte hervor, die in Klassenkämpfe münden: in Kämpfe um die Sicherung und Verbesserung der Reproduktionsbedingungen der Arbeit beziehungsweise um die Verbesserung der Verwertungsbedingungen des Kapitals. Lohnarbeit gegen Kapital, Kapital gegen Lohnarbeit. Beide bilden einen Gegensatz und dabei auch eine untrennbare Einheit (eine dialektische Einheit von Gegensätzen), jedenfalls im Rahmen kapitalistischer Produktionsverhältnisse. Denn das Kapital braucht die Lohnarbeit, um Mehrwert aus ihr herauszuziehen, und die Lohnarbeit braucht das Kapital, um nicht arbeitslos zu bleiben oder zu werden – aus Mangel an anderen Existenzgrundlagen. Beide sind auf Gedeih und Verderb aufeinander angewiesen, aber es ist kein harmonisches Miteinander, sondern ein konfliktbeladenes Gegeneinander – ganz anders als im harmonischen Weltbild von Adam Smith.

Diese dialektische Einheit von Gegensätzen, die den Konflikt als Wesensmerkmal beinhaltet, entfesselt nach Marx eine Dynamik der ökonomischen, sozialen und kulturellen Entwicklung, die die gesellschaftlichen Verhältnisse umkrempelt und dabei immer mehr Krisensymptome hervortreibt. Die Krisen bedürfen demnach gar keiner äußeren Ursachen (zum Beispiel außenwirtschaftlicher Einflüsse, politischer Erschütterungen oder Naturkatastrophen), sondern sind dem kapitalistischen System immanent, solange es sich im Rahmen seiner Grundstruktur bewegt: dem Widerspruch von Lohnarbeit und Kapital (symbolisch dargestellt in Abbildung 15h).

Mit Hilfe der dialektischen Logik, die die »dialektische Einheit der Gegensätze« schon in den Grundbegriffen der Theorie verankert, kann im Prinzip die innere Dynamik eines Systems aufgespürt und beschrieben werden, die zur Entwicklung von Krisentendenzen, bis zu deren offenem Ausbruch führt. Sie ermöglicht (im übertragenen Sinne), die Dynamik eines sich aufbauenden Gewitters zu erkennen, so daß der Blitz, in dem sich die aufgebaute Spannung entlädt, gar nicht überraschend kommt. Mit einer Theorie hingegen, die gegenüber der dialektischen Einheit von Gegensätzen blind ist, läßt sich auch die daraus entstehende Dynamik nicht begreifen, und der Blitz erscheint überraschend wie aus heiterem Himmel.

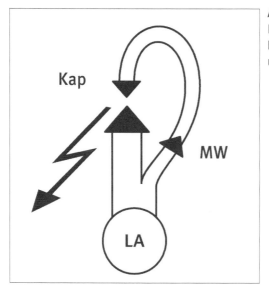

Abbildung 15h:
Lohnarbeit (LA) als Quelle des Kapitals, das die Lohnarbeit unter Druck setzt

Methoden der Mehrwertproduktion

Im ersten Band des ›Kapitals‹ betrachtet Marx theoretisch wie historisch verschiedene Methoden der Mehrwertproduktion und unterscheidet dabei in
- absolute Mehrwertproduktion und
- relative Mehrwertproduktion.

Bei der absoluten Mehrwertproduktion bleiben die Reproduktionskosten und die notwendige Arbeit gleich, während die Mehrarbeit – und damit die gesamte Wertsumme – ausgedehnt wird und somit auch der Mehrwert (Abbildung 16a).

Hierzu gehören Methoden wie:
- Verlängerung der individuellen Arbeitszeiten,
- Einstellung zusätzlicher Arbeiter,
- Schichtarbeit und
- Frauen- und Kinderarbeit.

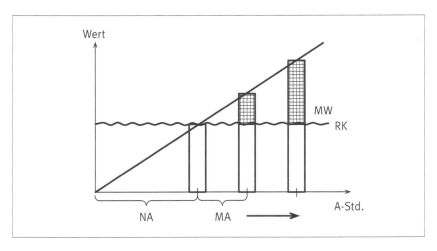

Abbildung 16a: Absolute Mehrwertproduktion: Erhöhung des Mehrwerts durch mehr Arbeitsstunden

Sie alle wirken sich – wenn auch auf unterschiedliche Weise – mehr oder weniger auf die Entstehung zusätzlichen Mehrwerts aus. Das waren die nächstliegenden Methoden der Mehrwertsteigerung, und sie vor allem wurden im Frühkapitalismus angewendet. Die Folgen dieser Methoden für die Arbeiter waren verheerend: unmenschliche Arbeitszeiten, unerträgliche Arbeitsbedingungen, Hungerlöhne und dazu noch Massenarbeitslosigkeit. Marx dokumentierte in seinem ›Kapital‹ unter anderem ausführlich die Arbeitskämpfe um den sogenannten »Normalarbeitstag« von damals zwölf Stunden und zeigte auf, daß durch den Kampf der Arbeiterbewegung und durch entsprechend erkämpfte staatliche Gesetzgebung den Methoden der absoluten Mehrwertproduktion bestimmte Grenzen gesetzt wurden.

Spätestens von da an mußte auf andere Methoden der Mehrwertproduktion ausgewichen werden: die relative Mehrwertproduktion. Selbst wenn die produzierte Wertsumme nicht mehr ausgedehnt werden kann, kann der Mehrwert noch dadurch gesteigert werden, daß die Reproduktionskosten sinken[25] (Abbildung 16b).

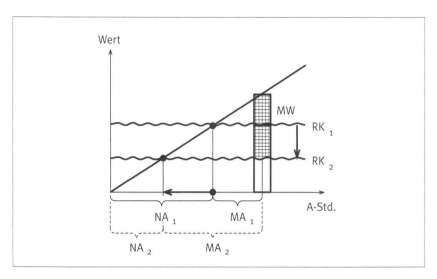

Abbildung 16b: Relative Mehrwertproduktion: Erhöhung des Mehrwerts durch weniger Reproduktionskosten

Das muß nicht einmal mit einer Senkung des Lebensstandards der Arbeiter einhergehen, wenn statt dessen eine Steigerung der Produktivität oder Intensität der Arbeit stattfindet. Würde sich zum Beispiel die Produktivität oder Intensität verdoppeln, so könnten die gleichen Konsumgüter mit dem halben Arbeitsaufwand hergestellt werden, und entsprechend würden die Reproduktionskosten auf die Hälfte sinken. Die Folge wäre eine entsprechende Steigerung des Mehrwerts.

Indem also das Kapital unter dem Druck steht, die Produktivität zu steigern, muß in immer mehr Betrieben die Mechanisierung und Automatisierung der Produktion durchgesetzt werden, was häufig Arbeitsplätze vernichtet. Indem die Arbeiter immer mehr Mehrwert und Kapital produzieren, ziehen sie sich selbst ihre Existenzgrundlage unter den Füßen weg – eine Folge, die Rationalisierungen auch heute noch haben.

Zur Steigerung der Intensität der Arbeit wurden verschiedenste Formen von Akkordlohnsystemen entwickelt, zum Beispiel das Stücklohnsystem, bei dem der einzelne Arbeiter individuell seinen Lohn durch die Produktion einer überdurchschnittlichen Stückzahl steigern kann. Durch diesen Leistungsanreiz werden aber anfangs überdurchschnittliche Stückzahlen im Laufe der Zeit zur Normalität, und der Stücklohn wird entsprechend angepaßt und gesenkt, was für die Arbeiter, die ihre Leistungen nicht gesteigert haben, zur Lohneinbuße führt. Ähnlich wie auf der abwärts laufenden Rolltreppe der kapitalistischen Konkurrenz gilt auch im Stücklohnsystem, daß das Verharren auf einem einmal erreichten Stand gleichbedeutend mit Zurückfallen ist, weil Zuckerbrot und Peitsche des Akkordlohnsystems das Tempo und die Anforderungen an die Arbeit immer weiter steigern. Was als Freiheit der individuellen Lohngestaltung erscheint, ist tatsächlich ein recht undurchsichtiges Zwangssystem. Der Druck der kapitalistischen Konkurrenz zwischen den einzelnen Unternehmen setzt sich auf diese Weise in einen Druck der Konkurrenz zwischen den einzelnen Arbeitern um.

Probleme der Realisierung des produzierten Mehrwerts

Die Produktion von immer mehr Mehrwert allein reicht für die Verwertung des Kapitals jedoch nicht aus. Der in den produzierten Waren steckende Wert und Mehrwert muß sich noch durch den Absatz der Waren in Geld verwandeln. Denn nur dann kann der Prozeß der Kapitalverwertung fortgesetzt werden (Abbildung 17):

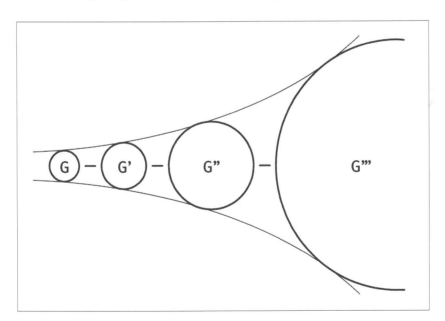

Abbildung 17: Geld (G) wird zu mehr Geld (G') und zu noch mehr Geld (G"): Der rastlose Trieb des Kapitals nach Verwertung

Geld (G) wird zu mehr Geld (G'), was von neuem in die Produktion gesteckt wird, um zu noch mehr Geld (G") zu werden – wie Marx es ausdrückte: der rastlose Trieb des Kapitals nach Verwertung. Kapital im Marxschen Sinne ist also nicht einfach ein Vermögensbestand, sondern ein möglichst ununterbrochener Prozeß von Verwertung: Aus einem anfänglichen Tauschwert wird ein immer höherer Mehrwert erzielt.

Damit aber dieser Verwertungsprozeß zustande kommt, darf er nicht unterbrochen werden, das heißt, die produzierten Werte einschließlich des Mehrwerts müssen immer wieder in Geld verwandelt und also die Waren im Durchschnitt zu ihren Werten abgesetzt werden. Wie soll das aber gesamtwirtschaftlich funktionieren, wenn die Löhne, die doch die Massenkaufkraft ausmachen, niedrig sind und man mit ihnen nur die Konsumgüter kaufen kann? Wer kauft dann die Produktionsmittel, die in der Wirtschaft ja auch produziert worden sind? Hier deutet sich an, daß der Druck auf die Löhne von seiten der Unternehmen, der aus Kostengründen verständlich ist, den gleichen Unternehmen gesamtwirtschaftlich durch die mangelnde Nachfrage zum Verhängnis werden kann: daß es schließlich an hinreichender Nachfrage fehlt, um die in den Waren steckenden Werte wirklich durch hinreichenden Absatz in Geld zu verwandeln. Und wenn das nicht oder nur zum Teil gelingt, machen die Unternehmen geringere Gewinne oder gar Verluste, und zum Teil machen sie sogar Konkurs. Das würde bedeuten, daß die Wirtschaft in eine Krise gerät, in diesem Fall von der Absatzseite her verursacht. Marx hat diese Möglichkeit der Krise gesehen, als Ausdruck des Widerspruchs zwischen wachsender Mehrwertproduktion und nicht entsprechend mitwachsender Massenkaufkraft.

Allerdings kann die Lücke in der gesamtwirtschaftlichen Nachfrage aufgefüllt werden, zum Beispiel durch das Ausgeben der Profite. Aber wofür sollten die Profite ausgegeben werden? Für noch mehr Investitionen, für noch mehr Kapitalakkumulation, um noch mehr Mehrwert zu produzieren und dann erneut vor dem Problem zu stehen, wie diese vergrößerten Werte und der darin steckende Mehrwert ihren Absatz finden sollen? Ohne daß wir hier in Einzelheiten der gesamtwirtschaftlichen Kreislaufzusammenhänge gehen wollen, deutet sich doch mindestens die Möglichkeit an, daß es zu gesamtwirtschaftlichen Kreislaufstörungen kommen kann und zu entsprechenden Wirtschaftskrisen, und zwar aus der Dynamik des Systems selbst heraus, sie sind systemimmanent.

Das Gesetz des tendenziellen Falls der Profitrate

Aber selbst wenn die sich auftuende Lücke in der gesamtwirtschaftlichen Nachfrage immer wieder aufgefüllt würde, zum Beispiel auch durch staatliche Nachfrage oder Auslandsnachfrage, sah Marx noch von einer anderen Seite her eine immanente Krisentendenz im System der kapitalistischen Produktionsweise angelegt: eine nach seiner Meinung unvermeidliche Krise der Kapitalakkumulation. Der Übergang zu Methoden der relativen Mehrwertproduktion, insbesondere der Produktivitätssteigerung, erfordert technologische Veränderungen und entsprechende Investitionen, für die immer mehr Kapital aufgewendet werden muß. Das Verhältnis der Kosten für Material und Maschinen (M) einerseits und für Arbeitskraft (A) andererseits verschiebt sich immer mehr zuungunsten der Arbeitskraft, der eigentlichen Quelle des Mehrwerts. Wie sich das auf die Verwertung des Kapitals auswirkt, soll anhand der folgenden Abbildungen veranschaulicht werden.

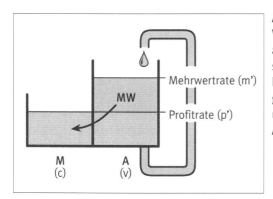

Abbildung 18a:
Während der Mehrwert (MW) aus der Quelle der Arbeit (A) stammt, wird er zur Ermittlung der Profitrate auf das gesamte Kapital (Material- und Maschinenkosten M + Arbeitskosten A) bezogen.

In Abbildung 18a wird ein Gefäß dargestellt, dessen rechter Teil einen Boden von der Breite der Arbeitskosten (das heißt der Lohnsumme) aller Unternehmen hat, wobei die Arbeitskraft nach Marx die Quelle des Mehrwerts (MW) ist (symbolisch angedeutet durch das Steigrohr, aus dem der Mehrwert in das Gefäß tropft und das seinen Ursprung in A hat). Die Höhe des Wasserspiegels, die sich daraus ergibt, drückt das Verhältnis Mehrwert zu Arbeitskosten[26], die sogenannte »Mehrwertrate«, aus. Für das kapitalistische Unternehmen ist aber eine andere Größe viel interessanter, nämlich das Verhältnis des Mehrwerts zum eingesetzten Gesamtkapital, also zu den Geldmitteln, die für Arbeitskosten (A) und Material- und Maschinenkosten (M) zusammen vorgeschossen wurden.

Daraus erst ergibt sich die Rendite des eingesetzten Kapitals, oder – wie Marx es nannte – die Profitrate. In Abbildung 18a erhalten wir sie dadurch, daß die Flüssigkeit aus dem hohen Topf in den breiten Topf mit dem Boden M + A einströmt. Dabei zeigt sich, daß die Profitrate immer niedriger ausfallen muß als die Mehrwertrate.

Wenn nun – als Folge der Produktivitätssteigerung – die Kosten für Material und Maschinen ansteigen, während die Kosten für die Arbeitskraft konstant bleiben (wie in unserer Grafik) oder gar zurückgehen, verteilt sich der aus der Arbeitskraft stammende Mehrwert auf ein noch größeres Gefäß, das heißt die Profitrate nimmt ab (Abbildung 18b).

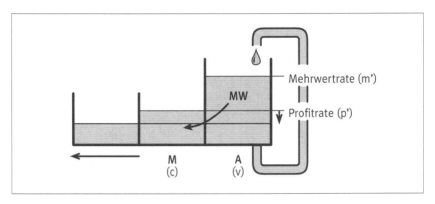

Abbildung 18b: Das Gesetz des tendenziellen Falls der Profitrate – wachsende Material- und Maschinenkosten (M) lassen die Durchschnittsprofitrate absinken.

Diese Tendenz nannte Marx das »Gesetz des tendenziellen Falls der Profitrate«. Er ging davon aus, daß auf Dauer diese fallende Tendenz auch nicht durch wachsende Mehrwertproduktion ausgeglichen werden kann. Die Folge davon wäre, daß im Durchschnitt der Gesamtwirtschaft die Profitrate – oder die Rendite des in die Produktion eingesetzten Kapitals – immer weiter sinkt, und dadurch immer mehr von den unterdurchschnittlich rentablen Unternehmen in den Konkurs getrieben werden.[27]

Kapitalakkumulation und Krise

Das Merkwürdige an diesem Zusammenhang ist, daß die kapitalistischen Unternehmen einerseits durch die Konkurrenz zu immer mehr Produktivitätssteigerung und wachsenden Kosten für Material und Maschinen gezwungen sind, daß aber andererseits gerade dadurch der gesamtwirtschaftliche Durchschnitt der Profitrate sinkt. Man fragt sich natürlich gleich, warum die Unternehmen überhaupt so handeln. Sie tun es auch hier wieder wegen des Rolltreppenprinzips: Diejenigen, die die neue Technologie zuerst einführen, gewinnen ja tatsächlich einen Vorsprung vor den anderen und machen dabei einen Extraprofit. Während die einen durch das Zuckerbrot des Extraprofits angereizt werden, geraten die anderen durch die Peitsche des Extraverlustes in Rückstand. Es bleibt ihnen gar nichts anderes übrig, als im Tempo der Innovationen nachzuziehen, wenn sie nicht herausfallen wollen. Und das, was anfangs überdurchschnittlich war, wird dadurch mehr und mehr zur Normalität, und der anfängliche Extraprofit verschwindet wieder. Dafür hat sich aber der Durchschnitt der Profitrate verschlechtert – ganz ähnlich wie wir das vorhin am Beispiel des Stücklohnsystems für die Arbeiter angedeutet hatten.

Indem also die einzelnen kapitalistischen Unternehmen der Krise entgehen wollen, tragen sie gerade mit dazu bei, daß gesamtwirtschaftlich die Krise entsteht. Mag sein, daß einzelne überdurchschnittliche Unternehmen die gesamtwirtschaftliche Krise gut überstehen, aber um so mehr werden andere unterdurchschnittliche Unternehmen in die roten Zahlen gedrückt und machen Konkurs. Die Folge sind Entlassungen und Arbeitslosigkeit, zurückgehende Nachfrage und wachsende Absatzschwierigkeiten auch für andere Unternehmen, so daß sich die Krise immer mehr ausweitet und verschärft; bis schließlich so viel Kapital vernichtet ist und die Löhne so weit abgesunken sind, daß sich die dadurch gestiegene Mehrwertmasse auf immer weniger verbliebenes Kapital verteilt und zu einem Wiederanstieg der Profitrate führt und zu einem Konjunkturaufschwung – bis zur nächsten Krise (Abbildung 19).

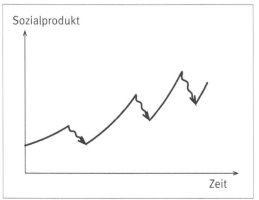

Abbildung 19:
Immer wiederkehrende und sich verschärfende Krisen des Kapitalismus

Ein stetiges Wachstum wäre demnach im Rahmen der kapitalistischen Produktionsweise und der dadurch bedingten Kapitalakkumulation gar nicht möglich; statt dessen würde sich ein ständiges Auf und Ab ergeben. Marx' Einschätzung war die, daß sich diese Krisen des Kapitalismus immer mehr verschärfen und zuspitzen würden. Aber er betrachtete sie nicht wie ein Naturereignis, als unvermeidlich oder zwangsläufig, sondern als Ausdruck und Folge eines ökonomischen Systems, das den grundlegenden Widerspruch von Lohnarbeit und Kapital in sich trägt.

Deswegen sah Marx eine Lösung der Probleme nur in der Aufhebung dieses Widerspruchs, in der Überwindung der kapitalistischen Produktionsverhältnisse. Das bedeutete für ihn auch die Aufhebung des Privateigentums an Produktionsmitteln und die Ersetzung der »Anarchie des Marktes« durch eine bewußte gesellschaftliche Planung der Produktion. Wie diese im einzelnen aussehen könnte, dazu hat Marx nichts Näheres entwickelt – entgegen der weitverbreiteten Auffassung, er sei der Vater der sozialistischen zentralen Planwirtschaft. Sein Hauptwerk hieß ›Das Kapital‹ (und nicht ›Der Sozialismus‹) und beinhaltete eine Analyse des Kapitalismus, seiner historischen Entstehung und seiner inneren Dynamik. Von dieser detaillierten Analyse deutlich zu unterscheiden sind seine sehr groben und vagen Visionen oder Utopien in bezug auf eine sozialistische Revolution und eine sozialistische beziehungsweise kommunistische Ökonomie und Gesellschaft.

Die blinden Flecken bei Marx

Bei aller Klarheit in bezug auf die soziale Problematik des Kapitalismus hatte Marx dennoch eine Reihe von blinden Flecken, die er zum Teil kritiklos von den ansonsten so kritisierten Klassikern der bürgerlichen Ökonomie übernommen hatte, zum Teil selbst noch hinzufügte. Ich will es als These vorwegnehmen: Während Marx das soziale Auge weit geöffnet hat, war er selbst auf mehreren Augen blind, und zwar auf dem
- ökologischen,
- feministischen,
- monetären und
- massenpsychologischen Auge.

Es geht mir bei dieser These nicht in erster Linie darum, Marx selbst diese mehrfache Blindheit – und damit auch die Verabsolutierung des von ihm gesehenen Konflikts zwischen Lohnarbeit und Kapital – anzulasten. Trotz seiner radikalen Kritik der bürgerlichen Verhältnisse und der bürgerlichen Ideologie war er in vieler Hinsicht offenbar ebenso Gefangener seiner Zeit wie diejenigen bürgerlichen Ökonomen, die er mit teilweise beißender Kritik überzog. Wichtiger scheint mir vielmehr eine kritische Aufarbeitung des Phänomens, daß sich die auf ihn berufenden Marxisten über einen Zeitraum von mehr als hundert Jahren hinweg überwiegend dogmatisch an die Marxsche Theorie klammerten, anstatt sie mit den veränderten ökonomischen und gesellschaftlichen Verhältnissen – wo es möglich war – weiterzuentwickeln, ihre blinden Flecken aufzuhellen und ihren Absolutheitsanspruch zu relativieren; und sie dort, wo es nötig war, zu korrigieren und mit anderen emanzipatorischen Sichtweisen zu verbinden.

Diese Unterlassungssünden der Marxisten, diese dogmatische Erstarrung, in die der Marxismus in den über hundert Jahren nach Marx hineingeraten ist, hat nach meinem Eindruck wesentlichen Anteil daran, daß das teilweise emanzipatorische Potential der Marxschen Theorie historisch nicht genutzt und umgesetzt wurde, sondern daß sich unter dem Banner des Marxismus totalitäre Herrschaftsverhältnisse in Form des bürokratischen Sozialismus herausbilden konnten, die sich – zu Recht oder zu Unrecht – immer wieder auf Marx beriefen und sich mit Versatzstücken und Entstellungen seiner Theorie legitimierten.

Mit dem weitgehenden Zusammenbruch des »Ostblocks«, der sich als sozialistisch ausgab (obwohl er es nie war)[28], scheint die Marxsche Theorie erst einmal auf Jahre, wenn nicht auf Jahrzehnte hinaus diskreditiert. Eine vorurteilsfreie und kritische Aufarbeitung seines Werkes oder gar eine konstruktive Weiterentwicklung seiner Theorie (beziehungsweise der davon auch heute noch brauchbaren Teile) ist damit auf absehbare Zeit erst einmal sehr erschwert. Ich will dennoch versuchen, dazu einen Beitrag zu leisten.

Der ökologisch blinde Fleck

In der Marxschen Mehrwerttheorie wird die Quelle der Wertschöpfung einzig und allein in der menschlichen Arbeitskraft gesehen. So wichtig die Würdigung der Produktivkraft der Arbeit auch war (insbesondere, nachdem die bürgerlichen Klassiker sie wie selbstverständlich auf das Konto der Kapital- und Bodeneigentümer geschlagen hatten), so falsch war doch deren Verabsolutierung. Die viel umfassendere Produktivkraft der Natur, von der die menschliche Arbeitskraft ja nur ein ganz kleiner Teil ist, wurde aus dem Grundbegriff der Marxschen Mehrwerttheorie, dem Begriff des »Werts einer Ware«, von vornherein per Definition ausgeklammert – und damit aus dem Bewußtsein derjenigen verdrängt, die die Welt durch die Brille dieser Theorie betrachteten, interpretierten und verändern wollten.

In die Wertbildung einer Ware gehen zwar nach Marx – neben dem direkten Arbeitsaufwand (an lebendiger Arbeit) – auch noch das Material und die Maschinen ein, aber nur in dem Maße, wie in ihnen früherer Arbeitsaufwand vergegenständlicht oder geronnen ist. Am Beispiel eines Tisches würde das bedeuten: Neben der Arbeit des Tischlers wird anteilig auch der im Holz steckende Arbeitsaufwand für das Fällen des Baumes und für sein Schälen und Zersägen mitberücksichtigt; und wenn der Tisch für einen wertgleichen Preis verkauft wird, kann dadurch der im Tisch insgesamt steckende Arbeitsaufwand auf allen Verarbeitungsstufen in Höhe der Reproduktionskosten der Arbeitskraft entgolten werden.

Was aber in dieser Rechnung überhaupt nicht berücksichtigt wird, sind die Bedingungen der Reproduktion der Natur, das heißt der Bestandserhaltung oder der Regenerierung der Natur, nachdem ihr etwas entnommen wurde, was durch ihre Produktivkraft überhaupt erst entstanden war. In unserem Beispiel wären das die Bäume beziehungsweise der Wald. Damit er in seinem Bestand erhalten bleibt und sich immer wieder reproduziert oder regeneriert, dürfte überhaupt nur ein bestimmter natürlicher Überschuß, ein »Mehrprodukt der Natur« abgeholzt werden. Das gleiche Prinzip trifft natürlich auch auf andere Bereiche zu, zum Beispiel auf die Fischerei, die dem Meer oder den Seen und Flüssen nur so viele Fische entnehmen dürfte, daß deren Bestand nicht gefährdet wird und sich deren Population immer wieder regenerieren kann. Würde dennoch vorübergehend mehr entnommen, so müßten entsprechende Maßnahmen getroffen und entsprechende Mittel dafür zurückgelegt werden, damit der ursprüngliche Bestand wieder erreicht wird. Es müßten zum Beispiel für jeden (über das natürliche Mehrprodukt hinaus) abgeholzten Baum so viele Neuanpflanzungen vorgenommen werden, daß davon mindestens ein Baum nachwachsen und überleben kann.

Die kapitalistische Produktionsweise trägt dieser Bedingung der Reproduktion der Natur aber in keiner Weise Rechnung. Während sie auf der einen Seite sehr klare Prinzipien darüber entwickelt und durchgesetzt hat, daß sich der tote Produktionsapparat auf dem Weg über Abschreibungen immer wieder in seinem Bestand erhält beziehungsweise wiederhergestellt wird und daß ein totes Geldkapital sich über den Zins sogar vergrößert, läßt sie eine entsprechende Sorge um die Reproduktion der lebenden Natur und damit der Lebensgrundlagen vollständig vermissen. Indem Marx diese gegenüber der Natur erbarmungslose Logik des Kapitals in seiner Wert- und Mehrwerttheorie abbildet, hat er sicherlich einen wesentlichen Aspekt dieses Systems angemessen beschrieben. Das Entsprechende hatte er auch in bezug auf den Raubbau an der menschlichen Arbeitskraft getan. Aber bezüglich der Ausbeutung der Arbeitskraft hat er auch klar herausgearbeitet, daß die Vernachlässigung ihrer Reproduktion durch das Kapital zu sozialen Bewegungen geführt habe und führen werde, die sich die Reproduktion der Arbeitskraft erkämpfen. Die sozialen Kämpfe der Arbeiterbewegung um die Sicherung und Verbesserung der Reproduktionsbedingungen der Arbeit sowie die entsprechenden Abwehrversuche des Kapitals, das heißt die Klassenkämpfe zwischen Lohnarbeit und Kapital, wurden von ihm vor diesem Hintergrund beschrieben und interpretiert.

In bezug auf die Natur findet sich nichts Entsprechendes: kein Gedanke über die Notwendigkeit, auch ihre Reproduktionsbedingungen zu sichern und notfalls zu erkämpfen. Wenn die Natur ihre Forderungen schon nicht selbst zum Ausdruck bringen kann (in einer Sprache, die die naturbeherrschenden Menschen verstehen), und wenn sie sich ihre Reproduktionsbedingungen schon nicht selbst erkämpfen kann, dann müßte es wenigstens stellvertretend eine von Menschen getragene Ökologiebewegung tun. Aber das Aufkommen einer solchen Bewegung hat Marx nicht einmal am historischen Horizont gesehen. Und als sie sich dann hundert Jahre später entwickelte, nachdem die Auswirkungen des Raubbaus an der Natur durch die industrielle Produktions- und Lebensweise immer unübersehbarer wurden, war sie nicht von marxistischem Gedankengut inspiriert, sondern wurde von ganz anderen sozialen Kräften getragen. Die marxistisch orientierte Linke im Westen hat die ökologische Sichtweise und die Ziele und Mittel der Ökologiebewegung erst einmal heftig abgewehrt und als kleinbürgerlich diffamiert, während im Ostblock unter Berufung auf Marx eine noch viel rigorosere Naturausbeutung und -zerstörung betrieben wurde als im kapitalistischen Westen.

Mit den Begriffen der Marxschen Mehrwerttheorie auf der Grundlage der Verabsolutierung der Arbeitswertlehre war die ökologische Krise und Katastrophe auch nicht wirklich zu begreifen. Dabei hätte es nur der konsequenten Anwendung des Prinzips der Reproduktion nicht nur auf die Arbeitskraft, sondern auch auf die Natur bedurft, um begrifflich den Blick in Richtung der ökologischen Problematik zu öffnen und damit den ökologisch blinden Fleck aufzuhellen. Dann wäre klar geworden, daß sich der Wert einer Ware durch die Reproduktionskosten der Arbeitskraft und die Reproduktionskosten der (übrigen) Natur bildet und daß von Mehrwert nur dann die Rede sein kann, wenn auch die Reproduktionskosten der Natur mit berücksichtigt sind. Es wäre auch klar geworden, daß man der Natur dort, wo sie sich nicht in für Menschen überschaubaren Zeiträumen regenerieren kann, gar keine Rohstoffe entnehmen dürfte; und daß man sie nicht mit Schadstoffen und anderen schädlichen Nebenwirkungen des industriellen Produktions- und Konsumtionsprozesses belasten darf, die ihre natürliche Selbstregulierungs- und Selbstreinigungsfähigkeit gefährden. Die Alternative dazu wäre von Anfang an die Verwendung nachwachsender Rohstoffe und die Berücksichtigung ihrer jeweiligen Reproduktionskosten – eine Art »Natur-Abschreibung« – gewesen.

Indem aber auch in der Marxschen Theorie der Gedanke der Reproduktion der Natur fehlte und der Blick für die Produktivkraft der Natur als der wesentlichen Lebensgrundlage für alle Geschöpfe einschließlich der Menschen verstellt war, herrschte auch eine weitgehende marxistische Blindheit gegenüber der Naturzerstörung durch die industrielle Produktions- und Lebensweise kapitalistischer wie sozialistischer Prägung. So unterschiedlich und gegensätzlich die beiden Systeme Kapitalismus und Sozialismus in vieler Hinsicht auch gewesen sind und so sehr sie sich gegeneinander ideologisch abgegrenzt haben, in bezug auf die ökologische Blindheit waren sie lange Zeit identisch; weil in beiden Ideologien, der bürgerlichen wie der marxistischen, die Blindheit gegenüber der Produktivkraft der Natur schon in den Grundbegriffen tief verankert war – und dadurch jeweils zu einer kollektiven Verdrängung in den Gesellschaften führte, die von diesen Ideologien geprägt und beherrscht waren und sind.

Die Aufhebung dieser kollektiven ökologischen Verdrängung, der Verdrängung der Produktivkraft der Natur und ihrer Störungen und Zerstörungen durch die Industriegesellschaft, fand allerdings – ausgelöst von der Ökologiebewegung – nur im kapitalistischen Westen statt und griff auf den Osten erst nach dem Zusammenbruch des bürokratischen

Sozialismus über. Erst danach kam die volle Tragweite der enormen Umweltzerstörung unter sozialistischer Herrschaft nach und nach ans Tageslicht.

Es ist sicherlich verfehlt, alles, was sich unter dem Namen »Sozialismus« und unter Berufung auf Marx im Ostblock entwickelt hat, auf das Konto von Marx zu buchen. Vieles davon kann als grobe Entstellung seiner Lehre und grobe Mißachtung seiner ursprünglichen Intention und Vision interpretiert werden. Aber in bezug auf die Naturzerstörung hat Marx mit seiner Mehrwerttheorie nicht einmal begriffliche Grundlagen gelegt, die geeignet gewesen wären, die ökologische Krise zu begreifen und ihr wirksam zu begegnen.[29] Und der Versuch einer entsprechenden Weiterentwicklung der Marxschen Theorie – unter konsequenter Übertragung seines Gedankens der Reproduktion auf die Natur (wie dies Hans Immler in seinem Buch ›Vom Wert der Natur‹ geleistet hat) – ist an der dogmatisch erstarrten Haltung der meisten Marxisten im Osten wie im Westen mehr oder weniger abgeprallt.

Der feministisch blinde Fleck

Neben der Natur im allgemeinen hat Marx in seiner Mehrwerttheorie auch die besondere Produktivkraft der Frau weitgehend verdrängt. Die Arbeitskraft der Frauen geht nämlich nach seinem Verständnis in die Wertschöpfung nur insoweit ein, als sie in Form von Lohnarbeit geleistet wird. Aber auch in diesem Zusammenhang war es für Marx kein besonderes Thema, daß die Frauenarbeit in der Regel niedriger entlohnt wurde (und bis heute wird) als entsprechende Männerarbeit beziehungsweise daß Frauenarbeit in den unteren Lohngruppen viel stärker vertreten ist als in den höher entlohnten Berufen. Die Einbeziehung von Frauenarbeit (und Kinderarbeit) in den kapitalistischen Produktions- und Verwertungsprozeß betrachtete er lediglich unter dem Gesichtspunkt, daß sie zur Mehrwertsteigerung beitrug, weil die Reproduktionskosten der ganzen Familie nun nicht mehr allein durch den Lohn des Mannes, sondern durch mehrere Familienmitglieder verdient wurden und der Lohn pro Kopf auf diese Weise erheblich gesenkt werden konnte. Er hat zwar das damit einhergehende wachsende Elend der Arbeiterklasse beschrieben und angeprangert, aber der andere Teil der Frauenarbeit, der außerhalb des kapitalistischen Produktionsprozesses ohne Entlohnung verrichtet wurde und wird, erscheint aus Marxscher Sicht für die Wertbildung völlig belanglos und damit auch für die gesellschaftliche Wertschätzung der Frau in ihrer Rolle als Ehefrau oder Partnerin, Hausfrau und Mutter sowie in ihren unentgeltlich verrichteten sozialen Tätigkeiten.

Christel Neusüß, eine über lange Zeit engagierte Marxistin (und langjährige Kollegin von mir), die im Gefolge der westdeutschen 68er Bewegung zusammen mit Elmar Altvater viel zu Aufarbeitung und Weiterentwicklung der Marxschen Theorie beigetragen hatte, hat später diesen blinden Fleck der Marxschen Theorie besonders herausgearbeitet und kritisiert.[30] Als Konsequenz dieser Kritik und ihrer darin verarbeiteten Erfahrungen innerhalb der linken Bewegung wandte sie sich schließlich ganz vom Marxismus ab und wurde zu einer radikalen Feministin. In den folgenden Ausführungen will ich einige ihrer diesbezüglichen Gedanken sinngemäß wiedergeben.

In der Blindheit von Marx und der Marxisten gegenüber der weiblichen Produktivkraft sieht Christel Neusüß eine wesentliche theoretische und ideologische Ursache dafür, daß die sozialistische Bewegung von Anfang an in ihren Organisationsformen, in ihrer Art von Politik und ihren Utopien von patriarchalischem Denken, Fühlen und Handeln geprägt war – mit wenigen Ausnahmen (zum Beispiel Rosa Luxemburg). Die durchgängigen patriarchalischen Strukturen seien wesentlich mitverantwortlich dafür, daß sich die linke Bewegung trotz ihres Anspruchs auf Befreiung und Überwindung von Herrschaftsstrukturen nicht wirklich zu einer Emanzipationsbewegung entwickelt, sondern Herrschaftsstrukturen anderer Art hervorgebracht oder sich mit ihnen identifiziert habe. Eine Emanzipationsbewegung, die schon von ihren Grundbegriffen her die Hälfte der Menschheit, nämlich das weibliche Geschlecht, in ihrem Beitrag zur gesellschaftlichen Wertschöpfung mißachtet und sie in ihrer sozialen Rolle damit als wertlos einstuft, könne gar nicht anders als scheitern.

Solange die patriarchalische Herrschaft der Herren über die Frauen aufrechterhalten bleibt, könne von einer Befreiung der Menschen oder gar der Menschheit nicht die Rede sein. Und auch die Vorstellung, daß nach Lösung des vermeintlichen Hauptwiderspruchs zwischen Lohnarbeit und Kapital, das heißt nach erfolgter sozialistischer Revolution, der angebliche Nebenwiderspruch zwischen den Geschlechtern sich von selbst auflösen würde, sei trügerisch und durch die historische Entwicklung des Sozialismus widerlegt. Wie sollte auch eine durch und durch patriarchalisch geprägte und organisierte Bewegung, wenn sie erst einmal die politische Macht errungen hat, sich mit einem Male für die Befreiung der Frauen aus den patriarchalischen Verhältnissen einsetzen, wenn dies nicht schon vorher von Form und Inhalt der Politik ein wesentlicher Bestandteil gewesen ist?

Die bürokratische Erstarrung, in die die sozialistischen Systeme geraten sind, ist für Christel Neusüß eine konsequente Fortsetzung der patriarchalischen Verdrängung der weiblichen Produktivkraft und der als selbstverständlich vom Bürgertum übernommenen Herrschaft des Mannes über die Frau innerhalb der sozialistischen Bewegung. Die begrifflichen Weichen dafür sind nach ihrer Auffassung bereits durch Marx in seiner Werttheorie gestellt worden, und das dogmatische Festhalten daran habe es auch Jahrzehnte oder sogar über hundert Jahre danach verhindert, seine Theorie um den Aspekt der weiblichen Produktivkraft und ihrer patriarchalischen Ausbeutung zu erweitern und den Blick zu öffnen für Perspektiven der Frauenemanzipation und für die Überwindung der patriarchalischen Herrschaftsstrukturen.

Der feministisch blinde Fleck bei Marx kommt vor allem in seiner Definition des Werts der Ware Arbeitskraft zum Ausdruck, der ja wesentliche Grundlage für die Ermittlung des Mehrwerts ist. Dieser Wert der Ware Arbeitskraft wird ja nach Marx bestimmt durch ihre Reproduktionskosten als der vermeintlich wesentlichen Grundlage für die Reproduktion der Arbeitskraft. Werden die Arbeiter zu ihren Reproduktionskosten entlohnt, dann können die Arbeiterfamilien von diesem Lohn ihren Lebensunterhalt bestreiten und auf diese Weise auch langfristig genügend Nachwuchs beziehungsweise Nachschub an Lohnarbeitern sicherstellen, das heißt das Potential an Lohnarbeit kann sich auch gesamtgesellschaftlich betrachtet reproduzieren.

Die notwendige, aber auch hinreichende Bedingung für die Reproduktion der Arbeitskraft ist demnach der Lohn, mit dem der materielle Lebensunterhalt bestritten wird. Und wenn der Mann als Lohnarbeiter beschäftigt ist, die Frau aber nicht, dann erscheint ausschließlich er als der Ernährer der Familie. Dabei geht aber völlig unter, daß jenseits der Marktbeziehungen die Frauen in ihrer Rolle als Ehefrau oder Partnerin, Hausfrau und Mutter schwere und schwerste Arbeit leisten, ohne die der Nachwuchs nicht einmal auf die Welt käme und auch nicht aufwachsen würde – und ohne die die Männer gar nicht in der Lage wären, ihrer Lohnarbeit in diesem Maße nachzugehen, weil ihnen die Frauen in vieler Hinsicht den Rücken dafür freihalten.

Ehe sich die Lohnarbeit gesellschaftlich reproduziert, das heißt immer wieder durch entsprechenden Nachwuchs aufgefüllt werden kann, müssen sich ja erst einmal die Menschen biologisch reproduzieren, also Nachwuchs in die Welt setzen. Den größten Anteil daran haben aber nun einmal die Frauen als dasjenige Geschlecht, in dem allein neues Leben heranwachsen kann. Aber so wie die Fruchtbarkeit und Produktivkraft der Natur sowohl in der bürgerlichen wie in der marxistischen Ökonomie als selbstverständliche Gegebenheit unterstellt wurde, so wurde auch die Fruchtbarkeit und Produktivkraft der Frau als selbstverständlich betrachtet.

Daß die Frau jedes Kind in ihrem Körper austrägt und mit jeder Schwangerschaft mehr oder weniger Beschwerden auf sich nimmt, daß sie das Kind – oftmals unter Schmerzen und Strapazen, manchmal sogar unter Lebensgefahr – zur Welt bringt, daß sie es stillt, daß sie es wiegt und liebkost, daß sie Tag und Nacht für das Kind da ist (und für die anderen Kinder, die sie schon zur Welt gebracht hat), daß sie sich um die Kinder sorgt und sie umsorgt mit Nahrung, Kleidung und Zuwendung, daß sie deren Wäsche wäscht, das Essen kocht, den Abwasch macht, die Kleidung näht, strickt und flickt und was es sonst noch an tausend Dingen im Haushalt und in der Familie zu tun gibt, all das wird im patriarchalischen (Un)verständnis – auch von Marx – als Selbstverständlichkeit vorausgesetzt.

Hinzu kommt die ganze Arbeit für den Mann, die emotionale Zuwendung, die sexuelle Hingabe, oder einfach nur Objekt seiner sexuellen Bedürfnisse und Begierden zu sein. Auch das schien einfach nur Ausdruck ihrer Natur zu sein, und Frauen, die nicht in diesem Sinne funktionierten, waren in Gefahr, von den Männer verstoßen und aus der Gesellschaft ausgegrenzt zu werden. Oftmals waren Frauen der männlichen Gewalt und Vergewaltigung in der Ehe schutzlos ausgeliefert, auch wenn sie ihre gesellschaftliche Rolle erfüllten. Und in materieller Hinsicht waren und sind sie (wenn sie selbst keiner Erwerbsarbeit nachgehen) auf das Geld angewiesen, das der Mann mit nach Hause bringt und ihnen zuteilt, ohne geregelten Arbeitsvertrag, ohne Arbeitszeitregelung und Lohnvereinbarung, und lange Zeit auch ohne die Möglichkeit, die Ehe aufzulösen oder im Falle einer Scheidung entsprechende Ansprüche gegen den Mann geltend zu machen und durchzusetzen.

Während mit der bürgerlichen Revolution und der Entfaltung der kapitalistischen Produktionsweise die Leibeigenschaft der Bauern gegenüber den Feudalherren längst überwunden war, existierte die »Leibeigenschaft der Frauen gegenüber den Herren« – im übertragenen und im wörtlichen Sinne – noch lange Zeit fort und wurde weder von den bürgerlichen noch von den marxistischen Ideologen zum Thema gemacht, sondern verdrängt. Während es Marx zentral um die Befreiung der Lohnarbeit von der Herrschaft des Kapitals ging, habe er die mindestens ebenso wichtige Befreiung der Frau von der Herrschaft des Mannes, die Überwindung des Patriarchats als historische Aufgabe der Emanzipationsbewegung nicht hinreichend begriffen.

Als sich die Frauenbewegung entwickelte und zu einer immer unüberhörbarer werdenden Bewegung im Westen wurde, fand sie keine Entsprechung im bürokratischen Sozialismus und im großen Ganzen auch keine Unterstützung durch die westliche marxistisch geprägte Linke, weil die patriarchalischen Herrschaftsverhältnisse (die historisch viel älter sind als der Kapitalismus und durch offene und strukturelle Gewalt noch viel tiefer verankert sind) in der Marxschen Theorie nicht als Problem und als Herausforderung begriffen wurden. So sehr die Marxsche Theorie den Blick für die soziale Problematik der Lohnarbeit geöffnet hat, so sehr hat sie andererseits den Blick für die vielfältige patriarchalische Ausbeutung der Frauen und für Perspektiven der Frauenemanzipation getrübt.

Dabei hätte es nur einer konsequenten Anwendung des Begriffs »Reproduktion« für die Ermittlung der Reproduktionskosten und damit des Werts der Waren einschließlich der Arbeitskraft bedurft, um auch den Beitrag der Frauen beziehungsweise der Nichterwerbsarbeit zur gesellschaftlichen Wertschöpfung angemessen zu bewerten. Neben der materiellen Reproduktion, vermittelt über den Lohn, wäre die biologische Reproduktion und die Arbeit im sogenannten »Reproduktionsbereich«, das heißt im Haushalt, entsprechend mit zu berücksichtigen; sei es dadurch, daß diese Arbeit (soweit dies nicht durch die unterschiedliche biologische Natur von Mann und Frau ausgeschlossen ist) weitestgehend gleichmäßig zwischen Männern und Frauen aufgeteilt wird, und/oder dadurch, daß sie entsprechend der Arbeit im Produktionsbereich entlohnt und durch klare arbeitsrechtliche Bestimmungen geregelt wird.

Aber so, wie die bürgerliche Ökonomie es versäumt hatte, den Begriff der Reproduktionskosten der Waren konsequent auf die besondere Ware Arbeitskraft anzuwenden, so hat Marx es versäumt, diesen Begriff konsequent auf die Natur einerseits und auf den Anteil der Frauenarbeit andererseits anzuwenden. Anders ausgedrückt: So wie die bürgerliche Ökonomie blind war in bezug auf die Produktivkraft der Lohnarbeit und darin von Marx kritisiert wurde, so war Marx selbst weitgehend blind in bezug auf die Produktivkraft der Natur und der Frauen.

Der monetäre blinde Fleck

Ein weiterer blinder Fleck der Marxschen Theorie liegt in der Auffassung, Geld sei ein »Äquivalent«, sei gleichwertig den Waren, die den gleichen Arbeitsaufwand enthalten. Dadurch, daß sich die Waren in ihrem Wert auf den gemeinsamen Nenner Geld (in der damaligen Goldwährung auf Gold) beziehen und in Geldeinheiten ausdrücken, würde das Geld beziehungsweise Gold auch zum Spiegel für die realen Wertverhältnisse zwischen den Waren. Marx hätte freilich wissen müssen, daß seine Arbeitswertlehre nur auf reproduzierbare Waren anwendbar ist. Gold aber ist nicht beliebig durch Arbeitsaufwand reproduzierbar, es ist knapp, und manche Länder verfügen über gar keine Goldvorkommen. Darüber hinaus wird die Menge des umlaufenden Goldes in einer Wirtschaft von vielen anderen Faktoren beeinflußt und kann großen Schwankungen unterliegen, die mit dem Arbeitsaufwand, der zu seiner Förderung notwendig ist, wenig zu tun haben (symbolisch angedeutet in Abbildung 20).

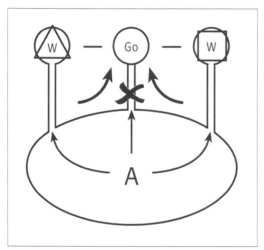

Abbildung 20:
Gold ist nicht beliebig durch Arbeitsaufwand reproduzierbar und unterliegt vielen anderen Einflüssen.

Gold dennoch als Maßstab des Werts verwenden zu wollen, wäre vergleichbar mit einem Metermaß aus Gummi, das mehr oder weniger dehnbar ist. Mit einem solchen veränderlichen Maßstab wären Längenmessungen in höchstem Maße unzuverlässig und unbrauchbar, und Längenvergleiche über den Raum und über die Zeit hinweg wären gar nicht möglich. Der Wert der Waren würde sich im Gold zwar widerspiegeln, aber wie in einem gewölbten Spiegel würden sie das eine Mal gedehnt, das andere Mal verkürzt werden. Gold wäre weder brauchbar als absoluter noch als relativer Maßstab für die Werte der Waren, sondern wäre nur eine Illusion. Und dieser Illusion ist auch Marx aufgesessen, der ansonsten so viele blinde Flecken der bürgerlichen Ökonomie aufgedeckt hat. Hätte er doch nur die Logik seiner Theorie konsequent angewendet, so hätte ihm dieser Fehler nicht unterlaufen müssen. Denn Gold ist nicht beliebig reproduzierbar, und also ist die Arbeitswertlehre auf Gold nicht anwendbar – und auch nicht auf die Goldwährung, die zu Marx' Zeiten und bis in die 30er Jahre des 20. Jahrhunderts noch existierte.

Die Goldwährung war freilich nur in ihren Anfängen mit einem Umlauf des Goldes verbunden. Später traten an die Stelle der Goldmünzen die Banknoten, die zunächst vollständig durch Gold gedeckt waren. Das heißt, für jede in Umlauf gebrachte Banknote wurde bei der Zentralbank eine entsprechende Goldmenge deponiert. Für Marx war zwar klar, daß der Wert des Papiergeldes nichts mit dem Arbeitsaufwand zu tun hatte, der für die Herstellung des Geldscheins erforderlich war. Aber er leitete den Wert des Geldes direkt vom Wert des Goldes ab, mit dem der Geldschein gedeckt war.

An dieser Auffassung hielt er sogar bezüglich der Goldkernwährung fest, bei der nur noch ein Teil des Papiergeldes durch Gold gedeckt war.

Damit wurden auch alle Fehleinschätzungen, die Marx in bezug auf den Wert des Goldes hatte, direkt auf das durch Gold gedeckte Geld übertragen. Eine Loslösung des Geldes vom Gold konnte sich Marx – und später auch lange Zeit die Marxisten – nicht vorstellen.

Entsprechend verstanden die Marxisten in den 20er Jahren auch nicht, was eigentlich Papiergeld war, nachdem 1914 mit Beginn des Ersten Weltkriegs die Goldbindung in Deutschland aufgelöst worden war und 1923 die dramatische Inflation entstand. Marx hatte zwar den historischen Entstehungsprozeß vom Naturaltausch über allgemeine Tauschmittel bis hin zur Goldwährung logisch und historisch – wenn auch nicht lückenlos – aufgezeigt. Aber welche Problematik mit dieser Verflechtung von Gold und Geld verbunden war und wie die Verflechtung positiv gelöst werden könnte, ohne in die Inflation zu treiben, blieb ihm verschlossen. Der Blick dafür sollte erst später durch Silvio Gesell geöffnet werden.

Einer ebensolchen Blindheit unterlag die marxistische Linke in bezug auf die Weltwirtschaftskrise nach 1929. Im Ausbruch dieser Krise sah sie eine überzeugende Bestätigung der Marxschen Krisentheorie und einen Ausdruck für die sich zuspitzende Krise des Kapitalismus. Sie betrachtete die Krise als Folge kapitalistischer Produktions- und Eigentumsverhältnisse, die es durch eine sozialistische Revolution zu überwinden galt, und als unmittelbaren Vorboten der ersehnten sozialistischen Revolution. Bei allem Leid und Elend, was die Wirtschaftskrise insbesondere durch die Massenarbeitslosigkeit für Millionen von Menschen mit sich brachte, verbanden die Marxisten mit dieser Entwicklung dennoch auch gewisse Hoffnungen. Daß die Krise möglicherweise auch Ausdruck einer monetären Krise, einer Krise des damaligen Geld- und Währungssystems sein konnte, zogen sie überhaupt nicht in Betracht.

Es paßte nicht in ihr Weltbild, demzufolge die Krise des Kapitalismus ihre Ursache in den Produktionsverhältnissen und in dem darin angelegten Widerspruch von Lohnarbeit und Kapital hatte, nicht aber in der Zirkulation (das heißt in dem durch Geld vermittelten Absatz der produzierten Waren). Daß aber Störungen des Geldkreislaufs, in diesem Fall durch dramatische Geldverknappung[31], einen gesamtwirtschaftlichen Nachfragemangel, Deflation, Firmenzusammenbrüche und Massenarbeitslosigkeit verursachen können, war ihrem Denken fremd. Eine monetäre Erklärung der Krise, wie sie von Silvio Gesell (übrigens schon vor Ausbruch der Krise) formuliert worden war, wurde von marxistischer Seite nicht in Betracht gezogen. Die Chance, die Marxsche Theorie um die monetären Aspekte bezüglich der Problematik der Goldwährung und des Zinssystems zu erweitern beziehungsweise zu korrigieren, wurde damit vertan.

Statt dessen bekämpften die Marxisten die Freiwirtschaftler um Silvio Gesell, und die Freiwirtschaftler polemisierten gegen die Marxisten, so daß sich die Front zwischen beiden Bewegungen immer mehr verhärtete – wobei die freiwirtschaftliche Bewegung schließlich in der sozialen Bedeutungslosigkeit unterging. Die marxistische Linke hingegen war nicht nur hilflos in der Erklärung von Deflation und Massenarbeitslosigkeit, sondern auch in bezug auf die Formulierung von Konzepten zur Krisenbewältigung. Von bürgerlicher Seite war in dieser Hinsicht – wie wir später noch diskutieren werden – ohnehin nichts zu erwarten. Also entstand in der Weimarer Republik, die zweimal durch verheerende monetäre Krisen (Inflation 1923 und Deflation 1929) erschüttert worden war, in bezug auf Krisenerklärung und Krisenbewältigung ein Vakuum, in das die Nationalsozialisten mit ihrer Propaganda und Massenpsychologie erfolgreich hineinstießen. Die monetäre Blindheit der marxistischen Linken hatte daran mit ihren Anteil. Wie anders wäre vielleicht die Geschichte verlaufen, wenn der monetäre blinde Fleck in der Marxschen Theorie früh genug aufgehellt und der Blick für die diesbezügliche ökonomische und soziale Realität entsprechend erweitert oder korrigiert worden wäre.

Der massenpsychologisch blinde Fleck

Um den massenpsychologisch blinden Fleck der Marxschen Theorie diskutieren zu können, bedarf es zunächst einiger Ausführungen bezüglich der Marxschen Utopie, die ich deutlich von seiner Analyse des Kapitalismus unterscheiden möchte. Seine Krisentheorie führte ihn ja zu der Prognose, daß sich mit zunehmender Entfaltung des Kapitalismus und mit ständig wachsender Kapitalakkumulation die Krisen verschärfen und immer mehr soziales Elend hervortreiben würden. Diejenigen, die am meisten darunter zu leiden hätten, nämlich die Arbeiter, würden sich zunehmend des Zusammenhangs zwischen Ausbeutung, Elend und Massenarbeitslosigkeit einerseits und kapitalistischen Produktions- und Eigentumsverhältnissen andererseits bewußt und würden ein wachsendes Bewußtsein für ihre Rolle als direkt durch das Kapital ausgebeutete Klasse entwickeln: Klassenbewußtsein. Die klassenbewußt werdenden Arbeiter würden sich immer weniger mit den gegebenen Bedingungen abfinden oder sich durch unbedeutende Reformen abspeisen lassen. Mit Zuspitzung der Krise würden sie vielmehr auf eine revolutionäre Überwindung des kapitalistischen Systems drängen – in Richtung Sozialismus und Kommunismus, an deren Anfang die sozialistische Revolution stände.

Je tiefer die Krise, um so stärker werde die von der Arbeiterklasse getragene revolutionäre Bewegung werden, die auf eine Befreiung aus der Kapitalherrschaft, auf eine Aneignung der Produktionsmittel durch die Arbeiter und langfristig auf den Aufbau einer klassenlosen »kommunistischen« Gesellschaft hindränge. In dieser Vision gab es also so etwas wie eine Gleichung: »wachsende Krise = wachsende Linkstendenz«.

Von diesem vermeintlich zwingenden Zusammenhang war auch die marxistische und kommunistische Linke im Deutschland der Weimarer Republik in strenger Anlehnung an Marx überzeugt. Bei allem Beklagen des wachsenden Elends, das Inflation und Deflation für immer größere Teile der Bevölkerung mit sich brachten, sahen sie doch in der Weltwirtschaftskrise so etwas wie die Morgenröte der Revolution.

Was sie dabei nur unzureichend wahrnahmen, waren die mit verschärfter Krise wachsenden Rechtstendenzen, war der bedrohlich sich entwickelnde Rechtsextremismus, der den Nationalsozialisten begeisterten Zulauf brachte – anfänglich vor allem aus dem ökonomisch und sozial abgestürzten Kleinbürgertum, mit wachsender Arbeitslosigkeit nach 1929 aber auch zunehmend aus der Arbeiterschaft. Die hypothetische Gleichung »wachsende Krise = wachsende Linkstendenz« ging immer weniger auf. Im Gegenteil: Während sich die Ökonomie ganz entsprechend der linken Theorie von Marx in Richtung verschärfter Krisen entwickelte (und insoweit Marx zu bestätigen schien), tendierte die politische und ideologische Ausrichtung wachsender Teile der Bevölkerung immer mehr nach rechts. Diese wachsende Kluft, diese Schere zwischen ökonomischer und ideologischer Entwicklung, wurde von der marxistischen Linken im Deutschland der 30er Jahre nicht verstanden. Und allein auf der Grundlage der Marxschen Theorie konnte sie auch kaum verstanden werden.

Auf diesen verhängnisvollen blinden Fleck versuchte Anfang der 30er Jahre der Freud-Schüler Wilhelm Reich aufmerksam zu machen – unter anderem mit seinem Buch ›Massenpsychologie des Faschismus‹[32]. Dieses Buch stellte einen Versuch dar, innerhalb der marxistischen Linken, aber auch für andere Teile der Gesellschaft den Blick für Zusammenhänge zu öffnen, die damals den wenigsten bekannt waren (und die auch heute noch viel zu wenig bekannt sind): Zusammenhänge zwischen Sexualunterdrückung, autoritären Charakterstrukturen und Faschismus. Sein Vorschlag einer Synthese von Marxismus und Psychoanalyse wurde allerdings sowohl von der marxistischen als auch von der psychoanalytischen Bewegung heftig abgewehrt und führte zum Ausschluß von Reich aus den entsprechenden Organisationen.[33]

MENGER, JEVONS und WALRAS:

Die Neoklassik – eine neue heile Welt der Ökonomie

Etwa zeitgleich mit der Veröffentlichung des ersten Bandes des Marxschen ›Kapitals‹ wurden Anfang der 70er Jahre des 19. Jahrhunderts die theoretischen Grundlagen für die sogenannte Neoklassik in der Ökonomie gelegt, und zwar unabhängig voneinander durch den Österreicher Carl Menger, den Engländer Stanley Jevons und den Franzosen Léon Walras. Die grobe Architektur dieses Theoriegebäudes wurde später noch durch viele Details ergänzt und ausgebaut, wobei die Engländer F. Y. Edgeworth und Alfred Marshall und der Italiener Vilfredo Pareto besonders hervorzuheben sind. Das Interessante ist, daß von seiten der bürgerlichen Ökonomie oder der akademischen Wirtschaftswissenschaften so gut wie keine inhaltliche Auseinandersetzung mit der Marxschen Theorie stattgefunden hat (mit wenigen Ausnahmen, wie zum Beispiel Eugen von Böhm-Bawerk), sondern diese Theorie entweder ignoriert oder verdreht und entstellt wurde.

Der ideologische Gegenschlag gegen den Marxismus

Zur Zeit der Entstehung der Neoklassik war die bürgerliche Gesellschaft – entgegen den Visionen von Adam Smith – in höchste Unordnung geraten, und durch die Marxsche Theorie waren nun auch die Fundamente ihrer ideologischen und scheinwissenschaftlichen Rechtfertigung durch den klassischen Liberalismus erschüttert. Für das Bürgertum stand das Schreckgespenst einer drohenden sozialistischen Revolution im Raum, und die Gefahr war um so größer, je mehr Anhänger die revolutionäre Lehre von Marx und Engels fand. Was lag in einer solchen Situation näher, als eine ins Wanken geratene Herrschaftslegitimation durch eine neue, überzeugendere zu ersetzen und sozusagen zum ideologischen Gegenschlag gegen den Marxismus auszuholen, um die herrschenden Verhältnisse zu stützen und ihren Herrschaftscharakter zu leugnen beziehungsweise zu verschleiern? Das soll nicht heißen, daß die Begründer der Neoklassik dies in bewußter Absicht getan haben, ihre Ideen entsprachen vielmehr dem Zeitgeist der bürgerlichen Gesellschaft, so daß diese Theorien die Chance hatten, zur neuen herrschenden Lehre zu werden.

Interessant in diesem Zusammenhang ist übrigens, daß die Begründer der Neoklassik auch Ideen aufgenommen haben, die schon lange vorher geboren worden waren, aber ihrem damaligen Zeitgeist nicht entsprochen hatten – und für die sich also auch kaum jemand interessiert hatte. Gemeint sind die Gedanken von Hermann Heinrich Gossen (1810–1858) und seine Formulierung der sogenannten »Gossenschen Gesetze«. Gossen selbst hatte die Bedeutung seiner Theorie für die Ökonomie ähnlich eingeschätzt wie die Entdeckung der Gesetze der Planetenbewegungen durch Johannes Kepler für die Astronomie. Nur blieb er zu seinen Lebzeiten – im Unterschied zu Adam Smith – weitgehend unbeachtet.

Für die mit der Neoklassik beginnende und später auch auf andere Theorien übergreifende Mathematisierung der Wirtschaftswissenschaft mag ein lange Zeit tiefsitzender Minderwertigkeitskomplex vieler Wirtschaftswissenschaftler gegenüber den Naturwissenschaftlern und Technikern eine Rolle gespielt haben. Denn diese konnten ja mit ihrer exakten Wissenschaft unter Zuhilfenahme der Mathematik unbezweifelbare und überzeugende Erfolge in Form industrieller Technologie vorweisen und genossen hohes gesellschaftliches Ansehen. Das Studium der Volkswirtschaftslehre oder »Nationalökonomie« hingegen schien lange Zeit nur etwas für Dünnbrettbohrer zu sein, was sich auch in dem Spruch ausdrückte: »Wer nichts wird, wird Wirt, und wer gar nichts wird, wird Volkswirt.« Dieser Makel ist dem Studium der Wirtschaftswissenschaft – nicht zuletzt durch den hohen Grad an Mathematisierung – inzwischen weitgehend genommen, wodurch sich natürlich auch die Vertreter dieses Faches in der gestiegenen gesellschaftlichen Anerkennung sonnen können. Je höher der Grad der Mathematisierung und je höher die Durchfallquoten im Studium, um so höher erscheint das Niveau der wissenschaftlichen Ausbildung – ein großer Trugschluß!

Das neoklassische Theoriegebäude

Das Gebäude der neoklassischen Theorie läßt sich symbolisch wie in Abbildung 21 darstellen. Es ist errichtet auf drei Säulen, und von der Tragfähigkeit jeder einzelnen Säule hängt die Tragfähigkeit des gesamten Gebäudes ab. Ist auch nur eine der drei Säulen brüchig und stürzt ein, dann stürzt auch zwangsläufig das Gebäude über ihr in sich zusammen (wobei die zwei anderen Säulen den Einsturz vielleicht sogar noch unbeschadet überstehen). Die drei Säulen der neoklassischen Theorie sind:
- die Haushaltstheorie (HH),
- die Unternehmenstheorie (U)[34] und
- die Markttheorie (M).

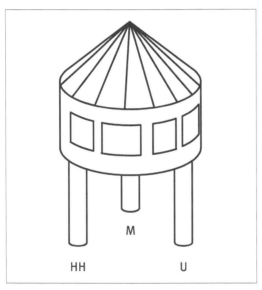

Abbildung 21:
Das neoklassische Theoriegebäude und seine drei tragenden Säulen
(HH = Haushaltstheorie,
M = Markttheorie,
U = Unternehmenstheorie)

Die neoklassische Theorie versucht, das wirtschaftliche Geschehen aus den Einzelentscheidungen der sogenannten »Wirtschaftssubjekte« – der privaten Unternehmen einerseits und der privaten Haushalte andererseits – abzuleiten, also aus (gegenüber der Gesamtwirtschaft) relativ kleinen Entscheidungseinheiten.[35] Deshalb nennt sich diese Betrachtungsweise auch Mikroökonomie[36] – im Unterschied zur Makroökonomie, bei der gesamtwirtschaftlich aufsummierte Größen oder Aggregate (wie Gesamtnachfrage, Gesamtangebot, Gesamtkonsum, Gesamtinvestition usw.) zugrunde gelegt werden.

Eine wesentliche Frage der Mikroökonomie ist also: Wodurch werden letztlich die Entscheidungen der privaten Haushalte bezüglich ihrer Konsumausgaben (und damit die Konsumgüternachfrage) beziehungsweise die Entscheidungen der Unternehmen bezüglich Produktion und Investition (und damit das Konsumgüterangebot) bestimmt? Die Resultate beider Entscheidungen treffen in Form von Nachfrage und Angebot von Konsumgütern an den Gütermärkten aufeinander. Gegenstand der Markttheorie ist es, abzuleiten, unter welchen Marktbedingungen oder Marktformen sich welche Marktpreise für die einzelnen Güter herausbilden.

Die gleiche Logik, die für die Gütermärkte unterstellt wird, wird von der Neoklassik auch auf die Analyse der Märkte für Einsatzfaktoren der Produktion angewendet, also auch auf den Arbeitsmarkt, den Grundstücksmarkt und den Kapitalmarkt. Sie wird auch übertragen auf das Geschehen an den Devisenmärkten und an den Wertpapierbörsen. In all diesen Bereichen geht es ihr erklärtermaßen darum, die Gesetzmäßigkeiten der Preisbildung auf eine Vielzahl einzelwirtschaftlicher, dezentral getroffener Entscheidungen zurückzuführen und die Konsequenzen der Preisbildung für die Allokation der Ressourcen, das heißt für die Lenkung der Ressourcen in bestimmte Strukturen der Produktion, herauszuarbeiten.

Interessant daran ist zunächst einmal, daß die Frage nach der Wertschöpfung – oder gar des Mehrwerts – von der neoklassischen Theorie überhaupt nicht mehr gestellt wird. Obwohl sich diese Theorie von ihrem Namen her doch auf die klassische Ökonomie bezieht, hat sie stillschweigend eine der wesentlichen begrifflichen Grundlagen der Klassik, nämlich die Arbeitswertlehre, vollends über Bord gehen lassen – von der physiokratischen Einsicht in die Produktivität der Natur (die ja auch schon die Klassiker von Smith bis Marx verdrängt hatten) ganz zu schweigen. Der Begriff des Werts oder gar des Mehrwerts existiert in dieser Theorie schlicht und einfach nicht mehr. Damit entfallen auch alle Betrachtungen über das wechselseitige Verhältnis von Wert und Preis (das, was Marx »Wertgesetz« genannt hatte).

Während also die tieferen Ursachen der Wertentstehung oder Wertschöpfung – und damit auch die Konflikte, die ihr nach Marx zugrunde liegen – aus dem Blickfeld geraten und abgeschnitten werden (Abbildung 22), reduziert sich die neoklassische Betrachtung auf die Oberfläche des wirtschaftlichen Geschehens, auf die Preisbildung auf den einzelnen Märkten unter verschiedensten Bedingungen. In bezug darauf hat sie allerdings mit der Entwicklung der Markt- und Preistheorie eine

Differenziertheit und Exaktheit erlangt, die weit über die diesbezüglichen Betrachtungen von Smith und Marx hinausgehen. Im Detail der theoretischen Betrachtung von Preisbildungsprozessen ist sie geradezu virtuos. In Standardwerken der Preistheorie werden auf vielen hundert Seiten Modelle der Preisbildung unter den verschiedensten angenommenen Marktformen (zum Beispiel Monopol, Oligopol oder Polypol [Konkurrenz] auf der Angebots- und/oder auf der Nachfrageseite) durchgespielt und grafisch oder mathematisch dargestellt. Im Vergleich dazu erscheinen die diesbezüglichen Betrachtungen über die Bildung von Marktpreisen bei Smith und Marx als äußerst grob.

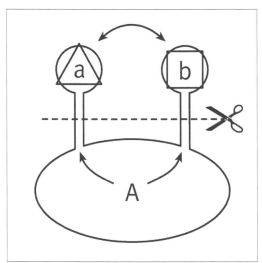

Abbildung 22:
Die Neoklassik schneidet die Frage nach der Quelle der Wertentstehung ab)

Die begriffliche Verdrängung der eigentlichen Quellen der Produktivität (wie sie die Physiokraten mit ihrem reduzierten Naturverständnis schon eingeleitet und die Klassiker mit ihrer Naturvergessenheit noch verstärkt haben) wird von der Neoklassik vollendet: Sie verdrängt auch noch die von den Klassikern entdeckte und von Marx in den Mittelpunkt gestellte Wertschöpfung der menschlichen Arbeitskraft. Diese neuerliche Verdrängung hatte erkenntnismäßig und ideologisch gravierende Konsequenzen: Ohne den Begriff des »Werts einer Ware« gibt es auch keinen Begriff des »Werts der Ware Arbeitskraft« und also auch keinen Begriff des »Mehrwerts«, den – nach Marx – die Arbeitskraft im Kapitalismus hervorbringt.

Indem aber das tiefere Verständnis für die Entstehung des Mehrwerts, wie es Marx schon einmal entwickelt hatte, wieder verschüttet wurde, wurde auch der Blick für den Entstehungsprozeß des Kapitals vollständig getrübt – sowohl für seine historische Entstehung (ursprüngliche Akkumulation) wie für seine tagtägliche Vermehrung (eigentliche Kapitalakkumulation). Die Neoklassik zieht dadurch begrifflich regelrecht einen Schleier vor die von Marx beschriebene widersprüchliche Struktur der kapitalistischen Produktionsweise (symbolisch dargestellt in Abbildung 23).

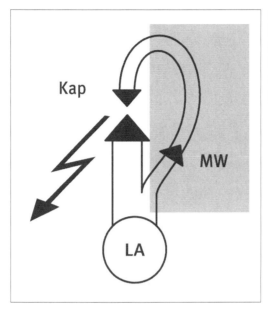

Abbildung 23:
Damit verdrängt die Neoklassik auch den Grundkonflikt von Lohnarbeit und Kapital und läßt das Kapital als naturgegeben erscheinen.

Indem die Neoklassik die schon einmal erkannten tieferen Widersprüche des Kapitalismus verdrängte, wurde sie auch realitätsblind für die aus ihnen (oder auch aus anderen Widersprüchen) entstehenden Krisen. Sie konnte diese allenfalls interpretieren als Folge von äußeren Störungen (zum Beispiel Kriegen oder Naturkatastrophen), oder als Folge von äußeren (zum Beispiel staatlichen) Eingriffen in das Marktsystem; aber nicht mehr als systemimmanente Krisen. Diese Realitätsblindheit sollte sich in den 20er und 30er Jahren des 20. Jahrhunderts noch verheerend auswirken, und sie tut es auch in der Gegenwart, in der die Neoklassik als »Neoliberalismus« wieder auferstanden und weltweit zur vorherrschenden ökonomischen Doktrin geworden ist.

Ein Ergebnis der neoklassischen Verdrängung ist auch, daß das Kapital als naturgegeben erscheint, weil sein historischer Entstehungsprozeß und sein tagtäglicher Vermehrungsprozeß nicht mehr hinterfragt werden. Das Entsprechende gilt für die Lohnarbeit. Mit keinem Wort wird in den Lehrbüchern der Neoklassik auf die dramatischen Umwälzungsprozesse eingegangen, die der historischen Entstehung von Lohnarbeit und Kapital zugrunde lagen und heute noch – vor allem in der Dritten Welt – zugrunde liegen, und auf die offene oder strukturelle Gewalt, mit denen Milliarden von Menschen von ihren ursprünglichen Lebensgrundlagen und von den Produktionsmitteln getrennt wurden beziehungsweise werden. Die sozialen Unterschiede und Gegensätze erscheinen in der neoklassischen Theorie einzig als das Resultat des eigenen Wollens und Willens der Wirtschaftssubjekte. Denn jeder könnte ja, wenn er nur wollte, genügend leisten und Geld verdienen und genügend sparsam sein, um aus dem Ersparten ein Vermögen zu bilden und sich selbständig zu machen, also sich aus der Rolle des Lohnabhängigen in die des Selbständigen oder des Unternehmers zu begeben. Nach dieser Logik ist jeder selbst seines Glückes Schmied und hat die Chancen, vom Tellerwäscher zum Milliardär aufzusteigen.

Indem die historische Entstehung der Verflechtung von Produktionsmitteln und Eigentum verdrängt wird, indem das Kapital (und ebenso das Bodeneigentum) als naturgegeben erscheint, wird auch die Frage nach möglichen »Entflechtungen«, das heißt nach möglichen Alternativen zum kapitalistischen Eigentum an Produktionsmitteln und am Boden, überhaupt nicht mehr gestellt – und damit der Blick in mögliche andere Zukünfte versperrt (Abbildung 24).

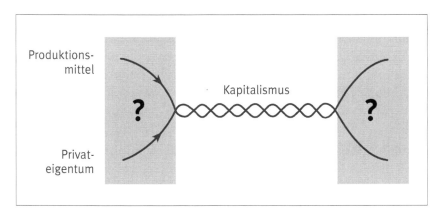

Abbildung 24: Die neoklassische Verdrängung der historischen Entstehung und möglichen Überwindung des Kapitalismus

Die Haushaltstheorie: Der vollständig bewußte, informierte und allzeit rationale Konsument

Wenden wir uns nun einer der Säulen des neoklassischen Theoriegebäudes zu, nämlich der Haushaltstheorie. Mit ihr wird versucht, bei allen Unterschieden zwischen den einzelnen privaten Haushalten dennoch einige Gesetzmäßigkeiten zu beschreiben, die den Konsumentscheidungen zugrunde liegen. Die Trennung der Funktionsbereiche des Wirtschaftens in Unternehmen (als Stätte der Produktion) und Haushalte (als Stätte des Konsums) wird übrigens von der Neoklassik als gegeben angenommen, obwohl sie ja längst nicht immer und überall vorhanden war. Dennoch erhebt die Neoklassik den Anspruch, so etwas wie eine allgemeingültige Logik wirtschaftlichen Handelns zu beschreiben, ohne den Anwendungsbereich ihrer Theorie ausschließlich auf die kapitalistische Marktwirtschaft zu beschränken (in der die Trennung der meisten Menschen von den Produktionsmitteln und vom Boden sich historisch schon vollzogen hat – und Kapital und Boden sich als Eigentum in den Händen relativ weniger befinden).

Der Begriff »Haushaltstheorie« suggeriert, der Gegenstand der Betrachtung seien auch die Beziehungen und Entscheidungsstrukturen innerhalb von Haushalten, etwa das Geschlechterverhältnis oder die Rollenteilung zwischen Mann und Frau, das Verhältnis zwischen Eltern und Kindern (zum Beispiel, ob es eher partnerschaftlich oder eher autoritär ist), und welche Konflikte sich jeweils innerhalb der Haushalte ergeben können, oder welche unterschiedlichen Lebensformen es überhaupt gibt (Ehe, nichteheliche Partnerschaften, Wohngemeinschaften, Singledasein). Aber mit all diesen Fragen beschäftigt sich die Haushaltstheorie gerade nicht! Die Binnenstruktur der Haushalte ist nicht ihr Thema, sondern nur das, was an Konsumentscheidungen insgesamt dabei herauskommt. Dabei wird einfach unterstellt, daß jeder Haushalt als ein einheitliches »Wirtschaftssubjekt« handelt, »doch wie's da drin aussieht, geht niemanden was an« – diesen ursprünglich in etwas anderem Zusammenhang[37] entstandenen Satz könnte man als Motto über die neoklassische Haushaltstheorie setzen.

Letztendlich sind es ja Menschen, die in den einzelnen Haushalten leben und (wenn sie nicht gerade Singles sind) auch zusammenleben und neben vielem anderen auch bestimmte Konsumentscheidungen treffen. Interessanterweise ist allerdings von Menschen in der neoklassischen Theorie nie die Rede (auch nicht von arbeitenden Menschen in der

Unternehmenstheorie, sondern lediglich vom »Einsatzfaktor Arbeit«). Schon von den Grundbegriffen her sieht es so aus, als sei diese Theorie entmenschlicht.

Obwohl die Haushaltstheorie nicht in die Binnenstruktur der einzelnen Haushalte hineinblickt – oder besser gesagt: obwohl sie die damit zusammenhängenden Probleme und Konflikte verdrängt –, will sie bestimmte Grundaussagen über die allgemeine Logik von Konsumentscheidungen treffen. Die Haushalte werden dabei sozusagen wie eine Black box behandelt, in dessen Dunkel man nichtsdestoweniger das Licht der Theorie bringen will – ein Widerspruch in sich. Die Theorie kann also allenfalls Vermutungen darüber anstellen, was sich in dieser Black box abspielt und auf welcher Grundlage das entsteht, was schließlich nach außen hin als Konsumnachfrage erkennbar in Erscheinung tritt. Die grundlegende Frage der Haushaltstheorie ist die nach der jeweils »optimalen Güterkombination« für den einzelnen Haushalt, aus deren Beantwortung schließlich weitreichende Konsequenzen für die Beurteilung einer kapitalistischen Marktwirtschaft gezogen werden.

Zunächst einmal wird davon ausgegangen, daß ein Haushalt Güter kauft, weil diese für ihn von »Nutzen« sind. Damit ist ein zentraler Begriff der neoklassischen Haushaltstheorie angesprochen. Die Frage des Nutzens von Gütern und seiner eventuellen Meßbarkeit oder Vergleichbarkeit hat Ökonomen immer wieder beschäftigt. Läßt sich der Nutzen von Gütern messen wie etwa deren Gewicht, oder gibt es gar keinen »objektiven Nutzen« von Gütern, sondern nur einen von den einzelnen Menschen (oder Haushalten) subjektiv empfundenen Nutzen? Oder ändert sich gar der »subjektive Nutzen« eines Gutes, je nachdem, wieviel oder wie wenig von dem betreffenden Gut bereits konsumiert wurde?

Die Lehre vom abnehmenden Grenznutzen

Die Vorstellung von einem objektiven Nutzen, der den einzelnen Gütern anhaftet und für alle Menschen gleich sei, wurde ziemlich schnell aufgegeben. Was also blieb, war die Frage nach dem jeweils subjektiv empfundenen Nutzen einzelner Güter. In diesem Zusammenhang glaubte Hermann Heinrich Gossen, fundamentale Gesetzmäßigkeiten entdeckt zu haben, die er in den zwei (später nach ihm benannten) Gossenschen Gesetzen formulierte:

»*Das erste Gossensche Gesetz besagt, daß der Grenznutzen jeder weiteren konsumierten Einheit kleiner wird.*« [38]

»Das zweite Gossensche Gesetz besagt: Ein Konsument erreicht sein Nutzenmaximum, wenn der Grenznutzen aller Güter gleich ist.«[39]

Damit sind wir bei einem weiteren zentralen Begriff nicht nur der Gossenschen Lehre, sondern auch der Neoklassik, dem Begriff des »Grenznutzens«. Die Darstellung in Abbildung 31a setzt zunächst voraus, daß der subjektiv empfundene Nutzen unterschiedlicher Mengen des Gutes 1 gemessen werden kann, ebenso wie zum Beispiel das Gewicht oder die Länge. Der Kurvenverlauf drückt die Annahme aus, daß mit wachsender Menge des konsumierten Gutes der Gesamtnutzen zwar noch zunimmt, aber in immer geringerem Maße; eine Annahme, die auf den ersten Blick sehr plausibel erscheint, zumal jeder schon entsprechende Erfahrungen selbst gemacht hat. Wenn man zum Beispiel Hunger hat, schmeckt die erste Scheibe Brot besonders gut, die nächste erhöht zwar auch noch das Wohlbefinden, aber schon weniger stark, und der Nutzenzuwachs der dritten Scheibe Brot ist noch geringer; bis die folgende Scheibe irgendwann einmal gar keinen Nutzenzuwachs mehr bringt und eine weitere Scheibe den Gesamtnutzen sogar verringern würde. Und irgendwann schlägt bei weiterem Hineinzwängen das Ganze vielleicht sogar in einen negativen Gesamtnutzen um, also in Abneigung oder Ekel.

Der Zuwachs an Gesamtnutzen bei Erhöhung des Konsums um eine Einheit zeigt sich in Abbildung 25a in der jeweiligen Höhe der Treppenstufe. Er wird mit wachsender konsumierter Menge immer geringer, ist schließlich bei null und schlägt – wenn man darüber hinaus noch weitere Mengen konsumiert – ins Negative um (das heißt, im Bild geht die Treppe wieder abwärts). Die Höhe der jeweiligen Treppenstufen entspricht dem sogenannten »Grenznutzen«, dessen Werte in Abbildung 25b noch einmal gesondert dargestellt sind. Der Grenznutzen gibt also Antwort auf die Frage: Um wieviel ändert sich der Gesamtnutzen, wenn die schon konsumierte Gütermenge noch um eine Einheit erhöht wird; wenn man sozusagen über die bisherige Grenze hinaus noch einen Schritt weiter geht?[40]

Gossen nahm an, man könne irgendwann einmal den subjektiv empfundenen Nutzen eines Menschen messen, was einen bestimmten Nutzenmaßstab und eine bestimmte Meßmethode voraussetzen würde. Unter dieser Voraussetzung wäre auch der jeweilige Grenznutzen einer zusätzlichen Einheit eines Gutes 1 meßbar und direkt vergleichbar mit dem Grenznutzen aller anderen Güter. Er glaubte, damit das Universum wirtschaftlichen Handelns – mindestens von der Konsumseite beziehungsweise der Nachfrageseite her – hinreichend beschrieben zu haben.

Und da sich in einer Marktwirtschaft die Produktion an der Nachfrage orientiere, weil die Unternehmen sich sonst gar nicht am Markt halten können, würden alle Haushalte ihren höchstmöglichen Nutzen erzielen, ihren »Nutzen maximieren«.

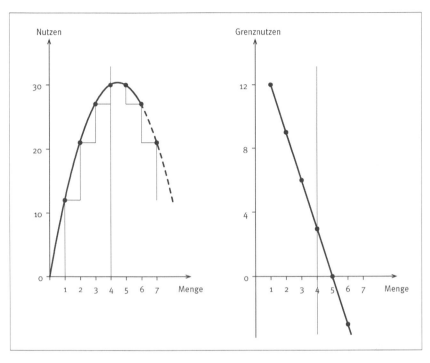

Abbildung 25a und b: Das 1. Gossensche Gesetz vom abnehmenden Grenznutzen

Von der kardinalen zur ordinalen Nutzenmessung

Die Theorie von Gossen hatte nur einen Haken: Ein Maßstab für den Nutzen und eine Methode der Nutzenmessung wurde nie gefunden, und die Suche danach wurde schließlich auch irgendwann aufgegeben. Damit brach das Fundament der Theorie in sich zusammen, und sie geriet auch erst einmal mehr oder weniger in Vergessenheit – bis ihre Grundgedanken von den Begründern der Neoklassik wieder aufgegriffen, aber in einem wesentlichen Punkt verändert oder modifiziert wurden. Die Neoklassiker räumten zwar ein, daß eine Nutzenmessung mit einem bestimmten Maßstab (sogenannte »kardinale Nutzenmessung«) nicht möglich sei; der einzelne Haushalt sei aber dennoch in der Lage, beim

Vergleich verschiedener Nutzenniveaus eine bestimmte Rangordnung aufzustellen – im Sinne von »gleicher Nutzen, mehr Nutzen oder weniger Nutzen«. Für eine solche »ordinale Nutzenmessung« sei ein wohl definierter Maßstab (wie Meter oder Kilogramm) gar nicht erforderlich. Allein auf der Annahme einer ordinalen Nutzenmessung ließe sich eine in sich schlüssige Theorie des Konsumverhaltens der Haushalte aufbauen – die neoklassische Haushaltstheorie.

Die scheinbar schon widerlegte und totgeglaubte Vorstellung, daß die subjektiven Nutzenvorstellungen und damit letztlich die individuellen Bedürfnisse der Menschen das wirtschaftliche Geschehen bestimmen, erlebte damit in abgewandelter Form eine Renaissance. Damit waren Grundvoraussetzungen geschaffen, um der Marxschen Arbeitswertlehre und Mehrwerttheorie (die den Mehrwert aus den objektiv meßbaren Arbeitswerten ableitete und die Dynamik des Kapitalismus auf objektive Bewegungsgesetze zurückführte) ein in sich schlüssiges Gegenkonzept entgegenzustellen. Der Streit zwischen »subjektiver Nutzentheorie« und »objektiver Wertlehre«, zwischen Neoklassik und Marxismus, die sich als scheinbar unversöhnliche Gegensätze gegenübertraten, sollte sich wie ein roter Faden durch ein ganzes Jahrhundert wirtschaftswissenschaftlicher und ideologischer Kontroversen hindurchziehen.

Indifferenzkurven – die neoklassische Phantasie von den menschlichen Bedürfnissen

Wie hat es nun die Neoklassik hinbekommen, auf der reduzierten Annahme einer nur ordinalen Nutzenmessung – einer individuellen Rangordnung von mehr, weniger oder gleichem Nutzen – eine ganze Theorie aufzubauen, die zudem noch zu einer tragenden Säule eines ganzen Weltbildes werden sollte? Am denkbar einfachsten Beispiel eines Haushalts, der seine Konsumentscheidungen bezogen auf zwei Güter trifft, sollen die begrifflichen Grundlagen dieser Theorie erläutert werden.

Jeder Punkt in dem Koordinatensystem in Abbildung 26a mit den Achsen x_1 (Menge von Gut 1) und x_2 (Menge von Gut 2) bedeutet eine bestimmte mengenmäßige Zusammensetzung des Güterkorbs eines Haushalts, so auch der Punkt P. Er markiert eine Güterkombination von $4x_1$ und $4x_2$ – mit einem bestimmten Gesamtnutzen oder Nutzenniveau für den betreffenden Haushalt, unabhängig davon, ob man diesen Nutzen messen kann oder nicht.

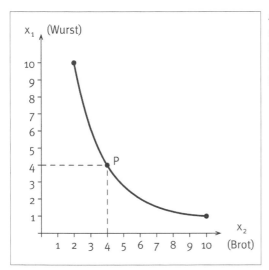

Abbildung 26a:
»Indifferenzkurve« mit Punkten gleichen Nutzens. P bedeutet eine Güterkombination von 4 x_1 und 4 x_2.

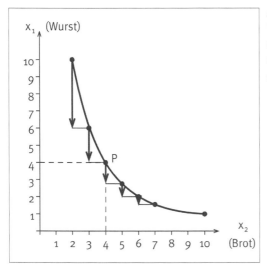

Abbildung 26b:
Die Indifferenzkurve enthält die Annahme abnehmenden Grenznutzens (auch ohne daß der Nutzen meßbar ist).

Es wird nun angenommen, die Güter seien mehr oder weniger gegeneinander ersetzbar (substituierbar), ohne daß sich in der Einschätzung des Haushalts der Gesamtnutzen verändert. Um in unserem Beispiel von vorhin zu bleiben, lautet die Frage: Wenn man die Menge des Brotes um eine Einheit erhöht, um wieviel Einheiten müßte dann die Wurst vermindert werden, um das gleiche Nutzenniveau zu halten? Daraus ergeben sich in der Grafik verschiedene Punkte als Ausdruck verschiedener Güterkombinationen mit gleichem Nutzen. Diesen verschiedenen Möglichkeiten gegenüber ist der Haushalt sozusagen gleichgültig, »indifferent«. Wenn man die indifferenten Punkte miteinander verbindet, ergibt sich eine Kurve, die »Indifferenzkurve« genannt wird, also eine Kurve mit Punkten gleichen Nutzens (Abbildung 26b).

In den Verlauf der Indifferenzkurve konnte die Neoklassik sogar noch eine Annahme von Gossen hinüberretten, ohne daß dazu eine kardinale Nutzenmessung erforderlich wäre: die Annahme des mit wachsender Menge abnehmenden Grenznutzens. In unserer Grafik zeigt sich das wie folgt: Je weniger Brot der Haushalt hat, eine um so größere Menge der reichlichen Wurst wäre er bereit für zusätzliches Brot aufzugeben (damit der Gesamtnutzen erhalten bleibt). Wenn der Haushalt hingegen schon viel Brote hat, aber wenig Wurst, würde er für ein weiteres Brot nur noch wenig der ohnehin schon knapperen Wurst aufgeben. Mit zunehmendem Brot nimmt also dessen Grenznutzen ab (was in Abbildung 31e in den kleiner werdenden senkrechten Pfeilen zum Ausdruck kommt. Weil der abnehmende Grenznutzen von der Neoklassik als etwas Allgemeingültiges unterstellt wird, ergeben sich auch in jedem Fall Indifferenzkurven, die ähnlich wie in Abbildung 31d und 31e gekrümmt sind, auf jeden Fall keine Geraden und auch keine Kurven, die andersherum gekrümmt sind.

Immerhin: Obwohl man eigentlich nichts über die einzelnen Haushalte weiß, obwohl sich der Nutzen nicht objektiv messen läßt und nicht einmal der subjektiv empfundene Nutzen mit einem Maßstab gemessen werden kann, kommt die Theorie zu dieser scheinbar immer und überall gültigen Aussage: Die Indifferenzkurven der einzelnen Haushalte verlaufen in jedem Fall konvex gekrümmt, ohne dabei die Achsen des Koordinatensystems jemals zu berühren oder zu schneiden. Wie hoch nun dieses durch eine Indifferenzkurve dargestellte Nutzenniveau eines Haushalts ist, kann man dabei nicht angeben.

Was man aber – scheinbar logisch zwingend – angeben kann, sind die Bereiche, in denen Indifferenzkurven mit höherem Nutzen beziehungsweise mit geringerem Nutzen verlaufen. Diejenigen mit höherem Nutzenniveau befinden sich rechts oberhalb der Ausgangskurve, diejenigen mit niedrigerem Nutzenniveau befinden sich links unterhalb. Nehmen wir in Abbildung 26c zum Beispiel den Punkt P_h (h = höher). Es handelt sich um eine Güterkombination, die gegenüber dem Punkt P sowohl eine größere Menge Wurst als auch eine größere Menge Brot beinhaltet, die also scheinbar auf jeden Fall ein höheres Nutzenniveau ausdrückt. Die Indifferenzkurve höheren Nutzens, die durch diesen Punkt P_h verläuft, kann unmöglich die andere Indifferenzkurve schneiden. Denn auf ihr liegen ja nur Punkte, die den gleichen Nutzen wie P_h haben, und also einen höheren Nutzen als P und als alle anderen Punkte auf der Indifferenzkurve von P. Daraus ergibt sich schon wieder eine allgemeingültige Aussage: Verschiedene Indifferenzkurven eines Haushalts können sich nicht schneiden oder berühren, sondern sich lediglich annähern.

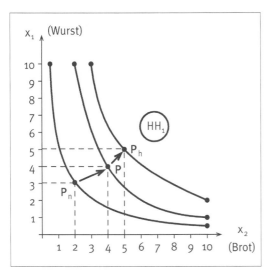

Abbildung 26c:
Punkte mit höherem (P_h) bzw. niedrigerem Nutzen (P_n) mit dazugehörigen Indifferenzkurven. Beispiel für das »individuelle Präferenzsystem« eines einzelnen Haushalts HH_1)

Nun kann man sich die Fläche zwischen den drei Indifferenzkurven mit einer ganzen Schar von weiteren Indifferenzkurven angefüllt denken, und die Flächen rechts oberhalb und links unterhalb ebenso. Was diese Kurven im Verhältnis zueinander ausdrücken, ist lediglich ein relativer Vergleich von mehr oder weniger oder gleichem Nutzen, nicht etwa von doppeltem oder dreifachem und vierfachem Nutzen. Von jeder Kurve aus betrachtet gilt: Alle Indifferenzkurven, die links unterhalb liegen, bedeuten weniger Nutzen, alle rechts oberhalb liegenden bedeuten mehr Nutzen; wieviel, kann niemand angeben, weder für die Ausgangskurve noch für die Kurven, die mit ihr verglichen werden. Man sollte meinen, dies ist herzlich wenig an Aussage und kann doch vielleicht nicht ganz ernst gemeint sein. Aber die Neoklassik macht noch eine ganze Menge draus.

Zweifel am Realitätsbezug und an der Allgemeingültigkeit

Das Ganze beginnt doch so langsam, einen wissenschaftlichen Charakter anzunehmen: in der Definition von Begriffen, in der zunächst noch grafischen, alsbald aber auch mathematischen Darstellungsweise, und in der Verwendung lateinischer Begriffe: »Indifferenzkurve«, »Substitution«. Die ganze Schar von Indifferenzkurven nennt man das »individuelle Präferenzsystem eines Haushalts«, das also, was ein einzelner Haushalt an Nutzenvorstellungen bezüglich zweier Güter hat.

Wären es nun drei Güter, müßte man eine zusätzliche Achse einführen, und man bekäme etwas Ähnliches wie ein dreidimensionales Gebirge, lauter hohl gewölbte Schalen, die sich aneinander schmiegen, ohne sich jemals zu berühren – optisch sehr eindrucksvoll und mittlerweile mit Computersimulation auch wunderbar abzubilden. Ab vier Gütern muß man leider auf die grafische oder räumliche Darstellung verzichten und sich anderer mathematischer Hilfsmittel bedienen, was in der Neoklassik schließlich auch geschehen ist. Man sieht: Einmal auf die Schiene dieses Denkens geraten, eröffnet sich eine fast unendliche Fülle mathematischer Modellspielereien.

Was das individuelle Präferenzsystem eines Haushalts ausdrückt – sei es nun am Beispiel zweier oder auch beliebig vieler Güter – ist sozusagen die Bedürfnisstruktur dieses Haushalts, bezogen auf Konsumgüter. Die gleiche Logik wird von der Neoklassik auch noch übertragen auf andere Bereiche, etwa die Entscheidung zwischen Arbeitszeit und Freizeit, zwischen Konsum und Sparen usw.: Damit wird unterstellt, daß sich jeder Haushalt seiner individuellen Bedürfnisstruktur jederzeit voll bewußt ist; und daß er über vollständige Informationen darüber verfügt, inwieweit die einzelnen Güter je nach konsumierter Menge zu seinem Nutzen beitragen – beziehungsweise welchen Grenznutzen sie im Vergleich zu anderen Gütern haben (einen geringeren, gleichen oder höheren).

Wohlgemerkt, dies ist kein Rezeptbuch oder keine Handlungsanleitung für einzelne Haushalte mit der Anregung: Versucht, bevor ihr einkaufen geht, euch erst einmal Klarheit über eure Bedürfnisse zu verschaffen, und informiert euch möglichst umfassend über die in Frage kommenden Güter und deren Qualitäten (und Preise). Nein, es ist eine Theorie, die allen Ernstes behauptet, dies sei die Realität – immer und überall: Haushalte seien sich ihrer Bedürfnisse voll bewußt, und Haushalte seien voll informiert.

Eine dritte wesentliche Annahme steckt noch ganz unauffällig und implizit im Indifferenzkurvensystem der Neoklassik: Die Annahme, daß mehr von allem auf jeden Fall besser, das heißt von höherem Nutzen, ist als weniger von allem. Ich will dies als die »Annahme unersättlichen Konsums« bezeichnen (im Unterschied zum angenommenen Sättigungsgrad beziehungsweise abnehmenden Grenznutzen in bezug auf einzelne Güter). Diese Annahme scheint auch fast jedem unmittelbar einleuchtend, und sie ist sicherlich ein realitätsgerechtes Abbild des Konsumverhaltens und Empfindens der meisten Menschen in der Konsumgesellschaft. Aber ist sie deswegen allgemeingültig, für alle Zeiten und an allen Orten, für alle unterschiedlichen Gesellschaften, Lebensformen und emotionalen Strukturen von Menschen?

Keinesfalls! Den Menschen in Subsistenzwirtschaften, insbesondere in den liebevollen, nicht-patriarchalen Naturvölkern, wäre eine solche Einstellung als geradezu absurd erschienen. Warum sollte man denn von allem immer mehr haben wollen, wo man doch mit dem wenigen ausreichend versorgt ist?[41] Aus einer Genügsamkeit heraus entsteht nicht der Drang oder Zwang, immer mehr haben zu wollen oder zu müssen, und diese Menschen sind oder waren deswegen nicht unglücklicher als die Menschen in Konsum- und Industriegesellschaften – ganz im Gegenteil. Aber derartige andere kulturelle und emotionale Bedingungen werden von der Neoklassik überhaupt nicht in Betracht gezogen, und ohne es auch nur zu erwähnen oder hervorzuheben, werden die westlichen Muster von Unersättlichkeit als allgemeingültig, quasi als Ausdruck menschlicher Natur der Theoriebildung zugrunde gelegt. Durch die Brille einer solchen Theorie wird man grundsätzlich blind für andere kulturelle Werte, Traditionen und emotionale Strukturen, die dem westlichen Konsumdenken und -fühlen nicht verhaftet sind oder waren. Wo man sie in der Gegenwart noch vorfindet, fällt einem dann nichts anderes dazu ein, als daß diese Völker oder Stämme erst noch zu westlichen Konsummustern bekehrt werden müssen.

Die Begrenzung des Konsums durch das Budget

Kommen wir zurück zur Logik der Haushaltstheorie. Der nächste logische Schritt bezieht sich auf die Frage, wie ein gegebenes Einkommen auf die zwei Güter aufgeteilt werden kann. Nehmen wir an, es handle sich um ein Einkommen von E = 100. Damit könnte ein Haushalt entweder nur Wurst kaufen oder nur Brot oder alle möglichen Kombinationen von Wurst und Brot. An dieser Stelle kommen die Preise der Güter ins Spiel: Von ihnen hängt es ab, welche Gütermenge und Güterkombination jeweils mit dem Einkommen von 100 gekauft werden kann. Nehmen wir an, der Preis einer Wurst betrage $p_1 = 20$, der Preis eines Brotes $p_2 = 10$. Unter diesen Bedingungen könnten mit dem Einkommen E = 100 entweder 5 Würste (zu je 20 Geldeinheiten) oder 10 Brote (zu je 10 Geldeinheiten) gekauft werden oder all die Güterkombinationen, deren Punkte auf einer Geraden zwischen $x_1 = 5$ und $x_2 = 10$ liegen (Abbildung 26d).

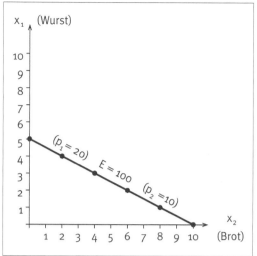

Abbildung 26d:
Mit einem Einkommen von E = 100 lassen sich (bei gegebenen Preisen p_1 und p_2) verschiedene Güterkombinationen realisieren, deren Punkte alle auf einer Geraden liegen (»Budgetgerade«).

Diesmal ist es tatsächlich eine Gerade, denn wenn statt 5 Würsten nur 4 gekauft würden, würden 20 Geldeinheiten frei, und davon können 2 Brote zum Preis von 10 gekauft werden etc. Diese Gerade wird in der Haushaltstheorie als Einkommensgerade oder als Budgetgerade bezeichnet. Alle Punkte auf ihr (beziehungsweise die den Punkten entsprechenden Güterkombinationen) lassen sich mit einem Einkommen von E = 100 realisieren – und natürlich auch alle Punkte links unterhalb davon, wobei in diesem Fall vom Einkommen sogar noch etwas übrigbliebe. Alle Punkte rechts oberhalb hingegen übersteigen das Budget des Haushalts und lassen sich insofern nicht realisieren (jedenfalls wenn man von einer Auflösung der Ersparnisse oder von Verschuldung erst einmal absieht).

Würde sich nun der Preis der Wurst verändern, zum Beispiel von 20 auf 10, dann würde sich die Budgetgerade entsprechend um den Punkt x_2 = 10 nach rechts drehen (Abbildung 26e).

Damit sind wir schon einen ganzen Schritt weiter. In der Darstellung der Budgetgeraden scheint wohl kein besonderes Problem zu liegen, außer dem, daß nach den Hintergründen der Entstehung des Einkommens – und vor allem der ungleichen Einkommensverteilung zwischen den verschiedenen Haushalten – nicht gefragt wird. Sie wird erst einmal als gegeben angenommen, obwohl diese Frage höchst brisant ist und auch (mindestens was die grobe Verteilung zwischen den gesellschaftlichen Klassen anlangt) in der klassischen Ökonomie und bei Marx eine wesentliche Rolle gespielt hat. Andererseits muß man einräumen, daß eine Theorie nicht alles auf einmal klären kann. Es wäre ein interessantes Kapitel für sich, auch noch die neoklassische Verteilungstheorie, die sich dieser Frage widmet, unter die Lupe zu nehmen (was ich aber in diesem Buch nicht vorhabe).[42]

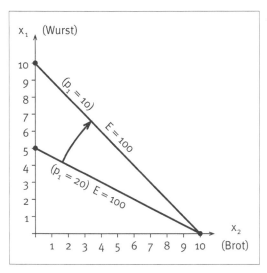

Abbildung 26e:
Drehung der Budgetgeraden durch Änderung des Preises p_1 von 20 auf 10

Das Haushaltsoptimum – Ergebnis rationalen Verhaltens

Der nächste logische Schritt der Theorie besteht darin, die Grafik der Indifferenzkurven mit der Grafik der Budgetgeraden zur Deckung zu bringen. Es stellt sich dann die Frage: Gibt es unter den gegebenen Bedingungen im Rahmen des Budgets eine Güterkombination mit dem höchstmöglichen Nutzen? Und die Antwort lautet: Ja, es ist genau der Punkt, in dem die Budgetgerade eine der Indifferenzkurven berührt, wo die Budgetgerade zur Tangente an einer Indifferenzkurve wird (Abbildung 26f).

Und warum? Weil die Indifferenzkurven rechts oberhalb zwar einen höheren Nutzen darstellen, aber außerhalb des Budgets liegen und mit den gegebenen Einkommen nicht realisiert werden können; und weil alle anderen Indifferenzkurven links unterhalb (in unserer Grafik ist davon nur eine dargestellt) zwar zum Teil im realisierbaren Bereich liegen, aber ein geringeres Nutzenniveau bedeuten. Unter den gegebenen Bedingungen gibt es für den Haushalt also nichts Besseres als die Güterkombination in dem Berührungspunkt zwischen Budgetgerade und einer Indifferenzkurve. Hier liegt das sogenannte »Haushaltsoptimum«. Es ist kein Maximum, nicht der höchste Nutzen, den sich der Haushalt vorstellen kann, aber unter den Einschränkungen eines begrenzten Budgets ist es der höchstmögliche, eben der »optimale«. Auf der x_1-Achse beziehungsweise x_2-Achse kann man die jeweiligen Mengen von Gut 1 und Gut 2 ablesen, die dieser optimalen Güterkombination entsprechen.

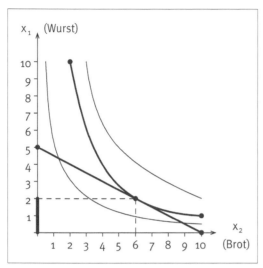

Abbildung 26f:
»Haushaltsoptimum«: Im Berührungspunkt der Budgetgeraden mit einer Indifferenzkurve wird der höchstmögliche Nutzen realisiert. Und jeder Haushalt wird sich (nach neoklassischer Theorie) rational für eine solche Güterkombination entscheiden.

Und die Haushaltstheorie geht gleich noch einen Schritt weiter und behauptet: Jeder Haushalt handelt jederzeit rational und entscheidet sich auf der Grundlage seines individuellen Präferenzsystems und gegebener Güterpreise jeweils für das Haushaltsoptimum, das heißt für die Güterkombination mit dem für ihn höchstmöglichen Nutzen.

Wohlgemerkt: Auch hier wieder geht es nicht um eine Empfehlung, die die Neoklassiker den Haushalten geben wollen. Die Theorie ist auch nicht als eine »wenn-dann«-Bedingung formuliert. Nein, die Theorie des Haushaltsoptimums ist nach dem Selbstverständnis der Neoklassiker eine allgemeingültige Aussage über die Realität des Konsumverhaltens. So und nicht anders verhalten sich Haushalte – und letztlich die konsumierenden Menschen – immer und überall. Und Studentengenerationen durch ein Jahrhundert hindurch und mittlerweile fast in der ganzen Welt müssen dieses Glaubenssystem nachbeten, um ihren Leistungsschein zu bekommen und ihr Diplom zu bestehen: »Ich glaube an das allzeit rationale Verhalten und an die Nutzenmaximierung aller Haushalte.«

In den Vorlesungen über Werbung und Marketing erfahren sie allerdings das genaue Gegenteil.

Die Nachfrage als scheinbares Abbild der Bedürfnisse

In einem weiteren gedanklichen Schritt wird gefragt, wie sich die optimale Güterkombination eines Haushalts verändert, wenn sich der Preis eines Gutes ändert. Wir wollen – wie vorhin schon – annehmen, der Preis des Gutes 1 (p_1) ändert sich von vorher 20 auf jetzt $p_1 = 10$, wodurch sich ja die Budgetgerade nach rechts dreht. Aus Abbildung 26f geht hervor, daß sich unter diesen Bedingungen ein neuer Berührungspunkt der Budgetgeraden mit einer anderen Indifferenzkurve ergibt, in diesem Fall mit einer Kurve rechts oberhalb der Ausgangskurve, die ein höheres Niveau ausdrückt.

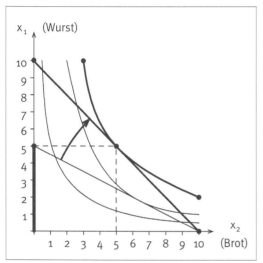

Abbildung 26g:
Ändert sich der Preis p_1 (von 20 auf 10), so verschiebt sich auch das Haushaltsoptimum.

Auf der Grundlage von Abbildung 26f und 26g läßt sich nun ein Zusammenhang zwischen Preisänderung und Nachfrageänderung ableiten, zum Beispiel bezogen auf das Gut 1. In beiden Grafiken ist die jeweils optimale Menge x_1 auf der senkrechten Achse als fettgedruckte Strecke hervorgehoben, in Abbildung 26f für $p_1 = 20$, in Abbildung 26g für $p_1 = 10$. Diese Zusammenhänge zwischen Preis und nachgefragter Menge werden in einer neuen Grafik in Abbildung 26h noch einmal gesondert dargestellt. Auf der senkrechten Achse erscheint jetzt p_1, auf der waagerechten erscheint x_1. Und die Frage lautet: Wie verändert sich bei verschiedenen Preisen (für Gut 1) die jeweils von dem betrachteten Haushalt (HH_1) optimal nachgefragte Menge x_1?

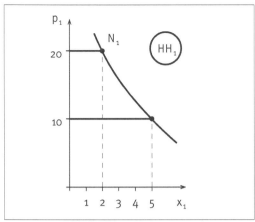

Abbildung 26h:
Aus den beiden vorangegangenen Abbildungen läßt sich der Zusammenhang zwischen p_1 und x_1 ableiten: die »individuelle Nachfragekurve« des Haushalts HH1 nach dem Gut x_1.

Wir haben also auf diese Weise die individuelle Nachfragekurve des Haushalts 1 (HH_1) in bezug auf das Gut 1 schrittweise und logisch abgeleitet – unter den gegebenen Bedingungen des Indifferenzkurvensystems und des Einkommens dieses Haushalts sowie eines gegebenen Preises für Gut 2. Das Entsprechende kann man gedanklich für jeden anderen Haushalt ableiten, wobei jeder Haushalt sein eigenes Präferenzsystem haben kann (das ihm niemand vorschreibt) und sein eigenes Einkommen (das er selbst durch mehr oder weniger Arbeit und Leistung oder Freizeit beeinflussen kann). Man sieht, das neoklassische Denken geht von der individuellen Freiheit jedes einzelnen aus und erscheint als liberal, als Verteidiger des Individualismus – auf den ersten Blick ein starkes Argument für diese Theorie, die sich gegenüber jeder Form von Kollektivismus und Bevormundung abgrenzt.

Wenn nun Haushalt 2 (HH_2) ein anderes individuelles Präferenzsystem und vielleicht auch ein anderes individuelles Einkommen als Haushalt 1 hat, wird sich entsprechend auch eine andere individuelle Nachfragekurve nach Gut 1 ergeben. Angenommen nun, es gäbe insgesamt nur zwei Haushalte, dann ließe sich aus ihren beiden individuellen Nachfragekurven eine Gesamtnachfragekurve (wie in Abbildung 26i dargestellt) ermitteln, und zwar durch Addition der jeweils bei p_1 beziehungsweise p_2 nachgefragten Mengen (horizontale Addition).

Was an diesem Beispiel in sehr vereinfachter Form abgeleitet wurde (zwei Haushalte, zwei Güter, Gesamtnachfrage nach einem Gut), läßt sich im Prinzip von der logischen Struktur her auf eine beliebig große Anzahl von Gütern und von Haushalten übertragen, nur daß dann die grafische Darstellungsmethode nicht mehr ausreicht. An ihrer Stelle treten dann allgemeine abstrakt-mathematische Formeln, zum Beispiel für m Haushalte und für n Güter. Man kann diese Zusammenhänge dann nicht mehr als zweidimensionale Fläche (oder bei drei Gütern als dreidimensionalen Raum) darstellen, sondern muß sich n-dimensionale Räume vorstellen, die sich aber eben keiner mehr vorstellen kann.

Immerhin: Am einfachen Beispiel kann man zeigen, daß es prinzipiell möglich ist, die Gesamtnachfrage nach einem Gut logisch aus den individuellen mikroökonomischen Einzelentscheidungen der Haushalte abzuleiten, und so also auch die Nachfragen nach allen anderen Gütern, die zusammen die gesamtwirtschaftliche Konsumnachfrage ausmachen. Was drückt sich also in den vielen Konsumnachfragen auf den einzelnen Märkten aus? Es ist, wie mathematisch bewiesen wurde, das Ergebnis einer Fülle individueller und rational getroffener Haushaltsentscheidungen, rational im Sinne von jeweils größtmöglichen Nutzen für die einzelnen Haushalte. Demnach wäre die Konsumnachfrage das direkte Abbild der vielen individuellen Bedürfnisse im Rahmen der jeweils gegebenen Möglichkeiten. Die Nachfrage am Markt spiegelt demnach die reine Vernunft der Konsumenten wider, das, was die Haushalte entsprechend ihren ureigensten Interessen an bestmöglichen Güterkombinationen gewählt haben.

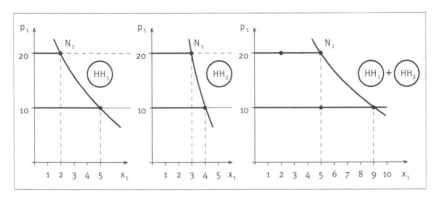

Abbildung 26i: Aus der horizontalen Addition der Nachfragekurven zweier Haushalte ergibt sich deren Gesamtnachfragekurve nach dem Gut x_1.

Die Unternehmen als Diener der Konsumenten

Jetzt kommt es nur noch darauf an, daß die in der Nachfrage sich ausdrückenden Bedürfnisse der Konsumenten von der Angebotsseite her auch bestmöglich bedient werden. Dies geschieht nach neoklassischer Auffassung in einer Marktwirtschaft durch die vielen dezentralen Unternehmensentscheidungen und deren Ausrichtung am Markt. Mit ganz ähnlichen formalen Instrumenten wird in der Unternehmenstheorie die optimale Kombination zweier Einsatzfaktoren zur Herstellung eines Produkts abgeleitet, wobei das Optimum in der Faktorkombination mit den geringstmöglichen Kosten liegt (Minimalkosten-Kombination).

Entsprechend ergeben sich für einzelne Güter individuelle Angebotskurven der verschiedenen Unternehmen, die aufaddiert zur Gesamtangebotskurve für jeweils ein Gut führen und genauso für alle anderen Güter. So ergibt sich das Zusammentreffen von Nachfrage und Angebot an den einzelnen Gütermärkten (Abbildung 27) und der entsprechende Preismechanismus. Und unter Konkurrenzbedingungen bewegt sich der Preis – selbst bei vorübergehenden Ungleichgewichten zwischen Nachfrage und Angebot – immer wieder in Richtung auf den Gleichgewichtspreis, bei dem Angebot und Nachfrage genau zur Deckung kommen.

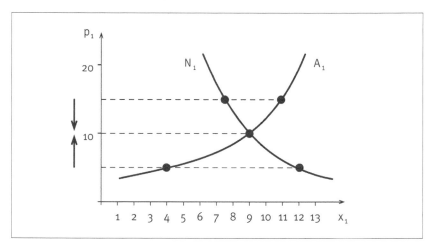

Abbildung 27: Die Gesamtnachfragekurve (bezogen auf ein Gut) trifft am Markt mit der Gesamtangebotskurve zusammen – und läßt bei Konkurrenz den Gleichgewichtspreis ($p_1 = 10$) entstehen.

Und wozu der ganze Aufwand mit den Indifferenzkurven und dem Grenznutzen und den Budgetgeraden und der Minimalkostenkombination usw.? Um nun auch mathematisch nachzuweisen, was vielleicht mancher bis dahin bezweifelt haben könnte: daß die Marktwirtschaft die beste aller Welten ist, daß sie allein die »optimale Allokation der Ressourcen« gewährleisten kann. Denn Gewinnorientierung und Konkurrenz zwingen die Unternehmen, ihre Produktion am Markt auszurichten, das heißt an der Nachfrage, und damit – was zu zeigen war – an den optimal getroffenen Konsumentscheidungen, letztlich also an den Bedürfnissen der Menschen. Léon Walras, einer der Begründer der Neoklassik und Mathematiker, hat zu diesem Gedankengebäude ein ganzes System mathematischer Gleichungen entwickelt, das in die Geschichte der Wirtschaftstheorie als das »Modell des totalen Konkurrenzgleichgewichts« eingegangen ist. Also stimmt insoweit scheinbar doch, was Adam Smith seinerzeit verkündet hatte: Die Marktwirtschaft ist der Weg zu wachsendem allgemeinen Wohlstand – der direkte Weg zum materiellen Paradies auf Erden.

In dieser Aussage, in der Quintessenz ihrer Theorie, sind die Neoklassiker tatsächlich neue Klassiker, direkte Nachfahren von Adam Smith. Mit ihrer Theorie scheinen sie nun mit mathematisch exakten Methoden ein für allemal und über jeden Zweifel erhaben das ins Wanken geratene heile Weltbild der bürgerlichen Ökonomie wieder aufgerichtet und stabilisiert zu haben, auch über alle Zweifel, die aus den ökonomischen und sozialen Krisen des Kapitalismus und aus der radikalen Kapitalismuskritik von Marx entstanden waren und nicht nur das bürgerliche Weltbild, sondern auch die bürgerliche Gesellschaft und die Kapitalherrschaft zu erschüttern drohten. Jetzt war mathematisch bewiesen, daß es besser als in der Marktwirtschaft gar nicht geht, selbst wenn sie hier und da einige Probleme aufweist, wie zum Beispiel die ungleiche Verteilung von Einkommen und Vermögen. Aber jede Abweichung davon würde die Probleme nicht vermindern, sondern nur vergrößern und verschärfen. Es gibt demnach scheinbar nur eine ökonomische Vernunft, und die haben die Neoklassiker beschrieben. Es gibt nur diesen einen Gott, den Markt, und wer nicht an ihn glaubt, der muß erst noch bekehrt werden – mit den modernen Kreuzzügen der Globalisierung, die das Kreuz von Angebot und Nachfrage in die Welt tragen. Jeder Student der Wirtschaftswissenschaft wird durch diese Glaubensschule der Neoklassik hindurchgeschickt und muß seine Exerzitien machen, bevor er als Experte in Wirtschaftsfragen in die Gesellschaft entlassen wird.

Warum haben denn die Neoklassiker nicht auch den anderen Teil der klassischen Ökonomie von Smith übernommen und – meinetwegen – auch noch mathematisiert, nämlich die Arbeitswertlehre? Vermutlich deshalb, weil sie erkannt oder geahnt haben, daß dieser von Smith aufgezeigte Weg, wenn man ihn nur konsequent weitergeht, in eine gefährliche Richtung führt. Also war es wohl besser, gleich am Anfang der Weggabelung ein Verbotsschild zu errichten, oder besser noch den Zugang ganz abzuschneiden, wie das die Neoklassiker mit ihrer Theorie getan haben, indem sie die Preistheorie von der Werttheorie abtrennten.

So betrachtet ist der Begriff »Neoklassik« also irreführend: Die Lehre ist zwar auf der einen Seite »klassisch« (in bezug auf die vermeintliche Selbstregulierung der Märkte), aber auf der anderen Seite auch »antiklassisch« (in bezug auf ihre Ablehnung der Arbeitswertlehre und die Ignorierung der Wertschöpfung und -aneignung). Das Neue gegenüber der Klassik besteht darin, daß sie den Blick in die Tiefe des Wertentstehungsprozesses vollständig getrübt, das heißt die totale Erblindung gegenüber den Quellen des gesellschaftlichen Reichtums bewirkt hat: der Natur und der menschlichen Arbeitskraft – vom weiblichen Geschlecht ganz zu schweigen, das auch in der männlich dominierten und patriarchal geprägten neoklassischen Theorie nicht vorkommt.[43]

Was hat es denn nun mit der scheinbar zwingenden Logik der Neoklassik auf sich? Müssen danach wirklich alle Kritiker des Kapitalismus die Segel streichen und sich geschlagen geben? Sind alle Versuche, an dem System etwas zu ändern oder gar das ganze System zu verändern, von vornherein oder im nachhinein nur Irrwege? Bleibt wirklich nur die eine ökonomische Vernunft, so wie es auch nur ein Einmaleins gibt?

Mein Zweifeln an der Neoklassik

Ich erinnere mich noch sehr gut an meine Zeit als wissenschaftlicher Assistent am Fachbereich Wirtschaftswissenschaften der Technischen Universität Berlin Ende der 60er bis Anfang der 70er Jahre, zur Zeit der Studentenbewegung und danach. Damals hatten wir als Assistenten – sicherlich mit dem Rückenwind der Studentenbewegung – durchgesetzt, daß das gesamte wirtschaftswissenschaftliche Grundstudium einschließlich der Prüfungen in die Verantwortung von Assistententeams überging, die auch die Betreuung von Tutoren übernahmen. In den Anfängen dieses Reformmodells[44] kam es immer wieder zu intensiven Diskussionen zwischen Studenten, Tutoren und Assistenten, unter anderem auch über Sinn und Zweck, über Realitätsbezug und Ideologiegehalt bestimmter Wirtschaftstheorien. Vielen schien die Neoklassik die wirtschaftlichen und sozialen Zusammenhänge und Konflikte eher zu vernebeln als aufzuhellen. Mir selbst kam unter anderem die Annahme rationalen Verhaltens, jedenfalls in ihrer Verabsolutierung, so abwegig vor (auch angesichts dessen, was damals »Konsumterror« oder »Konsummanipulation« genannt wurde). Wir veranstalteten damals ein einwöchiges Diskussionsforum zum Thema »Mikroökonomie« und luden auch Professoren dazu ein, von denen einige daran teilnahmen.

Jeder Versuch, die Abwegigkeit bestimmter Grundannahmen aufzuzeigen, wurde von ihnen abgewehrt, und sie schafften es tatsächlich, jegliche Kritik an dem in sich so elegant geschlossenen Theoriegebäude abprallen zu lassen. Jede auch noch so irrational erscheinende Entscheidung war in ihren Augen doch wieder rational, sonst hätte sich ja der einzelne Haushalt nicht dazu entschieden. Wo Argumente überhaupt keinen Sinn mehr hatten, wurden schließlich Witze erzählt, um das Unbehagen an dieser Realitätsferne auf den Punkt zu bringen, zum Beispiel:

»Jemand geht über die Straße, wird überfallen, und man hält ihm die Pistole vor die Brust mit den Worten: ›Geld her, oder ich schieße!‹ Wie reagiert der Bedrohte?

• Entweder er rückt sein Portemonnaie raus und bleibt am Leben,
• oder er hält sein Portemonnaie fest und wird erschossen.

Für die Neoklassiker sind beide Reaktionen rational, der Bedrohte hatte nur unterschiedliche Präferenzen: Im ersten Fall war ihm sein Leben mehr wert als das Geld, im zweiten Fall war ihm das Geld (oder seine Ehre) mehr wert als sein Leben.«

Wie immer sich also jemand entscheidet, neoklassisch betrachtet kann es nachträglich immer als Ausdruck rationalen Verhaltens interpretiert werden. Im Moment der Entscheidung müssen die Präferenzen des betreffenden Menschen beziehungsweise Haushalts eben entsprechend gewesen sein. Und da das Indifferenzkurvensystem ja ohnehin nicht zu sehen oder sichtbar zu machen ist, kann man darüber nachträglich natürlich behaupten, was man will. Es zeigt sich daran, daß eine solche Theorie gegen jede nur denkbare Widerlegung oder eine möglicherweise andere Realität abgeschottet ist. Sie läßt eine Realität, die nicht in ihr Weltbild paßt, einfach nicht gelten. Ich stelle deshalb die These auf:

Die neoklassische Theorie ist zwar in sich logisch und geschlossen, sie hat aber den Kontakt zur Realität verloren.

Vielleicht sträuben sich deshalb so viele Studenten gegen die vielen Kurven und Formeln der Mikroökonomie, auch wenn sie sich dessen nicht bewußt sind: Sie wollen sich den Blick für die Realität bewahren, der doch durch diese Art von abstrakter Modellspielerei immer wieder getrübt wird.

Für mich selbst endete mein großes Engagement für ein Studium, das von Form und Inhalt Raum für kritische Diskussionen bietet, 1972 mit meinem Rausschmiß aus der TU. Damit begann die schrittweise Demontierung eines Studienreformmodells, das von den meisten Studenten damals mit großer Begeisterung aufgenommen worden war – und von dem nach einigen Jahren nichts, aber auch gar nichts mehr an kritischen Ansätzen und Diskussionsspielräumen übrigblieb.

Von der Ökonomie zur Psychoanalyse – mein Zugang zu Freud und Reich

In dieser Phase des Abarbeitens an den begrifflichen Grundlagen der Neoklassik stieß ich auf eine Schrift von Wilhelm Reich: ›Dialektischer Materialismus und Psychoanalyse‹. Diese Schrift erleichterte mir nicht nur den Zugang zu Marx, sondern öffnete mir auch den Zugang zu Freud und Reich. Hier erfuhr ich zum ersten Mal etwas für mich Einleuchtendes zu diesen Begriffen, die damals in der studentenbewegten Diskussion immer wieder auftauchten und mit denen ich mich nun endlich einmal näher auseinandersetzen wollte, um den Diskussionen überhaupt folgen zu können.

Was die grobe Skizzierung wesentlicher Erkenntnisse der Psychoanalyse (des frühen Freud) anlangte, fiel es mir bei der Lektüre dieser Schrift auf einmal wie Schuppen von den Augen: Wenn an diesen Erkenntnissen Wesentliches richtig ist, dann würde das Fundament der neoklassischen Theorie erschüttert und das darüber errichtete Theorie- und Ideologiegebäude in sich zusammenstürzen.

Ich will kurz erläutern, welche Bedeutung für mich die Entdeckung des Unbewußten und der Verdrängung – oder dessen, was Reich »Charakterpanzer« nannte – in bezug auf das Fundament der neoklassischen Theorie hatte. Das Denken, Fühlen, Verhalten und Entscheiden wird demnach nicht allein durch das Bewußtsein eines Menschen beeinflußt, sondern in hohem Grade durch sein Unbewußtes. Die Psycho-Logik ist aber eine völlig andere als die Logik des Bewußten und Rationalen. Sie funktioniert auf der Grundlage unbewußter Assoziationen und assoziativer Verknüpfungen, von Elementen, die nach rationaler Logik überhaupt nichts miteinander zu tun haben.

Eine unbewußte Assoziation zum Beispiel an ein früheres traumatisches Erlebnis kann einen Menschen in Angst und Schrecken oder in andere zwanghafte Reaktionen versetzen, ohne daß es dafür einen rationalen Grund gibt. Die dem Unbewußten entspringenden Impulse sind stark geprägt durch Verdrängungen früherer Konflikte, die oft bis in die frühe und früheste Kindheit zurückreichen, die aber dem Erwachsenen nicht mehr bewußt sind. An der Wurzel verschiedenster Konfliktverdrängungen liegt ein wesentlicher Grundkonflikt: der Konflikt zwischen lebendiger und liebevoller Entfaltung einerseits und einer dagegen gerichteten (lieblosen, lustfeindlichen und gewaltsamen) Gesellschaft.

Die Folge dieses Konflikts ist meist ein Prozeß zunehmender emotionaler und körperlicher Erstarrung, was nicht nur einen zunehmenden Verlust an Lebensenergie, die für die Aufrechterhaltung der starren Strukturen permanent gebunden wird, bedeutet, sondern auch eine Umlenkung der ursprünglich liebevollen Impulse in Haß und Gewalt. Zusätzlich bringt die Panzerung mit sich, daß die natürlichen Funktionen der davon betroffenen Körperbereiche und Organe mehr oder weniger massiv gestört werden: In den gestauten Bereichen kommt es zu Überfunktionen, in den blockierten Bereichen zu Unterfunktionen. Sie können zunächst als funktionelle Störungen ohne erkennbaren organischen Befund auftreten, aber auch in organische Veränderungen und Krankheiten einmünden – alles als Ausdruck fundamentaler Störungen der lebendigen und lebensenergetischen Grundfunktionen, als Ausdruck »bioenergetischer Erkrankungen«, für die die Schulmedizin keinen Begriff hat. Reich hat hierfür den Begriff »Biopathie« geprägt.

Er kam zu der Einschätzung, daß Biopathien der verschiedensten Ausprägung und Schwere in den patriarchalen Gesellschaften (auch in der vermeintlichen Wohlstandsgesellschaft westlicher Prägungen) massenweise verbreitet sind, wie eine emotionale Epidemie. Und ich kann hinzufügen: Die Ausprägungen der vorherrschenden Biopathien haben sich zwar in den letzten Jahrzehnten gegenüber der Zeit von Reich verändert, ebenso wie die vorherrschenden Muster der Erziehung, durch die das

Lebendige in seiner Entfaltung mehr oder weniger frustriert, gestört und zersplittert wird; aber die emotionalen Blockierungen als solche sind ein Massenphänomen, eine Massenerkrankung geblieben, von der auch der größte Teil der scheinbar »ganz normalen Menschen« betroffen ist, quer durch alle sozialen Schichten.

Chronisch gepanzerte Menschen sind mehr oder weniger Gefangene ihres eigenen Panzers. Das, was ursprünglich als Schutz entwickelt wurde, hat sich zu ihrem eigenen emotionalen Gefängnis verselbständigt. Diese Menschen sind die ideale Zielgruppe für eine Fülle von Absatzmärkten, Marktoffensiven, von Konsumgütern, die schon längst nicht mehr dem notwendigen Lebensunterhalt dienen, sondern zur Droge für den Konsumrausch geworden sind.

Der fundamentale Unterschied zwischen primären und sekundären Bedürfnissen

Es stellt sich die grundlegende Frage, ob man angesichts der Verbreitung von Neurosen, Psychosen, psychosomatischen Krankheiten und Gewalt in unserer »Wohlstandsgesellschaft« davon ausgehen kann, daß alle Menschen sich jederzeit rational verhalten. Und ob mit wachsendem Sozialprodukt auch der Wohlstand wächst, was ja doch auch etwas mit dem »Wohlbefinden« von Menschen zu tun haben sollte. Oder kann es nicht gerade umgekehrt so sein, daß die Unterdrückung lebendiger Entfaltung in lust- und liebesfeindlichen Gesellschaften die Menschen dazu bringt, erst »sekundär« (als Folge der Unterdrückung) eine Fülle von zwanghaften, neurotischen Bedürfnissen zu entwickeln, die zum Teil auch in den Konsum einmünden beziehungsweise durch Werbung aufgepeitscht und in diese Richtung kanalisiert werden?

Die Unterscheidung von »primären (ursprünglichen) Bedürfnissen« und »sekundären Bedürfnissen«, wie sie von Wilhelm Reich formuliert wurde, halte ich für so fundamental, daß keine ökonomische Theorie an ihr vorbeigehen dürfte. Die emotionalen Strukturen der Menschen kommen im übrigen nicht nur im Konsumbereich, sondern auch im Produktionsbereich, im Arbeitsprozeß zum Tragen. Denn je mehr der einzelne Mensch schon in seiner frühen Entwicklung an Fremdbestimmung – statt an Selbstregulierung – gewöhnt wird, um so eher wird er später als Erwachsener in einem fremdbestimmten, weitgehend zersplitterten Arbeitsprozeß funktionieren wie ein Rädchen in einer großen Maschinerie (bis er vielleicht einmal frühzeitig zusammenbricht, bevor er überhaupt ein erfülltes Leben gelebt hat).[45]

Je autoritärer und autoritätsängstlicher zum Beispiel die Charakterstrukturen von Menschen sind, um so leichter werden sie sich in autoritären Strukturen der Wirtschaft oder anderer Bereiche der Gesellschaft einfügen. Und je mehr sich die Energien der emotional unterdrückten Menschen aufstauen, um so mehr suchen sie sich Entladungen, zum Beispiel auch in aggressiver Konkurrenz innerhalb der Wirtschaft, und werden damit zu einem – wenn auch höchst fragwürdigen – emotionalen Antrieb dieses Wirtschaftssystems.

Wirtschaft gesund – Mensch krank

Insofern trägt die massenweise emotionale Deformierung der Menschen, die mit unsäglichem individuellen Leid und zwischenmenschlicher Entfremdung einhergeht und gesellschaftlich ein großes Gewaltpotential hervortreibt, auch noch dazu bei, die Produktivität der Wirtschaft zu steigern. Erich Fromm, einer der großen durch Psychoanalyse und Marxismus geprägten Sozialpsychologen, hat diese Erkenntnis einmal sinngemäß auf den Punkt gebracht: »Damit diese Wirtschaft gesund ist, braucht es emotional kranke Menschen.«

Das kapitalistische System scheint davon nicht nur zu profitieren, sondern diese »Krankheit« auch immer wieder selbst hervorzutreiben und zu verstärken. Die emotionale Entwurzelung des Menschen (zum Beispiel durch die weitgehende Zerstörung des Körperkontakts zwischen Mutter und Baby) hat sich historisch parallel mit der ökonomischen Entwurzelung der Menschen von ihren Produktions- und Lebensgrundlagen entwickelt.

Vor diesem Hintergrund erscheint die neoklassische Theorie der »optimalen Allokation der Ressourcen« auf der Grundlage angeblich rationalen Konsumverhaltens aller Haushalte geradezu als absurd. Worum es sich in unserem Wirtschaftssystem vielmehr in erster Linie zu handeln scheint, ist die »optimale Allokation des Kapitals« im Sinne höchstmöglicher Rendite, die keinesfalls mit der optimalen Entfaltung menschlichen Potentials gleichzusetzen ist. Im Gegenteil: Beide Ziele können fundamental miteinander in Konflikt geraten. Und dieser wesentliche Konflikt wird von der bürgerlichen Ökonomie nicht einmal im Ansatz thematisiert, sondern bereits in den Grundbegriffen insbesondere der neoklassischen Theorie verdrängt. In diesen Grundbegriffen kommt der Mensch überhaupt nicht vor, und schon gar nicht mit seinen existentiellen primären Bedürfnissen, deren Unterdrückung ihn krank und destruktiv werden läßt – und deren Entfaltung ihn in höchstem Maße innerlich erfüllt.

Die emotionale Blindheit der Neoklassik

Die neoklassisch geprägte Ökonomie hat einen verheerenden blinden Fleck in bezug auf das lebendige Entfaltungspotential, die innere Natur des Menschen und in bezug auf die gesellschaftlichen Einflüsse, die diese innere Natur an ihrer Entfaltung hindern oder stören. Sie ist blind für das Unbewußte im Menschen, das wesentliche prägende Einflüsse auf sein Denken, Fühlen, Entscheiden und Handeln hat. Sie verdrängt damit auch den fundamentalen Konflikt zwischen Kapitalverwertungs- beziehungsweise Renditeinteressen und menschlichen Entfaltungsbedürfnissen. In einer gigantischen unbewußten Bilanzfälschung unterschlägt sie damit den hohen Preis emotionalen Leids und individueller wie kollektiver Gewalt, die aus der (schon in der frühen Kindheit beginnenden) Ausrichtung der Menschen an den vermeintlichen wirtschaftlichen Sachzwängen entstehen. Was den Ökonomen als Wohlstand erscheint, und was sie der Gesellschaft als Wohlstand verkünden, kann emotionales Massenelend zur Grundlage und zur Folge haben.

So wie die bürgerliche Ökonomie blind ist und blind macht für die materielle Entwurzelung der Menschen von ihren natürlichen Lebensgrundlagen, so ist und macht sie auch blind für die emotionale Entwurzelung der Menschen und den historischen Prozeß ihrer Entstehung, individuell wie gesellschaftlich.[46] Indem die Neoklassik als Voraussetzung ihrer Theorie von einem allzeit rational handelnden »Homo oeconomicus« ausgeht, baut sie ihr Theoriegebäude auf einem realitätsfernen Menschenbild auf und verdrängt all diejenigen Aspekte der Realität, die nicht in ihr formal so elegantes und geschlossenes Weltbild hineinpassen. Und dies alles noch 100 Jahre nach der Entdeckung des Unbewußten durch Sigmund Freud! Und 70 Jahre nach Wilhelm Reichs Entdeckung des Charakterpanzers!

Was bedeutet dies alles für das neoklassische Theoriegebäude? Wenn eine der drei Säulen des Gebäudes, nämlich die Haushaltstheorie (mit ihrer Annahme vollständigen Bewußtseins und rationaler Entscheidungen der Konsumenten) nicht mehr tragfähig ist, dann stürzt das ganze darüber errichtete Gebäude in sich zusammen (Abbildung 28) – mögen die zwei anderen Säulen auch noch so tragfähig sein.

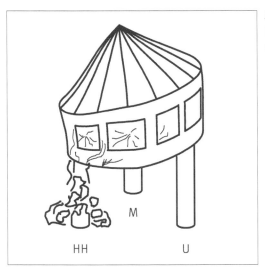

Abbildung 28:
Der Einsturz des neoklassischen Theoriegebäudes

Die neoklassische Blindheit gegenüber immanenten Krisen

Aber auch die anderen beiden Säulen sind trotz glanzvoller, mathematisch exakter Fassaden in sich brüchig.[47] Zum Beispiel erzeugt die Markttheorie mit ihren Gleichgewichtsmodellen das Bild einer im wesentlichen störungsfrei sich selbst regulierenden Marktwirtschaft, sofern nur die Marktmechanismen sich selbst überlassen bleiben und keinen äußeren Reglementierungen und Eingriffen ausgesetzt werden. Für größere Krisen ist in diesem Weltbild kein Platz und keine Erklärung, außer daß sie von außen verursacht werden könnten. Und selbst dann scheint das Marktsystem immer wieder in der Lage zu sein, die Krisen abzufedern und zu einem neuen Gleichgewicht bei Vollbeschäftigung zurückzufinden.

Der Alptraum des Bürgertums von den sich verschärfenden Krisen des Kapitalismus und von einer drohenden sozialistischen Revolution schien damit endgültig verjagt zu sein. Die Botschaft der Neoklassik verkündete insofern nicht nur die Tendenz zum ökonomischen Gleichgewicht auf allen Märkten zum Besten aller, sondern schien auf ideologischer Ebene gleichzeitig das seelische Gleichgewicht eines um die Wende zum 20. Jahrhundert zutiefst verunsicherten Bürgertums wiederherzustellen, mit der scheinbar zwingenden Logik mathematischer Modelle. Derweil steuerte der Kapitalismus auf seine tiefste Krise zu, die die Welt erschütterte und den Boden für den Faschismus und für den Zweiten Weltkrieg bereitete: die Weltwirtschaftskrise Anfang der 30er Jahre des 20. Jahrhunderts. Und die Ökonomen neoklassischer Prägung – und alle, die an ihre Lehre glaubten – verstanden die Welt nicht mehr, geschweige denn, daß sie zur Abwendung der Krise oder zu ihrer Überwindung irgend etwas hätten beitragen können.

SILVIO GESELL:

Freiwirtschaftslehre und natürliche Wirtschaftsordnung – weder Kapitalismus noch Sozialismus

Kaum war die neue heile Welt der Neoklassik entworfen, da meldete sich zu Beginn des 20. Jahrhunderts ein anderer Ketzer zu Wort, diesmal aber kein Marxist, sondern ein scharfer Kritiker von Marx' Theorie und sozialistischer Utopie, aber eben auch ein radikaler Kritiker des Kapitalismus: Silvio Gesell. »Weder Kapitalismus noch Sozialismus« lautete die Konsequenz seiner neuen Theorie, die er »Freiwirtschaftslehre« nannte und die die Grundlagen für eine »natürliche Wirtschaftsordnung« legen sollte: eine von Zins und Bodeneigentum befreite Marktwirtschaft. Solange diese Grundlagen nicht geschaffen seien, könnte das Ideal des Liberalismus, die wirtschaftlich freie Entfaltung möglichst vieler, grundsätzlich nicht verwirklicht werden, weil ihm zwei Monopole fundamental entgegenstehen: das Geldmonopol in der Hand der Geldkapitaleigentümer und das Bodenmonopol in der Hand der Bodeneigentümer. Wie war Gesell zu diesen Thesen gekommen, und wie hat er sie begründet?

Der Deutsch-Argentinier Silvio Gesell war ursprünglich Kaufmann und hatte in seiner praktischen Tätigkeit in der Wirtschaft die Beobachtung gemacht, daß die Entwicklungen von Produktion und Handel sehr stark von Veränderungen des Zinssatzes beeinflußt wurden. In Zeiten sehr hoher Zinsen kamen Absatz und Produktion vieler Unternehmen ins Stocken, selbst wenn sie genauso gut produzierten und ihre Waren vermarkteten wie vorher. An einem schlechteren Wirtschaften der Unternehmen selbst konnte es also nicht liegen (natürlich gab es das in Einzelfällen auch). Aber auch in Phasen sehr niedriger Zinsen schien der Fluß der Waren im gesamtwirtschaftlichen Kreislauf gestört zu werden, und es gab Absatzkrisen, Firmenzusammenbrüche und Arbeitslosigkeit. Folgte der Zins in seinen Veränderungen nur den Schwankungen im Wirtschaftsablauf, oder war er selbst eine wesentliche Ursache der

Schwankungen? Damit war das Interesse von Gesell an der Funktion des Zinses und seiner Problematik geweckt und ließ ihn seither nicht mehr los.

Es wird berichtet, daß er um 1890 eine Art Inspiration oder Vision gehabt haben soll, die ihm in kürzester Zeit von etwa einer halben Stunde glasklar die fundamentale Problematik des Zinssystems vor Augen geführt habe und gleichzeitig mögliche Wege zu ihrer Überwindung.[48] Er muß von dieser Eingebung zutiefst bewegt und erschüttert gewesen sein, und sie wurde für ihn zur Herausforderung, sich immer intensiver mit dieser Thematik zu beschäftigen, seine tiefen Einsichten in die Sprache seiner Zeit zu übersetzen und sich in die wirtschaftswissenschaftlichen und gesellschaftspolitischen Auseinandersetzungen einzumischen. Daraus wurden schließlich drei Jahrzehnte unermüdlichen Engagements und eine Fülle von Schriften, Reden und Vorträgen, deren überlieferte Teile 18 Bände seiner ›Gesammelten Werke‹[49] füllen. Als sein Hauptwerk gilt das erstmals 1916 veröffentlichte Buch ›Die Natürliche Wirtschaftsordnung‹[50], mitten im Ersten Weltkrieg und ein Jahr vor der Oktoberrevolution in Rußland.

Rückblickend kann man sagen, daß Gesell mit seiner fundamentalen Zinskritik ein Tabu angerührt hat, das bis dahin über Jahrhunderte hinweg nicht nur von den verschiedenen Richtungen der Wirtschaftswissenschaften gehütet worden war, sondern auch in zunehmendem Maße von den christlichen Kirchen (die dem Zins in ihrer Tradition ursprünglich äußerst kritisch gegenübergestanden haben). Unter dem Einfluß von Wissenschaft und Kirchen, aber vor allem der wirtschaftlichen, politischen und gesellschaftlichen Macht des Geldkapitals hatte im Prinzip die gesamte Gesellschaft einschließlich der sozialistischen Bewegung die grundlegende Problematik des Zinssystems weitgehend verdrängt. In der sozialistischen Bewegung hatte lediglich einer daran gerührt, nämlich der Franzose Pierre Proudhon, der dafür allerdings von Marx auf polemische Weise abgestraft worden war und auch diesbezüglich keine größeren Spuren hinterließ.

Gesells Kritik an Marx

Wenden wir uns nun der inhaltlichen Argumentation zu, mit der Gesell seine radikale Zinskritik begründete, mit der er sich sowohl gegenüber der bürgerlichen Ökonomie wie auch gegenüber Marx abgrenzte. (Auf Gesells ebenso radikale und ebenso bedeutende Kritik am Bodeneigentum und an der Bodenspekulation kommen wir in diesem Buch nicht zu sprechen.) Beiden Richtungen wirft er vor, daß sie die Bedeutung des Geldes und seiner Verknüpfung mit dem Zins nicht erkannt hätten. Während Marx das Geld als »Äquivalent«, als gleichwertig zu den Waren mit gleichem Arbeitsaufwand betrachtete, hätten die Klassiker und Neoklassiker dem Geld nur eine den Tausch vermittelnde Funktion zugewiesen, die an den realen Austauschbeziehungen und an der Verteilung des Sozialprodukts nichts Grundsätzliches ändere, das heißt sich ihnen gegenüber »neutral« verhalte.

Sie sprachen in diesem Zusammenhang von einem »Geldschleier«, der sich über die Sphäre der realen Produktion und des Austauschs lege, ohne diese Funktionen selbst zu verändern – außer daß sich mit Geld der Tausch reibungsloser vollziehe. (Mit dem Ausdruck »Geldschleier« war aber nicht gemeint, daß das Geldsystem die realen Produktions- und Austauschverhältnisse verschleiert.) Beide Richtungen haben somit, wenn auch unterschiedlich begründet, den möglichen vom Geldsystem verursachten Störungen und Fehlentwicklungen keine größere Bedeutung beigemessen. Während im neoklassischen Weltbild für größere Krisen des marktwirtschaftlichen Systems ja ohnehin kein Platz war, sah Marx die tieferen Ursachen für Krisen des Kapitalismus in den Produktions- und Eigentumsverhältnissen und der dadurch bedingten Dynamik der Kapitalakkumulation.

Aus dieser – in Gesells Augen – falschen Analyse des Kapitalismus habe Marx auch die grundlegend falschen Schlüsse in bezug auf die zu erkämpfenden Ziele der sozialistischen Bewegung gezogen: Verstaatlichung beziehungsweise Vergesellschaftung der Produktionsmittel und Ersetzung der Marktwirtschaft durch Planwirtschaft – eine Perspektive, vor der Silvio Gesell immer wieder mit eindringlichen Worten warnte, noch bevor es 1917 in Rußland zur sozialistischen Revolution kam! Sein Hauptwerk ›Die Natürliche Wirtschaftsordnung‹ (1916) beginnt gleich in den ersten Sätzen mit einer Würdigung von Proudhon und einer radikalen Kritik an Marx:

»Die Beseitigung des arbeitslosen Einkommens, des sogenannten Mehrwerts, auch Zins und Rente genannt, ist das unmittelbare wirtschaftliche Ziel aller sozialistischen Bestrebungen. Zur Erreichung dieses Ziels wird allgemein der Kommunismus, die Verstaatlichung der Güterproduktion mit allen ihren Folgen, verlangt, und mir ist nur ein einziger Sozialist bekannt, P. J. Proudhon, dessen Untersuchungen über das Wesen des Kapitals ihm auch eine andere Lösung der Aufgabe erscheinen ließen.«[51]

»Warum es der Marxschen Lehre vom Kapital gelang, die Proudhonsche Lehre zu verdrängen und die sozialistische Bewegung zur Alleinherrschaft zu bringen? Warum spricht man in allen Zeitungen der Welt von Marx und seiner Lehre? Einer meinte, das läge an der Hoffnungslosigkeit und entsprechenden Harmlosigkeit der Marxschen Lehre. Kein Kapitalist fürchte diese Lehre, wie auch kein Kapitalist die christliche Lehre fürchtet. Es wäre geradezu vorteilhaft für das Kapital, möglichst viel und breit von Marx und Christus zu reden. Marx würde ja dem Kapital niemals etwas anhaben können, weil er die Natur des Kapitals falsch beurteilt. Bei Proudhon dagegen, da heißt es aufpassen. Besser ist es, ihn tot zu schweigen.« [...] »Mir scheint, daß der Mann, der so redete, recht hat ... Marx' Untersuchung des Kapitalismus schlägt von Anfang an den verkehrten Weg ein.«[52]

Die Kritik an der Goldwährung

Zu Zeiten von Marx und auch noch um die Jahrhundertwende existierte das Geld noch im Rahmen der Goldwährung, wenn auch nicht mehr in erster Linie als umlaufende Goldmünzen, sondern als Banknoten, die ursprünglich voll und später nur noch teilweise »durch Gold gedeckt« waren. Der Glaube an den Mythos des Goldes und an die weitgehend störungsfreie Selbstregulierung der Goldwährung über den sogenannten »Goldautomatismus« waren weit verbreitet, und auch Marx hatte daran nicht wesentlich gerüttelt. Mit diesem blinden Fleck bei Marx setzte sich Gesell unter anderem kritisch auseinander.

Im Rahmen der Arbeitswertlehre betrachtete Marx – wie wir ja schon kennengelernt haben – auch das Gold als eine unter vielen Waren, hervorgegangen aus menschlicher Arbeitskraft und insofern ausgestattet mit einem bestimmten Wert – äquivalent zu anderen Waren, die den gleichen Arbeitsaufwand verkörperten. Gold aber ist nicht beliebig durch Arbeitsaufwand reproduzierbar, sondern äußerst knapp, und manche Länder verfügen über keinerlei Goldvorkommen. Die Menge des umlaufenden Goldes in einer Wirtschaft wird von so vielen anderen Faktoren beeinflußt und kann großen Schwankungen unterliegen, die mit dem Arbeitsaufwand, der zur Goldförderung notwendig ist, wenig zu tun haben (Abbildung 29a).

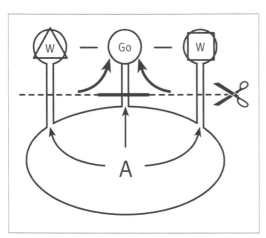

Abbildung 29a:
Mit der (berechtigten) Kritik am Marxschen Goldmythos hat Gesell gleich die ganze Arbeitswertlehre abgetrennt.

In seiner insoweit berechtigten Kritik an Marx schüttet Gesell nach meinem Eindruck allerdings das Kind mit dem Bade aus, das heißt die ganze Arbeitswertlehre zusammen mit dem Marxschen Goldmythos.

Sozialprodukt als Deckungsgrundlage

Gesell sah die Funktion des Goldes (oder des durch Gold »gedeckten« Papiergeldes) als Tauschmittel nicht darin begründet, daß dem Gold irgendein Wert innewohnt, sondern allein darin, daß es Anspruch auf einen gewissen Teil des Sozialprodukts verkörpert. Dem Gold auf der einen Seite stehe also das in einer arbeitsteiligen Wirtschaft erstellte Sozialprodukt gegenüber, und je nach Verhältnis der umlaufenden Menge im Verhältnis zum angebotenen Sozialprodukt ergebe sich ein bestimmtes Preisniveau. Mit einer Goldeinheit ließe sich demnach ein bestimmtes Stück Sozialprodukt (SP) kaufen (dargestellt durch die Pfeile in Abbildung 29b).

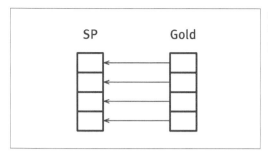

Abbildung 29b:
Gold als Anspruch auf Sozialprodukt

Das gleiche wäre aber auch beim Papiergeld der Fall, selbst dann, wenn es nicht an Gold gebunden wäre. Die eigentliche Deckung des Geldes könne immer nur in dem produzierten und angebotenen Sozialprodukt bestehen, alles andere sei lediglich eine Illusion:

»Nicht durch den Geldstoff ist das Geld gedeckt, ist das Bedürfnis nach ihm, die kaufmännische Nachfrage gesichert, sondern durch sein Wirken als Tauschmittel. In letzter Linie sind es die unerschöpflichen, diebessicheren Schätze, die die Arbeitsteilung den Menschen bietet, die das Geld decken.

Neben der Arbeitsteilung gibt es keine andere Deckung für das Geld. Die Arbeitsteilung erzeugt einen ununterbrochenen fließenden Strom von Waren, die ihrerseits eine ununterbrochene Nachfrage nach Tauschmitteln, nach Geld halten, einerlei, aus welchem Stoff das Geld hergestellt wird. Ob das Geld aus Gold – Silber – Papier gemacht ist, bleibt ohne Einfluß auf das Angebot von Waren, also auf die Deckung des Geldes, da ja, ganz unabhängig von der Beschaffenheit des Geldes, die Erzeugnisse der Arbeitsteilung gegen Geld angeboten werden müssen.«[53]

Die bis dahin in der Goldwährung selbstverständlich bestehende Verknüpfung von Geld und Gold (und sei es auch nur die »Deckung« des Papiergeldes durch einen »Goldkern«) stellte Gesell mit dieser Auffassung radikal in Frage und betrachtete sie als einen Mythos. Nicht nur das: In der festen Bindung des Geldes an das Gold, der Geldmenge an die Goldmenge, sah er darüber hinaus eine denkbar ungeeignete Grundlage für ein funktionierendes Geldsystem. Denn wenn das Fundament der Goldwährung selbst allen möglichen äußeren Schwankungen unterliegt (die mit der Erstellung des Sozialprodukts nicht unbedingt im Zusammenhang stehen), wenn es etwa im Wirtschaftskreislauf einer Volkswirtschaft zu größeren Goldabflüssen oder -zuflüssen kommt, dann käme das ganze darauf errichtete Gebäude des Geldsystems ins Wanken.

Im Falle von Goldabfluß könnte – aufgrund des entsprechenden Nachfrageausfalls – das Sozialprodukt nur noch zu sinkenden Preisen abgesetzt werden (Deflation), mit der Folge von Firmenzusammenbrüchen und Arbeitslosigkeit (Abbildung 29c). Im Fall von Goldzuflüssen käme es zu einer Aufblähung der Preise, das heißt zu einer Inflation (Abbildung 29d). In beiden Fällen würde das Geld seine Aufgabe als Währung, als Bewahrer der Kaufkraft und als funktionierendes Tauschmittel nicht erfüllen.

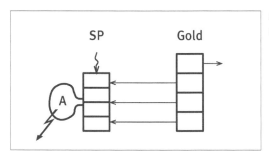

Abbildung 29c:
Goldabfluß und Deflation

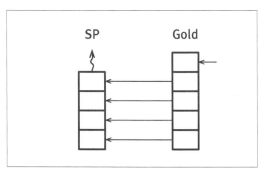

Abbildung 29d:
Goldzufluß und Inflation

Die Forderung nach einer Indexwährung

Anstatt also das Geld an eine schwankende Größe wie das Gold zu binden, sollte es (wie in Abbildung 29e angedeutet) vom Gold gelöst und in einer sinnvollen Weise den Veränderungen des Sozialprodukts angepaßt werden. Die entscheidende Orientierungsgröße für die Geldmengensteuerung sollte dabei das Preisniveau werden, und zwar dergestalt, daß der Preisindex weder steigt (Inflation) noch sinkt (Deflation), sondern konstant bleibt (Preisstabilität). Gesell sprach in diesem Zusammenhang von einer »Indexwährung«, eine Vorstellung, die den meisten Ökonomen zur damaligen Zeit als geradezu abenteuerlich und absurd erschien, weil sie alle vom Mythos der Goldwährung gefangen waren. Dabei ließ sich nicht nur theoretisch, sondern auch empirisch zeigen, daß es im Rahmen der Goldwährung immer wieder zu verheerenden Wirtschaftskrisen gekommen war.[54]

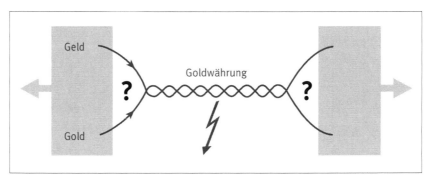

Abbildung 29e: Gesells Frage nach der Entstehung und Überwindung der Goldwährung

Entsprechend hatte Gesell schon zu Beginn des 20. Jahrhunderts dringend die Abkehr von der Goldwährung und die Schaffung einer Indexwährung gefordert, blieb aber zu seiner Zeit weitgehend unbeachtet. Selbst als 1923 nach der dramatischen Inflation in Deutschland ohnehin eine Währungsreform notwendig war, standen seine Vorschläge offiziell nie zur Diskussion. Erstaunlich genug ist allerdings, daß mit einem Male – aus der Not geboren – 1923 eine Währung geschaffen wurde, die die meisten noch Jahre vorher für unmöglich gehalten hatten: eine vom Gold gelöste Papierwährung ohne Inflation – die sogenannte »Rentenmark«, die scheinbar durch Grund und Boden »gedeckt« war.

Als Deutschland 1924 dennoch (durch den Druck der USA) zur Goldkernwährung zurückkehrte, warnte Gesell eindringlich vor den damit einhergehenden Gefahren und sollte damit recht behalten. Denn schon 1929 kam es im Gefolge des Börsenkrachs in New York und der Bankzusammenbrüche in den USA zur Kündigung amerikanischer Kredite an Deutschland und zu entsprechenden massiven Goldabflüssen in die USA, das heißt zu einem Abschmelzen des Goldkerns in Deutschland. (Ich spreche in diesem Zusammenhang von einer »Kernschmelze« oder von einem »Super-GAU« des so sicher geglaubten Goldwährungssystems.) Die strenge Einhaltung der Spielregeln des internationalen Goldwährungssystems führte zu einer Reduzierung der Geldmenge um etwa das Dreifache der Goldabflüsse und riß auf diese Weise eine riesige Lücke in den gesamtwirtschaftlichen Kreislauf, der die deutsche

Wirtschaft in eine verheerende Deflation und Massenarbeitslosigkeit stürzte.

Es ist nicht auszudenken, wieviel Leid von Millionen von Menschen im Gefolge von Inflation, Deflation und Massenarbeitslosigkeit, Faschismus und Zweitem Weltkrieg hätten vermieden werden können, wenn man die währungspolitischen Reformvorschläge von Gesell rechtzeitig ernst genommen und umgesetzt hätte. So aber mußte die Welt durch Phasen tiefster Erschütterung mit einer unglaublichen Zahl von Opfern hindurchgehen, um mindestens aus dem einen Konstruktionsfehler des damaligen Geldsystems zu lernen: Nach dem Zweiten Weltkrieg wurden so gut wie alle nationalen Währungen vom Gold gelöst, und es entstanden Papierwährungen, die – scheinbar – durch ganz andere »Deckungsgrundlagen« gedeckt sind.

Gesell aber wurde für seine damaligen tiefen Einsichten bezüglich der Goldwährung und für seine richtungsweisende Vision einer durch das Sozialprodukt gedeckten Papierwährung offiziell nie gewürdigt. Statt dessen hat man ihn weitgehend totgeschwiegen, und in den wirtschaftswissenschaftlichen Studiengängen und in der Fachliteratur wird sein Name fast nie erwähnt, geschweige denn, daß er einer breiten Öffentlichkeit bekannt geworden wäre. Erst in den letzten Jahren beginnt allmählich eine Rückbesinnung auf ihn und sein Werk, auf die von ihm begründete »Freiwirtschaftslehre« und die »freiwirtschaftliche Bewegung«[55], bezeichnenderweise aber weitgehend außerhalb der etablierten Wirtschaftswissenschaft und überwiegend getragen von Nicht-Fachökonomen. Offenbar riskiert man bis heute noch seinen guten Ruf als Wirtschaftswissenschaftler, wenn man sich ernsthaft mit den Gedanken von Gesell beschäftigt – und dies auch noch öffentlich äußert.[56]

Die Problematik des Zinssystems

Während die eine von Gesell kritisierte und scheinbar untrennbare Verflechtung von Geld und Gold – nach verheerenden Wirtschaftskrisen und sozialen Katastrophen – inzwischen längst aufgelöst wurde, besteht die andere von ihm kritisierte Verflechtung weiter fort: die scheinbar untrennbare Verflechtung von Geld und Zins (Abbildung 30).

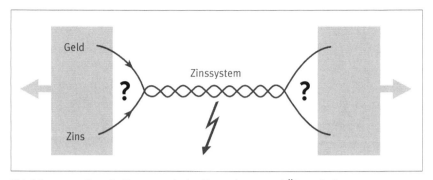

Abbildung 30: Gesells Frage nach der Entstehung und Überwindung des Zinssystems

Diese Verflechtung war das andere große Thema von Gesell, neben der Kritik an der Goldwährung und am privaten Bodeneigentum. Sie erscheint den meisten Menschen auch heute noch, zu Beginn des 21. Jahrhunderts, als so selbstverständlich, daß sich kaum jemand ein Geld losgelöst vom Zins vorstellen kann, und dennoch: Gesell hat schon zu Beginn des 20. Jahrhunderts die These vertreten, daß diese Verflechtung immer wieder Krisen hervortreibt. Es liest sich fast wie ein prophetische Weissagung, was Gesell 1918 – kurz nach Ende des Ersten Weltkriegs – in diesem Zusammenhang formuliert hat:

»Trotz des heiligen Versprechens der Völker, den Krieg für alle Zeiten zu ächten, trotz des Rufes der Millionen ›Nie wieder Krieg‹, entgegen all den Hoffnungen auf eine schönere Zukunft muß ich es sagen: Wenn das heutige Geldsystem, die Zinswirtschaft beibehalten wird, so wage ich es, heute schon zu behaupten, daß es keine 25 Jahre dauern wird, bis wir vor einem neuen, noch furchtbareren Krieg stehen. Ich sehe die kommende Entwicklung klar vor mir. Der heutige Stand der Technik läßt die Wirtschaft bald zu einer Höchstleistung steigern. Die Kapitalbildung wird trotz der großen Kriegsverluste rasch erfolgen und durch ein Überangebot den Zins drücken. Das Geld wird dann gehamstert werden. Der Wirtschaftsraum wird einschrumpfen und große Heere von Arbeitslosen werden auf der Straße stehen. An vielen Grenzpfählen wird man dann eine Tafel mit der Aufschrift lesen können: ›Arbeitsuchende haben keinen Zutritt ins Land, nur die Faulenzer mit vollgestopftem Geldbeutel sind willkommen‹. Wie zu alten Zeiten wird man dann nach dem Länderraub trachten und wird dazu wieder Kanonen fabrizieren müssen; man hat dann wenigstens für die Arbeitslosen wieder Arbeit. In den unzufriedenen Massen werden wilde, revolutionäre Strömungen wach werden, und auch die Giftpflanze Übernationalismus wird wieder wuchern.

Kein Land wird das andere mehr verstehen, und das Ende kann nur wieder Krieg sein.«[57]

Vielleicht war Gesell mit dieser Zinskritik seiner Zeit noch weiter voraus als mit seiner Kritik der Goldwährung, und die Ablösung des Geldes vom Zins steht historisch erst noch bevor. Man kann nur hoffen, daß die Menschheit nicht erst noch weitere durch das Zinssystem verursachte Katastrophen erleiden muß, sondern schon vorher klüger wird und die entsprechenden notwendigen Veränderungen einleitet.

Die Überlegenheit des Goldes (Geldes) gegenüber anderen Waren

Wie kam Gesell zu derart weitreichenden Thesen in bezug auf das Zinssystem, und was waren seine inhaltlichen Begründungen? In seiner Kritik an Marx stellte Gesell unter anderem die Behauptung auf, das Gold sei kein Äquivalent – und ebensowenig das Geld. Gold sei vielmehr den übrigen Waren überlegen, und damit seien auch die Besitzer von Gold den übrigen Warenbesitzern überlegen. Dieser Umstand hinge damit zusammen, daß die Besitzer von Gold – sofern sie nach Bezahlung ihrer Konsumausgaben davon noch etwas übrig haben – dasselbe ohne Schaden zurückhalten und dem Wirtschaftskreislauf entziehen und horten können, weil es praktisch unverderblich ist; während die Besitzer der anderen Waren unter dem ständigen Druck stehen, diese am Markt anzubieten, weil die Waren sonst mehr oder weniger schnell verderben oder Lagerkosten verursachen würden:[58]

»Man kann also sagen, ohne auf Widerspruch zu stoßen, daß das Angebot durchweg einem mächtigen, täglich wachsenden, alle Hindernisse überwindenden, im Stoff liegenden Zwang unterliegt, einem Zwang, der den angebotenen Dingen von Natur aus anhaftet. Das Angebot kann nicht hinausgeschoben werden. Unabhängig vom Willen der Warenbesitzer muß das Angebot täglich auf dem Markt erscheinen...« (›Natürliche Wirtschaftsordnung‹, S. 188).

»Die Nachfrage ist dagegen (...) von solchem Zwang befreit. Aus Gold hergestellt, (...) widersteht es [das Geld] siegreich allen Zerstörungskräften der Natur. – Das Gold rostet nicht und fault nicht, es bricht nicht und stirbt nicht. Frost, Hitze, Sonne, Regen, Feuer – nichts kann ihm schaden. Das Geld, das wir aus Gold machen, schützt seinen Besitzer vor jedem Stoffverlust.« (S. 188) »Der Besitzer des Goldes wird nicht von seinem Eigentum zum Verkauf gedrängt. Er kann warten; freilich verliert er den Zins, solange er wartet. Aber kommt der Zins nicht vielleicht daher, daß der Besitzer des Goldes warten kann?« (S. 189)

Was Gesell hier noch als Frage formuliert, wird für ihn immer mehr zur Gewißheit: Der Zins hat seine tiefere Wurzel in der Überlegenheit der Gold-(Geld-)Besitzer gegenüber den Besitzern anderer Waren. Aus dieser Überlegenheit heraus können die Gold-(Geld-)Besitzer von den anderen, die auf das Fließen des Goldes (Geldes) im Wirtschaftskreislauf angewiesen sind, einen Zins erpressen. Ist der Zins in ihren Augen nicht attraktiv genug, dann halten sie das Gold (Geld) einfach noch eine Weile länger zurück und warten, bis den anderen die Luft ausgeht und sie bereit sind, einen hinreichend attraktiven Zins zu zahlen. Und wenn die anderen dazu nicht bereit oder in der Lage sind, dann bleibt das Gold (Geld) eben dem Wirtschaftskreislauf entzogen.

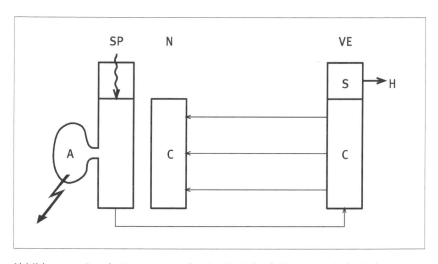

Abbildung 31: Durch Horten entsteht eine Kreislaufstörung – mit der Folge von Wirtschaftskrisen und Arbeitslosigkeit (N = Nachfrage, S = Sparen, C = Konsum, SP = Sozialprodukt, VE = Volkseinkommen, A = Arbeitslosigkeit, H = Horten).

Abbildung 31 stellt einen gesamtwirtschaftlichen Kreislauf dar, bei dem vom entstandenen Volkseinkommen zunächst nur die Konsumausgaben nachfragewirksam werden und der gesparte Teil (S) dem Wirtschaftskreislauf durch Horten von Gold (Geld) entzogen wird. Dadurch entsteht eine Lücke in der gesamtwirtschaftlichen Nachfrage. Die Anbieter von Waren geraten unter Druck und müssen ihre Preise senken, um ihre Ware möglichst schnell loszuwerden, ihre Erlöse und Gewinne schrumpfen, sie müssen die Kosten (einschließlich der Lohnkosten) senken und Arbeiter entlassen, und etliche Firmen brechen zusammen. Es kommt zu einer Wirtschaftskrise, die sich immer mehr verschärft.

Kreditabhängigkeit und Zins

Schon von daher wird deutlich, daß die gesamte Wirtschaft auf den Durchfluß des Geldes im gesamtwirtschaftlichen Kreislauf angewiesen ist, damit das produzierte Sozialprodukt nicht nur angeboten, sondern auch hinreichend nachgefragt und abgesetzt werden kann. Aber auch aus der Sicht einzelner Teile der Wirtschaft, die auf Kredit angewiesen sind, ist der Durchfluß der gesparten Gelder auf den Kapitalmarkt unabdingbar für die Sicherung ihrer Existenz beziehungsweise für die Erfüllung ihrer Funktion. Folgende Gruppen sind mehr oder weniger (und teilweise existentiell) auf Kredit angewiesen:
- Handelsunternehmen,
- Produktionsunternehmen,
- öffentliche Haushalte,
- private Haushalte.

Handelsunternehmen brauchen Kredite, weil sie ihre Warenlager vorfinanzieren müssen, bis es durch den Verkauf der Waren wieder zum Rückfluß des Geldes kommt. Ohne Kredite können viele der Handelsunternehmen ihre Funktion überhaupt nicht erfüllen. Produktionsunternehmen brauchen Kredite, um einen Teil ihrer Investitionen mit Fremdkapital zu finanzieren, wenn die erwirtschafteten und einbehaltenen Gewinne oder sonstige Eigenmittel dafür nicht ausreichen. Und der Druck der Konkurrenz zwingt sie immer wieder zu neuen Investitionen. Öffentliche Haushalte (bei uns Bund, Länder und Gemeinden) benötigen Kredite, insbesondere zur Finanzierung langfristiger Zukunftsinvestitionen in Infrastruktur (Verkehrssystem, Bildung), die allein aus Steuermitteln der gegenwärtigen Steuerzahler nicht aufgebracht werden können. Private Haushalte brauchen Kredite (wenn auch nicht so dringend), um zum Beispiel Eigenheime damit zu finanzieren (deren Finanzierung ohne Kredite in den wenigsten Fällen möglich wäre).

Dieses dringenden Kreditbedarfs sind sich die Besitzer des (überflüssigen) Goldes (Geldes) bewußt, und sie nutzen diese Abhängigkeit der anderen zu ihren Gunsten aus, indem sie für das Ausleihen des Goldes

(Geldes) einen Mindestzins fordern. Je niedriger der Zins, um so weniger sind die Geldbesitzer geneigt, ihr Geld als Kredit auszuleihen beziehungsweise den Banken zur Kreditvergabe bereitzustellen.

Sind das insoweit nicht die gleichen Gedanken, die wir aus dem (neo-)klassischen Modell des Zinsmechanismus am Kapitalmarkt schon kennengelernt haben? Müßte man demnach nicht geradezu dankbar sein, daß es den Zins gibt, weil ohne ihn das Geld gar nicht dem Kapitalmarkt zufließen und zum Beispiel für Investitionskredite bereitstehen würde? Sorgt nicht auch gerade der Zins dafür, daß die sonst auftretende Lücke im gesamtwirtschaftlichen Kreislauf geschlossen wird, daß es also zu einem Gleichgewicht zwischen Sparen und Investieren sowie zwischen Gesamtangebot und Gesamtnachfrage kommt?

Mitnichten! Dem neoklassischen Modell des Zinsmechanismus liegt nämlich die Vorstellung zugrunde, daß das Geld entweder gespart und zinstragend angelegt oder konsumiert wird, so daß es in jedem Fall – auch bei niedrigem Zins – zu einer ausreichenden Gesamtnachfrage käme. Gesell kam demgegenüber darauf, daß das Geld einer dritten Verwendung zugeführt werden kann, daß die Geldbesitzer neben Geldanlage und Konsum sozusagen noch eine dritte Option haben, nämlich das Geld zu horten – und dies aus nachvollziehbaren (und durchaus nicht nur irrationalen) Gründen: Das Gold (Geld) verdirbt im Unterschied zu den anderen Waren nicht durch »Lagerung«, und man kann auf bessere Zeiten und bessere Zinsen warten – oder man will das Geld verfügbar halten, um jederzeit und zum richtigen Zeitpunkt in Spekulationsgeschäfte aller Art einsteigen zu können. Die Verwendung des Geldes für Spekulationsgeschäfte hat aber mit dem produzierten Sozialprodukt und mit dem Produktions-Einkommens-Kreislauf nichts zu tun. Und also schafft es in diesem Kreislauf auch keine Nachfrage.

Der Zins als unzuverlässiges Mittel der Geldumlaufsicherung

Je nachdem, wie hoch der am Kapitalmarkt zu erzielende Zins ist, fließt also mehr oder weniger des gesparten Geldes in den Produktions-Einkommens-Kreislauf zurück, beziehungsweise wird weniger und mehr davon diesem Kreislauf entzogen, was zu entsprechenden gesamtwirtschaftlichen Kreislaufstörungen, bis hin zum Kreislaufkollaps, führen kann. Der Zins, der immer wieder Schwankungen und Veränderungen unterliegt, ist in den Augen von Gesell insofern ein höchst unzuverlässiges Mittel der Sicherung eines kontinuierlichen Geldflusses, ein unzuverlässiges Mittel der »Geldumlaufsicherung«. Hinzu kommt, daß die Geldmenge sich gesamtwirtschaftlich überhaupt nur sinnvoll steuern läßt, wenn sie kontinuierlich durch den Wirtschaftskreislauf fließt – auch in einem Geldsystem, wo sich das Geld schließlich vom Gold gelöst hat und einer bewußten Geldmengensteuerung durch die Zentralbank (oder eine ähnliche Institution) unterstellt wird.

Zur Veranschaulichung dieses Zusammenhangs will ich den Wirtschaftskreislauf einmal mit einem Zentralheizungssystem vergleichen (Abbildung 32), für dessen Funktionieren der Durchfluß des warmen Wassers durch den Heizungskreislauf Voraussetzung ist. Wenn man die Heizung ganz aufdreht, kommt es zur Überhitzung, und wenn man sie zudreht, kommt es zur Abkühlung (übrigens die gleichen Worte, die für die Veränderung der Wirtschaftskonjunktur verwendet werden!).

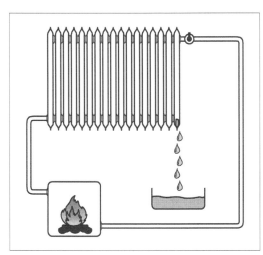

Abbildung 32:
Vergleich zwischen Wirtschaftskreislauf und Heizungskreislauf: Ein Leck führt zur Abkühlung.

Wenn demgegenüber eine konstante Raumtemperatur angestrebt wird, müßte eine Regulierung zwischen beiden Extremen gewählt werden, und auf Abweichungen von der Zielgröße (zum Beispiel 20 Grad Celsius) müßte jeweils mit leichtem Gegensteuern reagiert werden. Wenn aber die Heizung ein Leck hat, aus dem das Wasser unberechenbar mal mehr und mal weniger abläuft oder wieder zurückschwappt, läßt sich das ganze System nicht mehr sinnvoll steuern.

Auf das Geldsystem übertragen, bedeutet dies: Wenn der Zins ein unzuverlässiges Mittel der Geldumlaufsicherung ist, weil ein (in den Augen der Geldbesitzer) zu niedriger Zins ein Leck im Kreislauf entstehen läßt, dann trägt er dazu bei, daß sich die Geldmenge gesamtwirtschaftlich gar nicht sinnvoll steuern läßt; nicht einmal durch eine scheinbar so mächtige Institution wie die Zentralbank, der die Aufgabe der Geldmengensteuerung übertragen ist.

Der Zins als Ursache oder Verstärker von Krisen

Die Problematik des Zinses liegt nach Auffassung von Gesell aber nicht nur in seiner Unzuverlässigkeit als Mittel der Geldumlaufsicherung. Denn selbst wenn der Zins hoch genug ist, um das Geld auf den Kapitalmarkt zu ziehen und als Kredit weiterzuleiten, entfaltet er langfristig eine destruktive Wirkung, und dies um so mehr, je höher das Zinsniveau ist.

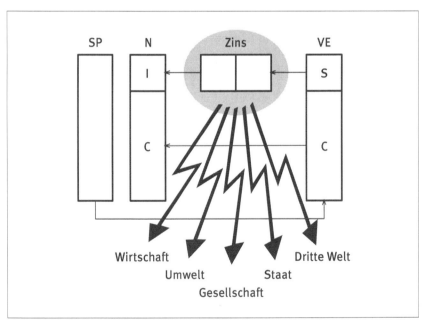

Abbildung 33: Auch wenn der Zins dem Horten entgegenwirkt, treibt er selbst fünf Krisentendenzen hervor.

Auf die heutige Zeit übertragen, lassen sich mindestens fünf Krisentendenzen anführen, für die der Zins entweder Ursache oder Verstärker ist (symbolisch angedeutet in Abbildung 33):[59]

- die Krise der Wirtschaft,
- die Krise der Umwelt,
- die Krise der Gesellschaft,
- die Krise des Staates,
- die Krise der Dritten Welt.

Mit Krise der Gesellschaft sind die zunehmende Ungleichverteilung von Einkommen und Vermögen und die dadurch bedingten wachsenden sozialen Spannungen gemeint, die sich zunehmend gewaltsam entladen. Mit Krise des Staates ist die Krise des Staatshaushalts und die wachsende Staatsverschuldung gemeint und der sich daraus ergebende immer enger werdende Gestaltungsspielraum der Politik, und die scheinbar notwendigen »Sparzwänge«, die den Sozialstaat immer mehr unter die Räder kommen lassen. Mit Krise der Dritten Welt ist deren eskalierende Schuldenkrise und die damit einhergehende wachsende Abhängigkeit von der Ersten Welt der entwickelten kapitalistischen Industrieländer gemeint.

Alle diese Krisen können in den letzten Jahren immer weniger geleugnet werden. Das Erstaunliche und Bedrückende ist – neben den Krisen selbst – die Tatsache, daß ihr innerer Zusammenhang zum Zinssystem bis heute fast vollständig verdrängt ist, allen voran durch die Wirtschaftswissenschaft, aber auch durch die Politik und die Gesellschaft insgesamt.

Die Blindheit der Ökonomie gegenüber der Zinsproblematik ist unglaublich, aber wahr. All die verschiedenen Richtungen der Wirtschaftswissenschaft tragen ihr Scherflein dazu bei: Klassiker, Marxisten, Neoklassiker und – wie wir noch sehen werden – auch Keynesianer sowie deren schärfste Kritiker, die Monetaristen und Neoliberalen, und schließlich sogar die scheinbar neuen Ketzer der Ökonomie, Heinsohn und Steiger[60], alle sind sie – trotz Kontroversen untereinander – auf dem Zinsauge gleichermaßen blind und tragen mit ihren Lehren dazu bei, daß die große Masse der Menschen »zinsblind« bleibt oder gemacht wird. Wie lange noch läßt sich diese verhängnisvolle Verdrängung aufrechterhalten?

Ich spreche mittlerweile vom »Zins als Krebs des sozialen Organismus« und meine diese Analogie sehr ernst; oder vom »Zins als sozialem Sprengsatz«. Die Bilder und Vergleiche können gar nicht drastisch genug sein, um die Dramatik anzudeuten, in der wir uns im Rahmen des Zinssystems befinden, ohne daß der größte Teil der Gesellschaft die Zusammenhänge bisher erkannt hat.

Während allenthalben die Krisensymptome verschiedenster Art

beklagt werden, während in der Politik um die verschiedensten Lösungswege heftig gestritten wird, ist gleichzeitig ein Ausweichen vor der Wahrnehmung wesentlicher tiefer Ursachen und der Suche nach entsprechenden grundlegenden Veränderungen weit verbreitet. Das gilt für den Zins übrigens ebenso wie für den Krebs. Und wenn es dann Forscher gibt, die die tieferen Ursachen aufdecken und Wege zur grundsätzlichen Lösung aufzeigen, erhalten sie nicht den Nobelpreis, sondern werden ignoriert, verketzert und ausgegrenzt.

Ich will mich auf die Auswahl von drei dieser fünf Krisentendenzen beschränken: auf die »Krise der Wirtschaft«, die »Krise des Staates« und die »Krise der Gesellschaft«.

Die Krise der Wirtschaft

Wir sind alle daran gewöhnt, daß sich Geld, wenn man es zinstragend anlegt, scheinbar wie von selbst vermehrt – vordergründig erst mal eine angenehme Sache für alle Geldanleger. Aber kaum jemand fragt danach, wie es denn überhaupt dazu kommt und was gesamtwirtschaftlich betrachtet die Grundlagen für das zinsbedingte Anwachsen der Geldvermögen sind.

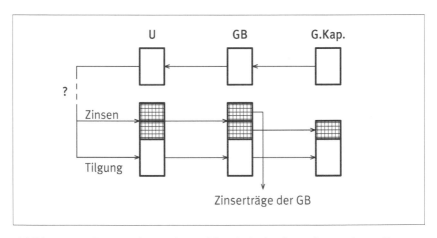

Abbildung 34: Die Vermehrung des Geldkapitals durch Kreditvergabe an Unternehmen und durch (um die Zinsen) vergrößerte Rückflüsse

In Abbildung 34 ist unterstellt, daß das Geldkapital bei den Geschäftsbanken festverzinslich für eine gewisse vorher festgelegte Dauer angelegt wird. Die Geschäftsbanken leihen diese Beträge als Kredite an Unternehmen aus, verbunden mit der Verpflichtung der Unternehmen zur Rückzahlung (Tilgung) und zur Verzinsung. In der Regel sind diese Kredite mit Sicherheiten verbunden, die die Unternehmen den Geschäftsbanken für den Fall übereignen, daß die Kreditschuld nicht vereinbarungsgemäß bedient wird. In diesem Fall nämlich können sich die Banken das verpfändete Eigentum der Schuldner aneignen und zum Beispiel durch Verkauf in Geld umwandeln, um daraus noch ausstehende Forderungen gegenüber den verschuldeten Unternehmen einzutreiben.

Die durch den Kredit verschuldeten Unternehmen stehen von da an unter dem Druck, in der vereinbarten Zeit nicht nur die Rückzahlung der Kreditsumme aus Überschüssen über ihre Kosten zu erwirtschaften, sondern die regelmäßig zu zahlenden Zinsen aufzubringen. Insgesamt müssen sie also an die Geschäftsbank mehr Geld zurückzahlen, als sie in Form des Krediets von ihr bekommen haben. All dies erscheint vollkommen selbstverständlich. Denn ohne Zins oder gar ohne Rückzahlung und entsprechende Sicherheiten wäre wohl keine Geschäftsbank bereit, Kredite zu vergeben. Von den zurückfließenden Geldern zweigt sich die Geschäftsbank einen Teil des Überschusses ab, um ihre Kosten zu decken und einen Gewinn zu erwirtschaften, und die übrigen Beträge (Rückzahlung plus Rest des Überschusses) leitet sie an die Geldkapitaleigentümer weiter, denen sie ja eine entsprechende feste Verzinsung ihres Geldkapitals plus Rückzahlung zugesagt hat.

Die Quelle für die Entstehung der Zinserträge auf seiten der Geldanleger und der Geschäftsbanken liegt also letztendlich in der Produktion und im erfolgreichen Absatz von Waren bei den Unternehmen. Dieses »Mehr« muß aber erst einmal erwirtschaftet werden, ehe daraus die Geldvermögen durch entsprechende Zinserträge anwachsen können.

Wenn auf der einen Seite die Summe der Geldvermögen durch Zinserträge anwachsen soll, so findet dies unvermeidlich sein Gegenstück in einer entsprechenden Verschuldung an anderer Stelle der Volkswirtschaft (in unserem Fall bei den Unternehmen), verbunden mit dem Druck, einen für die Verzinsung ausreichenden Überschuß zu erwirtschaften. Das zinsbedingte Wachstum der Geldvermögen fordert und erzwingt gesamtwirtschaftlich also ein entsprechendes Wachstum des Sozialprodukts. Anders ausgedrückt: Der Zins setzt die Wirtschaft unter einen permanenten Wachstumszwang.

Genau diese Wirkung wird von den meisten Ökonomen nicht bestritten, sondern im Gegenteil als eine besonders wichtige positive Eigenschaft des Zinses hervorgehoben. Er gilt ihnen als wesentlicher Motor von Produktivitätssteigerung und Wirtschaftswachstum und als wesentlicher Regulator der »optimalen Allokation der Ressourcen«. Das Geld fließe in Form von Kredit entsprechend dorthin, wo seine Verwendung die höchsten Überschüsse oder Renditen erwarten läßt und dadurch auch die höchsten Zinsen ermöglicht.

Was aber verdrängt wird, sind die langfristigen Konsequenzen eines derartigen Wachstumszwangs und des durch Zinseszins bewirkten exponentiellen Wachstums der Geldvermögen einerseits und – spiegelbildlich dazu – der Verschuldung andererseits.

Zinseszins entsteht dann, wenn die Zinserträge nicht vollständig entnommen und zum Beispiel konsumiert werden, sondern wenn sie ihrerseits noch auf das angelegte Geldvermögen draufgepackt werden und sich dadurch die Grundlage der Verzinsung von Jahr zu Jahr vergrößert, damit auch die jährlichen Zinserträge. Ein Betrag von DM 10.000 wächst zum Beispiel bei 3% Zinseszins in 50 Jahren auf DM 44.000, bei 6% auf DM 184.000, bei 9% auf DM 744.000 und bei 12% auf DM 2.890.000 (Abbildung 35). Solche Grafiken kennt jeder aus der entsprechenden Werbung von Banken und Lebensversicherungen für potentielle Geldanleger. »Lassen Sie Ihr Geld arbeiten«, »Verdienen Sie sich Ihr Geld im Schlaf« und ähnliche Sprüche sind wohl jedem geläufig.

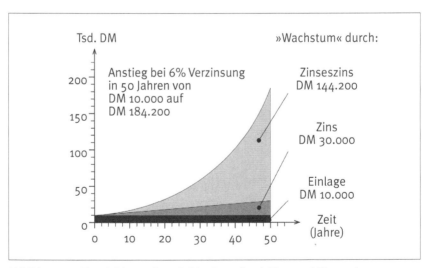

Abbildung 35: Entwicklung einer Geldanlage durch Zins und Zinseszins

Was sich wiederum kaum jemand klarmacht, ist, daß die Verschuldung an anderer Stelle spiegelbildlich anwächst, daß also wachsendes Geldvermögen wachsende Verschuldung bedeutet. Dieser Zusammenhang kommt in einer Grafik, die auf Helmut Creutz zurückgeht, sehr anschaulich zum Ausdruck (Abbildung 36).

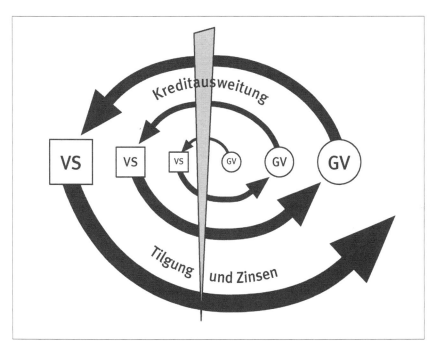

Abbildung 36: Der monetäre Teufelskreis wachsender Geldvermögen (GV) und entsprechend wachsender Verschuldung (VS) (nach Helmut Creutz) – und die diesbezügliche kollektive Bewußtseinsspaltung

Creutz nennt diesen Zusammenhang »monetären Teufelskreis«. Treffender noch wäre der Ausdruck »monetäre Teufelsspirale«. Warum? Gehen wir vom Zentrum der Grafik aus, so zeigt sich, daß Geldvermögen (GV) an anderer Stelle zu einer gleich hohen Verschuldung (VS) führen, bedingt durch das Ausleihen dieser Gelder. Durch Tilgung und Zinsen wachsen die ursprünglichen Geldvermögen an und drängen nach neuen Anlagen (die durch die Kreditinstitute vermittelt werden). Dadurch steigt an anderer Stelle die Verschuldung, die ihrerseits über die Rückflüsse ein weiteres Wachstum der Geldvermögen bewirkt usw. Im Laufe der Zeit beschleunigt sich das Wachstum der Geldvermögen und Schulden derart, daß es schließlich irgendwann jeden Rahmen sprengt, auch den einer ganzen Volkswirtschaft oder Gesellschaft.

Über das durch den Zinseszins bedingte Wachstum der Geldvermögen sind sich im Prinzip viele Menschen durchaus im klaren, jedenfalls bezogen auf die einzelne Geldanlage. Auf der anderen Seite wissen viele auch um die wachsende Staatsverschuldung, insbesondere in Zeiten drastischer »Sparmaßnahmen«, und auch um die Verschuldung vieler Unternehmen und privater Haushalte. Das Erstaunliche und Erschreckende dabei ist (neben den dramatisch wachsenden Geldvermögen und Schulden als solchen), daß der untrennbare Zusammenhang zwischen beiden von den wenigsten Menschen gesehen wird. Als habe sich bewußtseinsmäßig eine Trennwand zwischen die eine und andere Seite des Gesamtzusammenhangs geschoben, als sei das Bewußtsein darüber wie mit einem Keil gespalten. Ich spreche in diesem Zusammenhang mittlerweile von einer »kollektiven Bewußtseinsspaltung«.

Ein Rechenbeispiel soll verdeutlichen, wohin das durch den Zinseszins bewirkte exponentielle Wachstum auf Dauer führt, nämlich das anschauliche Beispiel des sogenannten »Josephs-Pfennigs«. Auf welchen Betrag wäre ein Pfennig (hätte es ihn zu Christi Geburt schon gegeben) angewachsen, wenn Joseph ihn zu 5% Zinseszins festverzinslich angelegt hätte und wenn es seither weder Inflation noch Währungsreform gegeben hätte und auch keine Erbschaft-, Vermögen- und Zinssteuer, keinen Diebstahl des Vermögens und auch keine Revolution und Enteignung? Dieser Pfennig wäre schon bis 1990 auf einen Betrag mit so vielen Nullen angewachsen, daß sich niemand diese Zahl mehr vorstellen kann. Deshalb hat sich einer die Mühe gemacht und die Geldsumme in Gold umgerechnet, zum Goldpreis an einem Stichtag 1990. Und wieviel Gold kam dabei heraus? Goldkugeln vom Gewicht der Erde! Aber nicht eine Goldkugel, sondern: Aus einem Pfennig zu Christi Geburt wären bei 5% Zinseszins bis 1990 134 Milliarden Goldkugeln vom Gewicht der Erde geworden!

Man kann dieses Rechenbeispiel natürlich schnell mit dem Hinweis abtun, die Annahmen dieser Rechnung seien völlig unrealistisch. Es habe doch immer wieder Umbrüche gegeben, zum Beispiel Währungsreformen und Kriege. Das wird wohl auch niemand bestreiten. Und dennoch: Dieses Beispiel auf der Grundlage der Zinseszinsformel lehrt uns, daß die vom Zinseszins in Gang gesetzte Dynamik auf Dauer unmöglich störungsfrei funktionieren kann. Denn dieses Anwachsen der Geldvermögen (und der Verschuldung) und der dafür jährlich aufzubringenden wachsenden Zinslasten müßte ja seine Grundlage in einem entsprechenden Wachstum der Produktion haben. Und welche Volkswirtschaft oder auch Weltwirtschaft auf dieser begrenzten Erde mit ihren begrenzten Ressourcen und Absatzmärkten sollte ein solches reales Wachstum jemals hervorbringen? Es ist schlicht und einfach ein Ding der Unmöglichkeit, und dies nicht erst nach einem Zeitraum von 2000 Jahren, sondern schon nach einigen Jahrzehnten, wenn es sich nicht nur um einen Pfennig, sondern um die Geldvermögen einer ganzen Volkswirtschaft handelt.

Das reale Wachstum des Sozialprodukts kann auf Dauer unmöglich mit dem Wachstumstempo Schritt halten, das durch die exponentiell wachsenden Zinslasten – aufgrund exponentiell gewachsener Geldvermögen und Schulden – eingefordert wird. Es muß sich ganz einfach abschwächen. In dem Maße aber, wie das Sozialprodukt langsamer wächst, als vom Zins gefordert, gerät die Wirtschaft, geraten viele Unternehmen zunehmend in die Schuldenklemme. Sie sind mit ihren Kreditverträgen mehr oder weniger langfristige Verpflichtungen zur Verzinsung und Rückzahlung eingegangen, können diese immer weniger erfüllen und geraten dadurch unter einen wachsenden Schuldendruck und in die Krise (in Abbildung 37 angedeutet durch den Blitz).

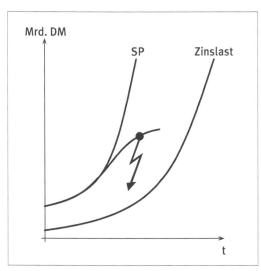

Abbildung 37:
Wenn das Wachstum des Sozialprodukts mit dem Wachstum der Zinslast nicht mehr Schritt hält, kommt es zur Wirtschaftskrise.

Wenn aber die zu erzielenden Erlöse der Unternehmen (im Vergleich zu dem erforderlichen Wachstum) zurückgehen und die Gewinne schrumpfen, entsteht ein erhöhter Druck auf die Kosten. Die Finanzierungskosten können dabei kaum vermindert werden, weil sie in früheren Kreditverträgen fest vereinbart wurden. Um so mehr wächst der Druck auf andere Kosten, insbesondere auf die Arbeitskosten (Löhne und Lohnnebenkosten), und der Druck in Richtung Rationalisierung.

Die Folge davon werden Entlassungen und wachsende Arbeitslosigkeit sein und ein sich verschärfender Konkurrenzkampf zwischen den Unternehmen, einhergehend zum Beispiel mit mehr Fusionen einerseits und mit einer wachsenden Zahl von Konkursen der schwächeren Unternehmen andererseits, das heißt mit einem sich beschleunigenden Prozeß wirtschaftlicher Konzentration und Machtzusammenballung.

Nun haben sich ja wenigstens die Geschäftsbanken – scheinbar – durch dringliche Sicherungen (wie Verpfändung von Grundstücken, Produktionsanlagen und Wertpapieren der Kreditnehmer) gegen Kreditausfälle hinreichend abgesichert. Aber selbst diese vermeintlichen Sicherheiten müssen langfristig ins Wanken geraten, weil sie mit dem exponentiellen Wachstum der Verschuldung auf Dauer unmöglich Schritt halten können. Unter dem Zwang ständig steigender Kreditvermittlung bleibt den Banken im Durchschnitt gar nichts anderes übrig, als sich bei zusätzlichen Krediten mit immer geringeren Sicherheiten zu begnügen, wenn sie nicht auf ihren Krediten sitzenbleiben wollen. Im übrigen werden die Preise von Spekulationsobjekten (Grundstücken, Wertpapieren usw.) durch die in die Spekulation abdriftenden Gelder in immer unrealistischere Höhen getrieben und spekulativ aufgebläht – wie eine schillernde Seifenblase, die notwendigerweise irgendwann und irgendwo platzen muß.

Dann stürzen aber die Kurse an den Börsen und die Preise an den Grundstücksmärkten, und mit einem Mal stellt sich zum Schrecken der Banken und der Öffentlichkeit heraus, daß die vermeintlichen dringlichen Sicherungen gar keine waren, sondern daß es sich um »faule Kredite« handelt. Aber dies geschieht nicht in erster Linie deshalb, weil irgendwelche einzelne Banken oder deren Manager oder Kreditabteilungen versagt haben, sondern weil die durch den Zinseszins bedingte Dynamik exponentiellen Wachstums der Geldvermögen und Schulden schon im Durchschnitt in Richtung fauler Kredite treibt – und in Richtung Wirtschaftskrise und Krise an den Finanzmärkten.[61]

Die Krise des Staates

Sehen wir uns nun den Zusammenhang zwischen dem Zinssystem und der Krise des Staatshaushaltes etwas näher an: Der Staat finanziert seine öffentlichen Ausgaben im wesentlichen über Steuern, die er kraft seiner hoheitlichen Funktion von seinen Bürgern eintreiben kann. Es gibt aber einige plausible Gründe, warum der Staat Teile seiner Ausgaben nicht über Steuern, sondern über Kredite finanziert. Einer der Gründe ist die Finanzierung langfristiger Investitionen zum Beispiel im Bereich der Infrastruktur (wie Verkehrssystem und Bildungswesen), deren Früchte auch noch von zukünftigen Generationen von Steuerzahlern geerntet werden. Es erschiene ungerecht, wenn die gegenwärtigen Steuerzahler die Kosten dieser Investitionen in voller Höhe tragen müßten, während die späteren Generationen nur die Vorteile daraus nutzen und selbst nicht zur Kasse gebeten werden. Werden nun diese Staatsausgaben über Kredite finanziert, dann wird der Schuldendienst dafür über einen längeren Zeitraum gestreckt, und spätere Steuerzahler tragen zu dessen Aufbringung (in Form von Tilgung und Zinsen) und damit auch zur Finanzierung dieser staatlichen Investitionen bei.[62]

Ein anderer plausibler Grund für die Staatsverschuldung scheint zu sein, daß der Staat zum Zwecke der Konjunkturbelebung seine Ausgaben erhöht, ohne deswegen die Steuern zu erhöhen. Sinn eines solchen Haushaltsdefizits könnte es sein, zusätzliche gesamtwirtschaftliche Nachfrage zu schaffen und darüber (im Sinne der von Keynes begründeten Beschäftigungspolitik) in Zeiten wirtschaftlicher Depression oder Rezession Impulse für einen konjunkturellen Aufschwung zu geben. (Wir kommen im Zusammenhang mit Keynes ausführlich auf diese Konzeption zurück.)

Ein dritter plausibler Grund für Staatsverschuldung kann schließlich die Finanzierung von Kriegen sein (wenn andere Formen der Finanzierung, wie Steuererhöhung oder Senkung anderer Staatsausgaben, entweder nicht ausreichen oder zu große politische Konflikte schaffen würden).

Welche konkreten Gründe auch immer der Staatsverschuldung zugrunde liegen, die aufgenommenen Kredite müssen mit Schuldendienst bedient werden. Über die gesamte Laufzeit des Kredits betrachtet, muß der Staat mehr Geld an die Gläubiger (zum Beispiel an die Inhaber von festverzinslichen Staatsanleihen) aufbringen, als er ursprünglich in Form des Kredits (bei Ausgaben der Staatsanleihen) hereinbekommen hat. Wie jeder Schuldner, so muß also auch der Staat einen Überschuß zustande bringen, aus dem er die Zinsen – zusätzlich zur Rückzahlung des Kredits – aufbringen kann. Im Unterschied zu den privaten Unternehmen muß er diesen Überschuß aber nicht durch wachsende Produktion und Verkauf von Waren erwirtschaften, sondern kann ihn aus einem wachsenden Steueraufkommen gewinnen. Bei entsprechend wachsendem Sozialprodukt und funktionierendem Steuersystem dürften also Tilgung und Verzinsung der Schulden für den Staat kein Problem sein, denn die Steuern würden – selbst ohne Erhöhung der Steuersätze und ohne die Einführung neuer Steuern – allein durch das Wirtschaftswachstum ansteigen.

Was aber ist, wenn das Sozialprodukt auf Dauer gar nicht in dem Maße wächst, wie es vom aufzubringenden Zins der Staatsschulden gefordert wird? Dann blieben dem Staat im Prinzip drei Möglichkeiten, auf die beginnende Schuldenklemme zu reagieren:
- Senkung der Staatsausgaben,
- Steuererhöhung,
- Neuverschuldung.

Die ersten beiden Varianten sind mit mehr oder weniger politischen Konflikten verbunden, und es ist verständlich, daß ihnen in einer Demokratie von seiten der Regierung möglichst lange ausgewichen wird, weil sie nicht unnötig Wählerstimmen bei den nächsten Wahlen verlieren will. Viel eleganter erscheint demgegenüber die Neuverschuldung, aber diesmal nicht mehr, um damit Zukunftsprojekte zu finanzieren, sondern um die alten Schulden zu bedienen. Und für die Zukunftsprojekte müssen natürlich außerdem noch zusätzliche Kredite aufgenommen werden.

Damit ist das Problem der Schuldenklemme natürlich nicht gelöst, sondern nur in die Zukunft verlagert – und verschärft! Denn die Staatsverschuldung und die in Zukunft aufzubringenden Zinslasten werden dadurch größer. Aber erst einmal hat es so gut wie niemand gemerkt. Der Staat ist dabei unversehens in den Beginn einer Zinseszinsspirale hineingeraten. Denn zur Bedienung der Zinsen früherer Kredite hat er neue Kredite aufgenommen, die nun noch zusätzlich verzinst werden müssen – Zinsen auf Zinsen, aber nicht als Zinserträge, sondern als wachsende Zinslasten. So kann eine ganze Weile weiter verfahren werden. Von Jahr zu Jahr wird die Aufbringung des Schuldendienstes allein aus Steuereinnahmen immer schwieriger, und von Jahr zu Jahr wächst die Versuchung für die Politik, die wachsende Lücke im Staatshaushalt wiederum durch wachsende Neuverschuldung zu schließen – und die Staatsverschuldung immer weiter und in beschleunigtem Maße anwachsen zu lassen.

Den Interessen der Geldvermögenseigentümer und der Geschäftsbanken als Kreditvermittler kommt die wachsende Staatsschuld zunächst einmal durchaus entgegen. Denn die monetäre Teufelsspirale wachsender Geldvermögen und wachsender Schulden macht es ja zunehmend schwieriger, immer neu und in wachsendem Maße Schuldner (mit hinreichender Zahlungsfähigkeit und mit ausreichenden Kreditsicherungen) zu finden. Der Überdruck, der sich dadurch an den Kapitalmärkten durch anlagesuchendes Geld ergibt, drängt geradezu nach Neuverschuldung, und im Staat sehen viele Geldanleger (ob berechtigt oder nicht) noch einen der zuverlässigsten Schuldner, der im Ernstfall zur Bedienung der Schulden immer noch auf die Steuern seiner Bürger zurückgreifen kann. Auch von dieser Seite her gerät der Staat in eine Art Verschuldungszwang hinein. Die Folge davon ist eine zunehmende Eskalation der Staatsverschuldung, verbunden mit einem entsprechenden Anwachsen der Zinslasten, die einen immer größeren Teil des Staatshaushalts auffressen (Abbildung 38a bis c), bis es schließlich offensichtlich wird, daß es so auf Dauer nicht mehr weitergehen kann.

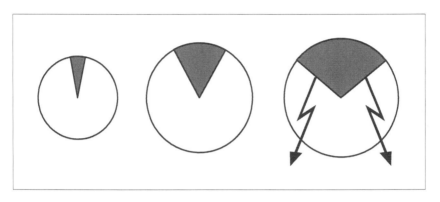

Abbildung 38a bis c: Ein wachsender Zinsanteil in einem nicht entsprechend mitwachsenden Staatshaushalt erzeugt »Sparzwänge« und verschärfte Verteilungskonflikte.

In dieser Phase befinden sich mittlerweile so gut wie alle entwickelten kapitalistischen Industrieländer (von den Ländern der Zweiten und Dritten Welt ganz zu schweigen). In Deutschland kamen mit der deutsch-deutschen Vereinigung nach 1990 noch enorme zusätzliche finanzielle Belastungen des Staatshaushalts hinzu, die die Staatsverschuldung noch einmal sprunghaft ansteigen ließen. Aber auch ohne diese Besonderheit wäre sie in dramatischer Weise angewachsen (wobei es in dieser Hinsicht in anderen Ländern zum Teil noch viel schlimmer ist, allen voran in Italien und Belgien). Auch hier handelt es sich im Durchschnitt nicht in erster Linie um ein individuelles Versagen einzelner Politiker oder Regierungen oder Parteien, sondern um ein strukturelles Problem des entwickelten Kapitalismus, das untrennbar mit dem Zinssystem und seiner Dynamik zusammenhängt.

Wie kann die Politik prinzipiell auf die eskalierende Staatsverschuldung reagieren? Eine mögliche Variante sind drastische »Sparprogramme«, die in der Regel vor allem die sozial Schwächeren treffen und den Sozialstaat zunehmend unter die Räder kommen lassen. Der Gestaltungsspielraum für Politik wird unter diesen Bedingungen immer weiter eingeengt, und das Diktat (oder die Diktatur) der »leeren Kassen« gewinnt immer mehr an Gewicht. Zur Auffüllung der Haushaltslücken sieht sich der Staat gezwungen, immer mehr an öffentlichem Vermögen – teilweise zu Schleuderpreisen – an den Meistbietenden zu verkaufen, was dem Charakter einer Zwangsversteigerung sehr nahe kommt. Damit begibt er sich nicht nur der Möglichkeit, auf die betreffenden Bereiche (zum Beispiel im Wohnungsbau, im Energiesektor oder im Verkehrsbereich) unmittelbar im Sinne sozialer und ökologischer Zielsetzungen einzuwirken. Er verliert auch – sofern diese Bereiche Gewinn erwirtschaftet haben – für die Zukunft die entsprechenden Einnahmen, so daß die nur kurzfristig aufgefüllte Lücke im Staatshaushalt in Zukunft noch vergrößert wird.

Der Staat kann seine traditionellen Aufgaben, etwa im Bereich Soziales, Bildung, Gesundheit usw., auf diese Weise immer weniger wahrnehmen und wird in seinen Funktionen ausgezehrt, ohne daß die an diese Stelle tretende privatwirtschaftliche Versorgung einen (vor allem unter sozialen und ökologischen Gesichtspunkten) hinreichenden Ausgleich schafft. Die Entwicklungen in dieser Hinsicht in den letzten Jahren auch in Deutschland sind besorgniserregend, und eine Linderung ist nicht in Sicht – im Gegenteil: Aufgrund der unerbittlichen Logik des Zinssystems wird sich die Dramatik verschärfen und zu wachsender öffentlicher Armut und sozialen Spannungen führen, die sich zunehmend gewaltsam entladen und die zu einer immer größeren Gefahr für die Demokratie werden.

Eine zweite Variante, um auf die eskalierende Staatsverschuldung zu reagieren, ist auch denkbar, und sie wurde in Deutschland in der ersten Hälfte des 20. Jahrhunderts schon zweimal angewendet: Die Lücke im Staatshaushalt wird durch zusätzliche Geldschöpfung geschlossen – mit Hilfe der Notenpresse. Das setzt natürlich voraus, daß die Zentralbank mitzieht. Dagegen hat es in der Bundesrepublik Deutschland bislang gewisse Sicherungen in Form der »Autonomie der Bundesbank« gegenüber der Regierung gegeben; und auch in der Form, daß neu ausgegebene Staatspapiere nicht direkt bei der Bundesbank gegen neu gedrucktes Geld eingereicht werden durften, sondern erst einmal ihre Bewährungsprobe am Kapitalmarkt zu bestehen hatten (was ein hinreichendes Vertrauen des Kapitalmarktes in den Staat voraussetzt). Aber wenn der Druck zu groß wird, gibt es auch keine Gewähr dafür, daß solche Sicherungen von der Politik nicht einfach abgeschafft werden und damit einer unbegrenzten Geldschöpfung der Weg geebnet wird.[63] Die Folge wäre ein immer stärkeres Anwachsen der Geldmenge im Verhältnis zum

Sozialprodukt, eine sich immer weiter beschleunigende Inflation, eine Hyperinflation (wie es sie in Deutschland 1923 gab oder in Jugoslawien vor dessen gewaltsamem Auseinanderbrechen).[64]

Die Schuldner, allen voran der Staat, würden sich bei dieser Gelegenheit auf elegante Weise ihrer Schulden entledigen, während die Geldvermögen immer mehr abgewertet und praktisch enteignet oder vernichtet würden. Und auf dem Höhepunkt der Inflation, auf dem jeder geordnete Zahlungsverkehr zusammenbrechen würde, käme unvermeidlich der »Währungsschnitt«, die Währungsreform. Sie würde nur noch das besiegeln, was vorher die Hyperinflation schon erledigt hat: ein Herausschneiden der Geldvermögen und der Schulden aus dem sozialen Organismus – eine Krebsoperation. Danach kann man wieder von vorne anfangen, kaum belastet durch Schulden (wie in den Anfängen der Bundesrepublik nach der Währungsreform 1948) und in dem Irrglauben, man habe die Ursache der Krankheit erkannt und beseitigt. Solange aber das Zinssystem mit seiner Dynamik fortbesteht, wird es nur einige Jahrzehnte dauern, bis sich erneut bedrohlich wachsende Tumore gebildet haben, die erneut schmerzliche Einschnitte oder Totaloperationen erforderlich machen: der Zins als Krebs des sozialen Organismus!

Entweder treibt das Zinssystem den Staat also in den »schleichenden Staatsbankrott« und in eine Zwangsversteigerung nach der anderen, oder aber (über die Hyperinflation und die Währungsreform) in den »abrupten Staatsbankrott«, bei dem allerdings nicht unbedingt der Staat, sondern alle über die Hyperinflation Enteigneten auf der Strecke bleiben.[65] Der Staat selbst aber wird aus den Wirren – vielleicht mit einer veränderten politischen Verfassung, vielleicht auch in einzelne Teile zerfallen, aber doch als Staat – wieder auferstehen wie Phönix aus der Asche.

Die Krise der Gesellschaft

Ich will es gleich als These vorwegnehmen: Das Zinssystem bewirkt auf unsichtbare und den meisten unbewußte Weise eine ständige Umverteilung der Einkommen von unten nach oben. Entgegen der weitverbreiteten Meinung, daß jeder vom Zinssystem profitiere, wenn er nur irgendwelche Zinserträge bezieht, profitiert davon tatsächlich nur eine geringe Minderheit – in Deutschland schätzungsweise nur 15% der Einkommensbezieher. Die anderen 85%, die große Mehrheit der Bevölkerung, sind die Leidtragenden, oder jedenfalls die Verlierer des Zinssystems. Warum ist das so?[66]

Weil es unter dem Strich nicht nur auf die »sichtbaren Zinserträge« ankommt, sondern auch auf die »unsichtbaren Zinslasten« (und natürlich auch auf die »sichtbaren Zinslasten« für aufgenommene Kredite). Von den unsichtbaren Zinslasten ist jeder betroffen, unabhängig davon, ob er oder sie jemals einen Kredit aufgenommen oder jemals Geld angelegt hat, und zwar in einem Ausmaß, das für 85% der Einkommensbezieher ihre Zinserträge übersteigt. Während sich viele also über die kleinen, mittleren oder auch größeren Zinserträge pro Jahr freuen, die ihnen in die eine Tasche fließen, merken sie gar nicht, daß ihnen gleichzeitig ein größerer oder viel größerer Betrag an unsichtbaren Zinslasten aus der anderen Tasche wieder herausgezogen wird. Wieso das?

Weil in den Preisen aller Konsumgüter ein mehr oder weniger großer Anteil an Zinslasten der Unternehmen enthalten ist, die über den Kauf der Konsumgüter mitbezahlt werden. Das Entsprechende gilt für die Steuern, von denen ein erheblicher Teil vom Staat verwendet wird, um seine Zinslasten zu bezahlen. Was die Konsumgüter anlangt, müssen die Unternehmen mindestens die von ihnen aufgenommenen Kredite, das Fremdkapital, mit Zinsen bedienen. Aber selbst das Eigenkapital soll einen gewissen Zins erwirtschaften, der mindestens so hoch ist wie das, was man sonst bei Anlage des Geldes am Kapitalmarkt dafür bekommen würde (den sogenannten »kalkulatorischen Zins«).

Beide Zinsanteile müssen über die Preise der verkauften Produkte wieder hereinkommen und werden also von dem Konsumenten gezahlt. Der Zinsanteil ist dabei um so höher, je kapitalintensiver die Produktion und je länger das Kapital gebunden ist. Im Bausektor und damit auch in den Mieten beträgt er zum Teil über 70%! Im Durchschnitt aller Konsumgüter schätzte Helmut Creutz diesen Anteil auf ungefähr ein Drittel der Preise (inzwischen sogar auf 40%).[67] Alle die Haushalte, deren jährliche Zinserträge geringer sind als ein Drittel ihrer jährlichen Konsumausgaben, gehören demnach zu den Verlierern des Zinssystems. Und diejenigen, bei denen die Zinserträge höher oder viel höher oder gigantisch höher sind, gehören zu den Gewinnern – und das sind in Deutschland in den 90er Jahren des 20. Jahrhunderts eben gerade mal 15% (Abbildung 39). Unter ihnen gibt es Einzelfälle, die sozusagen im Schlaf – ohne jede eigene Arbeitsleistung – Zinserträge von täglich Hunderttausenden von Mark einstecken, und dies in einer Gesellschaft, die sich »Leistungsgesellschaft« nennt und in der man den sozial Schwachen inzwischen vorwirft, sie würden den Sozialstaat ausnutzen, und ihnen die ohnehin schon niedrigen Sozialleistungen noch weiter zusammenstreicht. Was sich angesichts der immer größer werdenden sozialen Spannungen an Sprengstoff ansammelt, ist in seinen Konsequenzen kaum auszudenken.

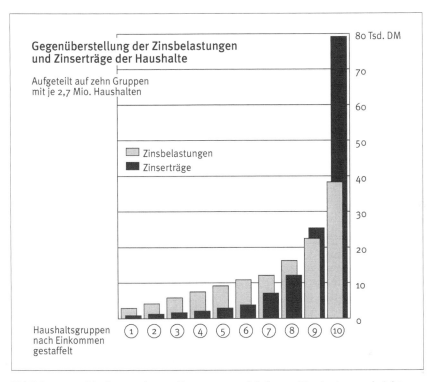

Abbildung 39: Die Gegenüberstellung von unsichtbaren Zinslasten und sichtbaren Zinserträgen zeigt, daß die reichsten 10-15% vom Zinssystem profitieren. (Quelle: Helmut Creutz: ›Das Geldsyndrom‹, a.a.O., S.288)

Solange das Sozialprodukt noch hohe Wachstumsraten hat und der Anteil der Zinslasten relativ gering ist, bleibt für den Rest der Gesellschaft immer noch ein von Jahr zu Jahr wachsender Restkuchen zur Verteilung übrig. Wenn sich aber das Wirtschaftswachstum abschwächt, während die Zinslasten exponentiell immer weiter anwachsen, wird schließlich der übrigbleibende Rest des Kuchens immer kleiner (ganz ähnlich wie in Abbildung 47 a bis c am Beispiel des Staatshaushalts dargestellt). So erklärt sich das merkwürdige Phänomen, mit dem wir seit einigen Jahren auch in Deutschland konfrontiert sind: daß trotz immer noch wachsenden Sozialprodukts angeblich immer mehr »gespart« werden muß und daß die Verteilungskämpfe (auf der Ebene von Tarifauseinandersetzungen ebenso wie in der Politik) immer schärfer werden. Dabei hat sich ein merkwürdiger gesellschaftlicher Konsens herausgebildet, quer durch alle politischen Parteien und gesellschaftlichen Organisationen: Es muß gespart werden! Der Streit geht nur noch darum, wo und wie. Und keiner traut sich noch die Frage zu stellen: Warum überhaupt – wenn das Sozialprodukt doch immer noch wächst?

Die Antwort darauf müßte nämlich lauten: Weil eine kleine Minderheit in dieser Gesellschaft, ganze 15%, vom wachsenden Kuchen ein noch viel schneller wachsendes Stück herausschneidet, noch ehe der Kuchen überhaupt auf dem Tisch der gesellschaftlichen Verteilung serviert und für die Verteilungskämpfe freigegeben wird. Oder, um ein anderes Bild zu verwenden: Auf der Bühne der gesellschaftlichen Auseinandersetzung wird heftig um mehr oder weniger Prozentpunkte gerungen, und alle diese Kämpfe werden ins grelle Scheinwerferlicht der Medien gerückt, während das, was hinter den Kulissen in wachsendem Maße vom Kuchen abgezweigt wird, im Dunkeln bleibt und bislang weder Gegenstand wissenschaftlicher noch politischer Auseinandersetzungen ist.

Während der Reichtum der Oberschichten in der Regenbogenpresse den Massen in einer geradezu obszönen Weise vorgeführt und auch noch bewundert wird, wird gleichzeitig der Zusammenhang zwischen wachsendem Reichtum hier und wachsender Armut dort unterschlagen. Nichts scheint so selbstverständlich wie dies: Das Geldkapital muß bedient werden, der »Schuldendienst« muß geleistet werden. Unter dem Druck des Zinses sind die Gesellschaften zur »Schuldendienstgesellschaft« verkommen. Und von Schuldenerlaß, wie er in früheren Zeiten alle Jubeljahre gewährt wurde, um die gewachsenen sozialen Gegensätze wieder abzumildern, ist trotz christlicher Tradition kaum mehr die Rede.[68]

Wer die Strukturen des Feudalismus mit Leibeigenschaft und Abgabepflicht der Bauern kennt, steht dieser historischen Epoche vielfach mit Fassungslosigkeit gegenüber und stellt sich die Frage: Wie konnten Massen von Menschen sich von einer kleinen Minderheit über so lange Zeit derart ausbeuten lassen? Dabei war die feudale Ausbeutung gegenüber der weitgehend undurchsichtigen Ausbeutung durch das Zinssystem noch relativ harmlos, denn die feudalen Abgaben waren über Jahrzehnte oder Jahrhunderte hinweg relativ konstant und beließen den Bauern wenigstens ihre Existenzgrundlagen. Der Tribut hingegen, den der Zins dem Sozialprodukt und dem größten Teil der Gesellschaft abverlangt und unerbittlich einfordert, wird aufgrund des exponentiellen Wachstums der Geldvermögen und Schulden von Jahr zu Jahr immer größer und entzieht dem sozialen Organismus der Gesellschaft zunehmend die Lebensgrundlagen zugunsten eines beschleunigt anwachsenden Reichtums in den Händen einer kleinen Minderheit. Ein solches System kann nicht von nachhaltiger Dauer sein, sondern trägt den Krebs des sozialen Organismus immer schon in sich.

Auf den vorangegangenen Seiten habe ich mich sehr von meinen eigenen Gedanken leiten lassen, aber die Anregungen dazu gehen wesentlich auf die Schriften von Silvio Gesell und andere Freiwirtschaftler, zum Beispiel Margrit Kennedy und Helmut Creutz, zurück. Auch die folgenden Überlegungen und Darstellungen sind ein Versuch meinerseits, die Kernideen dieser Schriften zu veranschaulichen.

Die Widersprüchlichkeit des bisherigen Geldes

Blicken wir noch einmal auf die Ausgangsüberlegungen von Gesell zurück: In der Überlegenheit des Goldes (Geldes) gegenüber den anderen Waren, und damit der Gold-(Geld-)Besitzer über andere Warenbesitzer, sah er die tieferliegende Wurzel des Zinses. Denn die Unverderblichkeit des Goldes (Geldes) würde es deren Besitzern ermöglichen, das (nach Konsum übrigbleibende) Geld zurückzuhalten und es dem Produktions-Einkommens-Kreislauf zu entziehen – oder es nur gegen einen hinreichend hohen Zins an andere auszuleihen und es damit dem Kreislauf wieder zuzuführen: der Zins als Erpressung gegenüber denjenigen, die auf Kredite und auf das Fließen des Geldes mehr oder weniger existentiell angewiesen sind.

Daß das Geld mehrere Funktionen erfüllt, nämlich Tauschmittel, Wertaufbewahrungsmittel und Spekulationsmittel zu sein, ist auch von anderen Ökonomen vor ihm gesehen worden. Aber keiner hat so klar wie Gesell erkannt, daß sich diese unterschiedlichen Funktionen in einem unversöhnlichen Widerspruch oder Gegensatz zueinander befinden, daß das bisherige Geld sozusagen in seinem Wesenskern gespalten ist (ich möchte das »monetäre Kernspaltung« nennen). Und diese Spaltung des Geldes treibt den Zins hervor, der seinerseits eine Fülle von Krisen und die Spaltung der Gesellschaft bewirkt.

Als Tauschmittel erfüllt das Geld nämlich eine »öffentliche Funktion«, eine gesellschaftliche Funktion, diese aber nur so lange, wie es kontinuierlich im Wirtschaftskreislauf fließt, von Hand zu Hand oder von Konto zu Konto weitergereicht wird, und damit jedesmal einen Warenumsatz ermöglicht. »Taler, Taler, du mußt wandern« oder »Der Rubel muß rollen«, in diesen bekannten Sätzen drückt sich eine tiefe Weisheit aus: daß nämlich das Geld als Tauschmittel nur funktionieren kann, wenn es immer wieder weitergereicht wird, wenn es ständig den produzierten und angebotenen Waren gegenübertritt und ihren Absatz ermöglicht, und damit auch die Existenzgrundlage der Warenanbieter in einer arbeitsteiligen Wirtschaft sichern hilft.[69]

Wird hingegen das Geld dem Produktions-Einkommens-Kreislauf entzogen und aus privatem Interesse zum Beispiel gehortet oder für spekulative Käufe in ganz anderen Kreisläufen verwendet, so wird es insoweit seiner öffentlichen Funktion, seiner Tauschmitteleigenschaft beraubt. Das private Interesse (zum Beispiel an Sicherheit oder Spekulation) tritt in Widerspruch zum öffentlichen Interesse (an der Funktionsfähigkeit des Tauschmittels). Das Horten des Geldes – oder sein Abdriften in spekulative Sphären – kommt insofern nach Gesell einem Mißbrauch und einer Zweckentfremdung des öffentlichen Tauschmittels zu privaten Zwecken gleich, mit verheerenden gesamtwirtschaftlichen Folgen. Und der Anreiz zur Unterlassung dieses Mißbrauchs ist nach Gesell der Zins.

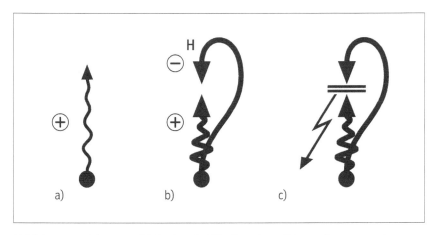

Abbildung 40a bis c: Das bisherige Geld ist in seinem Wesenskern gespalten: Fließendes Geld hat eine für den Wirtschaftskreislauf positive Funktion (a), gehortetes Geld (H) schlägt ins Gegenteil um (b) und treibt Krisen hervor (c).

Die von Gesell aufgedeckte widersprüchliche Funktion des Geldes und die daraus abgeleitete Krisenhaftigkeit des Geldsystems läßt sich auch mit den obigen Abbildungen symbolisch darstellen. Nur das (im Produktions-Einkommens-Kreislauf) fließende Geld kann seine gesamtwirtschaftlich positive Funktion als Tauschmittel erfüllen (Abbildung 40a). Die Abzweigung des Geldes zum Zweck des Hortens und Spekulierens läßt das Geld in seiner Qualität ins Gegenteil umschlagen, ins Negative (Abbildung 40b). Indem es den in einer arbeitsteiligen Wirtschaft lebenswichtigen Geldfluß blockiert, treibt es gesamtwirtschaftlich Absatzkrisen, Deflation und Massenarbeitslosigkeit hervor (angedeutet durch den Blitz in Abbildung 40c).

Der Ausbruch dieser drohenden Krise könne nur unterbunden werden, wenn ein hinreichend hoher Zins an die Geldbesitzer gezahlt wird, damit sie das Horten und Spekulieren unterlassen. Aber eben dieser Zins, der die sonst drohenden Probleme lösen soll, würde selbst zur Ursache einer Reihe von Krisen. Es ist gerade so, als wolle man »den Teufel mit dem Beelzebub austreiben«, als wolle man das eine Übel unterbinden, indem man viele andere Übel schafft.

Im übrigen könne der Zins auf Dauer das Geld gar nicht in Fluß halten. Denn mit wachsendem Investitionsvolumen einer Volkswirtschaft würden nach Einschätzung von Gesell die Renditen im Durchschnitt langfristig absinken, weil sich das wachsende Warenangebot aufgrund begrenzter Absatzmärkte nur zu sinkenden Preisen absetzen ließe. Und also könnten die Unternehmen für künftige Kredite gar nicht mehr die hohen Zinsen zahlen, die die Geldbesitzer von ihnen fordern. Mit sinkendem Zinsniveau aber würden mehr und mehr Gelder dem Produktions-Einkommens-Kreislauf entzogen und sich in Spekulationsgeschäften höhere Renditen suchen.

Die Absurdität des Zinssystems

Mit einigem Abstand betrachtet, hat das Zinssystem ja wirklich etwas höchst Merkwürdiges an sich: Diejenigen, die das Geld in seiner öffentlichen Funktion als Tauschmittel für ihre privaten Interessen zweckentfremden und mißbrauchen, werden nicht etwa dafür bestraft, sondern vom Gesetz sogar noch gedeckt. Deshalb kann man es ihnen im Rahmen der bestehenden Geldordnung auch nicht vorwerfen. Sie nutzen nur die ihnen gesetzlich zustehenden Möglichkeiten zu ihrem Vorteil aus. Das Gesetz gestattet ihnen auch, für die Unterlassung dieses Mißbrauchs einen Zins zu fordern.

In die »Schuld« geraten dabei die Kreditnehmer. Wenn sie ihrer Verpflichtung zur Rückzahlung und Verzinsung des Kredits nicht nachkommen, steht das Gesetz auf seiten der Gläubiger, wenn sie ihre Forderungen mit Unbarmherzigkeit und Unerbittlichkeit eintreiben oder eintreiben lassen. Und wenn der Schuldner nicht zahlt, wird er seines Eigentums beraubt – nur daß es sich nicht »Raub« nennt, sondern Verpfändung oder Konkurs, aus denen sich die Gläubiger »befriedigen«. Nach geltendem Recht sind nicht diejenigen die Schuldigen, die das Geld seiner Tauschmitteleigenschaft berauben, indem sie es horten oder damit spekulieren, oder die diesen Mißbrauch des Geldes nur gegen Zahlung eines hinreichenden Zinses unterlassen; die Schuldigen sind vielmehr die, die in die Schuld geraten sind, sind die Kreditnehmer, die auf den Fluß des Geldes angewiesen sind.

Auf der anderen Seite schützt das geltende Recht aber gleichzeitig die Tauschmitteleigenschaft des Geldes, indem es das Geld zum »allgemeinen Zahlungsmittel« erklärt und mit einem entsprechenden Annahmezwang zur Begleichung von Zahlungsverpflichtungen ausstattet, aber eben nur halbherzig. Denn wenn die Funktion als allgemeines Zahlungsmittel, als Tauschmittel, gesamtwirtschaftlich wirklich erfüllt werden soll, dann müßte das Geld nicht nur mit einem »Annahmezwang«, sondern auch mit einem »Weitergabezwang« ausgestattet sein, das heißt mit der Verpflichtung, es entweder als Konsumausgabe oder als Sparanlage beziehungsweise Investition im Produktions-Einkommens-Kreislauf weiter fließen zu lassen. Das genau sieht die bisherige Geldordnung aber nicht vor. Während sie die Tauschmittelfunktion des Geldes nur halbherzig und unvollkommen schützt, schützt sie in vollem Umfang die in Widerspruch dazu stehende Spekulationsfunktion des Geldes. Nicht nur das Geld selbst, auch die bestehende Rechtsordnung des Geldes ist insofern in sich widersprüchlich. Sie stellt sich dabei mehr auf die Seite der Spekulationsfunktion des Geldes – und damit also gegen seine öffentliche Funktion als Tauschmittel, unter Inkaufnahme einer Fülle von sozial schädlichen Folgen. Der Verfassungsrechtler Dieter Suhr hat auf der Grundlage dieser Überlegungen die Rechtsauffassung vertreten und ausführlich begründet, daß das bestehende Geldsystem insoweit verfassungswidrig sei.[70]

Im Grunde genommen ist dieses Geldsystem in seiner Widersprüchlichkeit nicht nur merkwürdig, sondern in seinem gesetzlichen Schutz der Spekulationsfunktion und in der Legitimierung des Zinses geradezu absurd. Man stelle sich diese Logik nur einmal übertragen auf das öffentliche Verkehrssystem vor, bei dem es ja um den möglichst reibungslosen Fluß von Waren und Personen geht. Voraussetzung dafür ist ein fließender Verkehr. Wenn sich nun eine Gruppe von Menschen zum

Beispiel auf die Schienen setzt, um den Verkehrsfluß zu blockieren, und das vielleicht sogar noch aus ethischen Motiven (zum Beispiel um die Öffentlichkeit auf irgendwelche Mißstände aufmerksam zu machen), so wissen wir alle, wie darauf reagiert wird.

Es wird nicht lange dauern, bis die Polizei anrückt und über Lautsprecher verkündet, daß das Blockieren der Verkehrswege (und des Fließens der Verkehrsmittel) rechtswidrig ist. Sie wird die Blockierer auffordern, die Blockade aufzuheben. Und wenn diese der Aufforderung nicht alsbald nachkommen, dann wird geräumt, notfalls unter Einsatz von Gummiknüppeln, Schlagstöcken, Wasserwerfern und Tränengas. Etliche der Blockierer, die die Blockade nicht freiwillig aufgeben wollen und der Räumung Widerstand entgegensetzen, werden festgenommen und in der einen oder anderen Form bestraft. Wir kennen diese Art von Bestrafung zur Genüge aus entsprechenden Blockaden zum Beispiel von Atomkraftwerken oder Atommülltransporten, aber auch aus vielen anderen politischen Anlässen oder Umweltaktionen.

Man stelle sich nur einmal vor, das Prinzip der bestehenden Geldordnung würde auf das Verkehrswesen übertragen. Dann würden die Verkehrsblockierer – und gar nicht einmal nur aus uneigennützigen, sondern aus höchst eigennützigen Interessen – für das Aufgeben der Blockierung einen Zins fordern, sagen wir einen »Wegezins«, und die Polizei könnte gar nichts machen, weil die Blockierer darin vom Verkehrsgesetz geschützt sind. Und wenn der angebotene »Wegezins« den Blockierern nicht hoch genug ist, bleiben sie einfach sitzen, denn – so wollen wir annehmen – sie haben ja viel Zeit und gerade nichts Besseres zu tun, und deshalb können sie geduldig warten.

Irgendwann wird aber die Ungeduld der anderen, die durch die Blockierung behindert werden oder die indirekt dadurch Schaden erleiden, so groß, daß sie bereit sind, den geforderten Wegezins zu zahlen, damit der Verkehr wieder fließen kann. Und damit der Verkehr nicht schon bald wieder blockiert wird, überweist man am besten gleich per Dauerauftrag einen ständigen Wegezins an die potentiellen Blockierer, damit sie die Blockade künftig unterlassen.

Dies ist eine so absurde Geschichte, daß, würde sie auf der Bühne aufgeführt, jeder Zuschauer über eine derart realitätsferne Farce verständnislos den Kopf schütteln würde. Dabei entspricht sie genau der Struktur des Geld- und Zinssystems, durch den sich der größte Teil der Gesellschaft unter Druck setzen läßt, während eine kleine Minderheit von der Erpressung durch den Zins profitiert und darin vom geltenden Recht geschützt wird. Diese Farce vollzieht sich tagtäglich weltweit – seit Jahrzehnten, Jahrhunderten, Jahrtausenden. Und alle haben sich daran gewöhnt und finden daran gar nichts komisch.

Die Ächtung des Zinses im Christentum

Tatsächlich findet sich schon im Alten Testament eine in diesem Zusammenhang höchst interessante und aufschlußreiche Textstelle (1. Buch Mose, Kap. 47, Vers 14 ff). In der Geschichte über die sieben fetten und sieben mageren Jahre wird darüber berichtet, wie im alten Ägypten der Pharao durch Horten von Gold den Geldfluß blockiert, eine Wirtschaftskrise verstärkt, die Bauern in die Verschuldung treibt und ihnen schließlich den gegen Kredit verpfändeten Boden enteignet, woraufhin sie in der Schuldknechtschaft beziehungsweise Sklaverei landen.

Im Christentum gab es über lange Phasen eine regelrechte Ächtung des Zinses, nicht nur eines überhöhten Wucherzinses, sondern des Zinses überhaupt. Roland Geitmann, Professor für Verwaltungsrecht und Vorsitzender des Vereins Christen für Gerechte Wirtschaftsordnung (CGW), hat eine in diesem Zusammenhang höchst interessante Auswahl von Texten zusammengestellt, aus denen ich hier nur einige wenige markante Zitate wiedergeben will:

Bibel, Kirchen und Zins

In dem Bericht über die Bergpredigt im Lukas-Evangelium findet sich folgende Äußerung von Jesus:

»Vielmehr liebet eure Feinde und tut Gutes und leihet, ohne etwas zurückzuerwarten. Dann wird euer Lohn groß sein und ihr werdet Söhne des Höchsten sein ...« (Lukas 6, 35)

Vom römischen Kirchenvater Lactantius (gestorben 230 n. Chr.) stammt der Satz:

»Es ist äußerst ungerecht, mehr zu fordern, als man gegeben hat. So handeln, das ist seinen Nächsten ausbeuten und auf perfide Weise mit seiner Not spekulieren.«

Der heilige Gregor von Nyssa (ca. 334–394 n. Chr.), griechischer Bischof und bedeutender Theologe, äußerte sich sehr drastisch zum Zins:

»Was ist für ein Unterschied, durch Einbruch in Besitz fremden Gutes zu kommen und auf heimliche Weise durch Mord als Wegelagerer, indem man sich selbst zum Herrn des Besitzes jenes Menschen macht, oder ob man durch Zwang, der in den Zinsen liegt, das in Besitz nimmt, was einem nicht gehört?«

Auf dem Zweiten Lateranischen Konzil 1139 wurde beschlossen:

»Wer Zins nimmt, soll aus der Kirche ausgestoßen und nach strengster Buße und mit größter Vorsicht wieder aufgenommen werden. Einem Zinsnehmer, der ohne Bekehrung stirbt, soll das christliche Begräbnis verweigert werden.«

Papst Eugen III. verkündete 1150:

»Wer mehr nimmt, als die Leihsumme ausmacht, verstrickt sich in die Sünde des Wuchers. Alles, was zur Leihsumme hinzukommt, ist Wucher.«

Und schließlich Martin Luther:

»Darum ist ein Wucherer und Geizhals wahrscheinlich kein rechter Mensch; er sündigt auch nicht eigentlich menschlich! Er muß ein Werwolf sein, schlimmer noch als alle Tyrannen, Mörder und Räuber, schier so böse wie der Teufel selbst! Er sitzt nämlich nicht als ein Feind, sondern als ein Freund und Mitbürger im Schutz und Frieden der Gemeinde und raubt und mordet dennoch gräulicher als jeder Feind und Mordbrenner. Wenn man daher die Straßenräuber, Mörder und Befehder rädert und köpft, um wieviel mehr sollte man da erst alle Wucherer rädern und foltern, alle Geizhälse verjagen, verfluchen und köpfen ...«[71]

Mit der zunehmenden Entfaltung des Handelskapitalismus und der Verschuldung sowohl der Kirche wie der weltlichen Herrscher bei den großen Handels- und Bankhäusern (Fugger und Welser) wurde die durch Jahrhunderte hinweg erhobene kirchliche Forderung nach einem Zinsverbot immer mehr abgeschwächt, vom zunehmend verweltlichten Protestantismus noch eher als von der katholischen Kirche. Hierzu schreibt Geitmann:

»Im 16. Jahrhundert wurde um die Zinsfrage außerordentlich heftig gerungen. Um 1600 schließlich wurde auf evangelischer Seite Luthers prinzipielle Absage an das Zinsnehmen ›unauffällig korrigiert und der entstehenden Geldwirtschaft Rechnung getragen‹. (Martin Honecker) Die zunehmende Verquickung von Staat und Wirtschaft, das evangelische Staatskirchentum und die staatlichen Bindungen der theologischen Fakultäten haben das Thema so nachhaltig in der Versenkung verschwinden lassen, daß viele protestantische Pfarrer heute außer dem mißverstandenen Gleichnis von den anvertrauten Talenten (Matthäus 25, 27) hierzu keinerlei Assoziationen mehr haben und im Zins insbesondere kein theologisches Problem mehr sehen. Demgegenüber muß man der katholischen Kirche bescheinigen, daß sie viel länger und nachhaltiger um die Zinsfrage rang (…) Doch die Macht des Faktischen siegte schließlich auch in der katholischen Kirche (…) Die ersatzlose Streichung des Zins-Kanons im neuen Kirchengesetzbuch von 1983 markiert das Ende des katholischen Zinsverbots.«[72]

Mit der Entwicklung des Kapitalismus vom Handels- zum Industriekapitalismus und mit zunehmender Verweltlichung konnten die religiösen Gebote und Verbote gegenüber den ökonomischen Interessen ohnehin immer weniger ausrichten, und die Kirchen verloren insgesamt an Einfluß. Dadurch wurden natürlich auch die Chancen für die Wirksamkeit eines religiös begründeten Zinsverbotes zunehmend geringer. Immer weniger Menschen hätten sich vermutlich daran gehalten und hätten ihr Geld lieber gehortet, anstatt es ohne Zins weiterzuleihen. Von daher ist ein religiös oder auch anders begründetes Zinsverbot in einer ansonsten auf individuelle und materielle Vorteile ausgerichteten Gesellschaft kein wirksames Mittel. Es wird im Gegenteil entweder ständig durch illegale Formen des Kredits unterlaufen oder führt direkt in einen gesamtwirtschaftlichen Kreislaufkollaps, indem es das Horten verstärkt.

Vielleicht haben die Kirchen auch aus diesem Grunde – der Macht des Faktischen Rechnung tragend – die ursprüngliche Zinsächtung und die Forderung nach einem Zinsverbot abgeschwächt und schließlich ganz fallenlassen. Vielleicht lag der Grund aber auch darin, daß sie sich selbst zunehmend aus der zinstragenden Anlage ihres angehäuften Geldvermögens bereichert haben und allzusehr in das Zinssystem verstrickt waren und sich dabei auf der Seite der Gewinner fanden. Genauere historische Studien dazu sind mir noch nicht bekannt, aber es wäre höchst interessant, auch in dieses verdrängte Kapitel der Kirchengeschichte mehr Licht zu bringen und die diesbezügliche Vergangenheit aufzuarbeiten. Erst in jüngerer Zeit regen sich in kirchlichen Zusammenhängen wieder einige kritische Stimmen, die eine Wiederbelebung der Diskussion um die Problematik des Zinssystems für dringend geboten halten und dies religiös und theologisch, aber auch ökonomisch begründen.[73]

Die Lösung der Blockierung ist die Lösung

Silvio Gesell hielt ein bloßes Zinsverbot in einer weitgehend materiell orientierten Gesellschaft für verfehlt, weil es die Wirtschaft geradezu in die Krise hineintreiben würde. Ihm schwebte eine ganz andere Lösung des Zinsproblems vor. Ich möchte seine diesbezüglichen Gedanken auf eine kurze Formel bringen: »Die Lösung (der Blockierung) ist die Lösung«, nämlich die Lösung der Blockierung des Geldflusses, und zwar an der Stelle, an der sie verursacht wird, und nicht durch das Bekämpfen von Symptomen. Wenn die tiefere Ursache der Geldblockierung und des dadurch hervorgerufenen Zinses in der Gespaltenheit des bisherigen Geldes – in der »monetären Kernspaltung« – liegt, dann gilt es, diese innere Spaltung des Geldes zu überwinden, indem seiner Tauschmitteleigenschaft durch eine entsprechende Rechtsordnung absoluter Vorrang eingeräumt und damit dem fließenden Geld der Weg geebnet wird; während die Abzweigung des Geldes zu anderen Zwecken (die Spekulationsfunktion des Geldes) unterbunden wird (symbolisch dargestellt in Abbildung 41a und b).

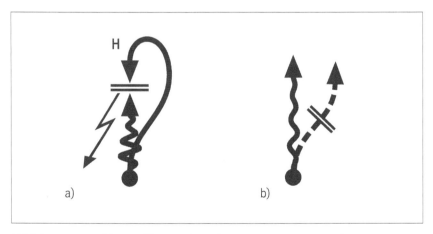

Abbildung 41a und b: Die Überwindung der »monetären Kernspaltung«

Die Überlegenheit des Geldes gegenüber den anderen Waren, aus der heraus es erst zum Horten von Geld und zum Zins kommt, müßte abgebaut werden, um dem Horten und Spekulieren den Anreiz zu nehmen. Und da die Überlegenheit des Geldes ohnehin nicht auf irgendwelche Leistungen der Geldbesitzer zurückgeht, sondern dem Geld in seiner öffentlichen Funktion als Tauschmittel anhaftet, wäre es nur recht und billig, diese Vorteile des Geldes einzuebnen, zu neutralisieren. Das Horten von Geld müßte demnach mindestens genauso teuer werden wie im Durchschnitt das Horten oder Lagern von Waren – erst dann wären gleiche Bedingungen zwischen Geldbesitzern und Warenbesitzern hergestellt, erst dann wäre die Überlegenheit der Geldbesitzer und die Abhängigkeit der übrigen Warenbesitzer aufgehoben, erst dann würden sich gleichberechtigte Partner als Kreditgeber und Kreditnehmer gegenüberstehen.

Das Mittel zur Umsetzung dieses Prinzips sah Gesell in der Einführung einer Art »Parkgebühr« auf gehortetes Geld, die um so höher ausfallen müßte, je mehr und je länger das Geld dem Produktions-Einkommens-Kreislauf entzogen wird: eine Gebühr zur Sicherung des kontinuierlichen Geldumlaufs, eine »Geldumlaufsicherungsgebühr«. Sie sollte nicht etwa in erster Linie die Funktion haben, den öffentlichen Haushalten zusätzliche Einnahmen zu verschaffen, sondern sie sollte die Geldbesitzer dazu bewegen, ihr Geld entweder zu konsumieren oder auch ohne Zinsforderungen bei den Banken anzulegen oder direkt zu investieren, um der sonst fällig werdenden Umlaufsicherungsgebühr auszuweichen.

Auf diese Weise würden dem Kapitalmarkt verstärkt Gelder zufließen, das Angebot an Krediten von seiten der Banken würde steigen, und der Kreditzins würde ganz von selbst nach den Gesetzen von Angebot und Nachfrage sinken und sich langfristig im Durchschnitt immer mehr in Richtung Null bewegen. Was nur noch bliebe, wären die Kreditvermittlungsgebühren für die Geschäftsbanken, aus denen diese ihre Kosten bestreiten und ihre Gewinne erwirtschaften könnten (die bei Gesell und in der Freiwirtschaftslehre auch nicht in Frage gestellt werden).[74]

Die Idee einer Umlaufsicherungsgebühr von Gesell ist also darauf ausgerichtet, mit Hilfe eines relativ kleinen Eingriffs gesamtwirtschaftlich große Auswirkungen zu erzielen: Über ein kontinuierliches Fließen des Geldes sollen

• die Geldmenge überhaupt erst einmal steuerbar werden,
• der Zins langfristig im Durchschnitt auf Null sinken und
• die zinsbedingten Krisentendenzen sich immer mehr abschwächen.

Insgesamt liefe dieser Reformvorschlag auf einen allmählichen Heilungsprozeß eines ansonsten schwerkranken sozialen Organismus hinaus, dessen Funktionen sich unter den genannten Bedingungen zunehmend selbst regulieren könnten.[75]

Modellversuch mit alternativem Geld: Wörgl 1932

Anfang der 30er Jahre wurde während der Weltwirtschaftskrise in dem kleinen österreichischen Ort Wörgl ein aufschlußreicher Modellversuch durchgeführt. Alle anderen Mittel zur Lösung der dramatischen Krise mit Massenarbeitslosigkeit und sozialem Elend hatten versagt. In dieser Situation besann sich der Bürgermeister des Ortes, Michael Unterguggenberger, auf die Ideen und Reformvorschläge von Silvio Gesell und konnte erst den Gemeinderat und die meisten Gemeindemitglieder dafür gewinnen, einen entsprechenden lokalen Versuch mit einem alternativen Geld zu starten, das mit einer Umlaufsicherungsgebühr ausgestattet war. Das unscheinbare Mittel wirkte wie ein Wunder, und man sprach tatsächlich vom »Wunder von Wörgl«, das das Interesse von Menschen aus aller Welt weckte.

Der vorher ins Stocken geratene Geldfluß kam durch das alternative Geld wieder in Bewegung, der Absatz der Waren stieg an, der Gemeinde flossen mehr Steuermittel zu, es konnten wieder öffentliche Aufträge vergeben werden, und die Arbeitslosigkeit ging innerhalb eines Jahres um 25 Prozent zurück. Aber es war kein spirituelles Wunder aus dem Jenseits, sondern entsprach ganz der aufs Diesseits bezogenen Theorie von Gesell. Und selbst wenn es stimmen sollte, daß er die Grundidee in einer Art Inspiration empfangen hatte, so war doch ihre Ausformulierung logisch nachvollziehbar, und ihre Umsetzung hat sich in der Praxis bewährt.

Das erfolgreiche Modell von Wörgl hätte Schule machen können, und über hundert Gemeinden allein in Österreich hatten vor, etwas Ähnliches einzuführen. Es kam jedoch nicht dazu, weil die österreichische Nationalbank ihr Monopol in Sachen Geldversorgung gefährdet sah und die juristische Notbremse zog. Vor Gericht bekam sie recht, und damit wurden das Modell von Wörgl und alle ähnlichen Modelle gerichtlich verboten.[76] Kurze Zeit später gingen derartige Ideen und Alternativen ohnehin in den Wirren und der Barbarei des Faschismus unter und gerieten über lange Zeit in Vergessenheit.[77] Silvio Gesell hat »das Wunder von Wörgl« übrigens nicht mehr miterlebt. Er starb 1930.

Einige der Freiwirtschaftler in Deutschland hatten sich unseligerweise von der nationalsozialistischen Parole der »Brechung der Zinsknechtschaft« blenden lassen. Sie hatten die illusionäre Hoffnung, daß sich unter diesem mörderischen Regime ihre freiwirtschaftlichen Vorstellungen durchsetzen ließen – ein Umstand, der die freiwirtschaftlichen Ideen von

Gesell noch Jahrzehnte danach in den Verruf gebracht hat, faschistisches Gedankengut zu sein. Demgegenüber sind andere Freiwirtschaftler in den Widerstand gegangen.[78] Insgesamt versank die freiwirtschaftliche Bewegung nach dem Zweiten Weltkrieg für lange Zeit in der Bedeutungslosigkeit. Erst in den letzten Jahren ist eine zunehmende Rückbesinnung auf Gesells Werk und eine differenzierte Auseinandersetzung innerhalb der wieder anwachsenden freiwirtschaftlichen Bewegung zu beobachten, die sich auch selbstkritisch mit den Schattenseiten ihrer eigenen Geschichte beschäftigt und an der Weiterentwicklung und Aktualisierung der Ideen von Gesell arbeitet.

Eine gewisse dogmatische Erstarrung – insbesondere gegenüber linken Theorien und sozialen Bewegungen – ist unter Freiwirtschaftlern aber immer noch weit verbreitet, ebenso wie umgekehrt auch auf seiten der Linken gegenüber den Freiwirtschaftlern (sofern diese nicht ganz ignoriert werden). So wie Marx selbst zur Dogmatisierung der marxistischen Linken beigetragen hatte, so hatte auch Gesell seinen Anteil an der Dogmatisierung der Freiwirtschaftslehre. Zwischen beiden Bewegungen haben sich dadurch über ein ganzes Jahrhundert hinweg scheinbar unüberwindliche ideologische Schranken aufgebaut, die es bis heute erschwert haben, das wirklich Trennende von dem Gemeinsamen und Verbindenden zu unterscheiden.

Indem Gesell – wie ich meine, im Übereifer des Gefechts – die Arbeitswertlehre mit viel Polemik über Bord gehen ließ, verbaute er sich und seinen Anhängern auch den Zugang zum tieferen Verständnis der Wertentstehung oder Wertschöpfung, und damit der Quelle für die Entstehung des Mehrwerts. In dieser Hinsicht hat er eine erstaunliche Ähnlichkeit mit der Neoklassik, die ebenso die Verbindung zwischen der Oberfläche der Preisbildung an den Märkten und der tieferliegenden Quelle der Wertschöpfung durchtrennt und aus dem theoretischen Bewußtsein neoklassischer Ökonomie verdrängt hat.

Sosehr sich durch diese begriffliche Weichenstellung, die Gesell selbst vorgenommen hat, die Wege von Marxisten und Freiwirtschaftlern getrennt haben und in gegenseitiger Ignoranz oder wechselseitigen Beschimpfungen ausgeartet sind, so unnötig und in den Konsequenzen verhängnisvoll scheint mir die beiderseitige diesbezügliche dogmatische Erstarrung. Es hätte auch ganz anders kommen können: daß beide Richtungen wechselseitig voneinander lernen und offen sind für jeweilige Korrekturen ihrer Sichtweise, wo dies angebracht erscheint; so daß sich vielleicht so etwas wie eine Synthese beider Ansätze hätte herausbilden können.[79] Wenn dies schon in der Vergangenheit versäumt wurde, so ist doch mindestens zu hoffen, daß diese Chance für die Zukunft nicht erneut vertan wird. Aus den Erkenntnissen beider Ansätze läßt sich eine Menge lernen, aber aus ihren jeweiligen blinden Flecken auch (nämlich wo es nicht langgehen sollte).

Die Blindheit der Freiwirtschaftslehre gegenüber der Natur

Obwohl Gesell eine Theorie der »natürlichen Wirtschaftsordnung« entwickelte, war er doch in gewisser Hinsicht blind gegenüber der Natur.[80] Vom Anspruch her wollte seine Vision ein Wirtschaften im Einklang mit der Natur ermöglichen, der inneren menschlichen Natur ebenso wie der äußeren. In der Tat hat er mit dem zinsbedingten Wachstumszwang einen ganz wesentlichen Motor der wachsenden Umweltbelastung und Naturzerstörung aufgedeckt, dessen Bedeutung alle anderen Richtungen der Ökonomie übersehen haben. Und dennoch: Selbst wenn die freiwirtschaftlichen Vorstellungen konsequent umgesetzt würden und das Zinssystem überwunden wäre, gäbe es im Rahmen einer solchen vom Kapitalismus befreiten Marktwirtschaft immer noch die Tendenz zur Naturzerstörung, wenn auch nicht in der extremen Weise wie unter dem Druck des Zinses.

Denn allein schon bei der Ermittlung des einzelwirtschaftlichen Gewinns, auf den die privaten Unternehmen durch die Konkurrenz ausgerichtet werden, wird die Natur weitgehend vergessen. Dadurch kann etwas als Gewinn erscheinen, was mindestens zum Teil Verluste sind, die der Natur zugefügt, aber nicht berechnet werden. Das bisherige einzelwirtschaftliche Rechnungswesen in marktwirtschaftlichen Systemen beinhaltet nämlich unbewußt eine gigantische Bilanzfälschung, an der sich auch durch freiwirtschaftliche Reformen nicht automatisch etwas ändern würde. Der Teufel der Naturzerstörung steckt in den einzelwirtschaftlichen Grundbegriffen, insbesondere der einzelwirtschaftlichen Kostenermittlung, die – durch Gegenüberstellung mit den Erlösen – auch die Grundlage der Gewinnermittlung bildet. Und solange dieser Teufel nicht aus den Grundbegriffen der Ökonomie ausgetrieben ist, wird er im Gewand ökonomischer Rationalität sein zerstörerisches Werk immer weiter fortsetzen. Der Anspruch einer »natürlichen Wirtschaftsordnung« könnte unter solchen Umständen immer noch nicht realisiert werden.

Im marktwirtschaftlichen Rechnungswesen ist nämlich seit Jahrhunderten und bis in die Gegenwart hinein ein merkwürdiger und erschreckender Widerspruch verankert: Der Bestandserhaltung des toten Produktionsapparats wird mit großer Sorgfalt Rechnung getragen – über die Verbuchung der Abschreibungen für die Abnutzung von Maschinen (die sogenannten »kalkulatorischen Abschreibungen«, die von »steuerlichen Abschreibungen« zu unterscheiden sind). Ist die Maschine nach einigen Jahren abgenutzt, so sollten in Höhe der Abschreibungen genügend Mittel aus den Erlösen zurückgelegt worden sein, um die abgenutzte Maschine durch eine entsprechend neue ersetzen zu können – und auf diese Weise den Bestand des Produktionsapparats zu erhalten. Den innerbetrieblichen kalkulatorischen Abschreibungen liegt also das an sich sinnvolle Prinzip der Reproduktion, der Wiederherstellung, der Bestands- oder Substanzerhaltung zugrunde. Bevor die Reproduktion des Produktionsapparats nicht gewährleistet und – neben den anderen Kosten – aus den Erlösen des Unternehmens gedeckt ist, kann von einzelwirtschaftlichen Gewinnen keine Rede sein.

Bezüglich der anderen, der lebendigen Einsatzfaktoren läßt das Marktsystem allerdings eine entsprechende Sorgfalt um die Sicherung der Reproduktion oder Regeneration vermissen, sowohl bezüglich der Reproduktion der Arbeitskraft als auch der Bestandserhaltung oder Regenerierung der Natur. Bezüglich der Arbeitskraft verläßt man sich darauf, daß die an den Arbeitsmärkten sich bildenden Löhne für die Reproduktion der arbeitenden Menschen ausreichen (wofür es aber bei Überflutung der Arbeitsmärkte mit arbeitsuchenden Menschen keinerlei Gewähr gibt). Und bezüglich der Natur hat das Marktsystem die Verbuchung einer entsprechenden »Natur-Abschreibung« zur Wiederherstellung der Naturbestände in vielen Bereichen unterlassen und damit die Kosten der Umweltbelastung unterschlagen – mit der Konsequenz eines unsäglichen Raubbaus an der Natur.

Solange die einzelwirtschaftliche Gewinnermittlung auf diesem Prinzip beruht, auf der Sorge um den Erhalt des toten Produktionsapparats bei gleichzeitiger Mißachtung der Lebensgrundlagen, treibt die Gewinnorientierung der Wirtschaft systematisch in die Naturzerstörung. Eine »natürliche Wirtschaftsordnung«, ein Wirtschaften im Einklang mit statt im Kampf gegen die Natur, würde auch eine grundlegende Neudefinition einzelwirtschaftlicher Kosten und Gewinne notwendig machen, in der die Sorge um die Sicherung der Reproduktion der Menschen und der

Natur mindestens den gleichen Rang bekommt wie die Sorge um die Bestandserhaltung des Produktionsapparats. Die Diskussionen und politischen Auseinandersetzungen um Ökosteuern und um nachhaltiges Wirtschaften gehen, wenn auch noch viel zu wenig konsequent, zum Teil in diese Richtung. [81]

JOHN MAYNARD KEYNES:

Weltwirtschaftskrise und die Revolution des ökonomischen Denkens

Die Weltwirtschaftskrise nach 1929 bildete den Hintergrund für eine späte, eigentlich viel zu späte Korrektur des neoklassischen Weltbilds durch einen bürgerlichen Ökonomen, der dafür Weltruhm erlangte: der Engländer John Maynard Keynes, der wohl bekannteste Ökonom des 20. Jahrhunderts. Sein Hauptwerk, in dem er seine neue Wirtschaftstheorie entwickelte, erschien erstmals 1936 – immerhin erst drei Jahre nach der Machtergreifung der Nationalsozialisten und dem beginnenden Absturz in die Barbarei.

Für Jahrzehnte haben die Gedanken von Keynes und die sich daraus entwickelnde Richtung des »Keynesianismus« in den westlichen Ländern prägenden Einfluß nicht nur auf die Wirtschaftstheorie, sondern auch auf die Wirtschafts- und Gesellschaftspolitik erlangt und auf die Legitimation eines durch staatliche Eingriffe veränderten Kapitalismus. Vielen, die Angst vor einem Übergreifen des Sozialismus und Kommunismus auf die westliche Welt, aber auch vor einer Ausbreitung des Faschismus hatten, erschien Keynes mit seiner Wirtschaftstheorie und der daraus abgeleiteten Wirtschaftspolitik wie ein Retter in höchster Not. Mit Blick auf Keynes sprach man vielfach von einer »Revolution im ökonomischen Denken«, von der sich viele erhofften, daß durch sie die drohende Revolution auf der Straße durch enttäuschte und aufgebrachte Menschenmassen abgewendet werden könnte.

Obwohl das Buch von Keynes in einer schwierigen akademischen Sprache geschrieben ist und obwohl der spätere Keynesianismus seine Theorie zunehmend in eine mathematisch-abstrakte Form gekleidet hat, haben doch mindestens die Schlußfolgerungen seiner Theorie über Jahrzehnte hinweg in der westlichen Welt viel Anklang gefunden. Sie bildeten lange Zeit den Hintergrund für gängige Argumentationsmuster in der Wirtschaftspolitik und in gesellschaftspolitischen Auseinandersetzungen und wurden später auf den Begriff »nachfrageorientierte Wirtschaftspolitik« gebracht (oder auch einfach nur »Nachfragepolitik« – im Gegensatz zur »Angebotspolitik« des Monetarismus, auf die wir später zu sprechen kommen). Die Begründungen für diese Art von Politik, wie sie Keynes in seinem Hauptwerk entwickelte, sind allerdings im einzelnen viel weniger bekannt, und in den volkswirtschaftlichen Lehrbüchern[82] sind die entsprechenden Zusammenhänge mittlerweile mit mathematischem Formalismus vielfach derart verklausuliert, daß dabei der Blick für das Wesentliche leicht verlorengeht.

Ich will mich deshalb im folgenden darauf beschränken, den mir wesentlich erscheinenden Kern der Keynesschen Theorie möglichst anschaulich darzustellen, um auf dieser Grundlage ihre Aussage- und Gestaltungskraft, ihre sehenden und blinden Flecken zu diskutieren. Denn auch Keynes, der den Blick für wirtschaftliche Krisen und ihre Bekämpfung in mancher Hinsicht geöffnet hat, war in anderer Hinsicht verhängnisvoll blind und hat damit selbst schon den Grundstein für das langfristige Scheitern des Keynesianismus und für eine Wiederauferstehung der Neoklassik und des Neoliberalismus gelegt.

Das Theoriegebäude von Keynes

Auch das Theoriegebäude von Keynes steht im wesentlichen auf drei tragenden Säulen (Abbildung 42), von denen jede einzelne von ihm neu entwickelt wurde:
- die Konsum- beziehungsweise Spartheorie,
- die Investitionstheorie,
- die Liquiditätstheorie.

Die untere Etage seiner Theoriegebäude besteht aus der Krisentheorie, mit der er eine Erklärung für die tiefe Krise und Massenarbeitslosigkeit des entwickelten Kapitalismus anbot; und in der Etage darüber befindet sich die daraus abgeleitete Beschäftigungstheorie – als Grundlage der Krisenbekämpfung und der künftigen Krisenvorbeugung durch entsprechende Wirtschaftspolitik.

Anders als die Neoklassik leugnete Keynes die immanente Krisenhaftigkeit des Kapitalismus nicht mehr, sondern kam im Gegenteil zu der

Einschätzung, daß der entwickelte Kapitalismus immer mehr zu Wirtschaftskrisen und Massenarbeitslosigkeit neige. Aber im Gegensatz zu Marx sah er die Lösung dafür nicht in einer sozialistischen Revolution und einer sozialistischen Planwirtschaft mit Aufhebung des Privateigentums an Produktionsmitteln, sondern in einer staatlichen Intervention in den gestörten Wirtschaftskreislauf.

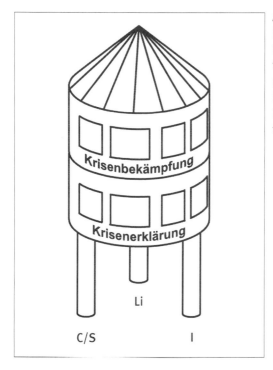

Abbildung 42:
Das Theoriegebäude von Keynes und seine drei tragenden Säulen
(C/S = Konsum-/Spartheorie,
I = Investitionstheorie,
Li = Liquiditäts[präferenz]theorie)

Um es bildlich auszudrücken: Während die Neoklassik die Auffassung vertrat, der Patient Marktwirtschaft sei kerngesund, wenn man ihn nur sich selbst überließe, kam Keynes zu der Diagnose, der Kapitalismus sei aufgrund immanenter Kreislaufschwäche kollabiert und brauche dringend eine Behandlung, die den Kreislauf wieder anregt und für die Zukunft stabilisiert. Je älter der Patient, um so anfälliger sei er für derartige Störungen und um so mehr bedürfe er einer entsprechenden Medizin. Ich möchte gleich hinzufügen: Über Risiken und Nebenwirkungen gab es keine Packungsbeilage und auch keinen Arzt oder Apotheker, den man dazu hätte fragen können.

Erinnern wir uns an das Saysche Theorem, welches besagt, daß sich jede Produktion die (für ihren Absatz) erforderliche Nachfrage schafft. Wir hatten gesehen, daß diese Aussage nur Sinn macht, wenn sie auf den gesamtwirtschaftlichen Kreislauf bezogen wird, und daß sie nur zutrifft, wenn alles (bei der Erstellung des Sozialproduktes entstandene) Volkseinkommen wieder zu Nachfrage nach Sozialprodukt wird. Dabei werden die Konsumausgaben direkt zu Nachfrage nach Konsumgütern, und das Sparen wird indirekt nachfragewirksam, wenn die Mittel zum Beispiel in Form von Krediten für Investitionen bereitgestellt und ausgegeben werden.

Die neoklassische Auffassung vom Zins lief darauf hinaus, daß der Zinsmechanismus am Kapitalmarkt immer wieder für ein solches Gleichgewicht zwischen Sparen und Investieren sorgt und damit auch für ein Gleichgewicht zwischen gesamtwirtschaftlichem Angebot (Sozialprodukt) und gesamtwirtschaftlicher Nachfrage. Dieses Gleichgewicht ginge immer auch mit Vollbeschäftigung einher, weil der Lohnmechanismus am Arbeitsmarkt ein Gleichgewicht zwischen nachgefragter und angebotener Arbeitskraft herstellen würde. Doch die Realität der Wirtschaftskrise war eine völlig andere.

Die Konsum- beziehungsweise Spartheorie

Keynes rollte nun erneut die (neo-)klassische These vom vermeintlichen Gleichgewicht zwischen Sparen und Investieren auf und nahm den Kapitalmarkt unter die Lupe (Abbildung 43a) – und die Bestimmungsgründe, die den Spar- beziehungsweise Investitionsentscheidungen zugrunde liegen. Werden Sparen und Investieren tatsächlich so wesentlich von Veränderungen des Spar- beziehungsweise Kreditzinses beeinflußt, oder gibt es nicht noch andere Faktoren, die einen wesentlichen Einfluß haben können? Wenn ich den Teilnehmern meiner Kurse diese Frage vorlege, kommen in der Regel eine ganze Reihe von Antworten und Ideen zusammen, auch wenn sich die Betreffenden noch nicht näher mit der Keynesschen Theorie beschäftigt haben, zum Beispiel bezogen auf das Sparen:
- »Wenn man nichts übrig hat, kann man auch nichts sparen.«
- »Man spart doch vor allem das, was man vom Einkommen übrig behält, unabhängig vom Zins.«
- »Viele sparen auch für die Altersvorsorge oder für die Ausbildung der Kinder, und nicht wegen des Zinses.«

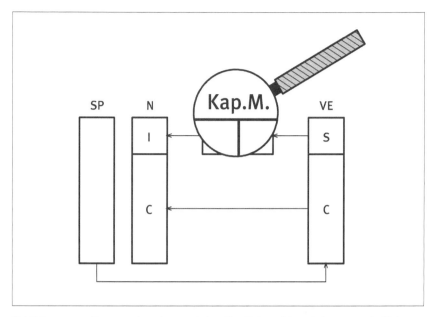

Abbildung 43a: Keynes nimmt erneut den Kapitalmarkt und das vermeintliche Gleichgewicht zwischen Sparen und Investieren unter die Lupe
(SP = Sozialprodukt, VE = Volkseinkommen, N = Nachfrage, C = Konsum, S = Sparen, I = Investition).

Diese und ähnliche ganz naheliegende Überlegungen finden sich auch in der Spartheorie von Keynes:

»Es gibt im allgemeinen acht Beweggründe oder Absichten subjektiven Wesens, die einzelne veranlassen, sich der Ausgabe aus ihrem Einkommen zu enthalten: (...) diese acht Beweggründe könnten die Beweggründe der Vorsicht, Voraussicht, Berechnung, Verbesserung, Unabhängigkeit, Unternehmungslust, des Stolzes und des Geizes genannt werden.«[83]

Für den weiteren Gang seiner Argumentation treten aber alle diese Überlegungen wieder in den Hintergrund, und als wesentliche Aussage bleibt die These: Das Sparen ist nicht in erster Linie vom Zins abhängig, sondern ist vor allem eine Restgröße – nämlich das, was vom Einkommen nach Abzug der Konsumausgaben übrigbleibt. Dies ist eigentlich eine ziemlich triviale und banale Einsicht, auf die fast jeder unvoreingenommene Mensch in unseren Breiten auch von selber kommen würde. Man muß sich nur fragen: Warum brauchte es erst eine Revolution im ökonomischen Denken und einen Keynes, der dafür weltberühmt wurde, um diese Realität der Beweggründe des Sparens wahrzunehmen? Wie vermauert muß die Neoklassik gewesen sein, um sich gegenüber solch einfachen Tatsachen zu verschließen? Und warum? Vermutlich weil allein schon durch diese Einsicht das neoklassische Theoriegebäude – diesmal von einer anderen Seite her – ins Wanken zu kommen und zusammenzustürzen droht.

Denn wenn das Sparen gar nicht in erster Linie durch den Zins, sondern durch die Höhe der Einkommen bestimmt wird, können Veränderungen des Zinses auch nicht immer wieder automatisch das Gleichgewicht zwischen Sparen und Investieren herstellen und damit auch nicht das Gleichgewicht zwischen gesamtwirtschaftlichem Angebot und gesamtwirtschaftlicher Nachfrage. Also könnte es prinzipiell auch zu einem länger anhaltenden Mangel an gesamtwirtschaftlicher Nachfrage kommen und zu entsprechenden Absatzkrisen, mit der Folge von Firmenzusammenbrüchen und Massenarbeitslosigkeit (Abbildung 43b).

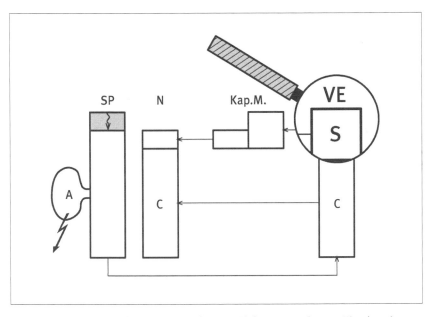

Abbildung 43b: Wenn das Sparen mehr vom Einkommen als vom Zins bestimmt wird, schafft der Zins keine Angleichung von Sparen und Investieren – mit der Folge von Krisen.

Aber genau das mußte von der neoklassischen Theorie ausgeschlossen werden, wenn sie an ihrer Heilslehre von der »optimalen Allokation der Ressourcen« und von der störungsfreien Selbstregulierung der Marktwirtschaft festhalten wollte. Unter Ökonomen galt es lange Zeit als tabu, an den Glaubenssätzen der Neoklassik, die sich als exakte Wissenschaft ausgab (und ausgibt), zu zweifeln. Als Keynes es dennoch tat, tat er es mit großer Behutsamkeit, vermutlich um nicht allzu viele Widerstände gegen sich und seine Gedanken zu wecken. Manches hat er so kompliziert ausgedrückt, daß der normale Leser seinem Gedankengang kaum folgen kann. Aber seine Zielgruppe war auch eine andere, wie er schon mit den ersten Sätzen im Vorwort seines Buches klarstellt:

»Dieses Buch richtet sich in erster Linie an meine Fachgenossen. Ich hoffe, daß es auch anderen verständlich sein wird. Aber sein Hauptzweck ist die Behandlung schwieriger theoretischer Fragen und nur in zweiter Linie die Anwendung dieser Theorie auf die Wirklichkeit. Denn wenn die orthodoxe Wirtschaftslehre auf falscher Fährte liegt, so liegt der Fehler nicht im Überbau, der mit großer Sorgfalt für logische Geschlossenheit errichtet worden ist, sondern in einem Mangel an Klarheit und der Allgemeingültigkeit in den Voraussetzungen.« (›Allgemeine Theorie‹, Vorwort zur englischen Ausgabe, S. V)[84]

Kommen wir zurück auf die Keynessche Spar- beziehungsweise Konsumtheorie. Wenn Sparen in erster Linie eine Restgröße ist, die nach Abzug der Konsumausgaben von den Einkommen übrigbleibt, muß man auch nach den Bestimmungsgründen der Konsumausgaben fragen – bezogen auf einzelne Haushalte wie auf eine gesamte Volkswirtschaft. Auch hier kommt Keynes zu einer ziemlich banalen Aussage: daß die Konsumausgaben mit wachsenden Einkommen zwar absolut zunehmen, aber relativ abnehmen.

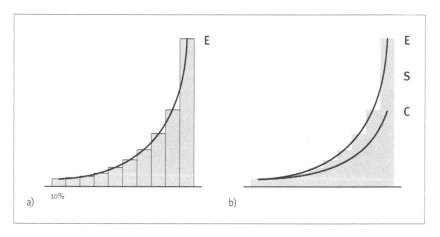

Abbildung 44a und b: Ungleiche Verteilung der Einkommen (E) und die mit wachsenden Einkommen zunehmenden Konsumausgaben (C)

In Abbildung 44a will ich diese Annahmen symbolisch darstellen. Die 10 Blöcke stehen für jeweils 10% der Einkommensbezieher: der linke Block für die 10% mit den niedrigsten Einkommen, der rechte Block für die 10% mit den höchsten Einkommen, und dazwischen liegen die anderen 80% nacheinander aufgereiht. In der Höhe der Blöcke kommt jeweils das durchschnittliche Einkommen der betreffenden 10% zum Ausdruck. In der Grafik zeigt sich also die ungleiche Einkommensverteilung einer Volkswirtschaft. Die Kurve C in Abbildung 44b stellt jeweils die Höhe der Konsumausgaben der einzelnen Einkommensschichten dar. (Dabei ist noch nicht berücksichtigt, daß die unteren Einkommensschichten sogar mehr als ihr Einkommen konsumieren, indem sie sich verschulden.)

Die Grafik berücksichtigt die Annahme von Keynes, daß mit wachsenden Einkommen zwar die Konsumausgaben zunehmen, aber gleichzeitig ihr Anteil am Einkommen zurückgeht. Anders ausgedrückt: Mit wachsenden Einkommen wird zwar absolut mehr konsumiert, aber relativ – im Verhältnis zu den Einkommen – weniger, das heißt, der Prozentsatz des Konsums bezogen auf die Einkommen (die sogenannte »Konsumquote«) sinkt. Bezogen auf die Restgröße Sparen, heißt das: Mit wachsenden Einkommen bleibt nicht nur absolut, sondern auch relativ mehr fürs Sparen übrig. Oder: Mit wachsenden Einkommen wächst der Prozentsatz des Sparens, die sogenannte »Sparquote«[85].

Der Gedanke, der bezogen auf unterschiedliche Einkommensschichten recht einleuchtend ist, wird von Keynes auch auf ganze Volkswirtschaften übertragen, bezogen auf die Entwicklung des Sozialprodukts einer Volkswirtschaft im Laufe der Zeit. Abbildung 44c wäre dann die Darstellung einer wachsenden Wirtschaft, deren Sozialprodukt und Volkseinkommen von Jahr zu Jahr größer wird. Mit wachsendem Volkseinkommen werden die Konsumausgaben der gesamten Volkswirtschaft auch absolut zunehmen, aber relativ im Verhältnis zum Volkseinkommen geringer werden. Und das gesamtwirtschaftliche Sparen wird nicht nur absolut, sondern auch relativ anwachsen. Mit anderen Worten: In einer wachsenden Wirtschaft wird trotz zunehmenden Konsums ein immer größerer Teil des Volkseinkommens gespart.

Damit es nun nicht zu einer gesamtwirtschaftlichen Kreislaufstörung oder gar einem Kreislaufkollaps kommt, müßte diese durch das Sparen absolut und relativ gewachsene Lücke mit entsprechend wachsenden Investitionen aufgefüllt werden. Die Frage ist nur, ob es im privatkapitalistischen System automatisch dazu kommt, ob es also irgendeine Art von Selbstregulierung, von Mechanismus oder Automatismus gibt, der das erforderliche Gleichgewicht immer wieder herstellt. Und hier meldete Keynes – jedenfalls für entwickelte kapitalistische Systeme – erhebliche Zweifel an. Das führt uns zur nächsten Säule seines Theoriegebäudes, zur Investitionstheorie, mit der er die von der Neoklassik unterstellte Zinsabhängigkeit der Investitionen genauer unter die Lupe nahm und auch dabei zu gänzlich anderen Ergebnissen gelangte, als es den Glaubenssätzen der neoklassischen Theorie entsprach.

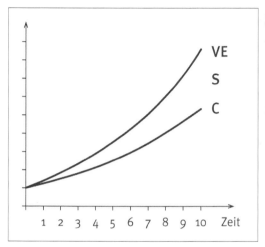

Abbildung 44c:
Von Jahr zu Jahr wachsende Volkseinkommen (VE) und unterproportional steigende Konsumnachfrage (C) beziehungsweise überproportional steigendes Sparen

Die Investitionstheorie

Damit es in wachsendem Maße zu Investitionen kommt, müssen sich diese hinreichend lohnen, das heißt, sie müssen eine in den Augen der Investoren ausreichende Rendite erzielen oder mindestens eine solche erwarten lassen. Von Erwartungen über in Zukunft zu erzielende Renditen hängt es also wesentlich ab, ob und wie viele Investitionen getätigt werden. Da aber niemand mit absoluter Sicherheit in die Zukunft blicken kann (davon ging Keynes jedenfalls aus), sind Investitionsentscheidungen immer bis zu einem gewissen Grad unsicher. Es ist zum Beispiel unsicher, ob der erwartete Absatz der Produkte, die in den nächsten Jahren aufgrund der Investitionen (und der damit geschaffenen Produktionskapazitäten) hergestellt werden, sich tatsächlich auch realisieren läßt. Und es ist unsicher, wie sich die verschiedenen Kosten in Zukunft entwickeln werden usw.

Die Erwartungen sind dabei nicht nur von objektiven Daten, sondern auch sehr stark von subjektiven Einschätzungen und Stimmungen geprägt, die auch ganz schnell umschlagen können. Erwarten zum Beispiel viele Investoren – aus berechtigten oder unberechtigten Gründen – ein Nachlassen des Wirtschaftsaufschwungs oder gar eine Krise, dann halten sie sich mit ihren Investitionen zurück und lösen gerade dadurch die Krise aus, die sie vorher befürchtet haben. Das ist das »Prinzip der sich selbst realisierenden Erwartung«. Und umgekehrt können optimistische Zukunftserwartungen und Stimmungen die Investitionen anregen und gerade dadurch den Wirtschaftsaufschwung bewirken, den die Investoren oder Unternehmen vorher erwartet hatten.

Gegenüber derart schwankenden Erwartungen, die zu großen Schwankungen in den Investitionen führen können, würde die Bedeutung des Zinses mehr oder weniger in den Hintergrund treten, und Veränderungen des Zinses würden häufig nicht die entscheidende Rolle für Investitionsentscheidungen spielen. Hinzu kommt, daß der Zins nur *ein* Kostenbestandteil ist und daß sich der Gewinn und die daraus abgeleitete Rendite aus einer Gegenüberstellung aller Kosten und der Erlöse ergibt. Was nützt zum Beispiel eine Senkung des Zinses, wenn gleichzeitig die anderen Kosten steigen und/oder die Erlöse sinken (beziehungsweise wenn entsprechende Entwicklungen erwartet werden)? In einer tiefen Wirtschaftskrise, in der keine Anzeichen eines neuen Wirtschaftsaufschwungs erkennbar sind, würde auch ein niedriger Zins die Unternehmen nicht zu ausreichenden Neuinvestitionen anregen. Das neoklassische Vertrauen in die Zinsabhängigkeit der Investitionen habe mit der Realität nicht viel zu tun, ebensowenig wie das Vertrauen in die Zinsabhängigkeit des Sparens, so Keynes.

Neben den Schwankungen der Investitionen, die durch schwankende Zukunftserwartungen ausgelöst und durch vorherrschende Stimmungen verstärkt werden, erwartete Keynes zusätzlich einen langfristigen Trend in Richtung immer weiter sinkender Renditen. Denn wenn hochentwickelte Volkswirtschaften auf einem hohem Niveau von Produktion und Konsum noch weiter wachsen, dann müßten ja – wie vorhin schon angedeutet – absolut und relativ immer mehr Investitionen getätigt werden, damit es nicht zu einer gesamtwirtschaftlichen Kreislaufstörung kommt. Wachsende Investitionen bedeuten aber auch wachsende Produktionskapazitäten und einen wachsenden Ausstoß von Gütern, das heißt ein steigendes Angebot, das entsprechend wachsende Absatzmärkte erfordert und auch eine zunehmende Inanspruchnahme von Ressourcen.

Weder Absatzmärkte noch Ressourcen können aber unendlich ausgeweitet beziehungsweise in Anspruch genommen werden, wodurch es im Durchschnitt der Unternehmen unvermeidlich zu Engpässen kommen muß: Während sich die Kosten erhöhen, ließe sich das steigende Angebot nur noch zu sinkenden Preisen und Erlösen absetzen, so daß im Durchschnitt die Gewinne und Renditen schrumpften. Abbildung 45a stellt diesen Zusammenhang grafisch dar.

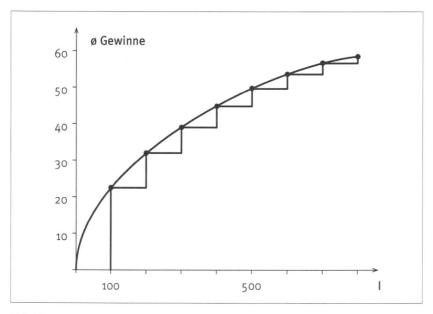

Abbildung 45a: Die »abnehmende Grenzleistungsfähigkeit des Kapitals« nach Keynes

Mit zunehmenden Investitionen steigen zwar noch die Gewinne, aber jede zusätzliche Investition bringt nur noch eine geringere Gewinnsteigerung. Und das Verhältnis von zusätzlichen Gewinnen zu zusätzlicher Investition (der Grenzertrag der Investition) wird dadurch immer schlechter, das heißt, die Rendite nimmt immer mehr ab. Keynes sprach in diesem Zusammenhang von einer langfristig »abnehmenden Grenzleistungsfähigkeit des Kapitals«.[86] (Diese These von Keynes erinnert sehr an diejenige von Marx vom »Gesetz des tendenziellen Falls der Profitrate«, wenn auch die Begründung eine andere war, und an die These von Gesell von einer mit wachsenden Investitionen abnehmenden Rendite, deren Begründung derjenigen von Keynes sehr ähnelte.)

Wenn nun aber die Erwartungen über zukünftig zu erzielende Renditen im Trend und im Durchschnitt zurückgehen und schließlich unter den Kreditzins fallen, würden weitere Investitionen unterbleiben (Abbildung 45b). Im gesamtwirtschaftlichen Kreislauf entstünde dadurch eine »Investitionslücke«, das heißt ein gesamtwirtschaftlicher Nachfragemangel. Die tatsächlichen Investitionen wären geringer als die (für ein gesamtwirtschaftliches Gleichgewicht bei Vollbeschäftigung) notwendigen Investitionen. Die Folge davon wäre die schon mehrmals erwähnte Kettenreaktion von Absatzkrise, Entlassungen, sinkenden Lohn- und Gewinneinkommen, dadurch bedingt sinkende Konsumnachfrage, wahrscheinlich auch zurückgehende Investitionen und weiter sinkender Absatz, das heißt eine sich immer weiter verschärfende Wirtschaftskrise. Und dies alles aus der inneren Logik des Systems heraus, auch ohne äußere Ursachen (die natürlich noch hinzukommen können) und aus der Wirkung des Verstärkerprinzips sich selbst realisierender Erwartungen.

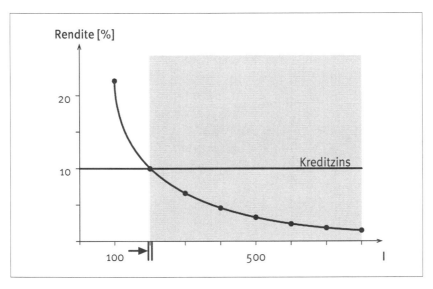

Abbildung 45b: Wenn die Rendite unter den Kreditzins sinkt, unterbleiben zusätzliche Investitionen.

Nach neoklassischer Auffassung müßten in einer solchen Situation unzureichender Investitionsnachfrage und wachsender Arbeitslosigkeit eigentlich automatisch zwei Korrekturmechanismen einsetzen, die die Wirtschaft wieder in Richtung Gleichgewicht bei Vollbeschäftigung führen:
• sinkende Kredit- und Sparzinsen am Kapitalmarkt und
• sinkende Löhne am Arbeitsmarkt.

Betrachten wir zunächst den ersten Punkt: Wenn die Renditeerwartungen der Unternehmen zurückgehen, vermindert sich auch ihre Nachfrage nach Krediten, und entsprechend müssen sich die Geschäftsbanken mit geringeren Kreditzinsen begnügen und können auch nur geringere Sparzinsen an die Geldanleger zahlen. Also würde – nach neoklassischer Auffassung – entsprechend auch das Sparen vermindert, weil es (angeblich) wesentlich vom Zins beeinflußt wird. Anstatt zu niedrigen Zinsen angelegt zu werden, würde das Geld eher konsumiert und damit auf andere Weise nachfragewirksam werden, so daß gesamtwirtschaftlich keine Lücke in der Nachfrage entsteht. Die durch geringe Investitionen entstandene Lücke würde vielmehr durch wachsende Konsumnachfrage wieder aufgefüllt.

Diesen vermeintlichen Automatismus stellte Keynes grundsätzlich in Frage. Das führt uns zur dritten Säule seiner Theorie: der Liquiditätstheorie (oder »Liquiditätspräferenztheorie«), in der er die Rolle des Geldes und Zinses insbesondere in Zusammenhang mit Spekulationsgeschäften genauer betrachtet. (Auf die Keynessche Auffassung vom Arbeitsmarkt kommen wir später zu sprechen.)

Die Liquiditätstheorie

Anders als in der neoklassischen Theorie angenommen, können nach Auffassung von Keynes die Einkommen eben nicht nur entweder für Konsum oder für Sparen (in Form zinstragender Geldanlagen) verwendet werden, sondern es gibt noch eine dritte Verwendungsmöglichkeit: das Geld jederzeit verfügbar zu halten und sich dadurch Liquidität zu sichern. Denn das Geld sei das Mittel mit dem höchsten Grad an Liquidität, das heißt, es kann bei Bedarf sehr schnell umgewandelt werden, zum Beispiel in den Kauf von Gütern, Grundstücken, Wertpapieren, Devisen und sonstigen Vermögenswerten aller Art.[87]

Indem das Geld all diese möglichen Optionen offenhält, verschafft es demjenigen, der es weder konsumiert noch fest anlegt, ein Höchstmaß an Entscheidungsfreiheit. So wie das Geld in liquider Form ungebunden ist, so ist der Besitzer von Liquidität selbst ungebunden, was die mögliche Verwendung des Geldes anlangt. Er läßt sich sozusagen alles offen, er geht finanziell – wenn man so will – keine feste Bindung ein, denn es könnten sich immer noch und immer wieder bessere Gelegenheiten bieten. Diese Dispositionsfreiheit, auf mögliche bessere Gelegenheiten hin zu spekulieren, um dann zum richtigen Zeitpunkt in den Kauf von Spekulationsobjekten einzusteigen und sie mit möglichst hohen Gewinnen wieder zu verkaufen, sei ein wesentliches Motiv für das Zurückhalten von Geld, für das Halten von Liquidität. Keynes spricht in diesem Zusammenhang vom »Spekulationsmotiv«.[88]

Vor allem durch seine Analyse der Rolle der Liquidität für Spekulation brachte Keynes das Fundament des neoklassischen Theoriegebäudes ins Wanken. Daß besonders Geld als Liquidität gehalten wird, führt Keynes auch darauf zurück, daß es ohne größere »Durchhaltekosten« gehortet werden kann, im Unterschied zu den meisten anderen Waren, deren Lagerung mit mehr oder weniger Kosten verbunden ist. (Dieser Gedanke erinnert sehr stark an die These von Gesell von der Überlegenheit des Geldes über die Waren beziehungsweise der Geldbesitzer über die Warenbesitzer.)

Während Keynes das Sparen als weitgehend unabhängig vom Zins betrachtete, sah er zwischen der Höhe des Zinses und der Liquidität für Spekulation einen wesentlichen Zusammenhang. Denn das Geld würde von denen, die es über ihre Konsumausgaben hinaus übrig haben, um so mehr als Liquidität gehalten, je niedriger der Zins für Geldanlagen am Kapitalmarkt ist.

Je weniger attraktiv also die feste Bindung (die feste Geldanlage) ist, um so wichtiger wird es für sie, sich die Optionen für bessere Gelegenheiten offenzuhalten. Sie ziehen entsprechend das Halten von Liquidität vor. Keynes spricht in diesem Zusammenhang von »Liquiditätspräferenz«. Steigt hingegen der Zins am Kapitalmarkt, so wird es für sie zunehmend interessant und attraktiv, auf die Vorteile der Liquidität zu verzichten und das Geld statt dessen fest anzulegen.

Für den gesamtwirtschaftlichen Kreislauf hat diese vom Zins abhängige Liquiditätspräferenz eine gravierende Bedeutung. Denn sie reißt ein mehr oder weniger großes Leck in den Produktions-Einkommens-Kreislauf, aus dem Geld abfließt, das erst einmal innerhalb dieses Kreislaufs nicht nachfragewirksam werden kann. Die Folge davon ist eine gesamtwirtschaftliche Kreislaufstörung, die sich zu einem Kreislaufkollaps, das heißt zu einer dramatischen Wirtschaftskrise, zuspitzen kann.

Das Zusammenspiel der einzelnen Theorieteile

Langsam verbinden sich die einzelnen Elemente der Krisentheorie von Keynes zu einem Erklärungsmuster: die Konsum- und Sparfunktion, die einen wesentlichen Einfluß des Zinses auf das Sparen leugnet, dann die Investitionsfunktion und die These einer langfristig abnehmenden Rendite und langfristig sinkender Zinsen und schließlich die Liquiditätspräferenzfunktion, nach der sinkende Zinsen in immer höheren Maße das Geld aus dem Produktions-Einkommens-Kreislauf abfließen lassen, weil es zunehmend für Spekulationszwecke verwendet wird – anstatt entweder konsumiert oder fest angelegt (und über Investitionskredite real investiert) zu werden.

Je höher die Wirtschaft entwickelt, je älter ein kapitalistisches System ist, je mehr also Sozialprodukt und Volkseinkommen gewachsen sind, um so mehr würden sich Kreislaufprobleme ergeben – weil dem absolut und relativ wachsenden Sparen auf Dauer keine hinreichend wachsenden privaten Investitionen entsprechen würden und weil ein sinkender Zins, anstatt die Investitionen anzuregen, zu verstärktem Abfluß von Geld in die Spekulation führe. In einer solchen Situation würde auch eine Senkung der Leitzinsen von seiten der Zentralbank und ein dadurch verstärkter Zufluß von Geld in den Wirtschaftskreislauf allein nicht ausreichen, um die Wirtschaft aus der Krise herauszuführen, weil das zusätzliche Geld zum größten Teil gleich wieder in die Spekulation abfließt. Keynes nannte dieses Phänomen »Liquiditätsfalle«. Ehe das Geld im Wirtschaftskreislauf als Nachfrage wirksam werden kann, gerät es in die Liquiditätsfalle und bleibt dort dem Produktions-Einkommens-Kreislauf entzogen. Unter solchen Umständen sei die Zentralbank mit ihrer Weisheit am Ende. Nach Einschätzung von Keynes tendieren reife kapitalistische Volkswirtschaften dazu, in eine solche Alterskrise hineinzugeraten – so wie es zur Zeit der Weltwirtschaftskrise in den 30er Jahren geschehen war.

Aber wenn sich schon das gesamtwirtschaftliche Gleichgewicht bei Vollbeschäftigung nicht automatisch von der Nachfrageseite immer wieder herstellt, bleibt dann nicht noch ein möglicher Anpassungsprozeß des gesamtwirtschaftlichen Angebots von Sozialprodukt? Oder einzelwirtschaftlich betrachtet: Wenn schon aufgrund von Nachfragemangel die Erlöse vieler Unternehmen nicht mehr ausreichen, um Gewinne entstehen zu lassen, könnten dann nicht Kostensenkungen dafür sorgen, daß wieder ausreichend Gewinne entstehen und es erst gar nicht zur Krise kommt oder jedenfalls daß die Krise von allein überwunden wird?

Keynes' Kritik an der neoklassischen Arbeitsmarkttheorie

Dies waren bis dahin in der Tat die Vorstellungen der Neoklassik, insbesondere bezogen auf die Senkung der Lohnkosten: Wenn es vorübergehend zu Arbeitslosigkeit kommt – zum Beispiel aufgrund zurückgehender Nachfrage nach Arbeitskraft (NA) von seiten der Unternehmen –, dann würde durch den Lohnmechanismus am Arbeitsmarkt von selbst der Gleichgewichtslohn auf ein niedrigeres Niveau sinken.

Dem hält Keynes zweierlei entgegen: Erstens spielten die Gewerkschaften – zumindest in demokratischen Staaten – eine wichtige gesellschaftliche Rolle. Gegen Senkungen der Geldlöhne oder Nominallöhne würden sich die Gewerkschaften sicherlich wehren. Nominallohnsenkungen ließen sich deshalb auf kurze Sicht gar nicht durchsetzen. Und zweitens sei es aus der Sicht des gesamtwirtschaftlichen Kreislaufs auch gar nicht wünschenswert. Denn würde es wirklich zu Lohnsenkungen kommen, würde dadurch erst einmal die Massenkaufkraft geschwächt[89] und damit die Einkommen derjenigen sozialen Schichten, die einen relativ großen Teil davon konsumieren und direkt nachfragewirksam werden lassen.

Die Folge von Nominallohnsenkungen wäre also (durch den Rückgang der Konsumnachfrage) eine noch größere Lücke in der gesamtwirtschaftlichen Nachfrage, die durch noch mehr Investitionen aufgefüllt werden müßte. Und genau dazu würde es aufgrund der schon erwähnten Zusammenhänge aus privatwirtschaftlichem Gewinninteresse nicht kommen, so daß Lohnsenkungen die gesamtwirtschaftlichen Kreislaufstörungen nicht abbauen, sondern verstärken würden.

Durch diese Argumentation wurde die neoklassische Theorie auch noch von dieser Seite her erschüttert. Alle Elemente der Keynesschen Theorie zusammengenommen ließen ein Bild entstehen, das der Realität der Weltwirtschaftskrise ungleich viel näherkam als das neoklassische Glaubensbekenntnis von der »optimalen Allokation der Ressourcen«.

Die Keynessche Beschäftigungstheorie und -politik

Welche Konsequenzen hat Keynes nun aus seiner Diagnose gezogen? Zuallererst die, daß man den tief in die Krise geratenen Kapitalismus nicht einfach seinen eigenen Mechanismen überlassen und nicht darauf vertrauen dürfe, daß er sich irgendwann von selbst wieder erholen werde. »In the long run we are all dead«, mit diesem berühmt gewordenen Satz wandte er sich gegen eine nur abwartende Haltung in bezug auf die Wirtschaftskrise. Man dürfe nicht so lange auf einen Aufschwung warten, bis alle tot sind, sondern müsse aktiv in das Geschehen eingreifen, um die Entwicklung zum Besseren zu wenden. Aber wie?

Die folgenden Abbildungen sollen den Grundgedanken dieser Therapie veranschaulichen. Abbildung 46a stellt zunächst eine Situation dar, in der das Sozialprodukt deutlich geringer ist, als es bei Vollauslastung der Kapazitäten und bei Vollbeschäftigung sein könnte. Die nicht ausgelasteten Kapazitäten werden durch den gestrichelten Block angedeutet und die Arbeitslosigkeit durch den aufgeblasenen Ballon (A). Die gesamtwirtschaftliche Nachfrage ist auf dem gleichen niedrigen Niveau wie das Sozialprodukt, es herrscht insofern ein Gleichgewicht bei Unterbeschäftigung.

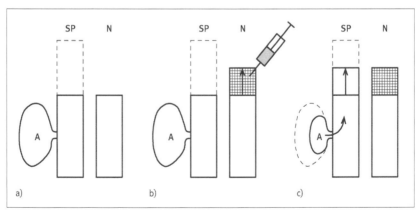

Abbildung 46a bis c: Konjunkturspritze gegen Arbeitslosigkeit

Das Wesentliche der Keynesschen Beschäftigungspolitik besteht darin, in Zeiten wirtschaftlicher Depression zusätzliche Nachfrage durch staatliche Aktivität zu schaffen, um auf diese Weise die Konjunktur anzuregen und die Arbeitslosigkeit zu vermindern. Dazu genüge schon ein relativ kleiner Impuls in Form einer »Konjunkturspritze« (Abbildung 46b), der eine ganze Kette von Folgewirkungen nach sich ziehen würde: in der ersten Runde zunächst einmal eine Steigerung des Sozialprodukts und eine Verminderung der Arbeitslosigkeit, das heißt auch eine Erhöhung der Beschäftigung und der Einkommen (Abbildung 46c).

Entsprechend der Konsumquote entsteht daraus zusätzliche Konsumnachfrage, die ihrerseits in der nächsten Runde zusätzliche Beschäftigung und zusätzliche Einkommen nach sich zieht usw. (angedeutet in Abbildung 46d). Wenn man nun die über mehrere Runden entstandenen Wirkungen summiert, so ergibt sich gegenüber dem ersten Impuls der Konjunkturspritze ein Vielfaches an zusätzlicher Nachfrage, Beschäftigung und Einkommen.

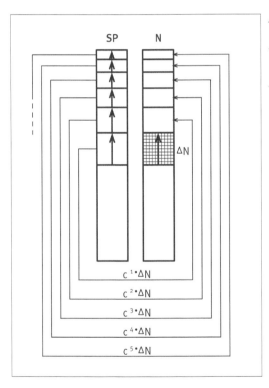

Abbildung 46d:
Die Keynessche Multiplikatorwirkung eines zusätzlichen Nachfrageimpulses (ΔN) in Abhängigkeit von der (»marginalen«) Konsumquote (c)

Dieses Vielfache nannte Keynes »Multiplikator«. Er ist um so größer, je größer die Konsumquote der jeweils neu Beschäftigten ist, das heißt je mehr von den zusätzlich entstandenen Einkommen in den Konsum fließen und damit auf jeden Fall nachfragewirksam werden. Abbildung 46e zeigt die Kette von Folgewirkungen für den Fall einer Konsumquote von c = 80% (oder 0,8), Abbildung 46f zeigt sie für eine Konsumquote von c = 50% (oder 0,5).

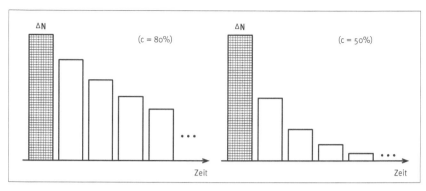

Abbildung 46e und f: Das Abebben der Multiplikatorwirkung – um so schneller, je geringer die Konsumquote

Daran wird erkennbar, daß die Folgewirkungen eines einmaligen Nachfrageimpulses um so langsamer abklingen, je höher die Konsumquote der zusätzlichen Einkommen (die sogenannte »marginale Konsumquote«) ist. Man kann es auch anders ausdrücken: Je geringer die Konsumquote, um so schneller läßt die Wirkung der Konjunkturspritze nach. Um zu vermeiden, daß das System wieder in die Kreislaufstörung zurückfällt, wären ohnehin neue Spritzen erforderlich. Je schneller aber die Wirkung einer Spritze nachläßt, in um so kürzeren Abständen müßte demnach immer wieder »gespritzt« werden, und das Verabreichen von Spritzen würde auf diese Weise zu einer Dauereinrichtung.

Entgegen der neoklassischen Auffassung, daß Sparen die Voraussetzung für Investition und Wirtschaftswachstum sei, kam Keynes in diesem Zusammenhang zu der abenteuerlich anmutenden These, in Zeiten von Arbeitslosigkeit sei genau das Gegenteil richtig: Nicht höheres Sparen, sondern möglichst hoher Konsum schaffe die Voraussetzung für eine schnelle Überwindung der Arbeitslosigkeit. Diese These stellte die neoklassische Auffassung völlig auf den Kopf.

Während der Weltwirtschaftskrise, in der viele Länder auch aufgrund falscher Kürzungsprogramme[90] der öffentlichen Ausgaben immer tiefer in die wirtschaftliche Depression hineingeraten waren, war diese Botschaft von Keynes von enormer Bedeutung: In dieser Situation war nicht Sparen angesagt, sondern Konsumieren, und zwar möglichst viel vom Einkommen, damit der Wirtschaftskreislauf mit einer staatlich verabreichten Konjunkturspritze möglichst schnell wieder in Gang kommen konnte. Diese qualitative Aussage reicht im Grunde schon aus, um den wesentlichen Gedanken der Multiplikatortheorie zu vermitteln. Und dieser erscheint auch einleuchtend.

Vor der mathematischen Formulierung der Multiplikatortheorie, wie sie später Eingang in die meisten volkswirtschaftlichen Lehrbücher gefunden hat und seit Jahrzehnten zum Standard der Ausbildung in »Makroökonomie« gehört, möchte ich die Leser verschonen. Sie erzeugt meiner Meinung nach nur den falschen Schein von Exaktheit, wo es sich lediglich um Tendenzaussagen handeln kann.

Die aktive Rolle des Staates im Wirtschaftskreislauf

Um die verschiedenen Finanzierungsmöglichkeiten zusätzlicher Staatsausgaben zu diskutieren, wollen wir erst einmal den Staatshaushalt in unser Bild vom Wirtschaftskreislauf einfügen.

In Abbildung 46g wird davon ausgegangen, daß sich der Staat seine Einnahmen über direkte Steuern (St^{dir}) beschafft, das heißt über eine direkte Besteuerung der Einkommen. Eine andere Möglichkeit wären indirekte Steuern (wie etwa die Mehrwertsteuer oder die Mineralölsteuer), die in den Preisen der Produkte enthalten sind und die zwar von den Unternehmen gezahlt, aber auf die Käufer abgewälzt werden. Auf der anderen Seite erteilt der Staat Aufträge an die Wirtschaft, und diese Ausgaben des Staates (A_{St}) werden direkt nachfragewirksam. (Die Zahlungen des Staates an die im öffentlichen Dienst Beschäftigten sind in dieser Grafik nicht berücksichtigt, ebensowenig wie die staatlichen Subventionen an Haushalte und Unternehmen.)

Will der Staat zur Konjunkturankurbelung selbst zusätzliche Nachfrage schaffen, indem er zusätzliche Aufträge an die Wirtschaft vergibt, so könnte er zu deren Finanzierung zum Beispiel die Steuern erhöhen. Je nachdem, um welche Steuern es sich handelt und welche sozialen Schichten davon betroffen sind, ergibt sich dadurch eine mehr oder weniger große Einschränkung der Konsumausgaben und damit der gesamtwirtschaftlichen Konsumnachfrage. Während an der einen Stelle dem Wirtschaftskreislauf zusätzliche Nachfrage in Form von erhöhten Staatsausgaben zugeführt wird, würde ihm auf diese Weise an anderer Stelle ein mehr oder weniger großer Teil davon wieder entzogen, was im Sinne der angestrebten Konjunkturbelebung nicht besonders sinnvoll erscheint.

Eine andere Möglichkeit der Finanzierung wäre eine Verschuldung des Staates am Kapitalmarkt, was allerdings dazu führen könnte, daß er mit privaten Kreditnehmern in Konkurrenz tritt, dabei das Zinsniveau in die Höhe treibt und private Investitionen zurückdrängt. Und ob es ihm gelingen könnte, mit hinreichend attraktiven Zinsen bisher gehortete Gelder zu mobilisieren und zum Beispiel zum Kauf von Staatsanleihen zu bewegen, ist relativ unsicher.

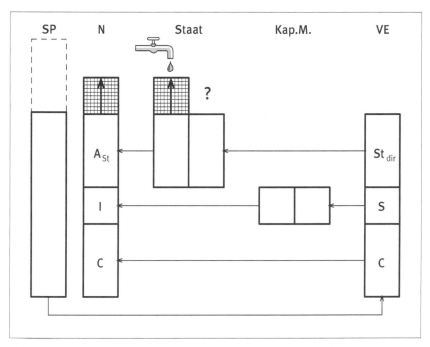

Abbildung 46g: Wie könnten die zusätzlichen Staatsausgaben finanziert werden? (A_{St} = Ausgaben des Staates, St_{dir} = direkte Steuern)

Die im Sinne der Konjunkturbelebung wirksamste Art der Finanzierung wäre die Geldschöpfung, also letztlich das verstärkte Aufdrehen des Geldhahns durch die Zentralbank. Auf diese Art käme zusätzliches Geld in den Wirtschaftskreislauf und würde durch die erhöhten Staatsausgaben unmittelbar nachfragewirksam, ohne daß an anderer Stelle Geld abgezogen und die Nachfrage dadurch vermindert oder zurückgedrängt würde.[91] Entweder schließt sich die Zentralbank mit dem Staat kurz und läßt das neugedruckte Geld direkt dem Staat zufließen – gegen Hereinnahme von Staatsschuldscheinen (mit denen sich der Staat zur Rückzahlung des Kredits und in der Regel auch zu dessen Verzinsung verpflichtet), oder die Zentralbank versorgt den Wirtschaftskreislauf (zum

Beispiel durch eine Senkung der Leitzinsen) insgesamt mit mehr Geld – in der Hoffnung, daß dann auch mehr Geld zum Kapitalmarkt fließt und der Staat sich dort verschulden kann, ohne andere Kreditnehmer zurückdrängen zu müssen. Dabei ist allerdings unsicher, wieviel dieses zusätzlich geschöpften Geldes in die Liquiditätsfalle gerät und aus dem Wirtschaftskreislauf abfließt, noch ehe es nachfragewirksam geworden ist.

Der Staat könnte zum Zweck der Konjunkturbelebung natürlich nicht nur selbst zusätzlich Nachfrage entfalten, sondern durch seine Politik indirekt auf eine Erhöhung der privaten Konsum- oder Investitionsnachfrage hinwirken, zum Beispiel mit einer entsprechenden Steuerpolitik. Durch eine steuerliche Umverteilung von oben nach unten (angedeutet in Abbildung 46h) – das heißt durch höhere Belastung der hohen Einkommen bei steuerlicher Entlastung der niedrigen Einkommen beziehungsweise durch Subventionierung der sozial Schwachen im Rahmen der Sozialpolitik – würde vermutlich die Konsumnachfrage steigen, weil die unteren sozialen Schichten eine höhere Konsumquote haben, während das von den hohen Einkommensschichten gesparte Geld vor allem in Zeiten der Wirtschaftskrise nicht automatisch zu Investitionen und damit nachfragewirksam wird. Ob steuerliche Investitionsanreize ausreichen, um Geld aus der Liquiditätsfalle herauszulocken, ist höchst ungewiß.

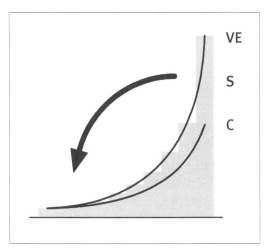

Abbildung 46h:
Stärkung der Konsumnachfrage durch Umverteilung von oben nach unten

In dieser Situation würde also eine steuerliche Umverteilung von oben nach unten nicht nur sozialpolitischen Zielen entsprechen, sondern erscheint auch aus konjunkturpolitischen Gründen zur Wiederbelebung der Wirtschaft und zum Abbau der Arbeitslosigkeit sinnvoll.

In die gleiche Richtung geht eine Interpretation, wie sie sich die Gewerkschaften in den westlichen Industrieländern jahrzehntelang zu eigen gemacht haben: daß die Spielräume der Produktivitätssteigerung in den Tarifverhandlungen genutzt werden sollten, um Lohnerhöhungen durchzusetzen, damit auf diese Weise die gesamtwirtschaftliche Konsumnachfrage vergrößert und die Massenkaufkraft gestärkt wird. Ohne ausreichende Konsumnachfrage entstünde eine Nachfragelücke, die auch nicht durch immer neue Investitionen aufgefüllt werden könnte, so daß die zur Vollbeschäftigung erforderlichen Investitionen ausbleiben würden, mit der Folge von Wirtschaftskrise und Arbeitslosigkeit. Lohnerhöhungen im Rahmen der Produktivitätssteigerung seien also ebenfalls nicht nur sozialpolitisch oder verteilungspolitisch, sondern auch unter Beschäftigungs- und Wachstumsaspekten sinnvoll.

Das, was sich bei Keynes nur in einzelnen Andeutungen findet, nämlich die Rechtfertigung des Sozialstaats (oder Wohlfahrtsstaats) auch unter Konjunktur- und Wachstumsgesichtspunkten, wurde später vom sogenannten »Links-Keynesianismus« zum Programm erhoben, unter anderen durch Joan Robinson und Michal Kalecki. Ein engagierter Vertreter dieser Richtung in der Gegenwart ist Herbert Schui.[92]

Neben der Stärkung der Konsumnachfrage durch entsprechende Einkommens- und Sozialpolitik forderte Keynes wachsende staatliche Investitionen, damit die Investitionslücke im gesamtwirtschaftlichen Kreislauf geschlossen werden könne. Seine nachfrageorientierte Wirtschaftspolitik sollte also sozusagen zweigleisig fahren (›Allgemeine Theorie‹, S. 275). Zur Herstellung oder Aufrechterhaltung von Vollbeschäftigung würden die privaten Investitionen allein nicht ausreichen, und zudem wären sie auch viel zu großen Schwankungen unterworfen. Der Staat müsse deshalb mit wachsenden öffentlichen Investitionen Verantwortung übernehmen und könne sich nicht darauf verlassen, daß die Geldpolitik durch eine Senkung der Leitzinsen die privaten Investitionen hinreichend anrege (›Allgemeine Theorie‹, S. 138).

Was Keynes also forderte, sowohl auf dem Gebiet der Einkommens- und Sozialpolitik wie auf dem Gebiet der Investitionspolitik, waren zunehmende staatliche Interventionen in das marktwirtschaftlich-kapitalistische System, die sich allerdings auf die Beeinflussung der gesamtwirtschaftlichen Nachfrage beschränken sollten. In die Entscheidungen der einzelnen Unternehmen sollte der Staat hingegen nicht eingreifen, von der Abschaffung des Privateigentums an Produktionsmitteln und der Ersetzung der Marktmechanismen durch bewußte gesellschaftliche Planung (wie dies Marx vorschwebte) ganz zu schweigen. Die staatlichen

Interventionen sollten sich auf eine makroökonomische Steuerung konzentrieren – unter Beibehaltung der mikroökonomischen Entscheidungen privater Haushalte und Unternehmen. Auf diese Weise sollte der Staat dafür sorgen, daß der reife und alternde Kapitalismus mit seiner Tendenz zur Kreislaufschwäche bis hin zum Kreislaufkollaps wieder auf Touren gebracht und gehalten wird, indem sein Wirtschaftskreislauf mit entsprechenden kreislaufanregenden Mitteln stabilisiert wird.

Und wenn der Multiplikatoreffekt zusätzlicher Nachfrage die Wirtschaft schließlich so auf Touren bringt, daß sie sozusagen durchdreht, daß die immer weiter steigende Nachfrage über das bei Vollbeschäftigung produzierte Sozialprodukt »hinausschwappt« (Abbildung 46i), was wäre dann? Spätestens von dem Moment an führt ein Nachfrageüberhang nur noch zu einer Aufblähung der Preise, zu einer Inflation. Der Block des Sozialprodukts wird dann wie eine Ziehharmonika auseinandergezogen und erscheint dadurch (in der Summe aller Preise) größer, obwohl die reale Masse die gleiche geblieben ist (in Abbildung 46i dargestellt durch den geschlängelten Pfeil, während der Querbalken auf dem Block SP die Kapazitätsgrenze der Wirtschaft andeutet).

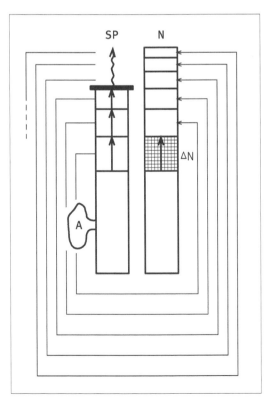

Abbildung 46i:
Die Nachfragepolitik führt spätestens nach Erreichen der Kapazitätsgrenze in die Inflation.

Wahrscheinlich wird die Inflation aber nicht erst genau bei Vollauslastung und Vollbeschäftigung der Gesamtwirtschaft einsetzen, sondern schon vorher. Denn die einzelnen Sektoren würden ja nicht alle gleichzeitig, sondern nach und nach in diesen Zustand hineinwachsen und jeweils mit Preissteigerungen auf den jeweiligen Nachfrageüberhang reagieren. Hier deutet sich schon an, daß die schleichende Inflation eine Begleiterscheinung, sozusagen eine Nebenwirkung Keynesscher Beschäftigungspolitik ist.

Das Konzept der Gegensteuerung: antizyklische Fiskalpolitik

Wenn die gesamtwirtschaftliche Nachfrage zu sehr »überschwappt«, die Konjunktur erhitzt wird und die Inflationsrate steigt, dann müßte der Staat entsprechend die Konjunkturspritzen absetzen; und wenn das noch nicht reicht, müßte er gegensteuern, das heißt auf eine Verminderung der Nachfrage hinwirken und damit die überhitzte Konjunktur dämpfen. Mit dieser Phase hat sich Keynes selbst zwar weniger beschäftigt, weil sie in den 30er Jahren kein vordringliches Problem war. Aber eine Richtung des Keynesianismus hat aus seinem Ansatz das Konzept der »antizyklischen Konjunkturpolitik« beziehungsweise »Fiskalpolitik« entwickelt, eine Politik, die eine Glättung der Konjunkturschwankungen und ein möglichst stetiges Wachstum bewirken sollte: in der beginnenden Krise durch Schaffung zusätzlicher Nachfrage, in der beginnenden Überhitzung durch Einschränkung der Nachfrage.

Der Staat sollte seinen Haushalt gezielt einsetzen, um mit einem Haushaltsdefizit eine schwache Konjunktur anzuregen und mit einem Haushaltsüberschuß eine überhitzte Konjunktur zu dämpfen (antizyklische Fiskalpolitik); und die Zentralbank sollte dies mit einer entsprechenden expansiven beziehungsweise restriktiven Geldpolitik unterstützen (die die Geldmenge zum Beispiel durch Senkung oder Anhebung der Leitzinsen ausweitet oder vermindert). Die Kredite, die der Staat zur Finanzierung des Haushaltsdefizits aufnimmt, sollten später aus den Mitteln des Haushaltsüberschusses wieder zurückgezahlt werden. Und damit es zu einem Überschuß kommt, müßten das Steueraufkommen anwachsen (was im Zuge des Wirtschaftsaufschwungs bei funktionierendem Steuersystem auch ohne Steuererhöhungen fast automatisch geschieht) und die Staatsausgaben gesenkt werden. Abbildung 46k veranschaulicht dieses Prinzip am Beispiel der Kreditaufnahme des Staates bei der Zentralbank in der Krise und der Kreditrückzahlung in der Phase konjunktureller Überhitzung. (In der Grafik ist die Verzinsung der Kredite noch nicht berücksichtigt.)

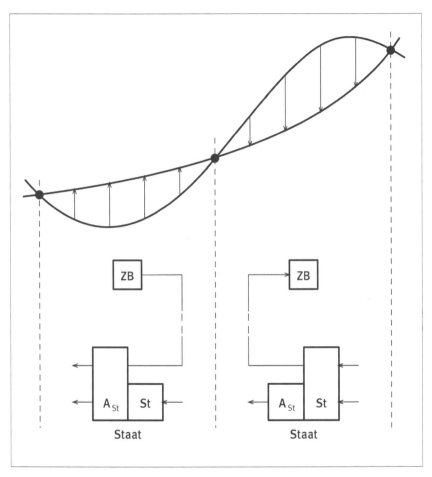

Abbildung 46k: Das Konzept einer »antizyklischen Fiskalpolitik«: in der Rezession Budgetdefizit und Kreditaufnahme, im Boom Budgetüberschuß und Kreditrückzahlung (ZB = Zentralbank, A_{ST} = Ausgaben des Staates, ST = Steuereinnahmen)

Nun schien endlich ein komplettes wirtschaftspolitisches Instrumentarium gefunden und theoretisch begründet zu sein, mit dem sich sowohl Wirtschaftskrisen wie auch Inflation und Konjunkturüberhitzung wirksam bekämpfen ließen, oder mit dem der Staat schon vorbeugend dafür sorgen konnte, daß es gar nicht mehr zu solchen Ausschlägen der Konjunktur in der einen oder anderen Richtung kam – ein scheinbar ungeheurer Fortschritt der Wirtschaftswissenschaft. Endlich schien es ein Heilmittel zu geben, mit dem sich sowohl die Seuche der Massenarbeitslosigkeit als auch diejenige der Inflation aus der Welt schaffen ließ. Worauf es jetzt nur noch ankam, war, die Politik von der Richtigkeit dieser Entdeckung zu überzeugen und zu einem entsprechenden Handeln zu veranlassen und dafür entsprechende Gesetze zu schaffen.

Keynes' Beitrag zum Rüstungskapitalismus

Keynes selbst war nicht ganz unschuldig daran, daß seine Theorie schließlich wesentlich zur Legitimierung von Rüstungsprogrammen herangezogen wurde, auch wenn man ihm nicht unterstellen kann, daß er diese Art der Verwendung oder Verschwendung öffentlicher Gelder in gigantischem Ausmaß und als Dauereinrichtung auch in Friedenszeiten unbedingt gewollt hat. Um seine damals völlig neue und dem neoklassischen Denken widersprechende Beschäftigungstheorie möglichst pointiert zu vermitteln, brachte Keynes einige recht merkwürdige und provozierende Beispiele staatlicher Beschäftigungsprogramme, nach der Devise »Hauptsache daß, egal was«:

»Wenn das Schatzamt alte Flaschen mit Banknoten füllt und sie in geeignete Tiefen in verlassenen Kohlebergwerken vergraben würde, sie dann bis zur Oberfläche mit städtischem Kehricht füllen würde und es dem privaten Unternehmungsgeist nach den erprobten Grundsätzen des *laissez-faire* überlassen würde, die Noten wieder auszugraben, (...) brauchte es keine Arbeitslosigkeit mehr zu geben, und mit Hilfe der Rückwirkungen würde das Realeinkommen des Gemeinwesens wie auch sein Kapitalreichtum wahrscheinlich viel größer als jetzt werden. Es wäre zwar vernünftiger, Häuser und dergleichen zu bauen, aber wenn dem politische und praktische Schwierigkeiten im Wege stehen, wäre das obige besser als gar nichts.«

»Das alte Ägypten war doppelt glücklich und verdankt seinen sagenhaften Reichtum zweifellos dem Umstand, daß es *zwei* Tätigkeiten besaß, nämlich sowohl das Bauen von Pyramiden als auch das Suchen nach kostbarem Metall, deren Früchte, da sie den Bedürfnissen der Menschheit durch Verbrauch nicht dienen konnten, mit dem Überfluß nicht schal wurden. Das Mittelalter baute Kathedralen und sang Totenklagen. Zwei Pyramiden, zwei Steinhaufen für die Toten, sind doppelt so gut wie einer, aber nicht so zwei Eisenbahnen von London nach New York.«

»Das Bauen von Pyramiden, Erdbeben, selbst Kriege mögen dazu dienen, den Reichtum zu vermehren, wenn die Erziehung unserer Staatsmänner in den Grundsätzen der klassischen Wirtschaftslehre etwas Besserem im Wege steht.« (Quelle: John Maynard Keynes: ›Allgemeine Theorie‹, a.a.O.)

Was kann Keynes damit gemeint haben? Natürlich klingt aus diesen Passagen viel Ironie, fast schon Zynismus, vielleicht auch Verzweiflung an einer Welt, der nichts Besseres zu ihrer Reichtumsvermehrung einfällt, als Kriege zu führen und scheinbar sinnlose und unbrauchbare Pyramiden zu bauen. Aber bei aller Sinnlosigkeit oder gar Destruktivität hätten doch alle diese Varianten einen gemeinsamen positiven Aspekt: Sie würden Nachfrage schaffen und dadurch den Wirtschaftskreislauf in Gang halten oder wieder in Gang setzen und dadurch Massenarbeitslosigkeit vermeiden oder überwinden, jedenfalls in einem System, das ohne solche zusätzliche Nachfrage in wirtschaftlicher Depression verharren würde.

Aber wie soll das alles funktionieren? Wie soll durch sinnlose oder gar destruktive Ausgaben der Reichtum eines Landes vermehrt werden? In meinen Kursen habe ich diese Keynesschen Gedanken oft in dieser Frage zugespitzt: »Staatliche Aufträge zum Auf- und Zuschaufeln von Gruben erhöhen den Reichtum einer Volkswirtschaft. Warum?«

In den anschließenden Diskussionen wurden häufig die folgenden Argumente vorgebracht: [93]

- »Die Staatsaufträge bringen den Bauunternehmen doch zusätzliche Gewinne und den Bauarbeitern zusätzliche Löhne. Also steigt das Volkseinkommen.«
- »Aber durch das Auf- und Zuschaufeln ist doch nichts wirklich Neues entstanden. Wie soll denn dadurch der Reichtum steigen?«
- »Aber das Volkseinkommen oder Sozialprodukt ist doch ein Maßstab für Wohlstand!«
- »Das zeigt doch nur, wie blödsinnig dieser Maßstab ist, wenn einfach nur die entstandenen Einkommen zusammengezählt werden, egal, ob sie aus sinnvoller oder sinnloser Produktion entstanden sind.«
- »Wenn es ja das nur wäre. Aber Rüstungsausgaben erhöhen ja auch das Sozialprodukt, und Kriege noch mehr. Denn wenn alles zerstört ist, gibt es wieder neue Aufträge zum Wiederaufbau!«
- »Aber wenn mit solchen Rüstungsausgaben die Massenarbeitslosigkeit vermieden werden kann, dann ist es doch gut!«

• »Was ist denn daran gut? Da sollte der Staat lieber Kitas, Schulen, Universitäten oder Krankenhäuser bauen und mehr für die Umwelt tun. Es gibt doch weiß Gott genügend Sinnvolles und Notwendiges zu tun.«

In den wenigsten volkswirtschaftlichen Kursen und Lehrbüchern werden derartige Fragen überhaupt auch nur ansatzweise diskutiert. Statt dessen wird die Keynessche Beschäftigungstheorie in einer mathematisierten Form dargestellt, die den falschen Schein von Exaktheit erzeugt und die Problematik der Theorie und der damit legitimierten Politik weitgehend verschleiert. Keynes selbst war mit der mathematischen Formulierung seiner Theorie noch recht sparsam, und wo er sie verwendet hat, war es wohl mehr ein Zugeständnis an die Fachkollegen, als daß er von deren Sinnhaftigkeit in diesem Zusammenhang besonders überzeugt gewesen wäre. Das einzige Kapitel in seinem Buch, das mit vielen Formeln angefüllt ist, kommentiert er gleich zu Beginn mit der Fußnote: »Jene, die der Algebra (mit Recht) abhold sind, werden wenig verlieren, wenn sie den ersten Teil dieses Kapitels überschlagen.« (›Allgemeine Theorie‹, S. 237)

Aber der allgemeine Trend zur zunehmenden Mathematisierung der Wirtschaftswissenschaft hat schließlich auch vor der Keynesschen Theorie nicht haltgemacht, und die wenigen Ansätze in dieser Richtung bei Keynes selbst sind von späteren Keynesianern begierig aufgegriffen worden, die seine Theorie zunehmend in die Form abstrakter mathematischer Modelle gegossen haben. Diese Modelle entwickelten ein immer mehr von der Realität abgekoppeltes Eigenleben (wie ich das schon bezogen auf die neoklassische Modellbildung angedeutet hatte), in der schließlich auch der größte Wahnsinn noch als »ökonomische Rationalität« erscheinen konnte.

Das durch den Keynesianismus geprägte Denken wurde dadurch zunehmend blind für den Gebrauchswert öffentlicher Aufträge, die zur angeblichen Schaffung und Sicherung von Arbeitsplätzen vergeben wurden. Ob es Rüstungsaufträge oder Atomkraftwerke waren oder andere in vieler Hinsicht bedenkliche Großprojekte, allein schon der Hinweis auf die damit verbundenen »Beschäftigungseffekte« schien lange Zeit hinreichendes Argument zu sein, um ihre Notwendigkeit und Legitimation zu begründen. Selbst die Gewerkschaften unterlagen für Jahrzehnte dieser ökologischen und ethischen Blindheit, mit der die Diskussion über Sinn, Unsinn oder Wahnsinn öffentlicher Ausgaben gar nicht mehr geführt wurde, wenn sie nur die Schaffung oder Sicherung von Arbeitsplätzen versprachen.

Sosehr Keynes den Blick für Lösungen des Beschäftigungsproblems geschärft hat, so blind wurde der Keynesianismus für die schädlichen Nebenwirkungen der dafür eingesetzten Mittel. Und Keynes selbst hat mit seiner Theorie bereits die Weichen dafür gestellt, daß das ökonomische Denken ganzer Generationen auf derartige Irrwege geriet.

Wenn schon der Staat aktiv in den Wirtschaftskreislauf eingreifen sollte, um die zur Vollbeschäftigung erforderliche Nachfrage zu schaffen, dann hätte von vornherein damit auch die Forderung nach gesellschaftlich sinnvoller Verwendung der öffentlichen Mittel verknüpft werden müssen. Die staatlichen Beschäftigungsprogramme hätten von Anfang an gesellschaftlich sinnvoll eingesetzt werden müssen, dort, wo die kapitalistische Marktwirtschaft aus sich heraus keine hinreichende Versorgung gewährleistet, zum Beispiel in sozialen und ökologischen Bereichen und in den Bereichen Bildung und Gesundheit. Statt dessen hat Keynes dazu beigetragen, den Gebrauchswert öffentlicher Aufträge aus dem öffentlichen Bewußtsein zu verdrängen und insoweit eine kollektive Bewußtseinsspaltung zu fördern, bei der auch die irrationalsten und destruktivsten Verwendungen öffentlicher Gelder als ökonomisch rational erscheinen.

Die Entwicklung des Keynesianismus in der Bundesrepublik Deutschland

Nach der Gründung der Bundesrepublik Deutschland gab es zwar ein hohes Maß an Arbeitslosigkeit, aber die »soziale Marktwirtschaft« entfaltete aufgrund einer Reihe von Sonderbedingungen eine solche Dynamik, daß man allgemein vom »deutschen Wirtschaftswunder« sprach. Dazu gehörten unter anderem:
- der Wiederaufbau zerstörter Städte und Produktionsanlagen,
- der Nachholbedarf im Konsumbereich,
- der Marshall-Plan,
- die steigende Massenkaufkraft,
- die hohe Arbeitsmotivation,
- die geringe Verschuldung.

Im Zuge des Wirtschaftswunders mit seinen relativ hohen Wachstumsraten des Sozialprodukts, in denen die Gewinne und Kredite vor allem für Erweiterungsinvestitionen verwendet wurden, wurde die Arbeitslosigkeit auch ohne aktive staatliche Beschäftigungspolitik relativ schnell abgebaut, und in den 60er Jahren gab es sogar Arbeitskräftemangel, woraufhin ausländische Gastarbeiter angeworben wurden. Die damals vorherrschende und auch von Wirtschaftsminister Ludwig Erhard vertretene Ideologie des sogenannten »Ordo-Liberalismus« beinhaltete ein prinzipielles Bekenntnis zur Marktwirtschaft, betonte aber die Gefahr der Zusammenballung wirtschaftlicher Macht, durch die die Funktionsweise der Marktmechanismen zunehmend außer Kraft gesetzt werden könne.[94]

Der Ordo-Liberalismus, der wesentlich auf Walter Eucken zurückging, forderte deshalb einen staatlichen Ordnungsrahmen insbesondere zur Sicherung des Wettbewerbs, eine sogenannte »Wettbewerbsordnung«, mit der Kartelle und Monopole verhindert werden sollten.[95] Für diese Konzeption war nicht zuletzt die unheilvolle Verbindung von Großkapital und Nationalsozialismus im Dritten Reich prägend. Ansonsten sollte sich aber der Staat aus dem wirtschaftlichen Geschehen weitgehend heraushalten, eine Auffassung, die insoweit den früheren Vorstellungen des klassischen Liberalismus beziehungsweise der Neoklassik sehr ähnlich war. Lediglich im Bereich der Sozialpolitik sollten die unsozialen Folgen der freien Marktwirtschaft abgemildert werden.

Von aktiver staatlicher Beschäftigungspolitik oder Konjunkturpolitik nach Keynes war in dieser Phase keine Rede, und es bestand dafür auch kein akuter Bedarf. Die Ordo-Liberalen beherrschten auch weitgehend die Szene in der Besetzung der wirtschaftswissenschaftlichen Lehrstühle und wirtschaftspolitischen Beratungsgremien. Krisentheorien irgendwelcher Art, sei es die von Keynes oder gar von Marx oder Gesell, fanden in dieser Phase von scheinbar ungebrochenem Wirtschaftswachstum und wachsendem Wohlstand keinerlei Beachtung.

Um so mehr mußte es für weite Teile der bundesrepublikanischen Gesellschaft wie ein Schock gewirkt haben, als 1966/67 völlig unvermittelt und unvorbereitet die erste wirtschaftliche Rezession, begleitet von Arbeitslosigkeit, über die Bundesrepublik hereinbrach. Der Glaube an eine unbegrenzte Fortsetzung des Wirtschaftswunders wurde mit einem Mal tief erschüttert, und die Krise bot in vieler Hinsicht Anlaß für eine grundlegende Neuorientierung. Sie bildete auch einen wesentlichen Hintergrund für die Entwicklung der Studentenbewegung, die zunächst eine antiautoritäre und zunehmend auch antikapitalistische Stoßrichtung hatte und lautstark gegen den barbarisch geführten Krieg der USA mit Vietnam protestierte. In Frankreich drohte im Zuge der 68er-Revolte, die von weiten Teilen der Arbeiterschaft unterstützt wurde, zeitweise sogar das kapitalistische System zu kippen. Die Legitimation der vermeintlich störungsfreien Marktwirtschaft geriet in dieser Zeit mehr und mehr ins Wanken.

Diese Entwicklung bildete in der Bundesrepublik (und auch in anderen westlichen Ländern) den Hintergrund für eine Renaissance des Keynesianismus und seines Konzepts einer antizyklischen Konjunkturpolitik. Ein vehementer Vertreter dieser Richtung war der damalige Wirtschaftsminister Karl Schiller (SPD) in der großen Koalitionsregierung von CDU/CSU und SPD. Er wurde zum Apologeten keynesianischer Konjunktur- und Beschäftigungspolitik, und es gelang ihm auf erstaunliche Weise, großen Teilen der deutschen Öffentlichkeit das Konzept der damals sogenannten »Globalsteuerung«, das heißt der staatlichen Beeinflussung makroökonomischer Größen (vor allem der volkswirtschaftlichen Gesamtnachfrage), verständlich zu machen und die gesetzlichen Grundlagen dafür politisch durchzusetzen.[96]

Mit dem »Gesetz zur Förderung von Stabilität und Wachstum« (Stabilitätsgesetz) bekam der Staat Bundesrepublik Deutschland das modernste konjunkturpolitische Instrumentarium an die Hand, um die öffentlichen Haushalte von Bund, Ländern und Gemeinden auf konjunkturpolitische Ziele hin auszurichten und – je nach Situation – über Haushaltsdefizite oder Haushaltsüberschüsse die gesamtwirtschaftliche Nachfrage wirksam zu beeinflussen, um Konjunkturschwankungen zu mildern und ein relativ stetiges Wirtschaftswachstum bei Vollbeschäftigung zu gewährleisten. Mehr und mehr wurde der Keynesianismus zur vorherrschenden wirtschaftswissenschaftlichen und wirtschaftspolitischen Doktrin, die auch alsbald in konkrete politische Handlungen umgesetzt wurde.

Schon 1967 wurde der Wirtschaft der Bundesrepublik eine erste Konjunkturspritze in Höhe von ungefähr 5 Milliarden DM verabreicht, und ganz entsprechend der Multiplikatortheorie erbrachte diese Spritze schon innerhalb eines Jahres ein Vielfaches an zusätzlichen Einkommen und zusätzlicher Beschäftigung, so daß die Krise in kurzer Zeit überwunden und die Arbeitslosigkeit beseitigt werden konnte. Keynes erschien vielen wie ein Heiliger und Karl Schiller wie ein Wunderheiler. Einen besseren Beweis für die Richtigkeit der Keynesschen Theorie, an der bis dahin vielleicht noch manche gezweifelt hatten, konnte es kaum geben. Der Keynesianismus erlebte an den westdeutschen Universitäten und in der westdeutschen Öffentlichkeit und Politik einen regelrechten Boom.

Damit schien auch den Systemkritikern der Wind aus den Segeln genommen zu sein, denn die Krise des Kapitalismus oder der »sozialen Marktwirtschaft« ließ sich nun – so schien es – mit einem modernen konjunkturpolitischen Instrumentarium von Diagnose und Therapie behandeln. Die Wirtschaft brauchte also nie wieder in Arbeitslosigkeit oder Inflation abzugleiten, sondern konnte auf den Weg stetigen Wachstums und stetiger Wohlstandsvermehrung gebracht und darauf gehalten werden.

So jedenfalls sah die Welt durch die Brille überzeugter Keynesianer aus. Nur die Realität war leider schon sehr bald eine andere! Und wir wissen heute, daß das Problem der Massenarbeitslosigkeit in keiner Weise gelöst ist, im Gegenteil: Die Hilflosigkeit und Ratlosigkeit angesichts dieses Problems wird, quer durch alle politischen Parteien, immer bedrückender. Selbst Regierungswechsel lassen kaum noch große Hoffnung auf wesentliche Veränderungen aufkommen, und wenn doch, dann werden sie schon nach kurzer Zeit immer wieder bitter enttäuscht oder die Mittel zur Lösung der Probleme werden zunehmend drastischer und für große Teile der Bevölkerung immer unzumutbarer.

Die blinden Flecken des Keynesianismus

Wo lagen die blinden Flecken des Keynesianismus, daß er sich der Illusion hingeben konnte, das Problem der Arbeitslosigkeit sei nun ein für allemal gelöst? Oder lag sein weitgehendes Scheitern daran, daß er nie richtig und konsequent in Politik umgesetzt wurde? Diese Fragen sollen uns im folgenden näher beschäftigen.

Keynesianismus und schleichende Inflation

Zunächst wollen wir den schon kurz angedeuteten Zusammenhang zwischen Keynesscher Beschäftigungspolitik und schleichender Inflation etwas systematischer betrachten. Was ist an einer schleichenden Inflation eigentlich so problematisch? Sollte man nicht lieber 5% Inflation in Kauf nehmen anstatt 5% Arbeitslosigkeit, wie dies in der politischen Diskussion immer wieder gefordert wurde? Oder vielleicht sogar 10% Inflation anstelle von 10% Arbeitslosigkeit, wenn denn eine solche Alternative bestünde?

Der Einfachheit halber wollen wir annehmen, es entstehe eine Inflation von 100%. Wenn alle Preise und alle Kosten sich im Tempo der Inflation gleichmäßig erhöhen, würden einfach nur alle Größen zahlenmäßig verdoppelt, auch der Gewinn. Aber für den nominell doppelten Geldbetrag könnte man nur die gleiche Menge wie vorher kaufen, weil sich ja alle Preise gleichermaßen verdoppelt haben. Unter diesen Bedingungen würde also die reale Kaufkraft sowohl der Löhne wie auch der Gewinne und der Zinsen (die den Finanzierungskosten entsprechen) gleichbleiben.

Im Grunde hätte sich dadurch gar nichts geändert, außer daß alle in Geld ausgedrückten Größen sich verdoppelt hätten. Ein paar Probleme würden sicherlich dadurch entstehen, daß man sich immer wieder auf die wachsenden Zahlen einstellen müßte, aber vielleicht könnten sich die Menschen auch daran gewöhnen. Und wenn die Zahlen irgendwann zu groß werden, könnte man doch einfach einige Nullen wegstreichen und das Ganze auf dem Niveau kleiner Zahlen fortsetzen. Was also ist an einer Inflation so problematisch?

Die Problematik der Inflation (und übrigens auch der Deflation) hängt vor allem damit zusammen, daß die Preis- und Kostenveränderungen sich in der Realität eben nicht parallel und in der gleichen Geschwindigkeit vollziehen, sondern in unterschiedlichem Maße. Viele Preise und Kosten können sich nicht stetig und kontinuierlich dem allgemeinen Tempo der Inflation anpassen, sondern sind für mehr oder weniger lange Zeit gebunden, zum Beispiel die Löhne durch Tarifverträge, und die Finanzierungskosten durch Kreditverträge.

Nehmen wir also an, daß sich im Zuge der Inflation zwar die Absatzpreise und damit die Erlöse der Unternehmen verdoppeln und ebenso die Material- und Maschinenkosten, daß aber die Arbeitskosten und die Finanzierungskosten auf dem Ausgangsniveau bleiben. Die Folge davon wird sein, daß sich die Gewinne in unserem Beispiel noch einmal verdoppeln, diesmal aber nicht nur nominell, sondern auch real, in ihrer Kaufkraft. Diese gewachsenen realen Gewinne sind nicht auf höhere Leistungsfähigkeit oder Produktivität der Unternehmen zurückzuführen, sondern in unserem Beispiel einzig und allein auf das Zurückbleiben der Löhne und Zinsen gegenüber dem allgemeinen Inflationstempo. Sie sind reine Inflationsgewinne, die den Unternehmen natürlich Auftrieb geben und signalisieren, daß die Wirtschaftskrise überwunden sei und ein neuer Wirtschaftsaufschwung eingesetzt habe.

Indem nun viele Unternehmen erwarten, daß es wieder aufwärts geht, wird es auch aufwärts gehen – entsprechend dem »Prinzip der sich selbst realisierenden Erwartung«. Weil sich die Produktion wieder lohnt, werden sie verstärkt produzieren und investieren. Insofern hat eine Inflation – auch schon in viel kleineren Dosierungen von wenigen Prozent – erst einmal eine konjunkturanregende und -belebende Wirkung. Und also scheint es gar nicht problematisch zu sein, wenn die keynesianische Konjunkturspritze alsbald mit inflationären Wirkungen einhergeht. Im Gegenteil: Die Inflation scheint sogar die belebende Wirkung der Konjunkturspritze noch zu verstärken, scheint eine stimulierende Wirkung zu haben.

Voraussetzung dafür ist allerdings, daß die Erlöse auch über längere Zeit den Kosten vorauseilen oder daß die Kosten (beziehungsweise einzelne ihrer Bestandteile) hinterherhinken. Davon ist Keynes in bezug auf die Löhne ausgegangen. Nach seiner Auffassung orientieren sich die Lohnforderungen der Gewerkschaften an den Nominallöhnen, das heißt an den in Geld ausgedrückten Löhnen. Deswegen sei es in Demokratien mit funktionierenden Gewerkschaften auch so schwierig, Geldlohnsenkungen durchzusetzen, selbst wenn Arbeitslosigkeit und ein Überangebot von Arbeitskräften herrscht. Aber auch im umgekehrten Fall von Lohnerhöhungen hätten die Gewerkschaften die Nominallöhne vor Augen und würden sich in ihren Lohnforderungen daran orientieren. Die Arbeiter oder ihre Interessenvertreter unterlägen insoweit einer »Geldillusion«, weil sie glauben, 100 Mark seien 100 Mark, ohne sich der Veränderungen der realen Kaufkraft bewußt zu werden.

Ich habe allerdings den Eindruck, daß hier Keynes selbst einer Illusion unterlag. Natürlich brauchte es eine Weile, bis die Lohnabhängigen oder die Gewerkschaften in Zeiten beginnender Inflation erst einmal wahrnahmen, wie sich die Preise entwickelten; insbesondere zu Zeiten von Keynes, wo es noch nicht eine derart entwickelte Statistik zur Ermittlung des Preisindex und seiner Veränderungen gab. Aber es war schon höchst merkwürdig, die Gewerkschaften für so dumm zu halten, daß sie die Inflation in ihren Auswirkungen auf die Kaufkraft der Löhne entweder nicht begreifen oder nicht darauf reagieren. So weitsichtig Keynes in vieler Hinsicht gewesen ist, in bezug auf die vermeintliche Geldillusion der Lohnabhängigen (und auch der Geldanleger) hatte er einen blinden Fleck, der in bezug auf seine Politik fatale Konsequenzen haben sollte.

Wenn nämlich die Gewerkschaften in der nächsten Runde der Tarifverhandlungen einen Inflationsausgleich fordern und durchsetzen, das heißt die Nominallöhne entsprechend der Inflationsrate erhöht werden, schrumpft der Inflationsgewinn wieder zusammen. Und wenn auch die Geldanleger in der nächsten Runde einen um die Inflationsrate erhöhten Zins für langfristige Geldanlage fordern (und die Zinsen für langfristige Kredite in die Höhe gehen), steigen auch noch die Finanzierungskosten für Neuinvestitionen.

Wir wollen annehmen, daß auf diese Weise auch die Arbeitskosten und die Finanzierungskosten ihren vorübergehenden Rückstand gegenüber dem allgemeinen Inflationstempo aufholen und gleichziehen. Als Folge davon werden die Inflationsgewinne wieder verschwinden und mit ihnen auch der konjunkturbelebende Effekt. Mit anderen Worten: Die Wirkung der Konjunkturspritze läßt wieder nach, und die Wirtschaft droht erneut in eine Krise zu geraten – es sei denn, es wird eine neue Spritze angesetzt, die den Kreislauf wieder auf Touren bringt. Damit wieder kurzfristige Inflationsgewinne mit entsprechend anregender Wirkung entstehen, müßte die Inflationsrate weiter steigen. Nur unter dieser Voraussetzung könnten die Erlöse erneut den Kosten vorauseilen, bis mit einiger Verzögerung die Löhne und die Zinsen wieder nachziehen.

Dieses Spiel kann eine Weile lang so weiterlaufen. Die Unternehmen können versuchen, die erhöhten Kosten auf die Preise abzuwälzen, und darauf hoffen, daß genügend Nachfrage entsteht oder durch Konjunkturspritzen geschaffen wird, um die Waren mit hinreichenden Gewinnen abzusetzen. Und wenn ein erneuter Ausbruch der Krise und der Arbeitslosigkeit vermieden werden soll, werden Staat und Zentralbank immer häufiger genötigt, neue Spritzen anzusetzen und deren Dosierung immer weiter zu steigern, um die gleiche Wirkung zu erzielen. Mit gleichbleibender Dosis der Geldspritze und gleichbleibender Inflationsrate ließe sich der Kreislauf gar nicht stabilisieren, die Dosis müßte immer mehr gesteigert werden. Dies aber ist der Weg von der schleichenden zur trabenden und galoppierenden Inflation.

Hinzu kommt, daß von der Inflation ja nicht nur die aufs Jahr berechneten »Strömungsgrößen« wie Erlöse und Kosten betroffen sind, sondern auch die über Jahre oder Jahrzehnte hinweg angesammelten »Bestandsgrößen«, zum Beispiel die Geldvermögen und Schulden. Je höher die Inflationsrate, um so schneller entwerten sich Geldvermögen und Schulden: Die Schuldner können ohne Mühe ihre Schulden mit entwertetem Geld zurückzahlen und gehören deshalb zu den Gewinnern der Inflation, während die Eigentümer von Geldvermögen entsprechend verlieren. Die Eigentümer von Sachvermögen kommen ungeschoren durch die Inflation, und ihre Sachvermögen erfahren durch die sogenannte »Flucht in die Sachwerte« sogar noch eine überproportionale »Wertsteigerung«.[97]

Der süchtige Kapitalismus

Das Prinzip keynesianischer Konjunkturspritzen erinnert in vielem an Drogenabhängigkeit. Obwohl es sich um ganz unterschiedliche Bereiche handelt (das eine Mal um den Organismus eines einzelnen Menschen, das andere Mal um den »sozialen Organismus« einer Gesellschaft), weisen die zugrunde liegenden Abläufe doch eine verblüffende Analogie, eine funktionelle Identität bei gleichzeitigen Unterschieden auf. Schon in der Sprache deutet sich diese Analogie an, und man brauchte sie im Grunde nur konsequent zu Ende zu denken:

Der Patient leidet an einer schweren Depression und ist schon von Arzt zu Arzt gerannt, die ihm alle bescheinigt haben, daß er eigentlich kerngesund ist und gar keinen Anlaß hat, sich unwohl zu fühlen. Endlich findet er einen Arzt, der seine Krankheit ernst nimmt, ihm wirksame Hilfe verspricht und ihm eine anregende Spritze verabreicht. Die Behandlung wirkt wie ein Wunder, der Patient fühlt sich sichtlich wohler und blüht auf, und der Arzt findet dessen Bewunderung und Vertrauen. Aber die Wirkung der Spritze läßt alsbald wieder nach, und es gibt Anzeichen für einen Rückfall in die Depression. Also wird eine zweite Spritze gegeben, mit höherer Dosis, um die gleiche Wirkung wie vorher zu erzielen usw. Seine gestörte Selbstregulierung läßt den Patienten in immer tiefere Abhängigkeit von der Spritze geraten, und ihre Nebenwirkungen werden immer deutlicher spürbar und werden schließlich zum Hauptproblem.

Entweder wird der Patient dadurch immer kränker, oder er muß sich einer Entziehungskur unterziehen, die mit schwersten Entzugserscheinungen verbunden sein wird. Das gilt für den einzelnen Organismus ebenso wie für den sozialen Organismus. So betrachtet wäre Keynes wie ein Drogendealer, der dem tief in die Depression geratenen Kapitalismus die Wunderdroge »Geldspritze« angedreht hat, die ihn in den Rausch der Wiederbelebung und des wirtschaftlichen Aufschwungs versetzte und zu konjunkturellen Höhenflügen verhalf, bis die Ernüchterung kam und die Sucht nach mehr und immer mehr.

Unter dem Einfluß des Keynesianismus wurde der schwer depressive Kapitalismus süchtig nach Geldschöpfung, mit der Nebenwirkung sich beschleunigender Inflation. Es war nur eine Frage der Zeit, wann sich die warnenden Gegenstimmen Gehör verschaffen würden, die dringend das Absetzen der Spritze forderten und eine drastische Entziehungskur verordnen wollten: der Monetarismus mit seiner Anti-Inflationspolitik und seinen rigorosen Sparmaßnahmen, der sich seit Anfang der 80er Jahre mehr und mehr in der Politik der westlichen Industrieländer durchgesetzt hat, allen voran in den USA.

Indem die Risiken und Nebenwirkungen keynesianischer Beschäftigungspolitik, insbesondere die Inflation, lange Zeit übersehen, verschwiegen oder beschönigt wurden, hat schon Keynes selbst (und noch mehr der Keynesianismus) ungewollt dem Monetarismus den Boden bereitet, der eine neue Blüte des Liberalismus, den Neoliberalismus, hervortreiben konnte. Dieser wurde schließlich zur weltweit herrschenden Wirtschaftsideologie, zur neuen Weltreligion.

Der hinausgeschobene Entzug

Eigentlich hätte – nach dem keynesianischen Konzept der antizyklischen Fiskalpolitik – der Staat in Phasen konjunktureller Überhitzung und Inflation rechtzeitig gegensteuern oder bremsen müssen (mit den weiter oben diskutierten Mitteln der Kreditrückzahlung und Ausgabensenkung bei gleichzeitig wachsendem Steueraufkommen, das heißt mit einem Haushaltsüberschuß). In der Realität ist dies allerdings kaum geschehen. Während sich der erste Teil des Konzepts (der etlichen Bereichen der Wirtschaft zusätzliche Staatsaufträge einbrachte) politisch relativ leicht durchsetzen ließ, gab es für die Durchsetzung der zweiten Hälfte – das konjunkturpolitische Bremsen – aus verständlichen Gründen lange Zeit keine Chancen. Denn es hätte bedeutet, die erhöhten Staatsaufträge, an die sich die Wirtschaft gewöhnt hatte, wieder zu entziehen und/oder die Steuern zu erhöhen – beides höchst unpopuläre Maßnahmen, die die Regierungen in demokratischen Staaten so lange wie möglich vermieden haben und die sich auch die politische Opposition im Hinblick auf die nächsten Wahlen nicht unbedingt auf ihre Fahnen schreiben wollte.

Im Kampf um Wählerstimmen wurden, solange es irgendwie ging, viel lieber teure Wahlversprechen gegeben, und mindestens ein Teil davon mußte um der Glaubwürdigkeit willen auch eingelöst werden. Also wurde eher der bequemere Weg einer wachsenden Neuverschuldung eingeschlagen, mit der sich sowohl höhere Ausgaben als auch der Schuldendienst des Staates (SD) finanzieren ließen (Abbildung 47).

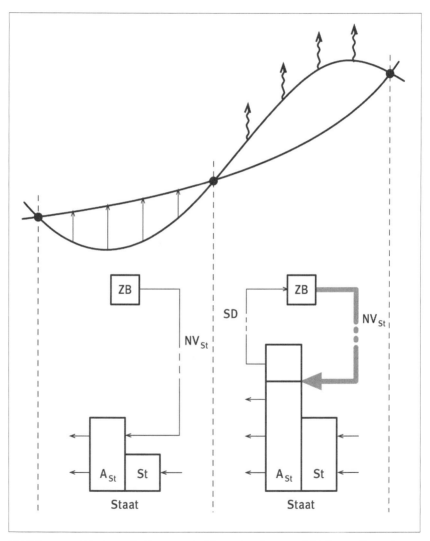

Abbildung 47: Wachsende Neuverschuldung des Staates (NV$_{St}$) zur »Finanzierung« des Schuldendienstes (SD) führt in die Zinseszinsfalle und in die Inflation.

Die einseitige, asymmetrische Anwendung keynesianischer Politik, in der lediglich die expansive Variante umgesetzt und die restriktive Variante unterlassen wurde, hat nicht nur zu schleichender Inflation geführt, sondern auch zu wachsender Staatsverschuldung.

Zinslose Kredite der Zentralbank an den Staat?

Könnte die Lösung des Problems vielleicht darin liegen, daß die Zentralbank dem Staat zinslose Kredite gewährt oder die erforderlichen Gelder einfach nur zur Verfügung stellt? Die Vergabe zinsloser Zentralbankgelder an den Staat hätte natürlich den enormen Vorteil, daß der Staat nicht in die durch Zins und Zinseszins noch verstärkte Staatsverschuldung hineingeraten müsste. Natürlich dürfte die zinslose Vergabe von Zentralbankgeld an den Staat nicht zur grenzenlosen Geldschöpfung führen, sondern müßte wohldosiert bleiben, ausgerichtet an den Zielen Vollbeschäftigung und Preisstabilität.

Auf diese Weise könnte zum Beispiel über staatliche Investitionen ohne Zinsbelastung ein wachsendes Angebot in den Bereichen geschaffen werden, die das an privatwirtschaftlichen Renditen ausgerichtete Marktsystem aus sich heraus nicht hinreichend versorgt, vor allem im sozialen und ökologischen Bereich. Was spricht aus gesamtwirtschaftlichen Erwägungen prinzipiell gegen eine zinslose Geldversorgung des Staates, solange sie sich im Rahmen von Preisstabilität bewegt und lediglich die Lücke im Kreislauf auffüllt, die zum Beispiel durch Haltung von Liquidität für Spekulation oder durch Horten entstanden ist? Keynes scheint eine solche Variante selbst im Auge gehabt zu haben, wie übrigens auch die Vision, daß der Zins am Kapitalmarkt langfristig immer weiter sinken würde (im letzten Kapitel seiner ›Allgemeinen Theorie‹).

Anstatt aber dem von Keynes formulierten Ziel eines langfristig gegen Null sinkenden Zinses und einer Überwindung leistungsloser Einkommen zu entsprechen, hat sich der Keynesianismus sowohl theoretisch wie auch praktisch in den Dienst ganz anderer Interessen gestellt: die des Geldkapitals, das eine Aufbesserung seiner ins Stocken geratenen Verzinsung anstrebt. Während die Renditeerwartungen privater Investitionen nicht mehr ausgereicht haben, um dem exponentiell wachsenden Geldvermögen durch entsprechend wachsende Verschuldung einen hinreichend attraktiven Zins und hinreichende Sicherheiten zu gewährleisten, hat sich das Kapital einen anderen und zahlungsfähigeren

Schuldner gesucht: den Staat, der auf diese Weise unter den Druck wachsender Staatsverschuldung geriet.

Diese Funktion eines Abbaus des Geldstaus – so möchte ich es nennen – erfüllt der Staat aber nur, wenn er dem Geldkapital hinreichend attraktive Zinsen garantiert und ausreichend Sicherheit bietet, daß der versprochene Schuldendienst auch wirklich geleistet wird – im Unterschied zu manch wackeligen oder faulen Krediten an private Schuldner. Auf diese Weise bekommen auch die sinnlosesten oder destruktivsten Projekte des Staates noch ihren Sinn: nämlich den, die Verzinsung des Kapitals wieder auf die Höhe anzuheben, unterhalb der es sich dem Produktions-Einkommens-Kreislauf entzieht.

Zur Erreichung dieses Ziels erscheinen sogar die sinnlosesten Verwendungen öffentlicher Mittel als die sinnvollsten, denn sie schaffen nicht ein Überangebot, das den Preis und die Rendite drückt, sondern können fast beliebig gesteigert werden. Nicht nur das Auf- und Zuschaufeln von Gruben, auch der Kauf immer neuer und immer teurerer Waffensysteme oder die staatliche Förderung von Atomprogrammen (einschließlich des Ausstiegs aus der Atomenergie und dem Abriß der Atomkraftwerke) und andere staatliche Großprojekte dienen – wenn sie auch sonst keinen Sinn haben – der Befriedigung des Geldkapitals.

Ohne diese Aufträge ziehen sich die Kapitalgeber nicht einfach nur frustriert zurück, sondern üben – vermittelt durch ihre Interessenvertreter – massiven Druck auf Politik und Gesellschaft aus, um ihre Bedürfnisse zu befriedigen und den Geldstau abzubauen. In anderen Zusammenhängen, wo ein Abbau von Triebstau unter Druck erzwungen und die eigene Befriedigung unter Druck durchgesetzt wird, spricht man von sexueller Nötigung. Und sie wird mit Recht – jedenfalls in unseren Breiten – gesellschaftlich geächtet. Die finanzielle Nötigung des Staates und der Gesellschaft durch das geldgestaute Kapital findet demgegenüber eine breite gesellschaftliche Anerkennung. Mit großem Respekt und großer Behutsamkeit wird in Politik und Gesellschaft immer wieder darauf geachtet, die internationalen Finanzmärkte bloß nicht zu verprellen oder auch nur in Mißstimmung zu versetzen.

Einer für das Geldkapital hinreichend hohen Verzinsung der Staatsschulden würde es natürlich zuwiderlaufen, wenn sich der Staat direkt bei der Zentralbank zinslose Gelder beschaffen würde, um die sonst entstehende Nachfragelücke aufzufüllen und den gesamtwirtschaftlichen Kreislauf zu stabilisieren. Und die Zentralbanken würden sich um ihre Zinserträge bringen, was im Sinne gesamtwirtschaftlicher Verantwortung allerdings kein Problem sein sollte. Es wird für sie erst dann zum

Problem, wenn sie sich selbst in den Händen privater Anteilseigner befinden (wie dies zum Beispiel beim US-amerikanischen Zentralbanksystem »Federal Reserve System« seit 1913 bis heute der Fall ist), die auch von »ihrer« Zentralbank eine hinreichende Rendite erwarten.[98]

Unter diesen Bedingungen wird verständlich, daß der Staat nicht an unverzinsliche Gelder von seiten der Zentralbank, sondern nur an zinsbelastete Kredite herankommt, sei es direkt von der Zentralbank oder über den Kapitalmarkt, wo er mindestens den marktüblichen Zins zahlen muß, das heißt einen hinreichend attraktiven Zins, der das sonst als Liquidität zurückgehaltene Geld aus der Reserve lockt.[99]

Wenn aber die Staatsschulden mit Zinsen belastet sind, gerät der Staat in die Schuldendynamik, in die Eskalation der Staatsverschuldung hinein, von der – im Zusammenhang mit der Zinskritik von Gesell – in diesem Buch schon ausführlich die Rede war, mit der Tendenz zum schleichenden oder abrupten Staatsbankrott.

Wachsende Staatsschuld – die zweite Nebenwirkung des Keynesianismus

Die Eskalation der Staatsverschuldung ist – neben der schleichenden Inflation – die zweite verheerende Nebenwirkung der keynesianischen Geldspritzen, jedenfalls in der Art, wie sie verabreicht wurden, nämlich nicht nur zur kurzfristigen Konjunkturbelebung, sondern als Dauereinrichtung und mit einem »Stoff«, der durch den Zins verunreinigt ist und das System in extreme Abhängigkeit geführt hat. Keynes hatte zum Teil durchaus andere Visionen, aber diese wurden durch die vorherrschende Interpretation seines Werks im Rahmen des Keynesianismus nicht berücksichtigt. Andere Elemente seiner Theorie wurden gar als Legitimation staatlicher Subventionierung des Kapitals verwendet, mit dem vorgeschobenen Argument, der Beschäftigungssicherung zu dienen: Keynesianismus als Herrschaftsideologie, in einer Zeit, in der die alte Legitimation der Neoklassik in ihrer Glaubwürdigkeit erst einmal gründlich erschüttert war. Eine solche Politik trug aber ihr eigenes Scheitern bereits in sich, und es war nur eine Frage der Zeit, wann sich eine hinreichend starke Gegenbewegung bilden und durchsetzen würde: der Monetarismus.

Gemeinsamkeiten und Unterschiede zwischen Keynes und Gesell

Wenn wir rückblickend die Krisentheorie von Keynes mit der von Gesell vergleichen, so finden wir verblüffende Ähnlichkeiten. Der Keynessche Gedanke der Liquiditätspräferenz wurde inhaltlich – wenn auch mit anderen Begriffen – von Gesell schon einige Jahrzehnte vorher formuliert, ebenso die Erkenntnis, daß es verhängnisvoll sei, auf die vermeintlich störungsfreie Selbstregulierung der Marktwirtschaft zu vertrauen, solange das Geld sowohl als Tauschmittel wie auch als Spekulationsmittel verwendet werden kann. Im Grunde haben beide, Keynes und Gesell, das Leck im gesamtwirtschaftlichen Kreislauf entdeckt, das zu Kreislaufstörungen und Kreislaufkollaps der Wirtschaft führen kann und im entwickelten Kapitalismus fast zwangsläufig zu Krisen führen muß, wenn das System sich selbst überlassen bleibt.

Würde es sich um einen Heizungskreislauf handeln und der zu beheizende Raum würde auf zunächst unerklärliche Weise abkühlen, dann würde man normalerweise einen Klempner bestellen, um die Ursache der Störung herauszufinden. Und wenn dieser ein Leck im Kreislauf entdeckt, aus dem ständig warmes Wasser abfließt, was läge näher, als dieses Leck abzudichten und die Heizung entsprechend zu reparieren? Diese Vorgehensweise entspricht im übertragenen Sinne dem Ansatz von Gesell. Jeder Klempner würde so verfahren, wenn es um die Reparatur eines Heizungskreislaufs geht, damit das warme Wasser kontinuierlich durch den Kreislauf fließen kann und sich die Heizung wieder steuern oder regeln läßt. Es sei denn, das Leck befindet sich an einer Stelle, deren Berührung tabu ist, an der man sich die Finger verbrennt oder gar noch Schlimmeres droht.

Keynes hat zwar – ganz ähnlich wie Gesell – das Leck im gesamtwirtschaftlichen Kreislauf erkannt, und ebenso auch die verheerenden Folgen, die sich daraus ergeben. Er sah auch die Notwendigkeit, etwas dagegen zu unternehmen und nicht darauf zu vertrauen, daß sich das System vielleicht langfristig irgendwann einmal wieder selbst regulieren wird (wie es die neoklassische Theorie nahelegt). Aber gleichzeitig schien er ein sicheres Gespür dafür gehabt zu haben, daß er ein bestimmtes Tabu nicht verletzen darf, wenn er sich nicht – ähnlich wie Gesell – die Finger verbrennen will, wenn er es nicht riskieren will, aus der wissenschaftlichen Gemeinde und der Gesellschaft ausgegrenzt zu werden. In dem

Buch von Keynes sind mehrere Hinweise dafür enthalten, daß er ganz nahe am Kern des Problems war, nämlich der fatalen Verknüpfung von Geld und Zins – am Zinstabu –, und daß er auch nahe daran war, daraus die notwendigen Konsequenzen zu ziehen. Aber er blieb statt dessen in dieser Hinsicht bei einigen vorsichtigen Andeutungen und Randbemerkungen:

»Ich glaube, daß die Zukunft mehr vom Geiste Gesells als von jenem von Marx lernen wird. Das Vorwort zu ›Die natürliche Wirtschaftsordnung durch Freiland und Freigeld‹ wird dem Leser, wenn er nachschlägt, die moralische Höhe Gesells zeigen. Die Antwort auf den Marxismus ist nach meiner Ansicht auf den Linien dieses Vorworts zu finden.« (John Maynard Keynes [1936]: ›Allgemeine Theorie‹, S. 300)

Und das längere Kapitel, das Keynes in seinem Hauptwerk Silvio Gesell widmet, beginnt mit den Worten: »Es ist zweckmäßig, an dieser Stelle den seltsamen, zu Unrecht übersehenen Propheten Silvio Gesell (1862–1930) zu erwähnen, dessen Werk Einfälle tiefer Einsicht enthält und der nur gerade eben verfehlt, bis zum Kern der Sache vorzudringen.« (S. 298)

Hat wirklich Gesell den Kern der Sache verfehlt, oder war es nicht vielmehr Keynes, der im letzten Moment einen Bogen um die »monetäre Kernspaltung« und den daraus entspringenden Zins machte, anstatt diese als des Pudels Kern zu erkennen und zu benennen und nach den historischen Ursachen sowie nach möglichen Lösungswegen zu suchen?

MILTON FRIEDMAN:

Die »monetaristische Gegenrevolution« als Wegbereiter von Neoliberalismus und Globalisierung

›Die Keynessche Revolution und die monetaristische Gegenrevolution‹ – mit diesem Titel eines höchst interessanten Aufsatzes aus dem Jahre 1971[100] brachte Harry G. Johnson auf den Punkt, worum es dem Monetarismus ging: um einen wirksamen theoretischen, ideologischen und wirtschaftspolitischen Gegenschlag gegen den Keynesianismus, der nach dem Zweiten Weltkrieg in den westlichen Industrieländern zunehmend an Bedeutung gewonnen hatte. Die Grundlagen des Monetarismus wurden von dem Amerikaner Milton Friedman schon in den 60er Jahren gelegt.[101] Aber es brauchte noch einige Zeit, bis seine grundsätzliche Kritik an Keynes (und noch mehr am Keynesianismus) zunehmende Beachtung fand und schließlich mehr und mehr zur neuen herrschenden Lehre wurde.

Erst in den 70er Jahren gewann die monetaristische Sichtweise in den Wirtschaftswissenschaften vor allem in den USA immer mehr Anhänger. Mit Beginn der 80er Jahre bekam sie unter der Präsidentschaft von Ronald Reagan dann auch wesentlichen Einfluß auf die amerikanische Wirtschafts- und Gesellschaftspolitik, und in Großbritannien setzte sie sich unter Margaret Thatcher durch.

Auch in der Bundesrepublik gewann sie – wenn auch mit einiger Verzögerung und in abgeschwächter Form – in der Wirtschaftswissenschaft und in der Politik der Regierung unter Helmut Kohl an Bedeutung. Wesentlicher Hintergrund für die Durchsetzung des Monetarismus waren die immer unübersehbarer werdenden Nebenwirkungen keynesianischer Politik: schleichende Inflation und wachsende Staatsverschuldung.

Zusammenbruch des Bretton-Woods-Systems und Inflationsgefahr in den USA

Die inflationäre Geldschöpfung war allerdings in den USA so lange kein großes öffentliches Thema gewesen, wie die USA deren Folgen auf andere Länder abwälzen und daraus sogar noch eigene Vorteile ziehen konnten, wie dies im Rahmen des Bretton-Woods-Systems bis 1971 der Fall war. In diesem internationalen Währungssystem mit festen Wechselkursen gab es so etwas wie einen Zwangsumtausch amerikanischer Dollar in die Währungen anderer Länder (der allerdings nie so genannt wurde), weil die Zentralbanken der anderen Länder sich verpflichtet hatten, am Devisenmarkt »überschwappende« Dollar zu einem festgelegten Wechselkurs abzuschöpfen und gegen entsprechende nationale Währungen aufzukaufen und in ihre Reservekassen zu nehmen.

Abbildung 48 stellt diesen Zusammenhang symbolisch dar: Durch das Aufdrehen des Geldhahns in den USA stieg – bei gegebenem Topf des Sozialprodukts – der Flüssigkeitspegel (Preisniveau) an. Das vergleichsweise niedrige Preisniveau in Deutschland regte die Amerikaner zu verstärkten Käufen in Deutschland an, wofür erst einmal Dollar am Devisenmarkt in D-Mark umgetauscht werden mußten. Wenn diesem Dollarangebot keine hinreichend große Dollarnachfrage gegenüberstand (weil aus deutscher Sicht die amerikanischen Produkte zu teuer waren), so mußte das Überangebot an Dollar von der Deutschen Bundesbank gegen neu geschöpfte D-Mark aufgekauft werden (dargestellt durch das Verbindungsrohr zwischen Devisenmarkt und Reservekasse der Bundesbank sowie den zusätzlichen Geldhahn über dem Devisenmarkt).

Die sogenannte Interventionspflicht der Zentralbanken hatte damit den Charakter von Überlaufventilen für beliebig neu geschöpfte amerikanische Dollar, wobei die USA mit den so eingetauschten nationalen Währungen anderer Länder Zugriff auf deren Sozialprodukt ohne entsprechende ökonomische Gegenleistung hatten. Auf diese Weise wurden die anderen Länder auch indirekt zur Finanzierung des Vietnamkriegs herangezogen.[102] Mir scheint es kein Zufall zu sein, daß das wachsende öffentliche Interesse am Monetarismus sich in den USA gerade in den 70er Jahren entwickelte und ihm mit dem Wahlsieg von Reagan 1980 auch politisch zum Durchbruch verhalf.

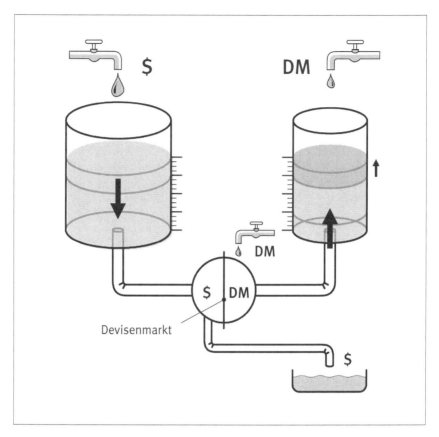

Abbildung 48: Das Bretton-Woods-System ermöglichte den USA eine Abwälzung der Inflation auf andere Länder. Mit dessen Zusammenbruch 1973 wurde die Inflation auch in den USA zum Problem.

Monetarismus – der »monetäre Drogenentzug«

Die keynesianische Politik hatte ich mit der Verabreichung von Spritzen verglichen, die zwar kurzfristig wie Wunder wirken, aber auf längere Sicht in die Abhängigkeit führen. Den Monetarismus können wir insoweit vergleichen mit einem anderen Arzt, den der Patient aufsucht, weil die Nebenwirkungen der Spritzen immer schlimmer werden und im übrigen auch noch die angestrebte Hauptwirkung nachläßt. Angesichts des süchtigen Patienten und aufgrund der Erfahrungen mit anderen

Süchtigen, die noch viel tiefer in die Drogenabhängigkeit geraten sind, schlägt dieser neue Arzt die Hände über dem Kopf zusammen und rät dringend zu einem Drogenentzug. Und die ganze Schuld am Elend des Patienten wird dem ersten Arzt in die Schuhe geschoben, der in unverantwortlicher Weise damit begonnen hatte, die Spritzen zu verabreichen.

Natürlich wird der Drogenentzug mit mehr oder weniger schmerzhaften Entzugserscheinungen einhergehen, aber daran führt kein Weg vorbei, wenn der Patient nicht an der Sucht zugrunde gehen will. Je länger mit dem Entzug gewartet wird, um so schlimmer würden die Entzugserscheinungen werden. Und nur durch einen konsequenten Drogenentzug bestehe überhaupt die Chance für eine Gesundung.

Milton Friedman argumentierte übrigens selbst mit derartigen Vergleichen und entwickelte dabei – im Unterschied zu vielen seiner Fachkollegen – eine sehr anschauliche und klare Sprache. In seinem Buch ›Geld regiert die Welt‹[103], das eine Sammlung von Aufsätzen enthält, vergleicht er in Kapitel 8 über »Inflation – Ursache und Therapie« die Inflation zunächst mit der Nikotinabhängigkeit eines Rauchers. Danach bringt er den Vergleich zwischen Inflation und Alkoholismus.

Der Monetarismus versteht sich demnach als ein weltweites »monetäres Drogenentzugs-Programm« eines in die Suchtabhängigkeit geratenen sozialen Organismus, eines nach Geldspritzen süchtig gewordenen Kapitalismus und ist eine heftige Attacke gegen die monetären Drogendealer des Keynesianismus, die den Staat dazu verleitet haben, diese Spritzen zu geben. Ihnen müsse das Handwerk gelegt werden, damit die Welt von dieser furchtbaren Sucht mit der Nebenwirkung Inflation befreit werde und wirtschaftlich wieder gesunden könne. Dies alles hört sich überzeugend an, und die Suggestivkraft der Sprache und der Bilder, die Milton Friedman verwendet, haben sicherlich einiges dazu beigetragen, daß das Gedankengut des Monetarismus sich mehr und mehr verbreitete – in einer Zeit, in der die problematischen Nebenwirkungen des Keynesianismus immer unübersehbarer und zunehmend zum Hauptproblem wurden.

Aber war nicht der Patient Kapitalismus schon vorher schwerkrank und steckte in einer schweren Depression, als ihm Keynes 1936 die belebenden Spritzen verschrieb? Und haben denn Friedman und der Monetarismus vergessen oder verdrängt, aus welchen Gründen die keynesianische Therapie überhaupt angesetzt wurde? Selbst wenn der Drogenentzug konsequent durchgehalten wird, trotz aller schmerzhaften Entzugserscheinungen, ist er denn wirklich eine Garantie für die Gesundung? Oder bricht nicht notwendigerweise die alte Krankheit, deren

Symptome mit der Behandlung bekämpft worden sind, in ihrer ursprünglichen Form Massenarbeitslosigkeit wieder an die Oberfläche durch?

Friedmans Erklärung der Weltwirtschaftskrise

Milton Friedman hat natürlich die Weltwirtschaftskrise der 30er Jahre nicht vergessen oder gar geleugnet. Aber er kommt aufgrund umfangreicher empirischer Studien – insbesondere der US-amerikanischen Geldpolitik – zu einer ganz anderen Interpretation und theoretischen Erklärung als Keynes und vermutet sogar, daß sich Keynes seiner Interpretation angeschlossen hätte, wenn er damals schon die Auswertung der entsprechenden empirischen Daten gekannt hätte:

»Tatsächlich könnte ich wie viele andere sagen – denn es gibt keine Möglichkeit, es zu widerlegen –, daß Keynes, wenn er heute noch lebte, ohne Frage an vorderster Front der Gegenrevolution stünde. Man sollte niemals einen Meister nach seinen Schülern beurteilen.«[104]

Die These von Keynes war, daß die Weltwirtschaftskrise durch einen chronischen Mangel an gesamtwirtschaftlicher Nachfrage, insbesondere durch eine nicht ausreichende private Investitionsnachfrage, verursacht worden sei und daß in einer solchen Situation allein mit Mitteln der Geldpolitik die Krise nicht zu beheben sei, weil das zusätzlich geschöpfte Geld bei niedrigen Zinsen gleich wieder aus dem Wirtschaftskreislauf abfließen und in der »Liquiditätsfalle« verschwinden werde. Keynes und der Keynesianismus legten deshalb den Schwerpunkt auf die Fiskalpolitik, das heißt auf den gezielten Einsatz des Staatshaushalts zum Zwecke der Konjunktursteuerung. Denn wenn der Staat zusätzliche Ausgaben tätige, würden diese auf jeden Fall unmittelbar nachfragewirksam und setzten darüber hinaus noch eine Multiplikatorwirkung zusätzlicher Einkommen und zusätzlicher Beschäftigung in Gang.

Dieser Argumentation hielt Friedman entgegen, die große Depression in den USA nach 1929 sei nicht etwa ein Beweis für die Wirkungslosigkeit der Geldpolitik gewesen, sondern gerade umgekehrt ein Beweis für ihre Wirksamkeit: nämlich für die Wirksamkeit einer damals grundsätzlich falschen Geldpolitik. Eine der Situation angemessene Geldpolitik, das heißt eine hinreichende Ausweitung der Geldmenge, sei gar nicht erst probiert worden; vielmehr habe die amerikanische Zentralbank zwischen 1929 und 1933 die Geldmenge um ein Drittel vermindert und damit die Konjunktur abgewürgt. Hätte sie eine andere Geldpolitik betrieben, hätte sich die Krise nicht derart zugespitzt und auch nicht derart ausgebreitet. Friedman kommt in diesem Zusammenhang zu dem Schluß, »(…) daß die Depression ein tragisches Zeugnis für die Wirksamkeit der Geldpolitik darstellt und nicht ein Nachweis ihrer Impotenz ist. Aber was für die Welt der Ideen eine Rolle spielte, war nicht die Wahrheit, sondern was für die Wahrheit gehalten wurde. Und zu der Zeit wurde geglaubt, daß die Geldpolitik ausprobiert worden sei und sich als mangelhaft herausgestellt habe«[105].

»Die Geldmenge fiel um ein Drittel, und etwa ein Drittel aller Banken mußte geschlossen werden. (…) Für unsere Zwecke ist es wichtig festzuhalten, daß völlige Klarheit darüber besteht, daß es die Federal Reserve zu allen Zeiten während eines Abschwungs in der Hand hatte, den Rückgang der Geldmenge zu verhindern und einen Anstieg herbeizuführen. Geldpolitik war nicht ausprobiert und als wirkungslos befunden worden. Sie war (überhaupt) nicht ausprobiert worden, oder anders gesagt, sie war pervers angewendet worden. Sie war dazu verwendet worden, die amerikanische Wirtschaft und die übrige Welt einer unglaublichen Deflation zu unterwerfen. (…) Wenn Keynes die Fakten der großen Depression so gekannt hätte, wie wir sie heute kennen, hätte er jene Episode anders interpretiert, als er es tat.«[106]

Wie konnte es überhaupt zu einer solchen Kette von Bankzusammenbrüchen kommen, die weltweit eine entsprechende Kettenreaktion in Gang setzte und zum Beispiel auch Deutschland mit in den Strudel der Weltwirtschaftskrise hineinriß? Auslöser war der Börsenkrach in New York am sogenannten Schwarzen Freitag 1929 gewesen, als nach einer Phase von euphorischer Überspekulation die Aktienkurse dramatisch abstürzten. Da sich das Spekulationsfieber in weite Bereiche der amerikanischen Wirtschaft und Gesellschaft ausgebreitet hatte und viele – in Erwartung hoher Spekulationsgewinne – ihre Aktienkäufe über Kredite finanzierten, konnten nach dem Kurssturz viele Kredite weder zurückgezahlt werden, noch waren sie hinreichend durch dingliche Sicherungen abgedeckt; das heißt, sie wurden zu dem, was man heute »faule Kredite« nennt. Dadurch kamen viele Banken schon von dieser Seite her in Schwierigkeiten gegenüber den Geldanlegern, weil die ausgeliehenen Gelder plus Zinsen nicht wie vereinbart zu ihnen zurückflossen und also auch nicht an die Geldanleger zurückgezahlt werden konnten.

Die Banken kamen aber auch noch von einer anderen Seite her in die Klemme, nämlich von seiten der Inhaber von Girokonten. Denn im Vertrauen darauf, daß nur ein gewisser Teil der auf Girokonten eingezahlten Gelder in bar abgehoben würde, hatten die Banken bloß einen Teil davon als Liquiditätsreserve gehalten. Und auf dem Fundament dieser Barreserve hatten sie ein Gebäude von Giralgeldschöpfung errichtet, dessen Höhe ein Vielfaches der Barreserven ausmachte.

Im Normalbetrieb kann ein solches System der Giralgeldschöpfung funktionieren, nicht aber in Zeiten dramatischer Erschütterungen des Fundaments. Als nämlich die Bankkunden in Sorge um die Sicherheit ihrer Gelder die Banken stürmten und die ihnen zustehenden Gelder in bar abheben wollten, stellte sich heraus, daß die Banken diese Gelder gar nicht verfügbar hatten. Und nachdem einige Banken zusammengebrochen waren, breitete sich unter den Bankkunden eine Panik aus, die nach dem Prinzip der sich selbst realisierenden Erwartung immer mehr Banken in den Strudel von Bankpleiten riß. Auf diesen »Super-GAU« des Finanzsystems waren weder die Geschäftsbanken noch die Zentralbank hinreichend vorbereitet, weil das System bis dahin als absolut sicher galt.

Die Kettenreaktion in den USA bildete auch den Hintergrund dafür, daß die von amerikanischen Banken an Deutschland gewährten Kredite gekündigt wurden und damit große Mengen Gold wieder in die USA zurückflossen. Nach den Spielregeln der internationalen Goldkernwährung mußte daraufhin die Geldmenge in Deutschland um das circa Dreifache des Goldabflusses vermindert werden, so daß ein zusätzlicher Ausbreitungs- und Verstärkereffekt wirksam wurde.[107]

Sowohl die Giralgeldschöpfung der Geschäftsbanken wie auch die Spielregeln der internationalen Goldwährung wirkten demnach wie Verstärker, und das Prinzip der sich selbst realisierenden Erwartung hatte zusätzlich wesentlichen Anteil sowohl an der Überspekulation wie auch an der um sich greifenden Panik. Die Frage ist, ob eine angemessene Geldpolitik der Zentralbanken, insbesondere des Federal Reserve Systems, das »Feuer« des Schwarzen Freitags wirksam hätte löschen können, noch bevor es sich zu einem Flächenbrand ausweitete, der schließlich die halbe Welt erfaßte, oder ob die Krise nicht vielleicht doch tiefere Ursachen hatte, die auch mit der besten Geldpolitik allein nicht zu beheben gewesen wären.

Friedman ist davon überzeugt, daß es bei einer ganz normalen Rezession geblieben wäre, wenn die amerikanische Zentralbank, anstatt rechtzeitig zu löschen, nicht noch zusätzlich Öl ins Feuer gegossen hätte. Die Weltwirtschaftskrise wäre demnach sozusagen Folge eines geldpolitischen Kunstfehlers gewesen, aus dem man für die Zukunft lernen müsse. Aber nicht in der Weise wie Keynes, der die Möglichkeiten der Geldpolitik zur Konjunkturankurbelung geringschätzte und den Staat mit seiner Fiskalpolitik in die Pflicht nehmen wollte, sondern durch die Entwicklung einer angemessenen Geldpolitik ohne fiskalpolitische Konjunktursteuerung.

Die geldpolitischen Konsequenzen des Monetarismus

Welche Art von Geldpolitik ist für Friedman angemessen? Nach seiner Analyse der amerikanischen Geldpolitik kommt er zu dem Schluß:
»Das Protokoll über die Tätigkeit der Federal Reserve während der 50er Jahre zeigt, daß sie nahezu beständig zu spät und zu hart reagierte. Fast jedesmal wartete sie zu lange, bevor sie Maßnahmen ergriff, und reagierte dann zu stark.«[108]

Aber nach Auffassung von Friedman ist es auch extrem schwierig, wenn nicht gar unmöglich, mit Hilfe der Geldpolitik die Konjunktur rechtzeitig und wirksam zu steuern, weil die Wirkungen der Veränderung einer Geldmenge erfahrungsgemäß immer erst mit einer Verzögerung von zwei bis drei Quartalen eintreten und vielleicht schon in eine Zeit fallen, in der sie gar nicht mehr angebracht sind. Anstatt die Konjunkturschwankungen zu dämpfen, könne es aufgrund der zeitlichen Verzögerungen sogar dazu kommen, daß die Geldpolitik die Schwankungen verstärkt und zu mehr Instabilität führt, als wenn sie sich mit dem Versuch der Konjunktursteuerung ganz zurückgehalten hätte.

Die beste Geldpolitik scheint nach Friedman also darin zu bestehen, gar keine Geldpolitik zu betreiben, sondern lediglich für konstante monetäre Rahmenbedingungen zu sorgen und die Geldmenge mit einer gleichbleibenden Wachstumsrate kontinuierlich wachsen zu lassen. Eine bestechend einfache Quintessenz jahrzehntelanger geldtheoretischer und geldpolitischer Forschungen! Darin ist aber auch die Aussage enthalten, daß der Kapitalismus an sich nicht weiter problematisch sei, und wenn er immer wieder Krisen entwickelt hat, dann liege es an der falschen Politik, entweder einer falschen Fiskalpolitik der Regierungen und/oder einer falschen Geldpolitik der Zentralbanken. Das kapitalistische System als solches sei in Ordnung, wenn man es nur seinen eigenen Mechanismen überlasse und ihm einen Geldmantel mit konstanten Wachstumsraten schneidere.

Gibt es gar kein Leck im Wirtschaftskreislauf?

Und was ist mit dem Leck im Kreislauf, das Keynes »Liquiditätsfalle« und Gesell »Horten« genannt hat? Hat der Monetarismus diesen Tatbestand ganz vergessen oder verdrängt, oder hat er auch darauf eine Entgegnung? Tatsächlich kommen wir hier zu einem weiteren wesentlichen Punkt, mit dem die Monetaristen versucht haben, die Keynessche Theorie sozusagen aus den Angeln zu heben. Das Stichwort dafür lautet »Transmissions-Mechanismus«, und es bezieht sich auf die Frage, wie sich eine von der Zentralbank und/oder den Geschäftsbanken hervorgerufene Geldmengenveränderung auf den Produktions-Einkommens-Kreislauf überträgt.

Die monetaristische Theorie des »Transmissions-Mechanismus«

In der monetaristischen Literatur nimmt die Diskussion um den Transmissions-Mechanismus einen breiten Raum ein und verliert sich vielfach derart in Details, daß der Laie – und vermutlich auch mancher Fachökonom – oftmals den Wald vor lauter Bäumen nicht mehr sieht. Um so mehr wird damit der Anschein erweckt, die Keynessche Theorie sei auch auf hohem wissenschaftlichen Niveau endgültig widerlegt.

Im Grunde geht es dabei um die These, daß das Zurückhalten von Geld in den Liquiditätskassen von Haushalten und Unternehmen nicht die Endstation des Geldes ist, sondern immer nur eine Durchgangsstation, in der das Geld jederzeit bereit ist, weiterzufließen. Die Geldbesitzer würden abwägen, ob sie den Kassenbestand in der gegebenen Höhe halten oder nicht doch lieber Teile davon in zins- oder renditetragende Geldanlagen umwandeln wollen, sei es in Form von Wertpapieren (Finanzanlagen) oder in Form von Realvermögen (zum Beispiel Mietshäuser, Grundstücke oder Firmenbeteiligungen), oder ob sie umgekehrt Teile ihrer Geldvermögen oder Realvermögen in Liquidität zurückverwandeln wollen.

Ausschlaggebend dafür seien die jeweiligen Renditeerwartungen im Vergleich der verschiedenen Anlageformen untereinander und im Vergleich zu den Vorteilen der Liquidität. Jede Veränderung in den Renditeerwartungen würde auf seiten der Vermögenseigentümer zu einer entsprechenden Umschichtung in der Zusammensetzung ihres Vermögens führen: Das eine Wertpapier wird abgestoßen, um zum Beispiel ein anderes Wertpapier zu kaufen; oder von Aktien wird auf festverzinsliche Wertpapiere umgestiegen; oder von Wertpapieren auf Grundstücke usw. Zum Zwecke der Risikostreuung kann auch eine bestimmte Mischung verschiedener Anlageformen gewählt werden, deren Zusammensetzung sich aber mit verändernden Renditeerwartungen ständig ändert. Es geht also um das, was sich tagtäglich an den Finanzmärkten abspielt und was von den Anlageberatern oder Analysten im Auftrag der Vermögenseigentümer gemanagt wird: um das Hin- und Herschieben von Geldern – im Zuge der Globalisierung der Finanzmärkte mittlerweile mit Lichtgeschwindigkeit um den ganzen Globus – zu dem einen Zweck: die Vermögen möglichst schnell anwachsen zu lassen und sie in kritischen Zeiten möglichst vor Einbußen zu bewahren. Durch die Vernetzung der einzelnen Teilmärkte würden Veränderungen in einem Markt eine ganze Kette von Folgewirkungen und Vermögensumschichtungen auf vielen anderen Märkten auslösen, die schließlich – wenn auch auf Umwegen und mit einiger Verzögerung – doch wieder im Produktions-Einkommens-Kreislauf nachfragewirksam würden.

Trotz Kassenhaltung, trotz Liquiditätspräferenz, wie sie von Keynes beschrieben wurde, würden die durch Vergrößerung der Geldmenge in die Wirtschaft fließenden Gelder direkt oder indirekt auch im Produktions-Einkommens-Kreislauf nachfragewirksam werden, und es bedürfte deshalb keiner zusätzlichen staatlichen Nachfrage und keiner Fiskalpolitik, um irgendeine vermeintliche Nachfragelücke zu schließen. Nur sei der Transmissions-Mechanismus zwischen neu geschöpftem Geld und wirksam werdender Güternachfrage um einiges komplizierter, differenzierter und indirekter, als sich das die Ökonomen vor Keynes vorgestellt hätten. Aber im Resultat liefe es fast auf das gleiche hinaus.

Keynes habe mit seiner Theorie der Liquiditätsfalle zwar eine wichtige und vernachlässigte Lücke im gesamtwirtschaftlichen Kreislauf aufgedeckt, aber er habe nicht mehr gesehen, wie diese Lücke auf Umwegen doch wieder aufgefüllt und geschlossen werde, und sei dadurch sozusagen auf halbem Wege oder an der Oberfläche der Erkenntnis steckengeblieben; während der Monetarismus diesbezüglich die ganze Wahrheit entdeckt und den Blick in die Tiefe der Geldströme geöffnet habe.

Gegen Fiskalpolitik und Geldpolitik

Was folgt nun für den Monetarismus aus all diesen Überlegungen? Friedman kommt zu dem Schluß,
- daß es fundamentale Kreislaufstörungen des Kapitalismus, wie sie Keynes mindestens für den reifen und alternden Kapitalismus unterstellt hat, gar nicht geben müsse, und wenn es sie in der Weltwirtschaftskrise gegeben hat, dann nur aufgrund einer falschen Geldpolitik;
- daß eine antizyklische Fiskalpolitik – selbst wenn sie sich politisch durchsetzen ließe – viel zu spät wirken und dadurch die Konjunkturschwankungen eher verstärken als abschwächen würde;
- daß eine restriktive Fiskalpolitik politisch viel schwerer durchgesetzt werden könne als eine expansive, so daß im Trend die inflationären Wirkungen überwiegen.

Wenn schon die Fiskalpolitik derart problematisch ist, sollte dann nicht mindestens die Geldpolitik die Aufgaben einer Konjunktursteuerung übernehmen, um die sonst auftretenden konjunkturellen Schwankungen zu glätten, zum Beispiel durch Geldmengenausweitung in der Rezession und Geldmengenreduzierung im Boom? Nach monetaristischer Auffassung sollte nicht einmal das getan werden. »Finger weg von Konjunkturspritzen, und Finger weg vom Geldhahn!« – auf diese These könnte man die Quintessenz des Monetarismus zuspitzen. Weil die Wirkungen von Fiskalpolitik und Geldpolitik eh erst mit einer Verzögerung von einem halben bis einem dreiviertel Jahr auftreten und dann schon wieder in eine Zeit fallen, in der vielleicht das Gegenteil angesagt wäre, und weil die Gefahr, daß das Drehen am Geldhahn für politische Zwecke mißbraucht wird, viel zu groß sei.

Das beste sei deshalb, einen Automatismus einzubauen, der die Geldmenge gleichmäßig und stetig anwachsen läßt, mit einer konstanten Wachstumsrate von jährlich 4 oder 5%. Dann würde wenigstens nicht mehr am Geldhahn herummanipuliert, mit all den schlimmen Folgen, die eine falsche Geldpolitik immer wieder mit sich gebracht habe. Die Wirtschaft könne sich von vornherein auf dieses festgelegte Geldmengenwachstum einstellen, und das Sozialprodukt könne in diesem Rahmen relativ stetig wachsen. Vielleicht wäre auch eine andere Prozentzahl richtig, zum Beispiel 3%. Wichtiger als die Größe der Zahl sei, daß sie konstant gehalten wird, damit nicht unnötige Schwankungen von seiten des Geldsystems in den Wirtschaftsablauf hineingetragen würden. Peter Kalmbach schreibt zu dieser Schlußfolgerung:

»Die Konsequenz für die Stabilisierungspolitik ist recht deprimierend: Fiskalpolitische Maßnahmen sind für Stabilisierungszwecke wenig wirksam, wenn sie nicht von Geldmengenvariationen begleitet sind; geldpolitische Maßnahmen sind zwar höchst wirksam, aber die Gefahr, daß sie prozyklisch wirken [das heißt die Konjunkturschwankungen verstärken anstatt dämpfen, B. S.], ist so groß, daß von ihnen zugunsten einer starren Regel Abstand genommen wird. Damit wird Stabilisierungspolitik – mit unterschiedlichen Begründungen, was Geld- und Fiskalpolitik anlangt – als letztlich recht sinnlos hingestellt.«[109]

Nach soviel theoretischem und empirischem Aufwand, nach soviel Pulver, was im Kampf zwischen Keynesscher Revolution und monetaristischer Gegenrevolution über Jahrzehnte hinweg verschossen worden ist, erscheint diese Schlußfolgerung doch als ein ziemlich mageres Ergebnis. Im Grunde ist es das Eingeständnis der Monetaristen, daß im Rahmen des bestehenden Geldsystems eine sinnvolle Konjunktursteuerung mit Mitteln der Geldpolitik kaum möglich ist; und mit Mitteln der Fiskalpolitik schon gar nicht. Am besten also schafft man nur eine konstant wachsende Geldmenge und überläßt ansonsten das wirtschaftliche Geschehen ganz sich selbst – beziehungsweise den vom Liberalismus und von der Neoklassik so hochgelobten Marktmechanismen.

Monetarismus und Wiederauferstehung des Liberalismus

Dies also ist des Pudels Kern: Die monetaristische Konterrevolution gegen den Keynesianismus erfüllt offenbar die Funktion, einen schon totgeglaubten Liberalismus als »Neoliberalismus« wieder auferstehen zu lassen und den in den letzten Jahrzehnten gewachsenen Einfluß des Staates auf Wirtschaft und Gesellschaft zurückzudrängen. Privatkapitalismus pur ist wieder angesagt, und nicht einmal mehr gebändigt durch eine Wettbewerbsordnung, wie sie den Ordo-Liberalen in den 50er Jahren noch vorschwebte, die damit die Konzentration wirtschaftlicher Macht unterbinden wollten. Was der Neoliberalismus moderner Prägung propagiert, ohne jede Scham, in geradezu unverschämter Weise, ist die hemmungslose und grenzenlose Freiheit des Kapitals, die angeblich die beste Gewähr für eine »optimale Allokation der Ressourcen« bietet. Und dies unter zynischer Inkaufnahme all der ökonomischen, sozialen, ökologischen und emotionalen Krisen und Katastrophen, die dieses System in globalem Maßstab hervorgetrieben hat und in wachsendem Maße hervortreibt.[110]

Welch ungeheure Verflachung stellt diese Quintessenz des Monetarismus beziehungsweise Neoliberalismus gegenüber den tiefen Erkenntnissen dar, die – trotz der verschiedenen blinden Flecken der Ökonomie – in der Geschichte der Wirtschaftswissenschaften schon einmal gewonnen wurden, zum Beispiel über
- die Natur als letztendliche Quelle der Produktivität,
- die menschliche Arbeitskraft als Quelle der Wertschöpfung,
- die Problematik entfremdeter Arbeit,
- den Widerspruch von Lohnarbeit und Kapital,
- die Problematik des Zinssystems,
- die Krisenhaftigkeit des Kapitalismus,
- die Problematik des privaten Bodeneigentums,
- die Problematik von Marktvermachtungen.

Nichts von alledem findet sich im Monetarismus wieder. Sein Angriffspunkt war der wesentliche blinde Fleck bei Keynes: die Gefahr der Inflation, die sowohl Keynes als auch die Anhänger des Keynesianismus unterschätzt haben. Diesen blinden Fleck bei Keynes aufgehellt und ein zunehmendes Bewußtsein für die Bedeutung der Stabilität des Geldes geschaffen zu haben, ist ein großes Verdienst des Monetarismus. Aber die Konsequenzen, die daraus gezogen werden, sind höchst problematisch, jedenfalls für einen Großteil der Gesellschaft innerhalb der kapitalistischen Industrieländer und weltweit. Für die kleine Minderheit der großen Geldvermögenseigentümer brachte sie allerdings eine immer schamlosere Anhäufung von Reichtum und Macht. Und wer diese skandalösen Tendenzen aufzeigt und anklagt, dem wird mittlerweile von den Ideologen des Systems sogar noch vorgeworfen, er würde »Sozialneid schüren«.

War es rückblickend betrachtet vielleicht doch ein großer Fehler von Keynes, daß er den depressiven Kapitalismus mit Konjunkturspritzen beleben wollte, unter Verharmlosung der Nebenwirkung Inflation, anstatt – wie Gesell – eine grundlegende Korrektur des Geldsystems anzuregen mit dem Ziel, das Geld vom Zins zu lösen? Hat er nicht damit den Monetaristen selbst den Anlaß zum ideologischen Gegenschlag geliefert, mit dem sie nicht nur ihn und den Keynesianismus, sondern gleich auch noch alle anderen kritischen Einsichten in die Problematik des Kapitalismus hinwegfegten und die entsprechenden Konflikte verdrängten? Diese Fragen lassen sich natürlich nachträglich nicht mehr beantworten, aber ich möchte sie trotzdem stellen.

In Abwandlung eines schon weiter oben zitierten Satzes von Keynes wage ich folgende These: Die Zukunft wird mehr vom Geiste Gesells als von dem von Keynes lernen – und allemal mehr als vom Monetarismus. Aber vielleicht wird sie auch die sehenden Flecken verschiedener Richtungen zusammenfügen und die blinden Flecken der Ökonomie hinter sich lassen.

Vielleicht brauchte es auch historisch erst noch die Irrungen und Wirrungen des Marxismus, Keynesianismus und Monetarismus, um sich auf die tiefen Erkenntnisse eines Silvio Gesell zu besinnen, sie aufzuarbeiten, weiterzuentwickeln und mit anderen zukunftsweisenden Erkenntnissen zu verbinden und dabei auch dessen eigene blinde Flecken aufzuhellen.

Und was ist mit der vom Monetarismus in Aussicht gestellten Gesundung des Systems nach schmerzhafter Entziehungskur? Auf diese Wirkung warten wir – nach 20 Jahren monetaristisch ausgerichteter Politik – bis heute vergeblich. Die Gefahr der Inflation scheint in den meisten kapitalistischen Industrieländern zwar erst einmal gebannt, aber die Arbeitslosigkeit hat dramatische Ausmaße angenommen, die sozialen Gegensätze haben sich enorm verschärft, der Staat kann wichtige öffentliche Funktionen immer weniger wahrnehmen, und sein Handeln wird zunehmend von den »leeren Kassen« und den sogenannten »Sparzwängen« bestimmt. Weltweit jagt inzwischen eine Finanzkrise die andere: Allein 1998 waren es die Krisen in Südostasien, Japan, Rußland und Südamerika. Von Gesundung des Kapitalismus kann angesichts dieser alarmierenden Symptome weiß Gott keine Rede sein. Wie heißt es doch mit Bezug auf die Medizin? Operation gelungen, Patient tot.

Monetarismus und Konfliktverschärfung

Worin bestand nun im einzelnen die vom Monetarismus verordnete Entziehungskur? Erst einmal und allem voran in einer Drosselung der gesamtwirtschaftlichen Nachfrage, die nach monetaristischer Auffassung durch staatliche Haushaltsdefizite und durch Geldschöpfung übermäßig aufgebläht worden war und in die Inflation geführt hatte. Abbildung 49a stellt diese ersten Ansatzpunkte monetaristischer Politik dar:
- Abbau des Haushaltsdefizits und
- Verminderung der Geldschöpfung.

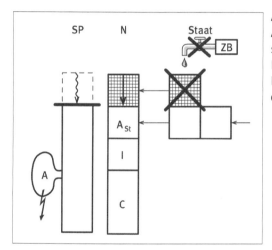

Abbildung 49a:
Ansatzpunkte monetaristischer Politik: Drosselung der Nachfrage durch Abbau des Budgetdefizites und verminderte Geldschöpfung

Das Ende der Nachfragepolitik

Das vorher inflationär aufgeblähte Sozialprodukt ließe sich dann im Durchschnitt nur noch ohne Preissteigerungen absetzen, das heißt, die Unternehmen wären gezwungen, Preiserhöhungen zurückzunehmen und sie in Zukunft zu unterlassen. Aus der Sicht einzelner Unternehmen würden dadurch erst einmal die Erlöse sinken, die Gewinne schrumpfen und eventuell Verluste entstehen. Abbildung 49b und c stellen die Auswirkungen auf die Unternehmen vor und nach der Nachfragedrosselung (und der dadurch verursachten Erlösminderung) symbolisch dar:

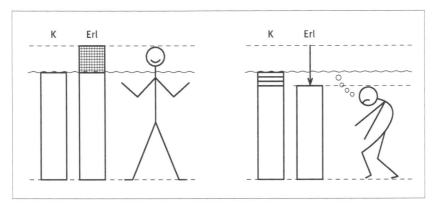

Abbildung 49b und c: Die Auswirkung von Nachfragedrosselung und Erlösminderung auf einzelne Unternehmen (K =Kosten, Erl = Erlöse)

Solange die Unternehmen Gewinne – als Überschuß der Erlöse über die Kosten – erwirtschaften, haben sie ihren Kopf über Wasser. Werden die Erlöse allerdings unter die Kosten gedrückt, so machen die Unternehmen Verluste, und wenn dieser Zustand länger anhält, geht ihnen sozusagen die Luft aus, wie einem Menschen, dessen Kopf für längere Zeit unter Wasser gedrückt wird. (Von diesen Folgen wären zunächst natürlich diejenigen Unternehmen betroffen, die vorher schon unterdurchschnittliche Gewinne gemacht haben, während die Unternehmen mit überdurchschnittlichen Gewinnen länger davor bewahrt blieben.)

Daß ein gewisser Teil der Unternehmen auf der Strecke bleibt und dabei die entsprechenden Arbeitsplätze vernichtet werden, ist nach monetaristischer Auffassung unvermeidlich, wenn sich die Unternehmen vorher nur aufgrund von Inflationsgewinnen – sozusagen im Treibhausklima der Inflation – hatten halten können. Aber es konnte natürlich nicht Sinn monetaristischer Politik sein, die meisten Unternehmen hinwegzufegen und in den Konkurs zu treiben. Wenn also schon von der Nachfrageseite her die Gewinnmöglichkeiten der Unternehmen eingeschränkt wurden, so mußten statt dessen von der Angebotsseite, das heißt von der Kostenseite her, neue Bedingungen für Unternehmensgewinne geschaffen werden: durch Kostensenkungen der verschiedensten Art. Das ist der Grund, warum man im Zusammenhang mit dem Monetarismus auch von einer »angebotsorientierten Wirtschaftspolitik« oder kurz von »Angebotspolitik« spricht, im Gegensatz zur »Nachfragepolitik« des Keynesianismus. Abbildung 49d stellt diesen dritten Ansatzpunkt monetaristischer Politik dar.

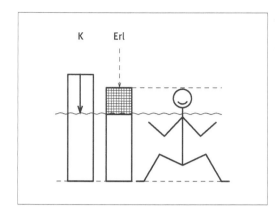

Abbildung 49d:
Dritter Ansatzpunkt monetaristischer Politik: Kostensenkung und Verbesserung der Angebotssituation (»Angebotspolitik«)

Durch die Politik des Monetarismus geraten also die Unternehmen unter Druck, ihre Kosten zu senken, wenn sie überleben wollen. In Abbildung 61e sind die wesentlichen Kostenbestandteile aufgeführt:

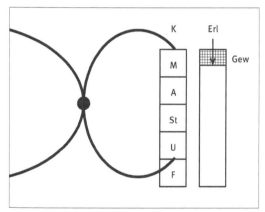

Abbildung 49e:
Durch monetaristische Angebotspolitik kommen die Kosten (mit Ausnahme der Finanzierungskosten) in die Zange.

M: Material- und Maschinenkosten
A: Arbeitskosten (Löhne und Lohnnebenkosten)
St: Steuern
U: Umweltschutzkosten
F: Finanzierungskosten

Die Finanzierungskosten ergeben sich überwiegend aus früher eingegangenen Kreditverpflichtungen und sind deshalb kurzfristig kaum veränderbar. (Lediglich der Anteil der Neuverschuldung und die damit verbundenen Zinslasten könnten reduziert werden.) Sie sind deswegen in Abbildung 49e aus der Zange ausgenommen. Denn das in die Produktion eingeflossene Kapital fordert unerbittlich seinen Tribut und steht erstaunlicherweise für »Sparmaßnahmen« in der Regel überhaupt nicht zur Diskussion und Disposition. Um so mehr müssen die anderen Kosten daran glauben, allen voran die Arbeitskosten. Das Zauberwort in diesem Zusammenhang heißt »Rationalisierung«, das heißt die Ersetzung menschlicher Arbeitskraft durch Maschinen.

Diese Tendenz ist im Prinzip nicht neu. Sie hat es seit Beginn der Industrialisierung gegeben, und für die in einzelnen Bereichen freigesetzten Arbeitskräfte haben sich im großen und ganzen immer wieder neue Bereiche aufgetan, in denen hinreichend neue Arbeitsplätze entstanden. So wurden zum Beispiel die in der Landwirtschaft »freigesetzten Arbeitskräfte« in der Industrie gebraucht, und die in der Industrie »Freigesetzten« fanden Beschäftigung im Dienstleistungsbereich. Was sich aber in dieser Hinsicht im Zuge der Computerisierung vieler Produktions- und Dienstleistungsbereiche in stürmischem Tempo vollzieht, stellt alle vorangegangenen Wellen von Arbeitsplatzvernichtung in den Schatten.[111] Der vom Monetarismus ausgehende verstärkte Druck auf die Kosten hat dieser technologisch bedingten Tendenz zur »Freisetzung von Arbeitskräften«[112] noch einen zusätzlichen Schub verliehen.

Um die Kosten zu senken, feiern mittlerweile große Unternehmen und Konzerne, vor allem im Zusammenhang mit Unternehmensfusionen, regelrechte Entlassungsorgien, und das Fusionsfieber steigt dramatisch an. Die zunehmende »Vermachtung« der Wirtschaft und Gesellschaft ist dabei noch ein zusätzlicher höchst problematischer Aspekt. Die Bilanzsummen großer transnationaler Konzerne haben mittlerweile Größenordnungen erreicht, denen gegenüber sich die Budgets ganzer Staaten geradezu lächerlich ausnehmen. Entsprechend wird der Spielraum der Politik gegenüber diesen gigantischen Machtgebilden immer mehr eingeschränkt, und es droht die Gefahr, daß die Demokratie zur reinen Farce verkommt und zunehmend in ihren Grundlagen zersetzt wird.

Die Schwächung der Gewerkschaften

Für Monetaristen um Milton Friedman, die sogenannte »Chicago-Schule«, scheint die Demokratie wohl ohnehin kein schützenswertes Gut zu sein. Sonst hätten sie sich in den 70er Jahren nicht zur wirtschaftspolitischen Beratung der Militärdiktatur unter General Pinochet in Chile hergegeben, der mit einem Militärputsch die demokratisch gewählte Regierung Allende stürzte und mit brutalem Terror gegenüber Gewerkschaften und politischer Opposition regiert hat.[113]

Sowohl durch Firmenzusammenbrüche als auch durch Rationalisierungen unter verstärktem Kostendruck hat die monetaristische Politik dasjenige Krisensymptom wieder hervorgetrieben, zu dessen Bekämpfung der Keynesianismus ursprünglich angetreten war: die Massenarbeitslosigkeit. Vor dem Hintergrund dieser Entwicklung stehen die Gewerkschaften, wenn sie nicht – wie in Chile – ganz zerschlagen wurden, zunehmend mit dem Rücken zur Wand. Während es vorher in den entwickelten Industrieländern mit gut organisierten Gewerkschaften schon fast selbstverständlich geworden war, in den Tarifverhandlungen mindestens einen Inflationsausgleich plus einen gewissen Anteil an der Produktivitätssteigerung oder auch Arbeitszeitverkürzung bei vollem Lohnausgleich mit oder ohne Streik durchzusetzen, mußten die Gewerkschaften in Zeiten der Massenarbeitslosigkeit immer mehr zurückstecken und sogar Reallohnsenkungen in Kauf nehmen.

In Großbritannien, wo unter Margaret Thatcher in den 80er Jahren rigoros monetaristische Politik betrieben wurde, wurden die Rechte der Gewerkschaften drastisch eingeschränkt. Aber auch dort, wo dies nicht auf gesetzlichem Wege geschah, wie in der Bundesrepublik Deutschland, wurde ihre faktische Durchsetzungskraft unter dem Einfluß des Monetarismus immer mehr geschwächt. Unter dem wohlklingenden Namen »Flexibilisierung der Arbeit« mußten und müssen die Lohnabhängigen eine Kröte nach der anderen schlucken und immer mehr Unzumutbarkeiten hinnehmen, um nicht ihre Arbeit zu verlieren oder um eine neue zu bekommen. Ansätze zur »Humanisierung der Arbeit«, die es in den 70er Jahren gab, blieben fast vollständig auf der Strecke. Ohne Rücksicht auf Gesundheit und soziale Bindungen wird in vielen Bereichen erwartet, daß sich die Arbeitskräfte zeitlich und räumlich hin und her rangieren lassen wie Waggons auf einem Verschiebebahnhof, gerade so, wie es die Unternehmen brauchen. Die Löhne einzelner Jobs sind oft derart niedrig, daß vielfach zwei oder sogar drei Jobs gleichzeitig notwendig sind, um sich und die Familie über Wasser zu halten. In den USA hat sich diese Tendenz seit der Anwendung monetaristischer Politik in den 80er Jahren unter Reagan in immer weiteren Teilen der Gesellschaft durchgesetzt. Und gleichzeitig ist der Prozentsatz derjenigen, deren Einkommen unterhalb der offiziellen Armutsgrenze liegen, immer weiter angewachsen: wachsendes soziales Elend in einem der reichsten Länder der Welt!

Immer noch drohen die Großunternehmen und transnationalen Konzerne, ihre Produktion in Billiglohnländer auszulagern, wenn die

Löhne und Lohnnebenkosten im Inland nicht noch weiter sinken. Und sie drohen nicht nur, sondern sie tun es auch; in Länder, deren Arbeitsmärkte überflutet sind von arbeitsuchenden Menschen, die aus ihren ursprünglichen Existenzgrundlagen herausgeschleudert wurden wie seinerzeit im Frühkapitalismus die Menschenmassen in Europa; in Länder, in denen es keine Gewerkschaften gibt und in denen die Arbeitsuchenden sich gegenseitig herunterkonkurrieren auf Niveaus von Löhnen und Arbeitsbedingungen, die unter jeder Menschenwürde sind.

Und eben dieses Niedriglohnniveau, das zum Teil nur ein Fünfundzwanzigstel oder ein Dreißigstel des Niveaus in westlichen Industrieländern beträgt, wird den Lohnabhängigen und Gewerkschaften in unseren Breiten als Druckmittel um die Ohren gehauen, auf daß auch sie in ihren Forderungen immer mehr zurückstecken. Indem die Bewegungen des Kapitals über den ganzen Globus im Zuge des Abbaus der Kapitalverkehrsbeschränkungen in den letzten Jahrzehnten immer grenzenloser und hemmungsloser geworden sind, wurden die Gewerkschaften auch in Ländern, in denen sie traditionell eine starke Stellung hatten, zunehmend geschwächt.

»Gleichgewichtslohn« und soziales Elend

In den Augen der Monetaristen und Neoliberalen sind die Gewerkschaften ohnehin nur ein Störfaktor am Arbeitsmarkt, wenn sie Löhne durchsetzen wollen, die über dem vielgelobten »Gleichgewichtslohn« liegen. Sie verteuern dadurch die Arbeitskraft und tragen scheinbar selbst die Schuld daran, wenn die Unternehmen zu wenig Arbeitskräfte einstellen und deshalb Arbeitslosigkeit herrscht. Die Begründung dafür erscheint auch ganz plausibel.

In Abbildung 50a findet sich die übliche neoklassische Darstellung der Nachfrage nach Arbeitskraft (NA) und des Angebots an Arbeitskraft (AA) in Abhängigkeit von der Höhe des Lohnsatzes. Zur Übereinstimmung von beiden kommt es nur beim Gleichgewichtslohn ($\bar{l}$). Ein höherer Lohn (l2) ließe die Nachfrage nach Arbeitskraft zurückgehen und das Angebot an Arbeitskraft steigen, so daß (in der Größe des Querbalkens) ein Überhang von Arbeitskräften entsteht, die nicht nachgefragt werden, das heißt also Arbeitslosigkeit. Demnach brauchten die Gewerkschaften also nur mit den Lohnforderungen nachzugeben und sich auf den Gleichgewichtslohn ($\bar{l}$) einzulassen, und schon wäre die Arbeitslosigkeit beseitigt. So einfach ist das!

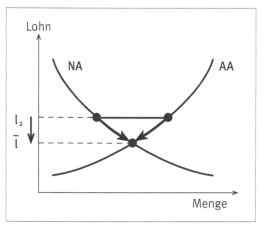

Abbildung 50a:
Nach neoklassischer Auffassung baut sich Arbeitslosigkeit durch Lohnsenkung von selbst ab. Der Gleichgewichtslohn erscheint als der optimale Lohn.

Bei näherer Betrachtung ergeben sich allerdings einige gravierende Gegenargumente: Zum einen würde durch die Lohnsenkung gesamtwirtschaftlich auch die Massenkaufkraft zurückgehen[114], die nicht ohne weiteres durch höheren Konsum der Reichen oder durch wachsende Investitionen aufgefüllt werden könnte – worauf schon Keynes hingewiesen hatte. Zum anderen ist zu fragen, ob es denn eine untere Grenze für das Sinken des Gleichgewichtslohnes gibt, wenn der Arbeitsmarkt zum Beispiel durch immer mehr Arbeitsuchende überflutet wird und dadurch das Angebot an Arbeitskraft immer mehr steigt.

In Abbildung 50b kommt diese Veränderung in einer Rechtsverschiebung der Arbeitsangebotskurve in den Bereich größerer Mengen zum Ausdruck. Nichts verhindert im Rahmen des Marktsystems, daß der Gleichgewichtslohn sogar noch unter das physische Existenzminimum absinkt, unterhalb dessen die Menschen verhungern oder erfrieren oder an armutsbedingten Krankheiten sterben. Und solange genügend Nachschub da ist, tut dieses Massensterben dem Kapital nicht einmal weh. Während sich das soziale Elend und die sozialen Konflikte zuspitzen und es nur eines Funkens bedarf, um die sozialen Spannungen explosiv eskalieren zu lassen, sprechen die Ökonomen monetaristischer und neoliberaler Prägungen dessenungeachtet vom »Gleichgewichtslohn am Arbeitsmarkt«.[115]

Welch ein Zynismus, welch eine Menschenverachtung und welch eine entsetzliche Blindheit gegenüber der sozialen Realität! Für die wissenschaftliche Untersuchung von Gewalt, Hunger und Elend sind dann andere wissenschaftliche Disziplinen zuständig (deren Vertreter ihrerseits oft keine Ahnung von Ökonomie haben). Auf diese Weise sind die Ökonomen, die mit ihren abstrakten Theorien die strukturelle Gewalt des Kapitalismus legitimieren, aus dem Schneider und fühlen sich für die sozialen Katastrophen, die von ihm hervorgetrieben werden, in keiner Weise verantwortlich und können weiter ruhig schlafen – und mit ihnen die vielen, die an ihre Lehre glauben.

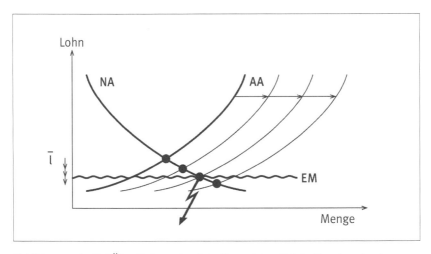

Abbildung 50b: Bei Überflutung des Arbeitsmarkts mit Arbeitsuchenden kann der Gleichgewichtslohn unter das Existenzminimum (EM) absinken und zum Hungerlohn werden.

Der Gleichgewichtslohn kann dabei nicht nur durch Überflutung der Arbeitsmärkte mit Arbeitsuchenden absinken, sondern auch (und zusätzlich) durch einen Rückgang in der Nachfrage nach Arbeitskräften von seiten der Unternehmen. In Abbildung 50c drückt sich dies in einer Linksverschiebung der Nachfragekurve nach Arbeitskraft aus.

Genau dies geschieht im Zuge der schon kurz angesprochenen Rationalisierungen und der »Freisetzung« von Arbeitskräften durch technologische Veränderungen, vor allem im Zusammenhang mit der digitalen Revolution. Dadurch können auch in unseren Breiten die Gleichgewichtslöhne derart dramatisch absinken, daß sie zum Lebensunterhalt immer weniger ausreichen und daß die materiellen Existenzgrundlagen einer wachsenden Zahl von Menschen immer mehr wegbrechen. Das heißt, daß sich Armut und Elend nicht nur unter den Arbeitslosen, sondern sogar unter den Beschäftigten immer mehr ausbreiten. Unter diesem Aspekt ist es geradezu fatal, daß die Gewerkschaften als Folge monetaristischer Politik immer mehr in die Defensive geraten sind.

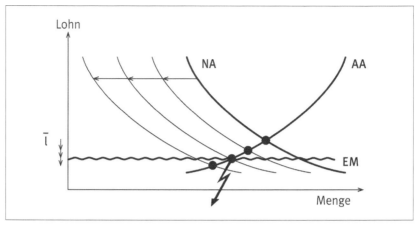

Abbildung 50c: Bei starkem Rückgang der Nachfrage nach Arbeitskraft (durch Rationalisierung und Computerisierung) kann der Gleichgewichtslohn ebenfalls unter das Existenzminimum absinken und zum Hungerlohn werden.

Wenn soziale Katastrophen und Explosionen auch in den Industrieländern abgewendet werden sollen, braucht es starke Gewerkschaften, die sich der vom Kapitalismus hervorgetriebenen Tendenz der Verschärfung sozialer Gegensätze wirksam entgegenstellen. Aber es braucht auch Gewerkschaften, die sich zunehmend der tieferen Ursachen dieser Tendenzen bewußt werden und sich nicht länger von der Blindheit der herrschenden Ökonomie anstecken lassen.

Die Senkung der Unternehmenssteuern

Ein weiterer Bestandteil monetaristischer Angebotspolitik ist die Senkung der Unternehmenssteuern. Auch die steuerliche Entlastung der Unternehmen verfolgt den Zweck, ihnen von der Angebotsseite her Gewinne zu ermöglichen, wenn schon die Nachfrage und damit die Erlöse durch monetaristische Politik im Durchschnitt eingeschränkt werden. Aber sie hat natürlich auch zur Folge, daß dem Staat weniger Steuereinnahmen zufließen (es sei denn, andere Steuern werden gleichzeitig erhöht oder die Steuerflucht nimmt ab).

Wenn auf der anderen Seite auch noch das Haushaltsdefizit des Staates abgebaut werden soll, mit dem die Konjunkturspritzen finanziert wurden, dann muß es zu drastischen Kürzungen der Staatsausgaben, zu sogenannten »Sparprogrammen« kommen. Dadurch gerät nun auch der Staatshaushalt zunehmend in die Zange.

Kommt der Staat der Forderung nach steuerlicher Entlastung der Unternehmen nicht oder nicht hinreichend nach, dann können mindestens die größeren Unternehmen und Konzerne in Länder mit niedrigen Steuern, in sogenannte »Steueroasen« ausweichen. Oder sie nutzen die vielen legalen Möglichkeiten der Steuerersparnis, der Gewinnverschleierung oder der Steuerflucht (von der illegalen Steuerhinterziehung einmal ganz abgesehen), um sich der Besteuerung möglichst weitgehend zu entziehen. Bei der Suche nach minimaler Steuerbelastung setzen transnationale Konzerne ganze Länder unter Druck und spielen sie gegeneinander aus, indem sie ihre Investitionen in diesen Ländern an die Bedingung niedrigster Steuern knüpfen. In dem Bestreben, Auslandskapital ins Land zu holen, unterbieten sich die einzelnen Länder dabei gegenseitig und ruinieren auf diese Weise ihren Staatshaushalt, während das international agierende Kapital am längeren Hebel sitzt und die Bedingungen der nationalen Steuerpolitik mehr oder weniger diktieren kann.

»Privatisierung« – der neoliberale Angriff auf den Staat

Daß den Staaten die Steuereinnahmen mehr oder weniger wegbrechen und eine »Erosion des Steuersystems« stattfindet, liegt dabei ganz auf der Linie monetaristischer Politik. Denn der Monetarismus hat nicht nur der staatlichen Konjunkturpolitik den Kampf angesagt, sondern dem Wohlfahrtsstaat insgesamt, und fordert eine weitgehende Privatisierung bisheriger staatlicher Unternehmen und öffentlicher Funktionen.

Unter dem Vorwand einer zum Teil berechtigten Kritik an der Ineffektivität staatlicher Verwaltung und Bürokratie wird ein Generalangriff gegen den Staat geführt und die These vertreten, durch Privatisierung ließen sich so gut wie alle traditionell öffentlichen und staatlichen Funktionen besser erfüllen: im Bereich der Energieversorgung, des Verkehrssystems, des Kommunikationssystems, des Bildungswesens, des Gesundheitswesens, der sozialen Dienste oder der Kultur, ja sogar der inneren Sicherheit. Alle diese Angebote sollten nach marktwirtschaftlichen Prinzipien gewinnorientiert bereitgestellt werden, sich an der kaufkräftigen Nachfrage orientieren und damit dem gleichen Konkurrenzdruck ausgesetzt werden wie die übrige Privatwirtschaft, um auf diese Weise die Effektivität des Angebots zu steigern.

Die Konsequenz, daß dabei diejenigen aus der Versorgung ausgeschlossen werden, die nicht über hinreichend Kaufkraft verfügen, wird bewußt in Kauf genommen. Was zählt, ist der Markt, als scheinbarer Inbegriff aller Vernunft. Der Staat soll sich auf minimale Funktionen beschränken, ganz entsprechend der klassisch-liberalen Vorstellung vom sogenannten »Nachtwächterstaat« mit seinem »Minimalbudget«. Alles andere soll den Marktmechanismen überlassen bleiben und den Dispositionen der Vermögenseigentümer und ihrem Streben nach privater Vermögensmaximierung.

Daß die Aufgaben und Ausgaben des Staates historisch auch gewachsen sind, weil das kapitalistische Marktsystem aus sich heraus eine Reihe problematischer Fehlentwicklungen und Defizite in der Versorgung der Bevölkerung und im Umgang mit der Umwelt hervorgetrieben hat, die es zu korrigieren galt, wird vom Monetarismus unterschlagen. Ohne öffentliches Bildungssystem wäre einem Großteil der sozial schwächeren Bevölkerung der Zugang zur Bildung versperrt geblieben, weil sie die Schulgelder und Studiengebühren privater Bildungsinstitutionen gar nicht hätte bezahlen können. Ohne öffentliches Verkehrssystem wären bestimmte Regionen von der Verkehrsanbindung abgeschnitten geblieben, weil sich das private Betreiben bestimmter abgelegener Strecken nicht lohnt. Ohne staatliche Sozialpolitik wären erhebliche Teile der Bevölkerung in menschenunwürdige Armut und in Elend abgestürzt. Und ohne staatliche Umweltpolitik hätten der Raubbau an der Natur und die Umweltzerstörung noch ganz andere Ausmaße angenommen, als es ohnehin schon der Fall ist. Ähnliches gilt in vielen anderen Bereichen.

Auch wenn die öffentlichen Verwaltungen in vieler Hinsicht verbessert werden können, die monetaristische Politik der allgemeinen Privatisierung öffentlicher Funktionen ist ein Generalangriff auf die Errungenschaften der »sozialen und ökologischen Marktwirtschaft«, die über Jahrzehnte oder gar Jahrhunderte mühsam von sozialen Bewegungen erkämpft und den auf bloße Verwertung ausgerichteten Kapitalinteressen abgerungen worden sind.

Die unter dem Einfluß des Keynesianismus und des Zinssystems dramatisch gewachsene Staatsverschuldung kommt der monetaristischen und neoliberalen Attacke gegen den Sozialstaat gerade recht. Denn was

Argumente allein nicht bewirken können, das bewirkt mittlerweile der scheinbare »Sachzwang der leeren öffentlichen Kassen«: Der Staat ist gezwungen, seine Ausgaben in allen möglichen Bereichen zu kürzen, und unter die Räder kommen dabei vor allem die Sozialausgaben für die sozial Schwachen, die über keine hinreichend starke Lobby verfügen. Weil die Kürzungen allein nicht ausreichen, muß der Staat einen Bereich nach dem anderen privatisieren, das heißt öffentliche Unternehmen oft zum Schleuderpreis verkaufen und damit kurzfristig seine Kassen auffüllen.

Nach und nach verliert der Staat auf diese Weise immer mehr an politischen Einflußmöglichkeiten, um soziale und ökologische Ziele zu verfolgen, und überläßt das Feld zunehmend den privaten Kapitalinteressen. Was wir seit einigen Jahren auch in der Bundesrepublik erleben, ist im Grunde eine schleichende Zwangsvollstreckung des Schuldners Staat: Immer mehr des öffentlichen Vermögens wird unter dem Druck der Haushaltslücken wie »Tafelsilber« verschleudert, und die »öffentliche Armut«, die Versorgungsdefizite an öffentlichen Leistungen, greifen immer weiter um sich: Die öffentlichen Mittel für Schulen und Hochschulen werden zusammengestrichen, staatliche Kindertagesstätten werden geschlossen, öffentliche Kultureinrichtungen wie Theater werden dichtgemacht, die öffentlichen Springbrunnen und zum Teil schon die Straßenbeleuchtungen werden abgestellt, weil sie sich nicht mehr bezahlen lassen, und der Verfall öffentlicher Leistungen nimmt immer bizarrere Formen an – und dies in einem der reichsten Länder der Welt. In den USA ist dieser Verfallsprozeß noch viel dramatischer und deutet an, in welche Richtung die Entwicklung auch bei uns noch gehen wird, wenn ihr nicht durch politische, soziale und ökologische Gegenbewegungen entschlossen und wirksam Einhalt geboten wird.[116]

Dies setzt voraus, daß sich ein wachsendes Bewußtsein über den eigentlichen Charakter des Monetarismus und Neoliberalismus entwikkelt, die im Gewand von Wissenschaft daherkommen und in Wirklichkeit ein massiver Angriff auf soziale und ökologische Errungenschaften zugunsten einer kleinen Minderheit sind: eine wissenschaftlich maskierte Strategie der Umverteilung von unten nach oben und der Unterwerfung des Globus unter die Interessen des großen Kapitals, die als Allgemeininteresse ausgegeben werden – und denen gegenüber nach den Vorstellungen ihrer Verfechter kein anderes Interesse sich mehr Geltung verschaffen darf. »Marktradikalismus« oder »Marktfundamentalismus«, dies scheinen mir treffende Ausdrücke von Kritikern der monetaristischen und neoliberalen Ideologie zu sein. Herbert Schui und andere haben diese Ideologie auf ihre Art in einem Buchtitel verdichtet: ›Wollt ihr den totalen Markt?‹.

Natürlich müssen sich bei Durchsetzung des monetaristischen und neoliberalen Konzepts die sozialen und ökologischen Konflikte innerhalb der einzelnen Länder und auch global enorm verschärfen. Deswegen ist es auch konsequent, was auf den ersten Blick als Widerspruch zu den geforderten Kürzungsprogrammen erscheint: daß nämlich in den Bereichen innere Sicherheit und Militär in teilweise gigantischem Ausmaß (zum Beispiel in den USA) aufgerüstet wurde. Diese Tendenz kann als der Versuch gedeutet werden, die wachsenden sozialen Spannungen mit wachsender Staatsgewalt nach innen und nach außen unter Kontrolle zu halten, wobei natürlich höchst fragwürdig ist, ob dies auf Dauer gelingen kann.[117] Für mich gibt es insofern einen untrennbaren Zusammenhang zwischen Monetarismus, Konfliktverschärfung und wachsender Repression. Zur Wahrnehmung der repressiven Funktion scheint der Staat dem Kapital immer noch gut genug zu sein. Obwohl es natürlich auch dort noch vieles zu »verbessern« gibt.

Gefahren der Globalisierung – eine Auswahl kritischer Bücher

Die stürmische Entwicklung der Globalisierung der Märkte wird von großen Teilen der Gesellschaft wie ein unabwendbares Naturereignis hingenommen. Selbst die Gewerkschaften erstarren angesichts der Globalisierungstendenzen und des vom Weltmarkt ausgehenden verschärften Konkurrenzdrucks überwiegend wie das Kaninchen vor der Schlange und sind in ihrer Handlungsfähigkeit wie gelähmt oder passen sich mehr oder weniger kleinlaut den scheinbar unvermeidlichen Zwängen an, die von diesen Entwicklungen ausgehen. Aber auch wenn die globalen Finanzströme mittlerweile wie Orkane über ganze Länder und Erdteile hinwegfegen und Überschwemmungen an den Finanzmärkten herbeiführen, während andere Teile der Welt in finanzielle Dürrekatastrophen stürzen, handelt es sich nicht um Naturkatastrophen, sondern wesentlich um das Ergebnis weltweit durchgesetzter neoliberaler Politik in den letzten 20 Jahren: das Ergebnis einer dadurch immer deutlicher zutage tretenden Dynamik eines entfesselten Kapitalismus, der hemmungslos seinen immanenten Zwang nach exponentiellem Wachstum des Kapitals auslebt, wenn es sein muß auch gegen die vitalen Interessen von Menschen, Völkern und der gesamten Natur. Die »Globalisierung der Märkte« ist nur ein Deckname für die Globalisierung der Kapitalherrschaft, für die Weltherrschaft des Kapitals.

Erst allmählich beginnt eine öffentliche Diskussion und Bewußtwerdung über die Ungeheuerlichkeit und Destruktivität dieses Prozesses und über die höchst fragwürdige Rolle der Politik der meisten Regierungen in der Ersten, Zweiten und Dritten Welt, die sich zu Erfüllungsgehilfen von Kapitalinteressen haben machen lassen und dabei den sozialen, ökologischen und kulturellen Gestaltungsspielraum von Politik immer mehr preisgegeben haben.

Im folgenden will ich kurz auf einige Bücher eingehen, die die Gefahren der Globalisierung unter verschiedenen Aspekten beleuchten und auf mögliche Lösungen der damit zusammenhängenden Probleme verweisen.

James Goldsmith: ›Die Falle‹

Zu den heftigsten Kritikern der Globalisierung gehört James Goldsmith, jahrzehntelang einer der erfolgreichsten Unternehmer Großbritanniens. Sein aufrüttelndes Buch ›Die Falle‹ (1992) wurde in Frankreich und Großbritannien zum Bestseller und liegt seit 1996 auch in deutscher Übersetzung vor.[118]

In einer klaren Sprache beschreibt Goldsmith die bedrohlichen Entwicklungstendenzen, die die »Liberalisierung des Welthandels« im Rahmen des GATT, des Allgemeinen Zoll- und Handelsabkommens, schon hervorgetrieben hat und noch weiter hervortreiben wird:

»Der freie Welthandel ist zu einer Art geheiligtem Prinzip der modernen Wirtschaftstheorie geworden, gewissermaßen zu einem allgemein akzeptierten moralischen Dogma. Deshalb ist es auch so schwierig, Politiker und Wirtschaftswissenschaftler von der Notwendigkeit zu überzeugen, die Auswirkungen des freien Welthandels auf eine sich radikal verändernde Weltwirtschaft neu zu bewerten. Das höchste Ziel des freien Welthandels ist die Schaffung eines weltweiten Marktes für Güter, Dienstleistungen, Kapital und Arbeit. Das Instrument dafür ist GATT, das Allgemeine Zoll- und Handelsabkommen (General Agreement of Tariffs and Trade), das nun von der Welthandelsorganisation umgesetzt wird.« (S. 19)

Worin sieht Goldsmith die radikalen Veränderungen der Weltwirtschaft? Vor allem in der dramatischen Überflutung der weltweiten und immer mehr zusammengewachsenen Arbeitsmärkte, die dem fast vollständig mobil gewordenen Kapital zur Verfügung stehen und grenzenlos gegen die Lohnabhängigen ausgespielt werden können:

»In den letzten Jahren sind plötzlich 4 Milliarden Menschen in die Weltwirtschaft eingetreten. Dazu gehören unter anderem die Bevölkerungen Chinas, Indiens, Vietnams und Bangladeschs sowie der Länder der früheren Sowjetunion. (...) Das Prinzip des freien Welthandels besteht darin, daß jedes Produkt überall auf der Welt hergestellt und anderswo verkauft werden kann. Das bedeutet, daß die Neuankömmlinge in der Weltwirtschaft in direktem Wettbewerb mit den Arbeitskräften der Industrienationen stehen. Sie sind Teile desselben internationalen Arbeitsmarktes geworden. Unsere Volkswirtschaften sehen sich demzufolge einer völlig neuen Wettbewerbssituation gegenüber.« (S. 20f)

Hinzu komme die Zerstörung traditioneller Existenzgrundlagen von Milliarden von Menschen in der Dritten Welt in den Bereichen Landwirtschaft und Handwerk, die immer mehr Menschen zur Landflucht zwingt und die Slums in den Ballungszentren krebsartig anwachsen läßt. Aber das Elend wird nicht auf die Dritte Welt beschränkt bleiben, denn die Erste Welt kann sich – wenn die Entwicklung so weitergeht – ihm gegenüber auf Dauer gar nicht abschotten.

Aber auch in anderer Hinsicht geht von der Liberalisierung des Welthandels und des Kapitalverkehrs ein enormer Druck auf die Lohnabhängigen in den entwickelten Industrieländern aus: durch die tatsächliche oder angedrohte Verlagerung der Produktion in Billiglohnländer, mit denen die Gewerkschaften und der Sozialstaat erpreßt werden, was zu einer dramatischen Demontierung sozialer und ökologischer Standards führt.

Goldsmith kommt zu dem Schluß: »Die Globalisierung des Freihandels muß abgelehnt werden. Dieser Prozeß weist zu schwere Mängel auf, um als Sprungbrett zu einem besseren System dienen zu können. Der Schaden, den er sowohl den Industrieländern als auch den Entwicklungsländern zufügen wird, kann nicht hingenommen werden.« (S. 44)

Und worin sieht er die Alternative? Auch wenn er in seiner Analyse nicht bis zur tieferen Wurzel der Hemmungslosigkeit und Grenzenlosigkeit des Kapitals (nämlich der Dynamik des Zinssystems und dem darin angelegten Zwang zu exponentiellem Wachstum) vorgedrungen ist, bringt er doch wichtige Vorschläge in die Diskussion, um den überflutenden Strömen von Kapital, Waren und Menschen[119] sinnvolle Grenzen zu setzen, um die jeweiligen Regionen vor sozialen Katastrophen zu schützen und ihre innere Produktivkraft wieder stärker zur Entfaltung kommen zu lassen, durch ein Konzept, das ich »Regionalisierung statt Globalisierung« nennen möchte.

»Zunächst einmal müssen wir das Konzept des freien Welthandels durch ein Konzept des regionalen Freihandels ersetzen. Das heißt nicht, irgendeine Region von dem Handel mit dem Rest der Welt auszuschließen. Es bedeutet vielmehr, daß sich jede Region frei entscheiden kann, ob sie bilaterale Abkommen mit anderen Regionen schließen will oder nicht. Wir dürfen unsere Märkte nicht einfach für jeden und jedes Produkt öffnen, gleichgültig ob unsere Wirtschaft davon profitiert oder dadurch unsere Arbeitsplätze verlorengehen oder unser soziales System leidet.« (S. 36)

Jeremy Rifkin: ›Das Ende der Arbeit‹

Dem amerikanischen Wissenschaftsjournalisten Jeremy Rifkin geht es in seinem vielbeachteten Buch ›Das Ende der Arbeit – und ihre Zukunft‹ [120] vor allem um die Folgen der dramatischen »Freisetzung« von Arbeitskräften und der dadurch bedingten Überflutung der Arbeitsmärkte durch den stürmischen technologischen Fortschritt der Computerisierung. Im Zuge der digitalen Revolution, die Rifkin »die dritte industrielle Revolution« nennt, würden in nahezu allen Bereichen der Wirtschaft, in der Landwirtschaft, der Industrie und selbst im Dienstleistungs- und Kommunikationsbereich, immer mehr Menschen durch Computer oder computergesteuerte Produktionsanlagen und Roboter ersetzt.

Nicht nur durch die abgestürzte Nachfrage nach Arbeitskräften in den davon betroffenen Bereichen, sondern auch durch das wachsende Angebot der »freigesetzten« Arbeitskräfte in anderen Bereichen würden Löhne und Lohnnebenkosten immer mehr unter Druck geraten – und dennoch könnte die Arbeitskraft selbst bei niedrigstem Standard immer weniger mit den Computern konkurrieren. Die über Jahrhunderte hinweg wie selbstverständlich erscheinende Verflechtung von materieller Existenzgrundlage mit Lohnarbeit ist im Begriff, für große Teile der Gesellschaft – auch in der Ersten Welt – wegzubrechen und sich aufzulösen.

Ernstzunehmende Schätzungen laufen darauf hinaus, daß bereits im bevorstehenden Jahrhundert – wenn die diesbezügliche Entwicklung so weitergeht – nur noch 20 Prozent der arbeitsfähigen Weltbevölkerung gebraucht werden, um das Weltsozialprodukt zu erstellen. Die Arbeitskraft von vier Fünftel der Menschheit wäre dann überflüssig:

›20 Prozent der arbeitsfähigen Bevölkerung würde im kommenden Jahrhundert ausreichen, um die Weltwirtschaft in Schwung zu halten. (…) Ein Fünftel aller Arbeitsuchenden würde genügen, um alle Waren zu produzieren und hochwertige Dienstleistungen zu erbringen, die sich die Weltgesellschaft leisten könne. Diese 20 Prozent werden damit aktiv am Leben, Verdienen und Konsumieren teilnehmen, egal, in welchem Land.‹ [121]

Was sich hier abzeichnet, ist eine gesellschaftliche Umwälzung dramatischen Ausmaßes, wie sie die Menschheit bisher wohl noch nie erlebt hat. Und sie bleibt nicht auf die Erste Welt beschränkt, sondern erfaßt – zusätzlich zu den anderen angedeuteten Umwälzungen – auch die Zweite und Dritte Welt. Das heißt, es handelt sich um eine Krise und drohende

Katastrophe, in die mehrere Milliarden Menschen als Verlierer und Opfer hineingerissen werden. Aber selbst die 20 Prozent der Weltbevölkerung, die daraus als scheinbare Gewinner hervorgehen, können ihres Lebens nicht mehr froh und sicher sein, mögen sie sich auch noch so sehr in ihren Hochburgen gegen den Ansturm der Armen verschanzen, denn gegen die sich zuspitzenden Konflikte und das darin angelegte Gewaltpotential werden schließlich alle Sicherheitsvorkehrungen vergeblich sein. Wenn es nicht gelingt, die Konflikte und ihre tieferen Ursachen zu erkennen und zu lösen, steuert die Welt in eine Katastrophe, die alles, was bisher schon an Elend und Barbarei die Geschichte der letzten 6000 Jahre durchzogen hat, in den Schatten stellt.

Aber Rifkin ist kein Pessimist, sondern ein Mahner. Wenn die Gefahren und Ursachen rechtzeitig erkannt werden, dann liegen in der Krise auch Chancen für einen grundlegenden Wandel zum Positiven:

»Wir stehen am Beginn tiefgreifender technologischer und sozialer Umwälzungen, wie sie die Geschichte noch nicht gesehen hat. Vielleicht werden schon bald Millionen Menschen weniger lange arbeiten müssen und können ihre Freizeit genießen, während ihr Wohlstand stetig wächst. Vielleicht führt die technologische Revolution aber auch zu weltweiten Wirtschaftskrisen, zu wachsender Arbeitslosigkeit und sozialen Unruhen. Ob wir einer hellen oder einer düsteren Zukunft entgegengehen, das hängt vor allem davon ab, wem der Produktivitätsgewinn des Informationszeitalters zugute kommen wird. Um ihn gerecht zu verteilen, bedarf es einer weltweiten Verkürzung der Arbeitszeit und einer gemeinsamen Anstrengung aller Regierungen, um im Bereich der sozialen Wirtschaft neue Arbeitsplätze für alle Menschen zu schaffen, die in der Privatwirtschaft nicht mehr gebraucht werden. Wenn dagegen der drastisch gestiegene Produktivitätsgewinn nicht aufgeteilt wird, sondern hauptsächlich an die Aktionäre, die Manager und die neue Elite der ›Wissensarbeiter‹ ausgeschüttet wird, dann wird sich der Graben zwischen den Habenichtsen und den Wohlhabenden verbreitern, und es wird überall auf der Welt zu sozialen und politischen Unruhen kommen.« (S. 24)

Neben dem ersten Sektor der Privatwirtschaft und dem zweiten Sektor des Staates, die immer weniger Beschäftigung bieten können, sieht Rifkin in zunehmendem Maße einen sich entwickelnden dritten Sektor, den Sektor der gemeinnützigen Arbeit, in dem sich Menschen immer mehr engagieren werden, auch ohne finanzielles Entgelt oder mit relativ geringer staatlicher Entlohnung. In der wachsenden Bedeutung des dritten Sektors gemeinnütziger Arbeit sieht Rifkin auch Chancen für die

Entwicklung eines neuen Gemeinschaftsgefühls und sozialen Verantwortungsbewußtseins.

So eindrucksvoll ich die Diagnose von Rifkin bezüglich der technologischen Revolution durch Computerisierung und des stürmischen Wegbrechens der Arbeit finde und sosehr mich auch die Kraft seiner Sprache beeindruckt, so bleiben für mich doch auch einige Fragen offen: Kann die Lösung der Krise wirklich darin bestehen, daß sich der globale Kapitalismus ungehemmt und grenzenlos austoben kann und die Menschheit und Erde seiner eindimensionalen Profitlogik unterwirft, während die überflüssig gewordene Arbeitskraft der Menschen sich neue Betätigungsfelder sucht, um in gemeinnütziger Arbeit notdürftig die Schäden zu reparieren, die die Dynamik des Kapitalismus erst verursacht hat? Würde dies nicht auf eine Vertiefung der ohnehin schon weitverbreiteten Bewußtseinsspaltung hinauslaufen, bei der einerseits wirtschaftliche Interessen ohne Rücksicht auf Mensch und Natur verfolgt und andererseits mit einem Teil der so erzielten Gewinne Wohltaten finanziert werden? Profite aus Rüstungsproduktion als Spende an das Rote Kreuz?

Wäre es nicht viel dringender, die bedrohliche und in vieler Hinsicht destruktive Dynamik des Kapitalismus und der technologischen Entwicklung zu dämpfen und in sozial- und umweltverträgliche Bahnen zu lenken, anstatt dem Kapital bei unbegrenzter Geschwindigkeit freie Bahn zu lassen und die Unfallopfer am Rande der Gesellschaft mit gemeinnütziger Arbeit zu pflegen? Brauchte es nicht dringend – wie im Straßenverkehr – auch für das Kapital klare Verkehrsregeln und Geschwindigkeitsbegrenzungen, die den jeweiligen Gefahren Rechnung tragen und bei deren Verletzung angemessene Strafen drohen und auch durchgesetzt werden? Und vor allem: Müßte nicht erst einmal die wesentliche Ursache, die das Kapital zu immer mehr Wachstum und immer mehr Kostensenkung treibt, nämlich der Zins, ins Blickfeld gerückt werden?

Davon ist allerdings – wie bei so vielen anderen – auch bei Jeremy Rifkin keine Rede. Auch er ist auf dem monetären Auge blind und hat das Zinstabu nicht angerührt. Statt dessen überläßt er das Feld der Ökonomie uneingeschränkt dem Kapital und verweist entgegenstehende Interessen weitgehend vom Platz, weil sie nicht der Logik des Kapitals entsprechen. Aber im Unterschied zu den Neoliberalen sieht er mindestens die Berechtigung sozialer, ökologischer und kultureller Belange und verweist sie auf andere Spielfelder, auf denen sie mit Unterstützung des Kapitals gepflegt werden sollen.

Die tiefe Spaltung der Gesellschaft, die sich als Spaltung des Bewußtseins bis in jeden einzelnen Menschen fortsetzt und tief verankert ist, scheint mir auf diese Weise nicht aufhebbar. Wie sollte sie auch, wenn die tieferen Ursachen, nämlich die monetäre, emotionale und soziale Kernspaltung und deren Wechselwirkungen, nicht gesehen, geschweige denn überwunden werden. Rifkins Ansatz scheint mir insofern darauf hinauszulaufen, sich mit der kollektiven Schizophrenie abzufinden und die Krankheit nicht in ihren Ursachen zu bekämpfen und zu heilen, sondern durch Wohltätigkeit erträglicher zu machen. Bei all den tiefen Einsichten und Erkenntnissen sowie der Fülle von Informationen, die sein Buch enthält, drückt sich für mich darin so etwas wie eine Resignation vor der Übermacht des Kapitals aus.

Hans-Peter Martin und Harald Schumann: ›Die Globalisierungsfalle‹

Ein weiteres engagiertes und sehr klar geschriebenes Buch gegen den neoliberalen Trend stammt von Hans-Peter Martin und Harald Schumann. Es trägt den Titel ›Die Globalisierungsfalle – Der Angriff auf Demokratie und Wohlstand‹ und ist mittlerweile zu einem Weltbestseller geworden.[122] Die Globalisierung der Wirtschaft wird von ihnen nicht – wie von so vielen anderen – als ein scheinbar unabwendbares Schicksal hingenommen, sondern wird als Ergebnis einer Politik betrachtet, die in den letzten Jahrzehnten und verstärkt seit Anfang der 80er Jahre die bis dahin noch bestehenden Beschränkungen insbesondere des internationalen Kapitalverkehrs systematisch abgebaut hat. Die mehr oder weniger durchlässigen Abgrenzungen einzelner Nationalstaaten gegenüber den internationalen Kapitalströmen seien auf diese Weise weltweit fast vollständig verlorengegangen – aus neoliberaler Sicht ein großer Erfolg, aus der Sicht der Kritiker eine immense Gefahr:

»In einer globalen Zangenbewegung hebt die neue Internationale des Kapitals ganze Staaten und deren bisherige Gesellschaftsordnung aus den Angeln. An der einen Front droht sie mal hier, mal dort mit Kapitalflucht und erzwingt so drastische Steuerabschläge sowie milliardenschwere Subventionen oder kostenlose Infrastruktur. Wo das nicht wirkt, hilft Steuerplanung im großen Stil: Gewinne werden nur noch in den

Ländern ausgewiesen, wo der Steuersatz auch wirklich niedrig ist. Weltweit sinkt der Anteil, den Kapitaleigner und Vermögensbesitzer zur Finanzierung staatlicher Aufgaben beitragen. Auf der anderen Seite fahren die Lenker der globalen Kapitalströme das Lohnniveau ihrer steuerzahlenden Beschäftigten kontinuierlich nach unten.« (S. 17)

Wie kam es zu dieser Entgrenzung gegenüber den internationalen Kapitalströmen, denen sich jetzt die einzelnen Länder ausgeliefert fühlen und unter deren Einfluß (oder Abfluß) sie gegeneinander ausgespielt und in ihrem politischen Gestaltungsspielraum immer mehr eingeschränkt werden? Martin und Schumann verweisen auf den Richtungswechsel vom Keynesianismus zum Monetarismus, der sich politisch 1979 mit dem Wahlsieg der Konservativen in Großbritannien unter Margaret Thatcher und 1980 in den USA unter Ronald Reagan durchsetzte:

»Deregulierung, Liberalisierung und Privatisierung: Diese drei -ungs wurden die strategischen Instrumente der europäischen und amerikanischen Wirtschaftspolitik, die das neoliberale Programm zur staatlich verordneten Ideologie erhoben. Die regierenden Marktradikalen in Washington und London erklärten das Gesetz von Angebot und Nachfrage zum besten aller möglichen Ordnungsprinzipien. Die Ausweitung des Freihandels wurde zum Selbstzweck, der nicht mehr hinterfragt wurde. Mit der völligen Freigabe des internationalen Devisen- und Kapitalverkehrs setzte sich der radikalste Eingriff in die Wirtschaftsverfassung der westlichen Demokratien ohne nennenswerten Widerstand durch.« (S. 154)

In fast atemberaubender Weise beschreiben die Autoren Details des Geschehens an den internationalen Finanzmärkten und der unglaublichen Möglichkeiten, die sich diesbezüglich aus der globalen Computervernetzung ergeben. Auf der Jagd nach maximaler Rendite können zum Beispiel die Verwalter großer Investmentfonds hunderte von Milliarden Dollar in Lichtgeschwindigkeit um den Globus jagen, um auch nur kleinste Zinsdifferenzen oder Wechselkursschwankungen für Spekulationszwecke auszunutzen. Und dies nicht, um mit bestimmten Finanzanlagen eine feste Bindung einzugehen, sondern um sich jederzeit so gut wie alle anderen Optionen offenzuhalten und bei nächster Gelegenheit wieder abzuspringen, um sich etwas Besseres zu suchen. Was die internationalen Finanzmärkte mittlerweile kennzeichnet, ist das Prinzip der »totalen Bindungslosigkeit« (so möchte ich es nennen), ohne jede Rücksicht auf die Konsequenzen, die aus einer vorübergehenden flüchtigen Beziehung hervorgehen.

Das, was im zwischenmenschlichen Bereich moralisch geächtet und durch staatliche Gesetze eingeschränkt wird, findet im globalen Maßstab – bezogen auf die Flüchtigkeit der Kapitalbindungen – höchste Achtung und bekommt zudem noch den Segen der Wirtschaftswissenschaft. Dabei kann die Flüchtigkeit dieser Bindungen, die Kapitalflucht, ganze Länder und Völker in kürzester Zeit in den Abgrund stürzen. Und aus Angst vor den drohenden Konsequenzen lassen sich nationale Regierungen erpressen, um es sich nicht mit den »internationalen Finanzmärkten« zu verderben, denen sie mittlerweile fast auf Gedeih und Verderb ausgeliefert sind.

Martin und Schumann kommen zu der Einschätzung: »Die Globalisierungsfalle scheint endgültig zugeschnappt, und die Regierungen der reichsten und mächtigsten Länder der Welt erscheinen als Gefangene einer Politik, die einen Kurswechsel gar nicht mehr zuläßt. Nirgendwo bekommt die Bevölkerung das härter zu spüren als ausgerechnet im Mutterland der kapitalistischen Gegenrevolution: in den USA.« (S. 160)

Ist der Zug endgültig abgefahren, oder sehen sie doch noch Möglichkeiten, die verhängnisvolle Entwicklung aufzuhalten oder gar umzukehren? Erste Voraussetzung dafür ist natürlich, daß die Bevölkerung aus dem diesbezüglichen Winterschlaf aufwacht, in den sie durch die neoliberale Ideologie geraten ist, und daß die Blindgläubigkeit gegenüber dieser Art von Wissenschaft und Politik abbröckelt. Das Buch von Martin und Schumann hat dazu sicherlich schon einen bedeutenden Beitrag geleistet, und ich kann nur wünschen, daß es noch eine viel weitere Verbreitung findet und daß sich auch andere an die Öffentlichkeit wagen, um auf die dramatischen Gefahren der Globalisierungsfalle hinzuweisen. Aber in welcher Richtung könnten Auswege liegen, wenn sie denn eine breitere Unterstützung finden würden?

Allem voran wären die internationalen Steuerfluchtmöglichkeiten zu unterbinden, das heißt, die Steuerschlupflöcher zu stopfen und die Steueroasen trockenzulegen. In bezug auf die Bekämpfung des internationalen Drogenhandels oder des internationalen Terrorismus hat sich die internationale Staatengemeinschaft auch auf bestimmte Sicherheitsstandards und Kontrollmechanismen (zum Beispiel im internationalen Flugverkehr) geeinigt und darauf hingewirkt, daß diese von allen Staaten eingehalten werden.

Zweitens wären Beruhigungsspritzen gegen die völlig überdrehten internationalen Finanzströme erforderlich, die ich selbst allerdings nicht als Lösung des Problems ansehen würde, sondern lediglich als eine Art Erster Hilfe. Von Martin und Schumann wird in diesem Zusammenhang die sogenannte »Tobin-Steuer« (zurückgehend auf den amerikanischen

Nobelpreisträger für Wirtschaftswissenschaft, James Tobin) ins Gespräch gebracht: eine einprozentige Umsatzsteuer auf jeden Umsatz an den Devisenbörsen. Die flüchtigen spekulativen Kapitalbewegungen aus einer Währung in eine andere könnten auf diese Weise eingedämmt werden. Das gleiche Prinzip könnte man übertragen auf alle Umsätze an den Börsen auch innerhalb eines Landes oder einer Wirtschaftsgemeinschaft.

Martin und Schumann sehen die Chance für die politische Durchsetzung von Kapitalverkehrsbeschränkungen und sozialen und ökologischen Mindeststandards nur im Rahmen eines gestärkten Europas in Form der EU, der allerdings der demokratische Unterbau noch fehle. Deswegen messen sie der Europäischen Währungsunion (dem Euro) sowie einer zunehmenden Demokratisierung der Entscheidungsprozesse auf EU-Ebene besondere Bedeutung bei. [123]

Maria Mies und Claudia von Werlhof: ›Lizenz zum Plündern – Das multilaterale Abkommen über Investitionen (MAI)‹

Was in dem hervorragenden Buch ›Die Globalisierungsfalle‹ keine Erwähnung findet, weil es zum Zeitpunkt seiner Veröffentlichung noch kaum bekannt war, stellt den »Gipfel der Globalisierung« dar; den Gipfel der Schamlosigkeit, mit dem das internationale Kapital versucht, die Bedingungen seiner uneingeschränkten Weltherrschaft und seiner grenzenlosen Bewegungsfreiheit ein für allemal vertraglich festzuschreiben und abzusichern und die Nationalstaaten zur »freiwilligen« Unterwerfung unter diesen Vertrag und unter die Interessen des Kapitals zu zwingen. Gemeint ist das über Jahre hinweg in Geheimverhandlungen vorbereitete »Multilaterale Abkommen über Investitionen (MAI)«, das ursprünglich bereits 1998 den Regierungen der Ersten, Zweiten und Dritten Welt zur Unterzeichnung vorgelegt werden sollte. Die Öffentlichkeit in Deutschland hat bisher von alledem so gut wie nichts erfahren, die Politik und die Medien hüllen sich – mit wenigen Ausnahmen – über dieses Vorhaben bisher in tiefes Schweigen, und es ist der Initiative einiger engagierter Gruppen zu verdanken, daß es überhaupt bekannt wurde.

Würde das MAI wie ursprünglich geplant verwirklicht, so wäre dies gleichbedeutend mit einem »Ermächtigungsgesetz zur Weltherrschaft des Kapitals«, aus dem es für die einzelnen Länder nach Unterzeichnung des Abkommens mindestens für die Dauer von 20 Jahren kein Entrinnen gibt, nicht einmal im Falle von Regierungswechseln. Dann wäre die Globalisierungsfalle tatsächlich zugeschnappt.

In Deutschland veranstaltete das »Komitee Widerstand gegen das MAI« im April 1998 einen internationalen Kongreß und gab dazu einen hervorragenden Reader heraus, in dem über Hintergründe und Einschätzungen dieses Abkommens wie über schon angelaufene Protestaktionen auch aus anderen Ländern berichtet wird. [124]

Was sind die wesentlichen problematischen Punkte dieses geplanten Abkommens? Grundsätzlich läuft es darauf hinaus, daß sich die Regierungen der unterzeichnenden Länder dazu verpflichten, den inländischen wie ausländischen Investoren gleichermaßen die denkbar besten Bedingungen zur Erzielung einer maximalen Rendite zu gewährleisten, zum Beispiel in bezug auf
- niedrige Sozialstandards (Löhne, Lohnnebenkosten),
- niedrige ökologische Standards (Umweltauflagen),
- niedrige Steuern,
- ungehinderte Kapitalbewegungen.

Für den Fall, daß durch bestimmte nationalstaatliche Gesetze (zum Beispiel in der Sozialpolitik, der Umweltpolitik, der Steuerpolitik usw.) die Renditen von Investitionen (im Vergleich zum Zustand der Deregulierung) vermindert werden sollen, können die Investoren (vor allen die transnationalen Konzerne) vor einem noch zu schaffenden internationalen Gerichtshof die jeweilige Regierung auf entsprechenden Schadensersatz verklagen!

Dies ist kein böser Traum und auch keine Verschwörungstheorie oder blinde Panikmache. Es ist das, was auf höchster Ebene von Regierungs- und Kapitalvertretern der OECD-Länder und ihren neoliberalen Beratern unter größter Geheimhaltung als Vertragsentwurf vorbereitet wurde – bis dieser Entwurf schließlich doch ungeplant über das Internet an die Öffentlichkeit kam.

Im Herbst 1998 erschien das von den Hauptinitiatorinnen dieses Kongresses, Maria Mies und Claudia von Werlhof, herausgegebene Buch ›Lizenz zum Plündern – Das Multilaterale Abkommen über Investitionen MAI – Globalisierung der Konzernherrschaft, und was wir dagegen tun können‹, das diese Thematik trotz des diesbezüglichen Schweigens in Politik und Medien der allgemeinen Öffentlichkeit im deutschsprachigen Raum zugänglich macht.

Im ersten Kapitel ihres Buches beschreiben die Herausgeberinnen den internationalen Widerstand gegen das MAI nach Bekanntwerden des Vertragsentwurfs:

»Die neoliberale Politik der Deregulierung, Privatisierung und Globalisierung, die seit Ende der 80er Jahre die Weltwirtschaft bestimmt, hat schon früh zu massiven Widerstandsbewegungen in der ›Dritten Welt‹ geführt. (…) In Nordamerika, Japan und Europa geschah zunächst nichts dergleichen. Die Mehrzahl glaubte jedoch den Beteuerungen der Ökonomen und Politiker, daß es – besonders nach dem Fall der Berliner Mauer – keine Alternative zum globalen Kapitalismus, zum sogenannten ›freien‹ Markt gäbe.

Das änderte sich jedoch im Frühjahr 1997, als erste Berichte über ein ›Multilaterales Abkommen über Investitionen‹ – MAI – an die Öffentlichkeit kamen. Zunächst entstand in Kanada und in den USA, dann in vielen anderen Industrieländern eine breite und bis heute andauernde Opposition gegen dieses MAI und gegen die Regierungen, die bereits seit 1995 in Paris unter Ausschluß der Öffentlichkeit bei der Organisation für wirtschaftliche Zusammenarbeit und Entwicklung (OECD), dem Club der 29 reichsten Industrieländer, darüber verhandelten. Nach der Liberalisierung des Welthandels durch das GATT geht es beim MAI nun darum, den weltweit operierenden großen Konzernen möglichst völlige Investitionsfreiheit zu gewähren. Es wurde klar, daß diese Freiheit für die Transnationalen Konzerne (TNTs) mit der Unfreiheit der Bürger und dem Abbau der Demokratie erkauft werden sollte.« (S. 12f)

Im Oktober 1998 ging zwar eine Meldung durch die Medien, die französische Regierung sei aus den MAI-Verhandlungen ausgestiegen und das geplante Abkommen sei damit vom Tisch. Es ist aber zu vermuten und zu befürchten, daß sich die Initiatoren dieses Abkommens und die dahinterstehenden Kapitalinteressen nicht so schnell von ihrem Plan werden abbringen lassen. Wenn es schon nicht auf OECD-Ebene im Einvernehmen aller darin vertretenen Regierungen verabschiedet wurde, wird es vermutlich in einem neuen Anlauf und möglicherweise in anderem Gewand beziehungsweise im Rahmen einer anderen internationalen Organisation wieder erscheinen.

Auch der zweite Anlauf in der sogenannten Millenniumrunde der Welthandelsorganisation (WTO) ist erst einmal gescheitert: Zur WTO-Konferenz in Seattle gab es so massive Protestdemonstrationen und Straßenschlachten mit der Polizei, daß die Konferenz ohne Ergebnis abgebrochen werden mußte – was als großer Erfolg der Protestbewegung (der auch viele Anti-MAI-Initiativen angehören) gewertet wurde.[125]

Viviane Forrester: ›Der Terror der Ökonomie‹

Ein weiteres Buch, das eindringlich vor den Gefahren des Neoliberalismus und der Globalisierung warnt, stammt von der französischen Schriftstellerin Viviane Forrester. Es trägt den treffenden Titel ›Der Terror der Ökonomie‹ und wurde in Frankreich und auch in Deutschland zum Bestseller. Die Autorin schildert darin vor allem den Zusammenhang zwischen Massenarbeitslosigkeit und menschlicher Entwürdigung, aber auch die weitverbreitete Resignation und Apathie bei gleichzeitig wachsendem sozialem Elend. Angesichts des dramatisch zunehmenden Anteils der Weltbevölkerung, dessen Arbeitskraft für die Verwertung des Kapitals nicht mehr gebraucht wird, sieht sie gar die Gefahr der Massenvernichtung »unwerten« Lebens heraufziehen, gegenüber der die Barbarei des Faschismus historisch nur ein Vorspiel gewesen sei:

»Ein Arbeitsloser ist heute nicht mehr Objekt einer vorübergehenden Ausgliederung aus dem Wirtschaftsprozeß, die nur einzelne Sektoren betrifft, nein, er ist Teil eines allgemeinen Zusammenbruchs, eines Phänomens, das mit Sturmfluten, Hurrikans oder Wirbelstürmen vergleichbar ist, die auf niemanden abzielen und denen niemand Widerstand entgegensetzen kann. Er ist Opfer einer globalen Logik, die die Abschaffung dessen fordert, was ›Arbeit‹ genannt wird, das heißt die Abschaffung der Arbeitsplätze.« (S.12)

Und sie warnt vor einem drohenden Rückfall in die Barbarei:

»Wie schrecklich auch die Geschichte der Barbarei im Laufe der Jahrhunderte gewesen ist, bislang gab es für die Menschheit immer eine sichere Garantie: Arbeit war für das Funktionieren des Planeten, für die Produktion und die Nutzung der Instrumente des Profits immer lebenswichtig. All das waren Strukturen, die sie schützten.

Zum ersten Mal ist die Masse der Menschen für die kleine Zahl derer, die über die Macht verfügen und für die die Menschen außerhalb ihres kleinen Kreises nur hinsichtlich ihrer Nützlichkeit von Interesse sind (was einem täglich stärker bewußt wird), materiell nicht mehr notwendig und wirtschaftlich erst recht nicht.

Das bislang ausgeglichene Kräfteverhältnis wird zerstört. Die Menschen sind von keinem öffentlichen Nutzen mehr. Nun werden sie aber genau in Abhängigkeit von ihrem Nutzen für eine autonom gewordene Wirtschaft bewertet. Da sehen wir, wo die Gefahr droht – eine noch virtuelle, aber *schrankenlose* Gefahr.« (S. 194f)

Braucht es vielleicht solche Nicht-Experten wie Viviane Forrester, um den blinden und halbblinden Ökonomen die Augen zu öffnen und sie wachzurütteln oder mindestens andere davor zu bewahren, daß sie den blinden Ökonomen in blindem Glauben folgen?

George Soros: ›Die Krise des globalen Kapitalismus‹[126]

Der erfolgreichste Börsenspekulant der letzten drei Jahrzehnte, der in den USA lebende gebürtige Ungar George Soros, hat sich mittlerweile zu einem radikalen Kritiker des Neoliberalismus entwickelt. In seinem im Dezember 1998 erschienenen Buch ›Die Krise des globalen Kapitalismus – Offene Gesellschaft in Gefahr‹ wird er zum aufrüttelnden Mahner gegenüber den Gefahren des »Marktfundamentalismus«, wie er die neoliberale Ideologie und deren politische Umsetzung in Realität nennt. Der größte Gewinner unter den Global Players in der Spielhölle der internationalen Finanzmärkte (die für wenige zum Spiel und für viele zur Hölle geworden sind) ist selbst zutiefst erschrocken angesichts der Konsequenzen der Spielregeln, die er wie kein anderer für seinen finanziellen Vorteil zu nutzen verstand.

Während Soros die größte Bedrohung der offenen Gesellschaft ursprünglich im Kommunismus sah, sieht er sie mittlerweile – nach dem weitgehenden Zusammenbruch des Sozialismus – vor allem im Neoliberalismus. Bei der Lektüre des Buches staunt man als Leser, zu welch radikalen Thesen und Formulierungen sich der erfolgreichste aller Global Player durchgerungen hat. George Soros – der reichste Dissident des Kapitalismus? Schon die Einleitung läßt an Deutlichkeit nichts vermissen:

»Im folgenden möchte ich zeigen, daß der gegenwärtige Stand der Dinge pathologisch und unhaltbar ist. Die Finanzmärkte sind ihrem Wesen nach instabil, und bestimmte gesellschaftliche Bedürfnisse lassen sich nicht befriedigen, indem man den Marktkräften freies Spiel gewährt. Leider werden diese Mängel nicht erkannt. Statt dessen herrscht allgemein der Glaube, die Märkte seien in der Lage, sich selbst zu korrigieren, und eine blühende Weltwirtschaft sei auch ohne eine Weltgesellschaft möglich. Mehr noch: Es wird behauptet, dem Gemeinwohl werde am besten Genüge getan, indem man jedermann gestattet, unbeirrt sein Eigeninteresse zu verfolgen, weshalb jeder Versuch, mittels kollektiver Entscheidungen das Gemeinwohl zu schützen, den Marktmechanismus verzerrt. (...) Genau diese Haltung ist es, die das kapitalistische Weltsystem in eine gefährliche Schieflage gebracht hat.« (S. 19)

Eine besondere Bedeutung in diesem Zusammenhang kommt den von Soros sogenannten »Boom/Bust-Folgen« zu, die man auch als »Seifenblasen-Phänomen« bezeichnen könnte: Erwarten zum Beispiel die Marktteilnehmer an den Aktienbörsen für die Zukunft Kurssteigerungen, so werden sie verstärkt Aktien kaufen, und als Folge davon werden die Kurse im Durchschnitt tatsächlich steigen. Indem sich eine entsprechende Stimmung an der Börse ausbreitet und immer mehr Käufer auf den Trend aufspringen (»trendverstärkendes Verhalten«), können sich die Kurse immer weiter von der Entwicklung der Ertragskraft der betreffenden Unternehmen entfernen. Die Kurse blähen sich gegenüber den Fundamentaldaten (zum Beispiel den erwarteten Gewinnen und Dividenden) wie eine schillernde Seifenblase immer weiter auf. In gewissem Maß können sie sogar die Fundamentaldaten noch mit in die Höhe reißen, weil Aktiengesellschaften mit hohen Kurssteigerungen den Banken besonders kreditwürdig erscheinen und sich am Kapitalmarkt über Neuemissionen von Aktien leichter zusätzliches Kapital beschaffen und investieren können.

Auf diese Weise kann die Stimmung an den Börsen immer weiter angeheizt werden, können sich die Marktteilnehmer wie in einem Rausch in immer höhere Kurserwartungen hineinsteigern, die sich dann auch realisieren, so daß sich das Kursniveau von der Realität der erwirtschafteten oder zu erwirtschaftenden Gewinne, Renditen oder Dividenden immer weiter entfernt. Es ist dann nur noch eine Frage der Zeit und des Auslösers, wann die schillernde Seifenblase platzt und der Boom am Aktienmarkt in sich zusammenstürzt und ins Gegenteil umkippt: in den »Bust«. Die Kurse bewegen sich dann nicht nur zurück zum Gleichgewicht, sondern können dabei ins andere Extrem fallen und ins Bodenlose stürzen, weil sich die dann ins Negative umgekippten Erwartungen wiederum wechselseitig verstärken und panikartige Reaktionen einsetzen, die den Bust viel schneller ablaufen lassen können als den Boom. Es handelt sich also um einen Wechsel von langsam steigender Euphorie und panikartigem Zusammenbruch, um übersteigerte Reaktionen in der einen wie in der anderen Richtung. Um den Gegensatz zum Marktgleichgewicht deutlich hervorzuheben, sollte man vielleicht – anstelle von »Marktübertreibungen« – lieber von »Markthysterie« sprechen.

Die Konsequenzen solcher Boom/Bust-Folgen können verheerend sein nicht nur für die Aktionäre und die Investmentfonds, die bei Kursstürzen entsprechende Vermögenseinbußen erleiden, sondern auch für die Banken, deren Kredite an die Aktionäre beziehungsweise an die Unternehmen sich als zunehmend faul herausstellen, das heißt nicht wie vereinbart verzinst und zurückgezahlt werden können und auch nicht mehr hinreichend dinglich abgesichert sind (weil zum Beispiel die Preise der zur dinglichen Sicherung verpfändeten Immobilien ebenfalls gefallen sind). Hinzu kommt, daß die negativen Erfahrungen mit faulen Krediten die Banken bei der Vergabe neuer Kredite vorsichtiger werden lassen, so daß die Kreditversorgung der Unternehmen ins Stocken kommt. Auf diese Weise kann sich der Zusammenbruch von Banken und Unternehmen wie in einer Kettenreaktion immer weiter ausbreiten und die ganze Wirtschaft eines Landes tief in die Krise reißen, wodurch dann auch noch zusätzlich die Währung dieses Landes an den internationalen Devisenbörsen abstürzt, was dramatisch auf die Wirtschaft des Landes zurückwirken kann.

Was das Kapital an den internationalen Finanzmärkten anlangt, so strömt es in der Boom-Phase in übersteigertem Maße in das davon betroffene Land, während es in der Bust-Phase panikartig flieht und sich anderen Anlagemöglichkeiten in anderen Teilen der Welt zuwendet, die weniger risikoreich sind oder höhere Rendite erwarten lassen. Soros hat in diesem Zusammenhang ein sich häufig wiederholendes Muster beobachtet, nach dem das Kapital zunächst in den Zentren des kapitalistischen Weltsystems gesammelt und in die Peripherie (der Zweiten und Dritten Welt) gepumpt wird, um nach Platzen der Seifenblase in die Zentren zurückzufluten.

Das Hin- und Herfluten von Finanzmassen, insbesondere im Rahmen des kurzfristigen Kapitalverkehrs, an den internationalen Finanzmärkten und die damit einhergehenden Boom/Bust-Folgen können die Volkswirtschaften ganzer Länder in Wechselbäder stürzen, von einem Extrem hoher Wachstumsraten in das andere Extrem eines dramatischen Kollaps: Himmelhoch jauchzend – zu Tode betrübt, ein Muster, das man, wenn es sich auf die menschliche Psyche bezieht, manisch-depressiv nennt und das Ausdruck einer tiefen emotionalen Störung, eines grundlegend gestörten Energieflusses im menschlichen Organismus ist. Handelt es sich beim derzeitigen Weltfinanzsystem entsprechend um einen grundlegend gestörten Geldfluß im sozialen Organismus der Weltökonomie, den man ebenfalls als manisch-depressiv bezeichnen könnte?[127]

Soros vergleicht das internationale Finanzsystem in seinen Auswirkungen auf ganze Volkswirtschaften sogar mit einer Abrißbirne (S. 178), die ein Gebäude nach dem anderen in Trümmer legt. Der Unterschied liegt nur darin, daß die Abrißbirne gezielt eingesetzt wird, um abbruchreife Gebäude zum Einsturz zu bringen, während das globale Hin- und Herfluten gigantischer Finanzmassen vom Zentrum zur Peripherie und zurück auch scheinbar blühende oder aufblühende Volkswirtschaften unvermittelt in Trümmer legen kann, wie sich dies in der Asienkrise auf dramatische Weise gezeigt hat.

Als Rettungsmaßnahmen schlägt Soros unter anderem »die Schaffung einer internationalen Kreditversicherungsgesellschaft« vor (S. 223). »Länder wie Korea, Thailand und Brasilien könnten Kreditgarantien gewährt werden, und das hätte einen unmittelbaren Beruhigungseffekt auf die internationalen Finanzmärkte.« (S. 224) Diese Maßnahmen zielen darauf ab, die Kapitalflucht aus diesen Ländern und damit den Rückfluß von Kapital aus der Peripherie zum Zentrum des kapitalistischen Weltsystems zu unterbinden.

Gegenüber den tiefen Einsichten und aufrüttelnden Formulierungen in der ersten Hälfte seines Buches scheinen mir die Reformvorschläge von Soros zur Lösung der Weltfinanzkrise eher schwach. Und vor allem: Sie gehen an einem wesentlichen Kern des Problems vorbei, nämlich der inneren Spaltung des bisherigen Geldes in Tauschmittel einerseits und Spekulationsmittel andererseits und des daraus entspringenden Zinses. Bei allen Detailkenntnissen bezüglich der internationalen Finanzmärkte und der volkswirtschaftlichen und weltwirtschaftlichen Zusammenhänge und bei allen Erfolgen als Börsenspekulant hat auch George Soros – wie all die anderen von ihm kritisierten Ökonomen – einen wesentlichen blinden Fleck:

Auch er verdrängt die Problematik des Zinssystems[128] und des von ihm hervorgetriebenen exponentiellen Wachstums der Geldvermögen und Schulden und damit auch des immanenten Zwangs zu immer größerer Verschuldung, mit dem kein Wachstum des realen Sozialprodukts auf Dauer Schritt halten kann und auch kein Wachstum von dinglichen Sicherungen für vergebene Kredite. Auf lange Sicht müssen innerhalb des Gesamtsystems immer mehr Kredite faul werden, und es ist nur eine Frage der Zeit und des Ortes, wann und wo diese im Rahmen des Zinssystems unvermeidliche Tendenz an die Oberfläche durchbricht und eine Lawine von Abwärtsbewegungen ins Rollen bringt. Dagegen hilft auch keine noch so großangelegte Kreditversicherungsgesellschaft, weil sie auf Dauer gar nicht finanzierbar ist – genausowenig wie eine Versicherung gegen Sturmschäden in einem Land, über das ein Orkan nach dem anderen hinwegfegt.

Die treibende (und übertreibende) Kraft der Kapitalbewegungen, die an den internationalen Finanzmärkten zu finanziellen Sturmfluten und Dürren in Ländern und Kontinenten führt, gilt es zu dämpfen, und sie ist wesentlich im Zinssystem begründet. Weil der vom Geldkapital geforderte Zins in der realen Sphäre der Produktion und Investition auf Dauer gar nicht erwirtschaftet werden kann, drängen immer mehr Gelder auf die Finanzmärkte, die sich gegenüber der realen Sphäre immer mehr abheben, aufblähen und verselbständigen – bis die Spannung zur Realität so groß wird, daß die Seifenblasen der Überspekulation platzen.

Aber diese wesentliche Ursache der Weltfinanzkrise zu benennen und zu beheben ist immer noch ein gesellschaftliches Tabu. Auch bei Soros, der ansonsten so viele Tabus sowohl der Wirtschaftstheorie wie des Kapitalismus angerührt hat, bleibt dieses Tabu unberührt. Ob er wohl auf seiner Suche nach Erklärungen und Lösungsmöglichkeiten noch auf diese tiefere Ursache und die sich daraus ergebenden Lösungsperspektiven kommen wird, wie sie in ihren Grundlagen von Silvio Gesell aufgezeigt und von anderen weiterentwickelt wurden? Vielleicht rüttelt er mit seinem Buch auch nur andere wach und regt bei ihnen die Suche nach tieferen Ursachen und Lösungsmöglichkeiten der Weltfinanzkrise[129] oder der Krise des globalen Kapitalismus an. Und vielleicht stoßen einige von ihnen bei dieser Suche auch auf die Problematik des Zinssystems als des Pudels eigentlichem Kern.

Anmerkungen

1 Ähnlich sieht dies Christoph Deutschmann in seinem Buch ›Die Verheißung des absoluten Reichtums – Zur religiösen Natur des Kapitalismus‹.
2 Ich unterscheide deutlich zwischen den organisierten patriarchalischen (kirchlichen) Religionen und der ursprünglichen natürlichen Spiritualität, die in vieler Hinsicht gegensätzlich sind.
3 Zuerst als Student an der Bonner Universität (1963–1967), dann als wissenschaftlicher Assistent im Fachbereich Wirtschaftswissenschaft der Technischen Universität Berlin (1967–1972) und seit 1973 als Professor für Volkswirtschaftslehre an der Fachhochschule für Wirtschaft Berlin
4 Hans Immler (1985, 305): ›Natur in der ökonomischen Theorie‹, »Teil 1: Vorklassik – Klassik – Mar«. »Teil 2: Physiokratie – Herrschaft der Natur«
5 Die Rolle der Pächter, auf die Quesnay in seiner Theorie ebenfalls eingeht, soll hier der Einfachheit halber nicht näher behandelt werden.
6 Zur religiösen Wurzel der Vorstellung von der »unsichtbaren Hand« siehe Hans-Christoph Binswanger (1998, 47ff): ›Die Glaubensgemeinschaft der Ökonomen‹
7 Diese Sichtweise wurde zu Beginn des 19. Jahrhunderts zur Grundlage des *Code Napoleon*, des von Napoleon geschaffenen bürgerlichen Gesetzbuches, in dem es in Art. 544 heißt: »Das Eigentum ist das unbeschränkte Recht zur Nutzung und Verfügung über die Dinge!« Hierzu schreibt Hans-Christoph Binswanger: »Der *Code Napoleon* wurde in der Folge das Vorbild für alle bürgerlichen Gesetzbücher der ganzen Welt. Dieses neue Eigentumsrecht – das römisch-rechtliche *dominium* – unterscheidet sich fundamental von den ursprünglichen Eigentumskonzeptionen, die alle in irgendeiner Form auf der Idee des *patrimoniums*, das heißt der Pflicht zur Pflege der Natur, aufbauen.« (Binswanger, 1985, 53f): ›Geld und Magie‹. (…) »Papier- und Bankgeldschöpfung, zusammen mit der Ausbreitung des neuen Eigentumsrechts wurden im Laufe des 19. Jahrhunderts zum Träger der industriellen Revolution beziehungsweise des Wirtschaftswachstums, das sich aus der industriellen Revolution entwickelt hat.« (Binswanger 1985, 55)
8 Alles, was wir hier in bezug auf ungleiche Handelspartner und deren problematische Beziehungsstrukturen diskutieren, läßt sich übrigens auf verblüffende Art und Weise übertragen auf die Beziehungen ungleicher Lebenspartner, insbesondere auf dominant/abhängige Beziehungen zwischen Mann und Frau.
9 Sie erscheint ähnlich einleuchtend wie das Argument, die Frauen sollten sich auf Haus und Herd konzentrieren, weil sie darin den Männern überlegen sind.
10 Rosa Luxemburg hat diesen Prozeß am Beispiel England/Indien sowie Frankreich/Algerien ausführlich und eindrucksvoll beschrieben im 27. Kapitel ihres Buches ›Die Akkumulation des Kapitals‹ (1923).
11 Monokulturen sind auch deshalb problematisch, weil sie durch einseitige Nutzung die Bodenqualität immer mehr verschlechtern und dadurch zusätzlich Abhängigkeit von Kunstdünger schaffen, der langfristig die Böden noch mehr zerstört.
12 Zum Beispiel die Trobriander, die Yequana-Indianer und die Muria. Siehe hierzu im einzelnen Wilhelm Reich (1972): ›Der Einbruch der sexuellen Zwangsmoral‹; Jean Liedloff (1980): ›Auf der Suche nach dem verlorenen Glück‹; Verrier Elwin

(1946): ›The Kingdom of the Young‹; sowie Verrier Elwin (1942): ›The Muria and their Ghotul‹. Außerdem James DeMeo (1998): ›Saharasia‹

13 Julian Burger (1991): ›Die Wächter der Erde – Vom Leben sterbender Völker‹

14 Die Subsistenzwirtschaften scheinen als »soziale Mikroorganismen« für den Erhalt der Erde eine ähnlich wichtige Funktion zu haben wie die biologischen Mikroorganismen für den Boden.

15 Siehe hierzu ausführlich Bernd Senf (1972): ›Wirtschaftliche Rationalität – gesellschaftliche Irrationalität‹, sowie: Bernd Senf / Dieter Timmermann (1971): ›Denken in gesamtwirtschaftlichen Zusammenhängen‹, Band 2, 6. Teil

16 Karl Marx (1844, 465–588): ›Ökonomisch-philosophische Manuskripte aus dem Jahre 1844‹

17 Siehe hierzu ausführlicher Bernd Senf (1978b): ›Politische Ökonomie des Kapitalismus‹, Band 1

18 Die besondere Rolle der Papiergeldschöpfung, mit der ein Vielfaches der Goldreserven an Geld in Umlauf gebracht werden konnte, wurde von Marx nicht näher behandelt. Hans-Christoph Binswanger sieht gerade darin einen wesentlichen Antrieb des Kapitalismus und der Industrialisierung. Ein Meilenstein auf diesem Weg sei die Gründung der Bank von England 1694 gewesen, der das Monopol zur Ausgabe von Banknoten übertragen wurde. »Von England aus trat im 19. Jahrhundert das mit gesetzlicher Zahlungskraft ausgestattete Papiergeld in der ganzen Welt seinen Siegeszug an, ergänzt durch das Buchgeld der privaten Geschäftsbanken. Es wurde zur Grundlage der englischen Weltmacht und des englisch dominierten Welthandels.« Binswanger (1985, 33): ›Geld und Magie‹

19 Als Bank von England wurden sie 1694 sogar zur Quelle der Papiergeldschöpfung – und als Geschäftsbanken zur Quelle zusätzlichen Buchgeldes (Giralgeldes). Zur Rolle von Zentralbank und Geschäftsbanken bei der Geldschöpfung siehe im einzelnen Bernd Senf (1998a, 131–171): ›Der Nebel um das Geld‹

20 Ich möchte diesen Prozeß als »kulturelles Artensterben« bezeichnen – in Analogie zum biologischen Artensterben.

21 Siehe hierzu auch die im Gefolge der Studentenbewegung vieldiskutierten Bücher von Dieter Duhm (1972): ›Angst im Kapitalismus‹ sowie ›Warenstruktur und zerstörte Zwischenmenschlichkeit‹ (1973)

22 Dieser Gedanke tauchte ja schon in der Arbeitswertlehre von Adam Smith auf, dort allerdings mit den Begriffen »natürlicher Preis« und »Marktpreis«. Während sich der natürliche Preis bei Smith aus Lohn, Gewinn und Bodenrente zusammensetzt, bildet sich nach Marx der Wert einer Ware ausschließlich aus ihrem Arbeitsaufwand.

23 Warum Gold und Silber dann überhaupt in die Rolle des allgemeinen Tauschmittels hineingewachsen sind, bleibt auch bei Marx offen. Ich vermute, daß man in früheren Kulturen um die heilenden und spirituellen Qualitäten von Edelmetallen und Edelsteinen wußte und diese Gegenstände aus diesem Grund begehrt waren – aufgrund eines lebensenergetischen Wissens, das später verlorenging beziehungsweise zum Teil brutal zerstört wurde. Siehe hierzu im einzelnen Bernd Senf (1998b): ›Die Wiederentdeckung des Lebendigen‹

24 Diese Auffassung vernachlässigt freilich den Arbeitsaufwand der Händler, der ja eine wichtige Vermittlungsfunktion zwischen Produzenten und Konsumenten erfüllt. Marx bezeichnete die Arbeit der Händler geringschätzig als »unproduktive Arbeit«, eine Auffassung, die mir sehr problematisch erscheint. Denn alle

Arbeit, die gesellschaftlich notwendige Funktionen erfüllt, bringt Werte hervor, nicht nur die Arbeit im Bereich der Produktion. Aber selbst wenn man den Arbeitsaufwand des Händlers hinzurechnet, entsteht gesellschaftlich betrachtet kein Mehrwert im Handel, sondern lediglich der im eingekauften Produkt enthaltene Wert plus der neu hinzugesetzte Arbeitsaufwand des Händlers. Und für den einzelnen Händler kann darüber hinaus nur dadurch Mehrwert erzielt werden, daß die Einkaufspreise unter den Wert der Ware gedrückt und/oder die Verkaufspreise über den Wert der gehandelten Ware angehoben werden.

25 Dadurch verschieben sich die Relationen, das heißt das Verhältnis zwischen notwendiger Arbeit (NA) und Mehrarbeit (MA); deshalb »relative« Mehrwertproduktion.

26 Die entsprechenden Marxschen Begriffe hierzu lauten:
m   = Mehrwertmasse
c   = konstantes Kapital
m'   = m/v = Mehrwertrate
c/v = organische Zusammensetzung des Kapitals
p'   = m/(c + v) = Profitrate

27 Man könnte hinzufügen, daß dadurch Unternehmen, die sich verschuldet haben und gezwungen sind, die Kredite mit Zinsen zurückzuzahlen, selbst bei positiven Profiten immer mehr in die Schuldenfalle geraten – ein Aspekt, den Marx viel zu wenig berücksichtigt hat und auf den wir später im Zusammenhang mit der Zinsproblematik zurückkommen werden.

28 Zur Begründung siehe Bernd Senf (1981): ›Konfliktveränderung und Systemerstarrung‹

29 Abseits der Mehrwerttheorie finden sich in den Schriften von Marx allerdings eine Reihe von Ausführungen über den Zusammenhang von Kapitalismus und Naturzerstörung.

30 Siehe hierzu im einzelnen Christel Neusüß (o.J.): ›Die Kopfgeburten der Arbeiterbewegungen‹; sowie Claudia von Werlhof, Maria Mies und Veronika Bennholdt-Thomson (1998): ›Frauen – die letzte Kolonie‹; außerdem Claudia von Werlhof: »Der blinde Fleck in der Kritik der politischen Ökonomie«, in: ›Beiträge zur feministischen Theorie und Praxis‹, Nr. 1/1978, S. 18–32

31 Im Gefolge des Börsenkrachs in New York und der daraufhin einsetzenden Goldabflüsse aus Deutschland, die nach den Spielregeln der Goldkernwährung eine vielfache Verminderung der Geldmenge nach sich zogen. Siehe hierzu ausführlich Bernd Senf (1998a, 63ff): ›Der Nebel um das Geld‹

32 Die heute im Buchhandel zugängliche 3. Auflage von 1942 ist im Umfang um einige Artikel erweitert und sprachlich korrigiert worden. Dabei wurden von Reich sämtliche marxistischen Begriffe der 1. Auflage durch andere ersetzt, was die Darstellung nicht unbedingt klarer gemacht hat. Für Reich war es aber später wichtig, sich eindeutig vom Stalinismus zu distanzieren, der die Marxsche Theorie entstellt und für sich vereinnahmt hatte.

33 Mit dem Gesamtwerk von Wilhelm Reich habe ich mich in anderen Veröffentlichungen ausführlich beschäftigt, unter anderem in ›Die Wiederentdeckung des Lebendigen‹ (Bernd Senf 1998b) sowie in dem Sammelband ›Nach Reich‹ (James DeMeo / Bernd Senf 1997).

34 Die Unternehmenstheorie wird in der Betriebswirtschaftslehre auch »Produktions- und Kostentheorie« genannt.

35 So war es jedenfalls ursprünglich gemeint. Mittlerweile haben insbesondere die transnationalen Konzerne (TNCs) im Zuge der wirtschaftlichen Konzentration Größenordnungen erreicht, die den Staatshaushalt vieler Nationalstaaten bei weitem übersteigen. Ungeachtet dessen werden sie in der neoklassischen Theorie weiterhin als »mikroökonomische Entscheidungseinheit« bezeichnet.

36 Aus der Fülle der Lehrbücher über Mikroökonomie seien hier nur einige wenige genannt: Edwin Böventer u.a. (1997): ›Einführung in die Mikroökonomie‹; Eberhard Fees-Dörr (1992): ›Mikroökonomie‹; H.R. Varian (1995): ›Grundzüge der Mikroökonomik‹; Jürgen Franke (1995): ›Grundzüge der Mikroökonomik‹

37 Aus der Operette ›Das Land des Lächelns‹ von Franz Léhar, dort natürlich bezogen auf die Gefühle

38 Rainer Fischbach (1994, 194): ›Volkswirtschaftslehre‹

39 Rainer Fischbach (1994, 193)

40 Diese Betrachtungsweise wird in der Neoklassik auf ganz viele Bereiche angewendet, zum Beispiel auch auf die Kosten eines Unternehmens: Die sogenannten »Grenzkosten« geben entsprechend Antwort auf die Frage: Wie ändern sich die Gesamtkosten, wenn die bisher produzierte Menge eines Gutes um eine Einheit erhöht wird? Die entsprechende Frage liegt dem Begriff der »Grenzerlöse« zugrunde. Man spricht in diesem Zusammenhang auch von »Grenzbetrachtung« oder »Marginalanalyse« (vom Englischen »margin« = Rand). Sie ist ein hervorstechendes Merkmal der Neoklassik. Und weil der Grenznutzen (oder die Grenzkosten) bei sehr kleinen Mengeneinheiten annähernd der Steigung der jeweiligen Kurve entspricht, bedient sich die Marginalanalyse des mathematischen Instruments der Differentialrechnung. Mit ihrer Hilfe läßt sich aus jeder mathematischen Funktion, das heißt aus jedem Kurvenverlauf, durch Bildung der sogenannten »ersten Ableitung« die Funktion für die Steigung der Ausgangskurve ableiten. Hier deutet sich eine Nahtstelle zur Mathematisierung der neoklassischen Theorie an. Weiteres dazu will ich den Lesern ersparen.

41 Siehe hierzu zum Beispiel das bewegende Buch ›Weisheit der Indianer – Vom Leben im Einklang mit der Natur‹, herausgegeben von Käthe Recheis und Georg Bydlinski (1995)

42 Es handelt sich dabei um die sogenannte »Grenzproduktivitätstheorie der Verteilung«, mit der ich mich schon 1972 in meiner Dissertation ›Wirtschaftliche Rationalität – gesellschaftliche Irrationalität‹ kritisch auseinandergesetzt habe: »Der schwerwiegendste Einwand gegen die Grenzproduktivitätstheorie als allgemeingültiger Verteilungstheorie liegt jedoch in der Kritik an der impliziten Gleichsetzung von produktionstechnischen und verteilungsmäßigen Aspekten: Aus der Tatsache, daß neben der Arbeit auch Kapital und Boden für den Produktionsprozeß benötigt werden, wird automatisch gefolgert, daß den Privateigentümern von Kapital und Boden eine entsprechende Entlohnung zufließen müsse.« Bernd Senf (1972, 133)

43 Zur feministischen Kritik an der Neoklassik siehe im einzelnen Friederike Maier: »Das Wirtschaftssubjekt hat (k)ein Geschlecht! – Bemerkungen zum gesicherten Wissen der Ökonomen zur Geschlechterfrage«, in: Ulla Regenhard, Friederike Maier und Andrea Hilla-Carl (Hrsg.) (1994), ›Ökonomische Theorien und Geschlechterverhältnis – der männliche Blick der Wirtschaftswissenschaft‹

44 »Reform« bedeutete damals noch eine progressive Veränderung und nicht – wie in den letzten Jahren unter dem Druck sogenannter »Sparzwänge« – ein Zurückdrehen.
45 Siehe hierzu ausführlich Bernd Senf (1984): ›Triebunterdrückung, zerstörte Selbstregulierung und Abhängigkeit‹
46 Siehe hierzu Bernd Senf (1998b, 19ff): ›Die Wiederentdeckung des Lebendigen‹
47 In meinem Skript ›Kritik der marktwirtschaftlichen Ideologie‹ (1978a) habe ich diese These – bezogen auf die Unternehmenstheorie und die Markttheorie – ausführlich begründet.
48 Hans Timm, der Silvio Gesell persönlich kannte, hat folgende mündliche Äußerung von Gesell überliefert: »Der ganze große Zusammenhang und die weltweite Bedeutung, alles was ich in den Jahren danach niedergelegt habe, wurde mir mit dem Freigeld-Gedanken in einer halben Stunde klar. Es ergreift mich so, daß ich drei Tage im Sprungschritt durch mein Zimmer gelaufen bin. Meine eigene Frau hat mich für verrückt gehalten. Mir war, als ob mein Kopf plötzlich ein Ganzteil schwerer geworden wäre.« Aus: Werner Onken: »Silvio Gesells Leben und Werk in der europäischen Geistesgeschichte«, in: INWO (Hrsg.) (1992, 35): ›Gerechtes Geld, gerechte Welt‹
49 Silvio Gesell: Gesammelte Werke, 18 Bände, herausgegeben von Werner Onken, Gauke-Verlag, Lütjenburg
50 Silvio Gesell (1916): ›Die Natürliche Wirtschaftsordnung‹
51 Silvio Gesell (1916, 33)
52 Silvio Gesell (1916, 34)
53 Silvio Gesell (1916, 162)
54 In seinem Buch ›Untergang eines Mythos‹ kommt Yoshito Otani (1981, 193f) zu der These, daß es in England in den 50 Jahren seit Einführung der Goldkernwährung (1816–1866) zu 17 Wirtschaftskrisen gekommen sei und daß es vorher derartige Konjunkturschwankungen nicht gegeben habe.
55 Eine Fülle weiterführender Informationen hierzu finden sich im Internet, unter anderem unter www.geldreform.de.
56 Außerdem riskiert man noch, von dogmatischen Marxisten um Jutta Ditfurth als »Ökofaschist« diffamiert zu werden, mit haarsträubenden Schnellschüssen, die Klaus Schmitt (1998) ausführlich in seiner Schrift ›Entspannen Sie sich, Frau Ditfurth‹ auseinandergenommen hat.
57 Silvio Gesell (1994/1, 24): ›Der Dritte Weg‹
58 Genaugenommen müßte es nicht »Besitzer« von Gold beziehungsweise Waren heißen, sondern »Eigentümer«. Der wesentliche Unterschied zwischen Besitz und Eigentum (nur Eigentum ist zum Beispiel verpfändbar) geht durch die in der Wirtschaftswissenschaft weitverbreitete Unschärfe in der Verwendung beider Begriffe verloren, worauf Heinsohn / Steiger in ihrem Buch ›Eigentum, Zins und Geld‹ zu Recht hingewiesen haben. Ich werde dennoch erst einmal der unscharfen Verwendung der Begriffe folgen.
59 Diese These liegt auch dem Titelbild meines Buches ›Der Nebel um das Geld‹ (1998a) zugrunde.
60 Siehe hierzu Gunnar Heinsohn / Otto Steiger (1996): ›Eigentum, Zins und Geld‹, sowie Bernd Senf (1999): ›Die kopernikanische Wende in der Ökonomie?‹
61 Was wir an Erschütterungen der internationalen Finanzmärkte und an Krisen in Südostasien, Japan, Rußland und Brasilien erlebt haben, die sich zu einer Welt-

wirtschaftskrise auszuweiten drohten, paßt voll in dieses Bild – das hier freilich nur sehr grob skizziert wurde.

62 Natürlich wären auch andere Modelle der Finanzierung denkbar, zum Beispiel daß immer die jeweils gegenwärtige Generation die Finanzierung für Zukunftsprojekte übernimmt und dafür selbst Nutznießer der Investitionen der vorangegangenen Generation ist. In diesem Fall wäre keine staatliche Verschuldung erforderlich, sondern der Staat könnte mit jeweils ausgeglichenem Haushalt auskommen.

63 Es gibt kritische Stimmen, die behaupten, daß dies schon mit der Einführung des Euros auf europäischer Ebene geschehen sei, zum Beispiel die von Gunnar Heinsohn und Otto Steiger.

64 Siehe hierzu Michel Chossudovsky (…): ›Wie Jugoslawien zerstört wurde‹. Im Internet unter dem Suchwort »Michel Chossudovsky« abrufbar

65 Ich habe diese Zusammenhänge ausführlicher in meinem Artikel »Zinssystem und Staatsbankrott« (1996) abgeleitet.

66 Siehe hierzu ausführlich Bernd Senf (1998a, 95–104): ›Der Nebel um das Geld‹

67 Helmut Creutz (1995, 244): ›Das Geldsyndrom – Wege zu einer krisenfreien Marktwirtschaft‹

68 Eine Ausnahme bildet die Kampagne »Erlaßjahr 2000« mit der Forderung nach einem Schuldenerlaß für Länder der Dritten Welt, die auch von Teilen der christlichen Kirchen unterstützt wird.

69 Dies natürlich nur, wenn sie auch Waren anbieten, für die überhaupt ein hinreichender Bedarf besteht, und wenn sie dabei mit der Konkurrenz in Qualität und Preis mithalten können

70 Dieter Suhr (1983): ›Geld ohne Mehrwert – Entlastung der Marktwirtschaft von monetären Transaktionskosten‹

71 Roland Geitmann (1989): ›Bibel, Kirchen und Zinswirtschaft‹

72 Roland Geitmann (1989)

73 Neben Roland Geitmann auch Horst Goldstein, Herausgeber des ›Kleinen Lexikons zur Theologie der Befreiung‹ (1991). Außerdem Eugen Drewermann, ein Ketzer innerhalb der katholischen Kirche, sowie der freiwillig aus der Kirche ausgetretene frühere Jesuitenpater und Professor für katholische Soziallehre, Johannes Heinrichs, seit 1998 in der Nachfolge von Rudolf Bahro Professor für Sozialökologie an der Humboldt Universität Berlin. Siehe hierzu Johannes Heinrichs (1997): ›Sprung aus dem Teufelskreis‹, 1. Kapitel (»Bibel, Zinsen und die Idee einer Natürlichen Wirtschaftsordnung«)

74 In welchem Verhältnis die Kreditvermittlungsgebühren auf die Kreditnehmer beziehungsweise auf die Geldanleger umgelegt, das heißt zwischen ihnen aufgeteilt werden, ist mehr eine Detailfrage. Es muß nicht unbedingt sein, daß die ganze Last ausschließlich vom Kreditnehmer getragen wird. Andere denkbare Varianten hat Dieter Suhr in einer Modellbetrachtung durchgespielt. Er spricht in diesem Zusammenhang von einer Oeconomia Augustana.

75 Diesen Gedankengang habe ich näher ausgeführt in meinem Artikel »Fließendes Geld und Heilung des sozialen Organismus – die Lösung (der Blockierung) ist die Lösung«, der mittlerweile in unterschiedlichen Zusammenhängen veröffentlicht wurde und auf erhebliches Interesse gestoßen ist. Darin habe ich vor allem methodische Parallelen zwischen Gesell, Reich und Viktor Schauberger angedeutet, alle drei auf unterschiedlichen Gebieten geniale Außenseiter. Mögli-

cherweise wurden sie gerade deshalb in ähnlicher Weise ausgegrenzt, weil sie – jeder auf seine Weise – auf ein wesentliches gemeinsames Funktionsprinzip von Herrschaft stießen: Gestörte Selbstregulierung schafft einen Teufelskreis von Abhängigkeit und Destruktion. Siehe hierzu auch Bernd Senf (1984): »Triebunterdrückung, zerstörte Selbstregulierung und Abhängigkeit«. Die Befreiung aus den Abhängigkeiten liegt allgemein in der Wiedergewinnung der Selbstregulierung; und die Lösung der Blockierung des natürlichen Fließprozesses ist ein wesentliches Mittel auf dem Weg dorthin.

76 Siehe hierzu Werner Onken (1997): ›Modellversuche mit sozialpflichtigem Boden und Geld‹

77 Daß es neben Wörgl Anfang der 30er Jahre noch eine große Zahl alternativer Geldsysteme auf lokaler und regionaler Ebene gab (unter anderem in den USA), wird eindrucksvoll dokumentiert von Bernhard A. Lietaer (1996) in seinem hervorragenden Buch ›Das Geld der Zukunft‹ (S. 229–358). Nach seinen Recherchen gab es 1999 weltweit bereits wieder an die 2000 alternative Geld- und Tauschsysteme, von denen einige bereits von offiziellen Stellen gefördert werden. Lietaer war übrigens lange Jahre in leitender Funktion in der belgischen Zentralbank und später in einem der größten Hedgefonds tätig – und ist mittlerweile in tiefe Zweifel an der Zukunftsfähigkeit des bestehenden Geld- und Zinssystems geraten.

78 Siehe hierzu Werner Onken / Günter Bartsch (1997): ›Natürliche Wirtschaftsordnung unter dem Hakenkreuz – Anpassung und Widerstand‹

79 Für eine Verbindung von Marxschen und freiwirtschaftlichen Erkenntnissen, wo sie sich wechselseitig ergänzen können, spricht sich auch Johannes Heinrichs in seinem Buch ›Sprung aus dem Teufelskreis‹ (1997) aus.

80 In meinem Buch ›Der Nebel um das Geld‹ (1998a, S. 126–130) werden noch weitere Kritikpunkte und offene Fragen zur Freiwirtschaftslehre diskutiert.

81 In meiner für später geplanten Veröffentlichung ›Der Tanz um den Gewinn‹ werde ich die hier nur kurz angedeuteten Zusammenhänge ausführlicher ableiten.

82 Aus der Fülle der volkswirtschaftlichen Lehrbücher seien im folgenden nur einige wenige genannt: Paul A. Samuelson/William Nordhaus (1998): ›Volkswirtschaftslehre‹; Wolfgang Cezanne (1997): ›Allgemeine Volkswirtschaftslehre‹; N. Gregory Mankiw (1998): ›Makroökonomik‹; Bernhard Felderer (1994): ›Makroökonomik und neue Makroökonomik‹; Heinz-Dieter Hardes/Jürgen Mertes/Frieder Schmitz (1998): ›Grundzüge der Volkswirtschaftslehre‹.

83 Keynes (1936, 92f): ›Allgemeine Theorie der Beschäftigung, des Zinses und des Geldes‹

84 Erst gegen Ende seines Buches wird Keynes – auch in seiner Sprache – deutlicher: »Unsere Kritik an der akzeptierten klassischen Theorie der Wirtschaftslehre bestand nicht so sehr darin, logische Fehler in ihrer Analyse zu finden, als hervorzuheben, daß ihre stillschweigenden Voraussetzungen selten oder nie erfüllt sind, mit der Folge, daß sie die wirtschaftlichen Probleme der wirklichen Welt nicht lösen kann.« Keynes (1936, 319)

85 In diesem Zusammenhang vom »Hang zum Verbrauch« beziehungsweise »Hang zum Sparen« (beziehungsweise von »Konsumneigung« und »Sparneigung«) zu sprechen, wie Keynes das tut, empfinde ich allerdings als höchst unpassend: Als käme es auf den Hang oder die Neigung an, wieviel jemand konsumiert oder spart, wobei doch in erster Linie die höchst ungleiche Verteilung der Einkom-

men eine mehr oder weniger enge Grenze setzt. Die unteren sozialen Schichten wären sicherlich »geneigt«, mehr zu sparen, aber aufgrund ihrer niedrigen Einkommen können sie es einfach nicht, weil alles Einkommen (und noch mehr für den Konsum draufgeht. Und bei den ganz Reichen entspringt das Sparen auch nicht einer »Neigung«, sondern dem Umstand, daß sie selbst beim besten Willen nicht noch mehr konsumieren können, weil sie schon im Luxus schwimmen.

86 In dieser These finden sich – bezogen auf die Gesamtwirtschaft – Gedanken wieder, wie sie einer der physiokratischen Ökonomen, François Turgot, für die Landwirtschaft formuliert hatte: Bei einem gegebenen Acker ließen sich die Ernteerträge mit wachsendem Einsatz von Arbeitskraft nur in abnehmendem Maße steigern – eine These, die als »Ertragsgesetz« in die Lehrbücher und in die Fachliteratur der Wirtschaftswissenschaften eingegangen ist.

87 Das Geld hat insofern im Wirtschaftsleben eine ähnliche Funktion wie der Joker im Kartenspiel, der auch problemlos in alle anderen Karten eingetauscht werden kann – und der deswegen von allen Karten die begehrteste ist. Diese sehr anschauliche Analogie geht auf Dieter Suhr zurück.

88 Er erwähnt darüber hinaus noch zwei andere Motive, nämlich das Vorsichtsmotiv und das Transaktionsmotiv. Mit letzterem ist gemeint, daß für die alltägliche Abwicklung von Zahlungen (also für finanzielle Transaktionen) von Unternehmen und Haushalten ein bestimmtes Maß an Liquidität in den Kassen gehalten wird, das um so größer sein dürfte, je größer die im Sozialprodukt sich ausdrückenden Umsätze sind (jedenfalls bei gleichbleibenden Zahlungsgewohnheiten, etwa dem Verhältnis zwischen Barzahlungen und bargeldlosen Zahlungen). Von Schwankungen des Zinses würde die Liquidität für Transaktionszwecke hingegen relativ wenig beeinflußt.

89 Dann jedenfalls, wenn die Löhne prozentual stärker sinken, als die Beschäftigung zunimmt

90 Heute würde man das »Sparprogramme« nennen, was eine völlige Verkehrung der ursprünglichen Bedeutung des Begriffs »Sparen« ist. Die Umdeutung von Begriffen trägt nur dazu bei, daß immer weniger begriffen wird.

91 Welche konkreten Formen die Geldschöpfung annehmen und mit welchen Instrumenten die Zentralbank Geldpolitik betreiben kann, habe ich an anderer Stelle ausführlich dargestellt. Siehe hierzu Bernd Senf (1988a, 151ff): ›Der Nebel um das Geld‹

92 Herbert Schui und andere (1997): ›Wollt Ihr den totalen Markt? Der Neoliberalismus und die extreme Rechte‹

93 aus Bernd Senf (1980): ›Kritik der marktwirtschaftlichen Ideologie‹

94 Der Ordo-Liberalismus nannte sich damals auch »Neoliberalismus« – ein Begriff, der inzwischen weltweit mit einer ganz anderen Bedeutung verwendet wird.

95 Daß sich dennoch – entgegen der offiziellen Ideologie – in der Bundesrepublik erneut ein Prozeß stürmischer Kapital- und Vermögenskonzentration vollzog, ist ein höchst interessantes Kapitel für sich, das von Jörg Huffschmid in seinem vieldiskutierten Buch ›Die Politik des Kapitals‹ (1970) aufgedeckt wurde.

96 Der Begriff »Globalsteuerung« ist nicht zu verwechseln mit dem Begriff der »Globalisierung der Märkte«.

97 Über die dramatischen Auswirkungen einer galoppierenden Inflation, wie sie Deutschland 1923 erlebte, habe ich in meinem Buch ›Der Nebel um das Geld‹ (1998a, 57ff) ausführlich berichtet.

98 Daß die Zentralbanken immer wieder mit Nachdruck auf ihrer Autonomie gegenüber Regierung und Politik (das heißt ja auch gegenüber demokratischer Kontrolle) bestehen, erscheint unter diesem Gesichtspunkt in einem ganz neuen Licht. Begründet wird diese Autonomie mit der Gefahr der Vereinnahmung der Geldpolitik durch den Staat und einer mißbräuchlichen und inflationären Handhabung der Geldpolitik, wie dies in Deutschland in diesem Jahrhundert zweimal der Fall war. Aber besteht nicht auch umgekehrt die Gefahr, daß die Politik, der Staat, die Gesellschaft – auch über den Hebel der »Autonomie der Zentralbank« – den Renditeinteressen des Geldkapitals unterworfen werden, die als Sachzwänge erscheinen und sich demokratischer Kontrolle entziehen? Liegt man wirklich richtig, wenn man sich in jedem Fall für die uneingeschränkte Autonomie der Zentralbanken einsetzt – und gar nicht mehr danach fragt, welche Interessen eigentlich dahinterstehen?

99 In der Bundesrepublik ist bislang das Kurzschließen zwischen Staat und Zentralbank laut Bundesbankgesetz untersagt. Die Bundesbank darf nur Staatsschuldtitel aufkaufen, die vorher schon vom Kapitalmarkt aufgenommen und für hinreichend attraktiv und solide befunden wurden. In anderen Ländern ist dieser Punkt anders geregelt, und es ist noch fraglich, welche Praxis sich im Rahmen des Euro in dieser Hinsicht durchsetzen wird.

100 Harry G. Johnson (1973): ›Die Keynessche Revolution und die monetaristische Gegenrevolution‹

101 Siehe hierzu Milton Friedman (1960): ›A Program for Monetary Stability‹ sowie Milton Friedman und Anna J. Schwartz (1963): ›A Monetary History of the United States, 1876–1960‹

102 Ich habe an anderer Stelle diese höchst interessanten und seinerzeit weitgehend verschleierten Zusammenhänge ausführlich abgeleitet. Siehe hierzu Bernd Senf (1998a, 171ff): ›Der Nebel um das Geld‹

103 Milton Friedman (1992)

104 Milton Friedman (1973, 48): ›Die Gegenrevolution in der Geldtheorie‹

105 Milton Friedman (1973, 52)

106 Milton Friedman (1973, 57)

107 Siehe hierzu Bernd Senf (1998a, 63ff): ›Der Nebel um das Geld‹

108 Milton Friedman (1973, 60): ›Die Gegenrevolution in der Geldtheorie‹

109 Peter Kalmbach (1973, 41): ›Der neue Monetarismus‹

110 Siehe hierzu im einzelnen James Goldsmith (1966): ›Die Falle ... und wie wir ihr entrinnen können‹; Jeremy Rifkin (1997): ›Das Ende der Arbeit – und ihre Zukunft‹; Hans-Peter Martin / Harald Schumann (1996): ›Die Globalisierungsfalle – Der Angriff auf Demokratie und Wohlstand‹; Maria Mies / Claudia von Werlhof (1998): ›Lizenz zum Plündern‹; Viviane Forrester (1997): ›Der Terror der Ökonomie‹; George Soros (1998): ›Die Krise des globalen Kapitalismus – Offene Gesellschaft in Gefahr‹

111 In dem Buch ›Der programmierte Kopf – Zur Sozialgeschichte der Datenverarbeitung‹, das Peter Brödner und Detlef Krüger zusammen mit mir 1981 veröffentlicht haben, haben wir bereits eindringlich auf diese Gefahren hingewiesen, zu einer Zeit, als dies im allgemeinen Computerrausch noch kaum ein öffentliches Thema war: »Je stürmischer also der durch technologische Umwälzungen bedingte Abbau von Arbeitskräften ist, um so mehr gerät das zur Absorption ›notwendige Wachstum‹ in Widerspruch zu den tatsächlichen

Akkumulationsmöglichkeiten. (...) Der wachsende Widerspruch zwischen dem für die Absorption notwendigen Wachstum einerseits und den durch die Mehrwertmasse begrenzten Akkumulationsmöglichkeiten andererseits macht sich Luft in einer steigenden Massenarbeitslosigkeit, und zwar als langfristiges strukturelles Problem des Kapitalismus.(...) Vor dem Hintergrund dieser strukturellen Krise des Kapitalismus führt auch der konjunkturelle Aufschwung nicht mehr aus der Massenarbeitslosigkeit heraus.« Brödner/Krüger/Senf (1981, 24): ›Der programmierte Kopf‹

112 Der Ausdruck »Freisetzung von Arbeitskräften« ist im Grunde zynisch, wenn man bedenkt, daß dies für Millionen von Menschen mittel- und langfristig Arbeitslosigkeit bedeuten kann.

113 In dem Buch ›Chile – der Monetarismus an der Macht‹ heißt es bezüglich der Auswirkungen monetaristischer Politik im Klappentext: »Acht Jahre Militärregierung haben in Chile tiefgreifende ökonomische und soziale Veränderungen hervorgerufen. Ihre Wirtschaftspolitik hat das Land dem internationalen Kapital geöffnet, wesentliche Produktionszweige privatisiert und die Konzentration des Eigentums in den Händen weniger großer Unternehmensgruppen vorangetrieben. Wachsende Auslandsverschuldung, hohe Arbeitslosigkeit und niedrige Löhne sind die Basis einer neuen Stufe der Kapitalakkumulation.« Hugo Calderon/Jaime Ensignia/Eugenio Rivera (1981): ›Chile – der Monetarismus an der Macht‹

114 Jedenfalls wenn die Löhne prozentual stärker absinken als die Beschäftigung ansteigt

115 Einer der weltweit wenigen Querdenker unter den Wirtschaftsprofessoren, der mit aller Eindringlichkeit auf die Gefahren des Neoliberalismus hinweist, ist der Kanadier Michel Chossudovsky, unter anderem in seinem Buch ›The Globalization of Poverty – Impact of IMF and World Bank Reforms‹, London 1997. Siehe auch eine Fülle von Artikeln im Internet unter dem Suchwort »chossudovsky«. Ein scharfer Kritiker des Neoliberalismus unter den Soziologieprofessoren ist der Franzose Pierre Bourdieu.

116 Interessanterweise wurden in den USA unter Präsident Reagan 1980 bis 1988 mit monetaristischen Argumenten zwar die Sozialausgaben drastisch gekürzt, die Militärausgaben allerdings in astronomische Höhen gesteigert. Weil sich das wachsende Haushaltsdefizit nur noch über Auslandsverschuldung finanzieren ließ, entwickelten sich die USA in dieser Zeit vom international größten Gläubiger zum international größten Schuldner. In meinem Buch ›Der Nebel um das Geld‹ habe ich diese Zusammenhänge ausführlicher dargestellt (S. 208ff).

117 Es zeigt sich hier ein Muster, das ich schon 1981 in meinem Artikel »Konfliktverdrängung und Systemerstarrung« – auch bezogen auf Keynesianismus und Monetarismus – beschrieben habe.

118 James Goldsmith (1996): ›Die Falle ... und wie wir ihr entrinnen können‹

119 Die Vorschläge und Überlegungen von Goldsmith zur Beschränkung von Zuwanderungen halte ich teilweise für sehr problematisch, aber das soll hier nicht das Thema sein. Wichtiger als eine Abschottung gegenüber Wanderungsbewegungen ist es, deren Ursachen zu erkennen und zu beheben und den Menschen in ihren Ländern ein menschenwürdiges Leben zu ermöglichen. Und in dieser Richtung macht Goldsmith interessante Vorschläge, die deutlich gegen den neoliberalen Trend gerichtet sind.

120 Jeremy Rifkin (1997): ›Das Ende der Arbeit – und ihre Zukunft‹
121 Hans-Peter Martin / Harald Schumann (1996,12): ›Die Globalisierungsfalle – Der Angriff auf Demokratie und Wohlstand‹
122 Hans-Peter Martin / Harald Schumann (1996)
123 Daß ich bezüglich der Einführung des Euros unter den gegebenen Bedingungen erhebliche Bedenken habe, habe ich in meinem Buch ›Der Nebel um das Geld‹ ausführlich begründet. Und ausgerechnet von der EU, deren bisherige Institutionen einer direkten demokratischen Kontrolle von seiten des Europäischen Parlaments weitgehend entzogen waren, einen Schub von Demokratisierung zu erwarten, ist für mich schwer nachvollziehbar.
124 Komitee Widerstand gegen das MAI (1998): ›MAI – Multilaterales Abkommen über Investitionen. Der Gipfel der Globalisierung‹. Reader zum Internationalen Kongreß. Siehe auch Fritz R. Glunk (Hrsg.) (1998): ›Das MAI und die Herrschaft der Konzerne‹
125 Näheres hierzu siehe Netzwerk gegen Konzernherrschaft und neoliberale Politik (1999): ›Infobrief Nr. 1‹
126 George Soros (1998): ›Die Krise des globalen Kapitalismus – Offene Gesellschaft in Gefahr‹. Das folgende Kapitel ist die Kurzfassung meines Artikels »Der reichste Dissident des Kapitalismus?« in: ›Zeitschrift für Sozialökonomie‹, Gauke Verlag, Lütjenburg, Juni 1999
127 Das soll nicht heißen, daß die Störung des sozialen Organismus der Ökonomie allein aus psychologischen oder lebensenergetischen Funktionsgesetzen abgeleitet werden kann. Sie unterliegt vielmehr ihren eigenen ökonomischen Funktionsgesetzen. Und dennoch scheint zwischen beiden unterschiedlichen Bereichen so etwas wie eine »funktionelle Identität bei gleichzeitigen Unterschieden« (Wilhelm Reich) zu bestehen. Siehe hierzu ausführlicher Bernd Senf (1996): »Fließendes Geld und Heilung des sozialen Organismus« – ein Artikel, der mittlerweile (auch unter dem Titel »Die Lösung der Blockierung ist die Lösung«) in vielen Zeitschriften und Zeitungen in verschiedensten Zusammenhängen veröffentlicht wurde
128 Siehe hierzu Bernd Senf (1998): ›Der Nebel um das Geld‹
129 Siehe hierzu Helmut Creutz: »Die Welt-Finanzwirtschaft gerät aus den Fugen – Droht ein Absturz des Systems?« in: ›Der Dritte Weg‹, November und Dezember 1998 (Versand: Rappenbergstraße 64, D-91757 Treuchtlingen)

Literatur

Altvater, Elmar / Mahnkopf, Birgit (1996): ›Grenzen der Globalisierung‹, Verlag Westfälisches Dampfboot, Münster

Bahro, Rudolf (1987): ›Logik der Rettung. Wer kann die Apokalypse aufhalten?‹ Weitbrecht Verlag in K. Thienemanns Verlag, Stuttgart / Wien / Bern

Bartsch, Günter / Schmitt, Klaus u.a. (Hrsg.) (1989): ›Silvio Gesell – »Marx« der Anarchisten? Texte zur Befreiung der Marktwirtschaft vom Kapitalismus und der Kinder und Mütter vom patriarchalischen Bodenunrecht‹, Karin Kramer Verlag, Berlin

Binswanger, Hans-Christoph (1985): ›Geld und Magie‹, Weitbrecht Verlag in K.Thienemanns Verlag, Stuttgart / Wien / Bern

Binswanger, Hans-Christoph (1998): ›Die Glaubensgemeinschaft der Ökonomen‹, Gerling Akademie Verlag, München

Böventer, Edwin u.a. (1997): ›Einführung in die Mikroökonomie‹, 9. Auflage, R. Oldenbourg Verlag, München / Wien

Boxberger, Gerald / Klimenta, Harald (1998): ›Die 10 Globalisierungslügen – Alternativen zur Allmacht des Marktes‹, Deutscher Taschenbuch Verlag, München

Branson, William H. (1997): ›Mikroökonomie‹, 4. Auflage, R. Oldenbourg Verlag, München / Wien

Brödner, Peter / Krüger, Detlev / Senf, Bernd (1981): ›Der programmierte Kopf – Zur Sozialgeschichte der Datenverarbeitung‹, Verlag Klaus Wagenbach, Berlin

Burger, Julian (1991): ›Die Wächter der Erde – Vom Leben sterbender Völker‹, Gaia-Atlas, Rowohlt Verlag, Reinbek

Calderon, Jugo / Ensignia, Jaime / Rivera, Eugenio (1981): ›Chile – der Monetarismus an der Macht‹, Junius Verlag, Hamburg

Cezanne, Wolfgang (1997): ›Allgemeine Volkswirtschaftslehre‹, R. Oldenbourg Verlag, München / Wien

Chomsky, Noam (2000): ›Profit over People‹, Europa Verlag, Wien

Chossudovsky, Michel (1997): ›The Globalization of Poverty – Impact of IMF and World Bank Reforms‹, Penang and Zed Books, London

Creutz, Helmut (1995): ›Das Geldsyndrom – Wege zu einer krisenfreien Marktwirtschaft‹, Berlin

Creutz, Helmut (1998): »Die Welt-Finanzwirtschaft gerät aus den Fugen – Droht ein Absturz des Systems?« in: ›Der Dritte Weg‹, November und Dezember 1998

DeMeo, James (1997): »Historische Entstehung und Ausbreitung von Gewalt – die »Saharasia«-These«, in: DeMeo, James / Senf, Bernd (Hrsg.) (1997): ›Nach Reich‹, a.a.O.

DeMeo, James (1998): ›Saharasia – The 4000 BCE Origins of Child Abuse, Sex-Repression, Warfare and Social Violence in the Deserts of the Old World‹, Orgone Biophysical Research Lab, PO Box 1148, Ashland/Greensprings, Oregon 97520, USA (www.orgonelab.org)

DeMeo, James / Senf, Bernd (Hrsg.) (1997): ›Nach Reich – Neue Forschungen‹ zur Orgonomie: Sexualökonomie. Die Entdeckung der Orgonenergie‹. Verlag Zweitausendeins, Frankfurt am Main

Demmler, Horst (1996): ›Grundlagen der Mikroökonomie‹, R. Oldenbourg Verlag, München / Wien
Deutschmann, Christoph (1999): ›Die Verheißung des absoluten Reichtums – Zur religiösen Natur des Kapitalismus‹, Campus Verlag, Frankfurt am Main
Duhm, Dieter (1972): ›Angst im Kapitalismus‹, Kübler Verlag, Lampertheim
Duhm, Dieter (1973): ›Warenstruktur und zerstörte Zwischenmenschlichkeit‹, Kübler Verlag, Lampertheim
Elwin, Verrier (1942): ›The Muria and their Ghotul‹, Oxford University Press
Elwin, Verrier (1946): ›The Kingdom of the Young‹, Neuauflage: Oxford University Press, 1968
Engels, Friedrich (1884): ›Der Ursprung der Familie, des Privateigentums und des Staates‹, Neuauflage der 4. Auflage von 1891: Dietz Verlag, Berlin 1974
Fees-Dörr, Eberhard (1992): ›Mikroökonomie‹, Metropolis Verlag, Marburg
Felderer, Bernhard / Homburg, Stefan (1994): ›Makroökonomik und neue Makroökonomik‹, 6. Auflage, Springer Verlag, Berlin
Fischbach, Rainer (1994): ›Volkswirtschaftslehre‹, 8. Auflage, R. Oldenbourg Verlag, München
Forrester, Viviane (1997): ›Der Terror der Ökonomie‹, Zsolnay Verlag, Wien
Franke, Jürgen (1995): ›Grundzüge der Mikroökonomik‹, 7. Auflage, R. Oldenbourg Verlag, München / Wien
Friedman, Milton (1960): ›A Program for Monetary Stability‹, Fordham University Press, New York
Friedman, Milton (1973): »Die Gegenrevolution in der Geldtheorie«, in: Kalmbach, Peter (Hrsg.) (1973): ›Der neue Monetarismus‹, a.a.O.
Friedman, Milton (1992): ›Geld regiert die Welt‹, Econ Verlag, Düsseldorf / Wien / New York / Moskau
Friedman, Milton / Schwartz, Anna, J. (1963): ›A Monetary History of the United States, 1876–1960‹, Princeton University Press
Fromm, Erich (1963): ›Das Menschenbild bei Marx‹, Europäische Verlagsanstalt, Frankfurt am Main
Fromm, Erich (1979): ›Haben oder Sein – Die seelischen Grundlagen einer neuen Gesellschaft‹, Deutscher Taschenbuch Verlag, München
Geitmann, Roland (1989): »Bibel, Kirchen und Zinswirtschaft«, in: ›Zeitschrift für Sozialökonomie‹, Heft 80/1989, Gauke Verlag, Lütjenburg
Gesell, Silvio (1916): »Die Natürliche Wirtschaftsordnung«, Neuauflage: Rudolf Zitzmann Verlag, Lauf bei Nürnberg 1984, Nachdruck in: ›Gesammelte Werke‹, Band 11, hrsg. von Werner Onken, Gauke Verlag, Lütjenburg
Gesell, Silvio (1993): »Der Aufstieg des Abendlandes«, in: ›Gesammelte Werke‹, Band 14, hrsg. von Werner Onken, Gauke Verlag, Lütjenburg
Glötzl, Erhard (1999): »Das Wechselfieber der Volkswirtschaften«, in: ›Zeitschrift für Sozialökonomie‹, Juni 1999, Gauke Verlag, Lütjenburg
Glunk, Fritz R. (Hrsg.) (1998): ›Das MAI und die Herrschaft der Konzerne – Die Veränderung der Welt durch das Multilaterale Abkommen über Investitionen‹, Deutscher Taschenbuch Verlag, München
Goldsmith, James (1996): ›Die Falle … und wie wir ihr entrinnen können‹, Deukalion Verlag, Holm
Grimmel, Eckhard (1993): ›Kreisläufe und Kreislaufstörungen der Erde‹, Rowohlt Verlag, Reinbek

Hannich, Günter (1998): ›Sprengstoff Geld – Wie das Zinssystem unsere Welt zerstört‹, Eigenverlag, Postfach 22, D-87493 Lauben. Zu beziehen über »Humanwirtschaft«, Erftstraße 57, D-45219 Essen

Hardes, Heinz-Dieter / Mertes, Jürgen / Schmitz, Frieder (1998): ›Grundzüge der Volkswirtschaftslehre‹, 6. Auflage, R. Oldenbourg Verlag, München / Wien

Heinrichs, Johannes (1997): ›Sprung aus dem Teufelskreis‹, Vita Nuova Verlag, Wien

Heinsohn, G. / Knieper, R. / Steiger, O. (1979): ›Menschenproduktion – Allgemeine Bevölkerungslehre der Neuzeit‹, Suhrkamp Verlag, Frankfurt am Main

Heinsohn, Gunnar (1995): »Patriarchat und Geldwirtschaft«, in: Schelkle, Waltraud / Nitsch, Manfred (Hrsg.) (1995): ›Rätsel Geld‹, Metropolis Verlag, Marburg

Heinsohn, Gunnar / Steiger, Otto (1987): ›Die Vernichtung der weisen Frauen‹, Heyne Verlag, München

Heinsohn, Gunnar / Steiger, Otto (1996): ›Eigentum, Zins und Geld – Ungelöste Rätsel der Wirtschaftswissenschaft‹, Rowohlt Verlag, Reinbek

Heinsohn, Gunnar / Steiger, Otto (1997): »Kategorie-2-Sicherheiten: Alarmierende Defekte im zukünftigen ESZB«, in: ›Wirtschaftsdienst des Hamburger Weltwirtschaftsarchivs HWWA‹, 1997/V

Herskowitz, Morton (1997): ›Emotionale Panzerung‹, LIT-Verlag, Münster

Huffschmid, Jörg (1970): ›Die Politik des Kapitals‹, Suhrkamp Verlag, Frankfurt am Main

Huffschmied, Jörg (1999): ›Politische Ökonomie der Finanzmärkte‹, VSA-Verlag, Hamburg

Immler, Hans (1985): ›Natur in der ökonomischen Theorie‹. »Teil 1: Vorklassik – Klassik – Marx«. »Teil 2: Physiokratie – Herrschaft der Natur«. Westdeutscher Verlag, Opladen

INWO (Hrsg.) (1992): ›Gerechtes Geld – gerechte Welt‹, Gauke Verlag, Lütjenburg

Jenner, Gero (1999): ›Das Ende des Kapitalismus – Triumph oder Kollaps eines Wirtschaftssystems?‹ Fischer Verlag, Frankfurt am Main

Johnson, Harry G. (1973): »Die Keynessche Revolution und die monetaristische Gegenrevolution«, in: ›Kalmbach, Peter (1973): ›Der neue Monetarismus‹, a.a.O.

Kafka, Peter (1994): ›Gegen den Untergang. Schöpfungsprinzip und globale Beschleunigungskrise‹, Carl Hanser Verlag, München / Wien

Kalmbach, Peter (1973): ›Der neue Monetarismus‹, Nymphenburger Verlagshandlung, München

Kennedy, Margrit (1993): ›Geld ohne Zinsen und Inflation‹, Wilhelm Goldmann Verlag, München

Keynes, John Maynard (1936): ›Allgemeine Theorie der Beschäftigung, des Zinses und des Geldes‹, 7. Auflage, Duncker & Humblot Verlag, Berlin 1964

Komitee Widerstand gegen das MAI (Hrsg.) (1998): ›MAI – Multilaterales Abkommen über Investitionen. Der Gipfel der Globalisierung‹. Reader zum internationalen Kongreß. Blumenstraße 9, D-50670 Köln

Kühn, Hans (o.J.): ›Die Wunderdroge Geld / Fünftausend Jahre Kapitalismus/ Das Phänomen Krebs aus soziologischer Sicht / Die letzten Stunden des Kapitalismus‹, Pro-Vita Verlag, Postfach 1683, D-37506 Osterode

Liedloff, Jean (1980): ›Auf der Suche nach dem verlorenen Glück‹, Verlag C.H. Beck, München

Lietaer, Bernard A. (1999): ›Die Zukunft des Geldes – Über die destruktive Wirkung des existierenden Geldsystems und die Entwicklung von Komplementärwährungen‹, Riemann Verlag, München

Lietaer, Bernard A. (2000): ›Mysterium Geld – Emotionale Bedeutung und Wirkungsweise eines Tabus‹, Riemann Verlag, München

Luxemburg, Rosa (1923): ›Die Akkumulation des Kapitals‹, Vereinigung internationaler Verlagsanstalten, Berlin

Maier, Friederike (1994): »Das Wirtschaftssubjekt hat (k)ein Geschlecht! – Bemerkungen zum gesicherten Wissen der Ökonomen zur Geschlechterfrage«, in: Regenhard, Ulla / Maier, Friederike / Hilla-Carl, Andrea (Hrsg.): ›Ökonomische Theorien und Geschlechterverhältnis – der männliche Blick der Wirtschaftswissenschaft‹, Berlin

Mankiw, N. Gregory (1998): ›Makroökonomik‹, 3. Auflage, Schäffer-Poeschel Verlag, Stuttgart

Martin, Hans-Peter / Schumann, Harald (1996): ›Die Globalisierungsfalle – Der Angriff auf Demokratie und Wohlstand‹, Rowohlt Verlag, Reinbek

Marx, Karl (1844): »Ökonomisch-philosophische Manuskripte aus dem Jahre 1844«, in: ›Marx-Engels-Werke (MEW) Ergänzungsband I‹, Dietz Verlag, Berlin 1973

Marx, Karl (1969/1972/1972): »Das Kapital – Kritik der Politischen Ökonomie«, 3 Bände, ›Marx-Engels-Werke (MEW) 23–25‹, Dietz-Verlag, Berlin

Mies, Maria / Werlhof, Claudia von (Hrsg.) (1998): ›Lizenz zum Plündern – Das Multilaterale Abkommen über Investitionen MAI – Globalisierung der Konzernherrschaft, und was wir dagegen tun können‹. Rotbuch Verlag, Hamburg

Netzwerk gegen Konzernherrschaft und neoliberale Politik (1999): ›Infobrief Nr. 1: Vom MAI zur Millenniumrunde der Welthandelsorganisation (WTO)‹, c/o Jürgen Crummenerl, Richard-Wagner-Straße 14, D-50674 Köln (http://come.to/netzwerk-gegen-neoliberalismus/)

Neusüß, Christel (ohne Jahresangabe, ca. 1988): ›Die Kopfgeburten der Arbeiterbewegung‹, Rasch und Röhring Verlag, Hamburg

Nitzschke, Bernd (1997): »Wilhelm Reich, Psychoanalyse und Nationalsozialismus«, in: DeMeo, James / Senf, Bernd (Hrsg.) (1997): ›Nach Reich‹, a.a.O.

Onken, Werner (1992): »Silvio Gesells Leben und Werk in der europäischen Geistesgeschichte«, in: INWO (Hrsg.): ›Gerechtes Geld – gerechte Welt‹, a.a.O.

Onken, Werner (1997): ›Modellversuche mit sozialpflichtigem Boden und Geld‹, Gauke Verlag, Lütjenburg

Onken, Werner (1999): ›Silvio Gesell und die Natürliche Wirtschaftsordnung – Eine Einführung in Leben und Werk‹, Gauke Verlag, Lütjenburg

Onken, Werner / Bartsch, Günter (1997): ›Natürliche Wirtschaftsordnung unter dem Hakenkreuz – Anpassung und Widerstand‹, Gauke Verlag, Lütjenburg

Otani, Yoshito (1981): ›Untergang eines Mythos‹, Arrow Verlag Gesima Vogel, Neu-Ulm

Prescott, James (1997): »Körperlust und die Ursprünge von Gewalt«, in: DeMeo, James / Senf, Bernd (Hrsg.) (1997): ›Nach Reich‹, a.a.O.

Probst, Jürgen (1998): ›Fehlentwicklungen einer Zinswirtschaft – Ein Ausflug durch das Ausgeblendete‹, Selbstverlag, Hannover

Proudhon, Pierre Joseph (1896): ›Was ist Eigentum?‹ Verlag B. Zack, Berlin

Proudhon, Pierre Joseph (1963): ›Ausgewählte Texte‹, hrsg. von Thilo Ramm, K.F. Koehler Verlag, Stuttgart

Proudhon, Pierre Joseph (1985): ›Die Tauschbank‹, Verlag Monte Verita, Berlin

Quesnay, François (1971/1976): ›Ökonomische Schriften‹, 2 Bände, hrsg. von Marguerite Kuczinski, Akademie Verlag, Berlin

Reich, Wilhelm (1932): ›Der Einbruch der Sexualmoral‹, Neuauflage (›Der Einbruch der sexuellen Zwangsmoral‹): Verlag Kiepenheuer & Witsch, Köln 1972

Reich, Wilhelm (1933): ›Massenpsychologie des Faschismus‹, 3. Auflage (1971): Verlag Kiepenheuer & Witsch, Köln

Reich, Wilhelm (1942): ›Die Entdeckung des Orgons‹, ›Band 1: Die Funktion des Orgasmus‹, deutsche Übersetzung 1969, Verlag Kiepenheuer & Witsch, Köln

Reich, Wilhelm (1945): ›Die Sexuelle Revolution‹, Neuauflage: Fischer Taschenbuch, Frankfurt am Main 1971

Reich, Wilhelm (1949): ›Charakteranalyse‹, 3. Auflage, Nachdruck 1969, Verlag Kiepenheuer & Witsch, Köln

Rifkin, Jeremy (1997): ›Das Ende der Arbeit – und ihre Zukunft‹, Fischer Verlag, Frankfurt am Main

Samuelson, Paul A. / Nordhaus, William D. (1998): ›Volkswirtschaftslehre‹, 15. Auflage, Ueberreuter Verlag, Wien

Schmitt, Klaus (1998): ›Entspannen Sie sich, Frau Ditfurth‹, zu beziehen über »Humanwirtschaft«, Erftstraße 57, D-45219 Essen

Schui, Herbert (Hrsg.) (1997): ›Wollt Ihr den totalen Markt? Der Neoliberalismus und die extreme Rechte‹, Knaur Verlag, München

Senf, Bernd (1972): ›Wirtschaftliche Rationalität – gesellschaftliche Irrationalität. Die Verdrängung gesellschaftlicher Aspekte durch die bürgerliche Ökonomie‹. Dissertation, Freie Universität Berlin

Senf, Bernd (1978a): ›Kritik der marktwirtschaftlichen Ideologie, Diskussionsbeiträge zur Politischen Ökonomie‹, Skript Fachhochschule für Wirtschaft Berlin

Senf, Bernd (1978b): ›Politische Ökonomie des Kapitalismus – eine didaktisch orientierte Einführung in die marxistische Politische Ökonomie‹, 2 Bände, mehrwert 17 und 18, mehrwert Verlag, Berlin

Senf, Bernd (1979): »Weltmarkt und Entwicklungsländer«, in: ›Diskussionsbeiträge zur Politischen Ökonomie‹, Skript Fachhochschule für Wirtschaft Berlin

Senf, Bernd (1981): »Konfliktverdrängung und Systemerstarrung – Grundlagen einer allgemeinen Theorie der Emanzipation«, in: ›emotion 3‹, Volker Knapp-Diederichs Publikationen, Berlin

Senf, Bernd (1983): »Lust und Lernen – Mein Weg zu einer lebendigen Didaktik«, in: ›emotion 5‹, Volker Knapp-Diederichs Publikationen, Berlin

Senf, Bernd (1984): »Triebunterdrückung, zerstörte Selbstregulierung und Abhängigkeit«, in: ›emotion 6‹, Volker Knapp-Diederichs Publikationen, Berlin

Senf, Bernd (1996a): »Fließendes Geld und Heilung des sozialen Organismus – Die Lösung der Blockierung ist die Lösung«, zu beziehen über »Humanwirtschaft«, Erftstraße 57, D-45219 Essen

Senf, Bernd (1996b): »Zinssystem und Staatsbankrott«, in: ›Ästhetik und Kommunikation‹, Oktober 1996, Verlag Elefanten Press, Berlin

Senf, Bernd (1998a): ›Der Nebel um das Geld. Zinsproblematik, Währungssysteme und Wirtschaftskrisen. Ein AufklArungsbuch‹, Gauke Verlag, Lütjenburg

Senf, Bernd (1998b): ›Die Wiederentdeckung des Lebendigen‹, Verlag Zweitausendeins, Frankfurt am Main

Senf, Bernd (1998c): »Die kopernikanische Wende in der Ökonomie? – Eine Würdigung und Kritik des Buches ›Eigentum, Zins und Geld‹ von Gunnar Heinsohn und Otto Steiger«, in: ›Zeitschrift für Sozialökonomie‹, Dezember 1998, Gauke Verlag, Lütjenburg

Senf, Bernd (1998/99): »Irrweg – Werte-Erhaltungs-Genossenschaft (WEG) – Das Konzept der ›Freien HuMan-Wirtschaft‹ nach Hans-Jürgen Klaussner – Ausweg aus der Krise des Zinssystems?« in: ›Tausch-System-Nachrichten‹ 4/98 und 5/99, Deutsches Tauschring-Archiv, Lotte-Halen

Senf, Bernd (1999): »Der reichste Dissident des Kapitalismus? – Zum neuen Buch von Georg Soros«, in: ›Zeitschrift für Sozialökonomie‹, Juni 1999, Gauke Verlag, Lütjenburg

Senf, Bernd / Timmermann, Dieter (1971): ›Denken in gesamtwirtschatlichen Zusammenhängen – eine kritische Einführung‹, 3 Bände, Dürr'sche Verlagsbuchhandlung, Bonn / Bad Godesberg

Senft, Gerhard (1990): ›Weder Kapitalismus noch Kommunismus – Silvio Gesell und das libertäre Modell der Freiwirtschaft‹, Libertad Verlag, Berlin

Smith, Adam (1776): ›Der Wohlstand der Nationen‹, Deutscher Taschenbuch Verlag, München 1978

Soros, George (1998): ›Die Krise des globalen Kapitalismus – Offene Gesellschaft in Gefahr‹, Alexander Fest Verlag, Berlin

Stadermann, Hans-Joachim (1994a): ›Die Fesselung des Midas – Eine Untersuchung über den Aufstieg und den Verfall der Zentralbankkunst‹, J.C.B. Mohr Verlag, Tübingen

Stadermann, Hans-Joachim (1994b): ›Geldwirtschaft und Geldpolitik‹, Gabler Verlag, Wiesbaden

Suhr, Dieter (1983): ›Geld ohne Mehrwert – Entlastung der Marktwirtschaft von monetären Transaktionskosten‹, Fritz Knapp Verlag, Frankfurt am Main

Suhr, Dieter (1987): »Befreiung der Marktwirtschaft vom Kapitalismus«, in: ›Vortrags-Sammelband der INWO‹, St. Vith

Walker, Karl (1995): ›Ausgewählte Werke‹, Gauke Verlag, Lütjenburg